# समाधान की ओर

# समाधान की ओर

## भारत-उत्कर्ष के नए आयाम

सं. प्रभात झा

प्रभात प्रकाशन, दिल्ली
ISO 9001:2015 प्रकाशक

प्रकाशक • **प्रभात प्रकाशन**
4/19 आसफ अली रोड,
नई दिल्ली–110002



संस्करण • प्रथम, 2018
मूल्य • पाँच सौ रुपए
मुद्रक • आर–टेक ऑफसेट प्रिंटर्स, दिल्ली

---

**SAMADHAN KI ORE** *Ed.* Prabhat Jha ₹ 500.00
Published by Prabhat Prakashan, 4/19 Asaf Ali Road, New Delhi-2
e-mail: prabhatbooks@gmail.com ISBN 978-93-5266-988-2

# प्रकाशकीय

देश है तो समस्याएँ होंगी ही। कोई भी देश यह दावा नहीं कर सकता कि उनके देश में कोई समस्या नहीं है। एक समय था, जब भारत विश्व के अन्य देशों की समस्याओं का समाधानकारक केंद्र था। हर राष्ट्र की समस्याओं के समाधान का केंद्र बनकर भारत 'विश्व गुरु' कहलाता था। स्थिति आज भी वैसी ही बन सकती है। इसमें तो कोई दो मत नहीं, विश्व के जिन नागरिकों को आध्यात्मिक शांति की अपेक्षा होती है, वे एक-दो माह या एक-दो वर्षों के लिए भारत के आध्यात्मिक केंद्रों पर आकर रहते ही हैं।

भारत का नागरिक विश्व के देशों में अपनी योग्यता और आवश्यकता के कारण जाता है, पर वह शांति प्राप्ति के लिए आज भी भारत में ही रहता है और भारत में आता रहता है।

भारत में आजादी के बाद देश की मूल समस्याओं की ओर शासकों ने ध्यान नहीं दिया। भारत एक विशाल गणतांत्रिक देश है। यहाँ की मूल समस्याएँ नागरिकों से जुड़ी हैं। आज भी उतनी ही ज्वलंत हैं, जितनी पूर्व में रहीं। देश में पूर्व के लोगों ने, यानी आजादी के बाद जो भी शासन में आए, उन्होंने आजादी को ही भारत की समस्याओं की जीत समझ लिया। आजाद क्या हुए, सबकुछ मिल गया। जबकि सच्चाई यह है कि आजादी मिलनेवाले दिन से हमें नागरिकों की नागरिक सुविधाओं और उनकी जीवन शैली के साथ भारत की प्रकृति के अनुसार उन समस्याओं के समाधान की दिशा में कदम बढ़ाना चाहिए था। हम ऐसा नहीं कर पाए, हम आजादी के बाद सत्ता में रहते हुए सेवा के माध्यम से सेवा में कैसे आगे आए, की बजाय हम सत्ता के माध्यम से सत्ता में कैसे आएँ, इस दिशा में बढ़ते चले गए, यहीं से हमारी समस्याओं की जड़ें गहरी होती गईं।

आजादी के पूर्व हममें आजादी प्राप्ति के लिए जो जुनून और जज्बा था, वह आजादी के बाद बना नहीं रहा। हमने मानव और समाज को केंद्र में रखकर योजनाएँ

नहीं बनाईं। हम 'सत्ता' को केंद्र मानकर 'सत्ता' में आने के लिए योजना बनाते रहे। हमने आजादी के बाद नागरिक को वोटर बना दिया। नागरिक के नाते जो हमारा 'राष्ट्रीय कर्तव्य' था, वह धीरे-धीरे लुप्त होते हुए हम वोटर की भूमिका, यानी अधिकार के प्रति जागरूक हो गए और कर्तव्यों के प्रति उदासीन होते चले गए। भारत नागरिकों का नहीं, वोटरों का देश बन गया। हम नागरिक-बोध से नागरिकों को दूर करते चले गए और उनकी आत्मा में मतबोध का जागरण अधिक करते गए। मतबोध के कारण हम भारतीयों के मन में सत्ता से अपेक्षा बढ़ गई और समाज के प्रति उपेक्षा का भाव बढ़ता गया।

आजादी के बाद यह वर्षों  चला। इसका परिणाम यह हो गया कि एक ही पार्टी की सरकार रही। अन्य राजनैतिक दलों का अस्तित्व धीरे-धीरे बढ़ रहा था। सत्ता आकर्षित नागरिकों में समाज आधारित भाव कम हो गया।

अत: समाज की ओर देखने के बजाय लोग सत्ता की ओर अधिक देखने लगे। जबकि सच्चाई यह है कि समाज ने भारत को आजादी दिलाई, न कि सत्ता ने। समाज सत्ता की जननी है। सत्ता से समाज की सेवा होती है, न कि निर्माण। 'समाज' की उपेक्षा से समाज कमजोर होता गया और सत्ता मजबूत होती गई। जबकि लोकतंत्र की रक्षा और उसकी सुरक्षा के लिए समाज और सत्ता के बीच सदैव संतुलन बना रहना चाहिए। उलटे अच्छा तो यह कहा जाता है कि समाज का हाथ सत्ता से ऊपर रहे। संतुलित समाज और सत्ता के समन्वय से समाज की रक्षा भी होती है और सत्ता निरंकुश भी नहीं होती।

आजादी के बाद सत्ता में बदलाव भी हुआ, पर स्थिति यह हुई कि बदलाव में आई सत्ता ने जैसे ही कुछ प्रयास शुरू किया तो लोग उन्हें सत्ता से हटने और हटाने का डर दिखाने लगे। विपक्ष में रहते हुए उस समय के लोग पूर्व के शासकों द्वारा उत्पन्न की गई समस्याओं का स्थायी समाधान तलाशने लगे।

उन्होंने इस भाव से काम शुरू किया कि वे जो करेंगे, देश-समाज को अच्छा लगेगा और वह ऐसा करने के लिए सत्ता में बने रहेंगे। पर ऐसा नहीं हुआ। जब तक वे समस्याओं के स्थायी निदान की दिशा में  बढ़े, तब तक उन्हीं की चलाचली की वेला आ गई। पाँच साल के लिए चुने गए लोग बीच में ही चले गए। ऐसा एक बार नहीं दो-तीन बार हुआ और सत्ता के लिए सत्ता हावी रही तथा सेवा के लिए सत्ता कमजोर होती चली गई।

सन् 2014 में मई माह में देश में एक नई बयार बही। इस बयार में यह संकेत साफ छलक रहा था कि सत्ता समाज की सेवा के लिए आई है, न कि सत्ता की सेवा के लिए। सत्ता को वर्तमान सरकार ने सेवा का माध्यम माना, न कि सत्ता में पुन: आने का न्योता। 'सत्ता' में जो समाज आता है, उसे भी विचार करना होगा कि देश में सत्ता सेवा के लिए या सत्ता से सत्ता में आने के लिए। आज जो दल सत्ता में है, वह विश्वास से

काम कर रहा है कि हम समाज की सेवा करेंगे तो समाज अपना कर्तव्य अवश्य करेगा।

वर्तमान सत्ता का समाज पर बहुत विश्वास है। सत्ता का समाज पर सामाजिक विश्वास बनाए रखना और सत्ता का समाज पर विश्वास बनाए रखना लोकतंत्र को कभी भी बीमार नहीं होने देता। वर्तमान सत्ताधारी दल के नेता श्री नरेंद्र मोदी ने भारत के नागरिकों  के प्रति उनके सामाजिक खुशहाली और उनके राष्ट्रीय गौरव को पूर्णता देने की दिशा में जो कदम उठाए हैं, वे भले ही कठोर हों, पर उसका लंबे अंतराल में आम नागरिकों के होने की संभावना व्यक्त की जा रही है। विरोधियों की चीत्कार से न घबराते हुए समाज चीत्कार न करे, इसकी चिंता अधिक की गई। वर्तमान के सत्ताधारियों के मन में एक अच्छी बात यह है कि देश की समस्याओं का तात्कालिक समाधान के बजाय मूलतः समाधान हो। यही कारण है कि वर्तमान सरकार निर्भीकता से बड़े-से-बड़े फैसले लेती जा रही है और देश में जनसहयोग एवं समाज सहयोग से अपना विस्तार करते हुए समस्याओं का समाधान कर रही है।

इस पुस्तक में देश की ऐसे ही प्राथमिक समस्याओं और ज्वलंत समस्याओं के प्रति चिंता व्यक्त की गई है। मातृभूमि की सेवा में, भारतमाता की आराधना में जो व्यक्तित्व सदैव अर्चना करते रहते हैं, हमने उनसे देश की ज्वलंत समस्याएँ रखी और आग्रह किया कि देश में समस्याओं की तो चर्चा होती है, पर समाधान की चर्चा नहीं होती। आप तो हमें समाधान दें। अपने भारत की प्रकृति को समझते हुए शब्दों के अराजकों ने समाजक की दिशा में कुछ ठोस 'शब्दांजलि' परोसने का प्रयास किया है। हमने इस पुस्तक में उन्हीं के भाव और निदान की दिशा में दिए गए मार्गदर्शन को लेखबद्ध कर राष्ट्रहित में संपादन कर प्रकाशित करने का प्रयास किया है।

**—प्रभात झा**

# अनुक्रम

## ‘राजनीति’ समस्या के बजाय समाधान का हिस्सा बने

**—लालकृष्ण आडवाणी**

स्वतंत्रता प्राप्ति के पश्चात् सार्वजनिक जीवन के किसी और क्षेत्र में शायद इतना क्षरण नहीं हुआ है और सुधार की इतनी नितांत आवश्यकता नहीं है, जितनी राजनीति में। आज एक औसत राजनीतिज्ञ की क्या छवि है? वह एक ऐसा व्यक्ति है जो बेईमान, चरित्रहीन, अवसरवादी और सत्ता लोलुप है एवं जिसके लिए देश एवं आम आदमी की प्राथमिकता बाद में है और स्वयं का निजी हित पहले है। आज राजनीतिज्ञ के बारे में आम धारणा यह है कि राजनीति एक विशुद्ध व्यापार बनकर रह गया है।

दरअसल राजनीति को व्यापार बना देने से राजनीति का अपराधीकरण हुआ है। स्वतंत्रता आंदोलन के दौरान व्याप्त धारणा से यह बिल्कुल भिन्न है, जब राजनीति में प्रवेश करनेवाले एक मिशन लेकर राजनीति में आते थे।

दोनों ही धारणाओं के मूल में वास्तविकता है, हालाँकि तब भी अपवाद थे और आज भी अपवाद हैं। स्वतंत्रता आंदोलन के दौरान राजनीति में आनेवाले अधिकांश लोगों में आदर्शवाद और देश के कर्तव्य निर्वाह करने की भावना होती थी। सदैव इसमें व्यक्तिगत त्याग का तत्त्व रहता था। मातृभूमि के आह्वान पर शिक्षकों, वकीलों, डॉक्टरों और ऐसे ही अन्य लोगों ने अपना व्यवसाय छोड़ दिया। इसी प्रकार ऐसे नौजवान और महिलाएँ भी थीं, जिन्हें अपने सगे-संबंधियों से बिछुड़ना पड़ा और उन्हें अनिश्चितता की स्थिति में रहना पड़ा और व्यक्तिगत रूप से दुःख भोगने पड़े, जिसमें ब्रिटिश जेलों में जीवन बिताना भी शामिल है।

### नेता, जो स्वयं आदर्श बने

इसके बावजूद, उस समय के राजनीतिक नेताओं ने स्वेच्छा से सहर्ष व्यक्तिगत

त्याग किया, क्योंकि लोकमान्य तिलक, लाला लाजपत राय, विपिन चंद्र पाल, गोपाल कृष्ण गोखले, महात्मा गांधी, अबुल कलाम आजाद, सरदार वल्लभभाई पटेल, सरोजिनी नायडू और सैकड़ों अन्य नेताओं के उच्च आदर्श उनके सामने मौजूद थे, जिन्होंने स्वयं भारतीय स्वतंत्रता की वेदी पर अपना जीवन बलिदान कर दिया।

तरुण सावरकर विधि में उच्च शिक्षा प्राप्त करने यूरोप गए थे; उन्होंने यूरोप के समुद्री तटों पर बैठकर एक प्रसिद्ध कविता लिखी थी, जिसमें उन्होंने प्रार्थना करते हुए कहा, 'ऐ सागर, मुझे मेरी मातृभूमि पर वापस ले चल, मैं मातृभूमि से बिछड़कर मन के अंदर के अपने तूफान को रोक नहीं पा रहा हूँ। यहाँ विदेश में यह आकाश और सितारे एक से बढ़कर एक दृश्य प्रस्तुत कर मोहित करते है, परंतु मुझे तो उस सितारे की तलाश है जो मेरी मातृभूमि के आकाश में चमकता है। यहाँ अनेक बड़ी-बड़ी अट्टालिकाएँ हैं जो मुझे आकर्षित करती हैं, परंतु मुझे अपनी मातृभूमि की कुटिया में ही सुख मिलता है।'

राजनीति में प्रवेश करनेवाले आज भी बहुत से लोग हैं, जो अपने देश और समाज के लिए कुछ करने की इच्छा से राजनीति में आते हैं। परंतु खेद है कि राजनीति को व्यापार माननेवाले लोगों की तुलना में इनकी संख्या घटती जा रही है; यहाँ तक कि स्वयं व्यापार का प्रभुत्व बढ़ता जा रहा है और वह अधिकाधिक राजनीति को निर्देशित कर रहा है। ऐसे बहुत से मंत्री और निर्वाचित प्रतिनिधि हैं, जिनके बारे में सचमुच अनेक विश्वसनीय कहानियाँ प्रचलित हैं कि उन्होंने भारत में तथा इससे भी बदतर हालत यह है कि विदेशी संपत्तियों और विदेशी बैंक खातों में विशाल धनराशि जमा कर ली है, जिससे आज राजनीति और राजनेताओं की एक अनैतिक सार्वजनिक छवि ही बनती है। यहाँ भी हमारे राष्ट्रीय जीवन में अन्य बुराइयों की तरह राजनीति को पतनोन्तुख बनाने में कांग्रेस का ही सबसे बड़ा हाथ है।

## राजनीति को व्यवसाय और व्यवसयाय को राजनीति न बनाएँ

इसलिए, वर्तमान समय में, राजनीतिज्ञों की बढ़ती जनसंख्या का एक दायित्व यह है कि वे आत्मनिरीक्षण करें और अपने आप से सीधा-सादा प्रश्न पूछें कि "हम राजनीति में क्यों हैं ? क्या राजनीति को धन कमाने का साधन बनाकर हम स्वयं को और अपने कार्य को छोटा नहीं बना रहे हैं ? स्वतंत्रता संग्राम की तरह का उत्साह तो संभवत: पुनर्जीवित नहीं हो सकता, क्योंकि साधारणतया समाज में विदेशी शासन या आक्रमण ही बलिदान की भावना को पैदा करते हैं। परंतु क्या हमें राजनीति को, 'व्यवसाय' बनाने की व्यवस्था को खत्म नहीं कर देना चाहिए ? क्या हमें राजनीति में धन शक्ति के प्रभाव को घटाना नहीं चाहिए ?

क्या हमें नई प्रवृत्ति और संस्कृति को प्रोत्साहित नहीं करना चाहिए ? जिसमें

राजनीति एक ऐसा पेशा है, जिसमें प्रवेश करनेवाले का एक न्यूनतम अर्हता, योग्यता (प्रशिक्षण और स्वाध्याय) और एक व्यावसायिकता हो जैसे कि आधुनिक समाज में किसी अन्य पेशे में है ? यह ऐसा मुद्दा है, जिस पर सभी राजनीतिक पार्टियों को गंभीरता से चर्चा करनी चाहिए कि क्या यह उचित नहीं होगा कि राजनीति समस्या का हिस्सा बनने की बजाय समाधान का हिस्सा बनें। जबकि आज यह समस्या का अंग बनी हुई है।

## आइए दीनदयालजी के सिद्धांत का अनुसरण करें

किंतु, राजनीति एक बार फिर 'समाधान' का हिस्सा कैसे बन सकती है, जैसा कि यह स्वतंत्रता आंदोलन के युग में वस्तुतः बन गई थी ? शुचिता को, जो कि सुराज का सबसे जरूरी अंग है, कैसे फिर से स्थापित किया जा सकता है और आम बनाया जा सकता है ? एक बार फिर हमारा ध्यान अपने दार्शनिक पथप्रदर्शक, पंडित दीनदयालजी की ओर जाता है, जो शुचिता की स्वयं एक देदीप्यमान प्रतिमा थे। उन्होंने सांस्कृतिक राष्ट्रवाद के परिप्रेक्ष्य में इसका वर्णन किया है।

अपने 'एकात्म मानववाद' के शोध प्रबंध में उन्होंने इस रोग के लक्षण बड़े स्पष्ट शब्दों में बताए हैं, जो कि गत तीन दशाब्दियों में तेजी से बढ़ता गया है। "पार्टियों तथा राजनीतिज्ञों का न तो कोई सिद्धांत हैं, न ही उद्देश्य और न ही आचार संहिता के कोई मापदंड हैं",अब राजनीति में पूर्ण स्वच्छंदता है। जिसके फलस्वरूप जनता के मन में हरेक के लिए अविश्वास की भावना है। ऐसा कोई व्यक्ति नहीं है, जिसकी ईमानदारी पर जनता के मन में संदेह न हो।

लक्षण का वर्णन करने के पश्चात् उन्होंने उपचार बताया है। "यह स्थिति बदलनी चाहिए। अन्यथा समाज में एकता और अनुशासन स्थापित नहीं किया जा सकता। हमें राष्ट्रीय दृष्टिकोण से अपनी संस्कृति पर विचार करना होगा कि यह हमारा स्वभाव है। स्वतंत्रता का हमारी अपनी संस्कृति से घनिष्ठ संबंध है। यदि संस्कृति स्वतंत्रता का आधार नहीं बनेगी, तो स्वतंत्रता के लिए राजनीतिक आंदोलन स्वार्थी और सत्ता-लोलुप लोगों की केवल छीना-झपटी का विषय बनकर रह जाएगी। स्वतंत्रता तभी सार्थक हो सकती है यदि यह हमारी संस्कृति की अभिव्यक्ति का माध्यम बन जाए। यह अभिव्यक्ति न केवल हमारी प्रगति में सहायक होगी, अपितु इसके लिए अपेक्षित प्रयास से आनंद की अभिव्यक्ति भी होगी। अतः राष्ट्रीय एवं मानव दोनों ही दृष्टिकोणों से यह आवश्यक हो गया है कि हम भारतीय संस्कृति के सिद्धांतों पर विचार करें।

□

# भारत की मूल आत्मा पंचायती राज

**–एम. वेंकैया नायडू**

भारत ने पिछले 60 वर्षों में राष्ट्र के रूप में अभूतपूर्व प्रगति की है। वस्तुत: विभिन्न क्षेत्रों में हमारी उपलब्धियाँ प्रभावशाली रहने के साथ-साथ उल्लेखनीय रही हैं। किंतु देश की आर्थिक उपलब्धियों को गिनते हुए हमें इस तथ्य को नहीं भूलना चाहिए और इस पर चिंता भी होनी चाहिए कि हमारे समाज के विभिन्न वर्गों में आर्थिक अंतर बढ़ता जा रहा है।

हमारे सामने जो दृश्य उपस्थित होता है, वह यह है कि हमारे समृद्धि लोग इतना भी समझ नहीं पाते हैं कि भूख और कुपोषण क्या होती है और दूसरी तरफ ग्रामीण और शहरी गरीब भी बेहतर जिंदगी जीने का सपना देखते हैं, वह तो उनकी कल्पना से बाहर रहता है। इसी के बीच एक और गहरी खाई हमारे बढ़ते जा रहे मध्यम वर्ग की रहती है, जो बढ़ते समय के साथ वे चाहते हैं कि उनके जीवन का स्तर और बढ़ता जाए और उनमें नई-नई आकांक्षाएँ उभरती रहती हैं।

यह तथ्य भी उतना ही महत्त्वपूर्ण है कि आज हम नेटवर्कवाली दुनिया में रह रहे हैं। कोई भी व्यक्ति अलग-थलग अथवा दूसरे के बिना नहीं रह सकता है। आज सूचना क्रांति और बढ़ती संचार व्यवस्था में, हम देश के दूरदराज हिस्सों में भी विश्व के दूसरे भागों की घटनाओं से परिचित रहते हैं। कोई संदेह नहीं कि हमारे बढ़ते ज्ञान और जानकारी से लोकतांत्रिक परंपराएँ मजबूत होती हैं। किंतु ज्ञान और जानकारी से आकांक्षाएँ भी बढ़ती जाती हैं। और जब किसी व्यक्ति की आकांक्षाएँ पूरी नहीं हो पाती हैं तो सामाजिक रूप से असंतोष तथा अंतत: व्यग्रता पैदा होती है।

यह हमारे राष्ट्र के सामने चुनौती है—'विकसित भारत' और 'विकासशील भारत' के बीच इस खाई को पाटना। यह वह चुनौती है जिसके प्रति, प्रत्येक नागरिक को संवेदनशील होना चाहिए तथा जिसे सरकार तथा नीति निर्माताओं को तात्कालिक आधार पर सुलझाना है।

21 शताब्दी के साथ बढ़ते हुए, हमारे पास आत्मसंतोष होकर बैठ जाने का समय नहीं है, क्योंकि लगभग हमारी जनसंख्या का आधा भाग ऐसे लोगों का है, जिनकी गरिमापूर्ण ढंग से आशाएँ पूरी करने की आवश्यकता है और 50 करोड़ लोगों की आकांक्षाओं की न तो उपेक्षा की जा सकती है और न होनी चाहिए।

साथ ही, हमारे ग्रामीण समाज की सक्रियता में कहीं कोई कमी नहीं है। औसतन हमारा ग्रामीण व्यक्ति ईमानदार है, मेहनती है और अत्यंत कठिन परिस्थितियों में भी अपनी समस्याओं का हल करने की ताकत रखता है। हमारे छोटे किसान की बात को ही लें। वह न केवल अपने परिवार के लिए अनाज उपजाने, पालन-पोषण के लिए मेहनत करता है, बल्कि वह अंततः उससे अधिक अनाज पैदा कर पूरे देश की जरूरतों को भी पूरा करने के लिए काम करता है। उसकी आवश्यकताएँ और माँग सचमुच बुनियादी हैं। वह अनाज, कपड़ा, घर, सिंचाई, स्वास्थ्य तथा शिक्षा जैसी जरूरतें पूरी करना चाहता है। क्या वह कुछ अधिक माँग कर रहा है ? निश्चित ही नहीं। क्या इस प्रकार की आकांक्षाओं की पूर्ति करना हमारी कल्पना तथा सामर्थ्य के बाहर की चीज है ? जी, नहीं। यही बात हमारे गाँव के अन्य गरीब वर्गों के लिए भी सही बैठती है।

मेरी राय में, इससे हमें अपनी वास्तविक चुनौतियों का पता चलेगा, ग्रामीण लोगों को अवसर मिलेगा कि वे वास्तविक और मानसिक बेड़ियों की जंजीरों को तोड़ सकें और इस प्रक्रिया से हमारे मानव संसाधनों की विशाल संभावनाएँ सामने आ सकेंगी।

हमारे प्रेरणास्रोत पं. दीनदयाल उपाध्यायजी ने सदैव इस बात पर बल दिया है कि जिन लोगों को दशकों से अपना जीवन सुधारने के लिए विकास प्रक्रिया से दूर रखा गया है, उनके विकास के बिना सबकुछ व्यर्थ ही रहेगा। उन्होंने सदैव इस बात की हिमायत की है कि विकास के लाभ समाज के कमजोर वर्गों और विशेष रूप से ग्रामीण लोगों को मिलने ही चाहिए। सच यह है कि यही अंत्योदय का केंद्र-बिंदु है और ग्रामीण लोगों के सशक्तीकरण तथा उन्हें अपनी नियति का भाग्यविधाता बनाने के लिए, पंचायती राज व्यवस्था के द्वारा ही संभव हो सकता है।

पंचायती राज की अवधारणा और चिंतन ग्रामीण भारत की संस्कृति और परंपराओं के लिए कोई नई बात नहीं है। वास्तव में चिरंतन काल से ही गतिमान पंचायतें हमारी गाँवों के सामाजिक-आर्थिक विकास का कार्य करती रही हैं। महात्मा गांधी का तो यह सपना था कि भारत की स्वतंत्रता का आगाज नीचे से शुरू हो और प्रत्येक गाँव को अपनी नियति बदलने का अधिकार हो। उन्होंने कहा था कि ग्राम राज्य के बिना राम राज्य अधूरा है। यहाँ तक कि श्री रवींद्रनाथ टैगोर ने कहा था, "हमारा लक्ष्य यह रहना चाहिए कि हम गाँव की जरूरतों को पूरी करने के लिए उन्हें शक्तियाँ प्रदान करें।"

किंतु पंचायती राज की अवधारणा को संवैधानिक दर्जा प्राप्त नहीं हुआ था। यह

दर्जा इसे 73वें और 74वें संवैधानिक संशोधन से मिला और सचमुच यह एक ऐसा सार्थक उपाय रहा, जिससे नीचे के लोगों को अपना भाग्य-विधाता बनने का अवसर प्राप्त हुआ। इन संवैधानिक संशोधनों के माध्यम से ग्राम-पंचायतों को हमारी राजव्यवस्था में तीसरे स्तर पर शासन की सुविधाएँ प्राप्त हुईं, जिसमें नीचे के स्तर पर लोगों की भागीदारी बनी रही, अन्यथा इसके बिना कोई सार्थक एवं सतत विकास संभव नहीं हो पाता। 23 अप्रैल, 1993 भारत में पंचायती राज के इतिहास में सदैव स्मरणीय दिवस बना रहेगा, क्योंकि इस दिन संविधान (तेहतरवें संशोधन) अधिनियम, 1992 ने पंचायती राज को संवैधानिक दर्जा दिया, जिससे महात्मा गांधी का ग्राम स्वराज का स्वप्न साकार हो पाया।

संविधान (73वें संशोधन) अधिनियम 1992 में निम्नलिखित प्रावधान है—

- त्रिस्तरीय ढाँचे की स्थापना (ग्राम पंचायत, पंचायत समिति और जिला परिषद्)
- ग्राम स्तर पर ग्रामसभाओं की स्थापना
- प्रति पाँच वर्ष में पंचायतों के नियमित चुनाव
- अनु. जाति/अनु. जनजातियों के लिए आनुपातिक सीट आरक्षण महिलाओं के लिए कम-से-कम 1/3 सीटों का आरक्षण
- पंचायतों के वित्त सुधार के लिए संस्तुतित उपायों के लिए राज्य वित्त आयोग का गठन

संविधान (तेहरवें संशोधन) अधिनियम, 1992 में ग्राम स्तर पर स्व-शासन संस्थानों के रूप में पंचायतों को शक्तियाँ प्रदान की गईं, जो निम्नलिखित कार्य कर सकें—

- ग्राम स्तरीय निर्माण कार्यों की योजना बनाना एवं कार्यान्वयन करना एवं उनका अनुरक्षण।
- ग्राम स्तर पर लोगों का कल्याण सुनिश्चित करना, जिसमें स्वास्थ्य, शिक्षा, सामुदायिक समरसता, सामाजिक न्याय, विशेष रूप से लिंग तथा जाति-आधारित भेदभाव न हो, विवाद समाधान, बच्चों का कल्याण, विशेष रूप से कन्याओं का कल्याण।

किंतु गतिशील तथा ज्ञान प्रधान ग्रामसभा ही पंचायती राज व्यवस्था को वास्तव में सफल बना सकती है। ग्राम सभा जमीनी स्तर पर सबसे महत्त्वपूर्ण संस्था है और इसमें गाँव या ग्राम समूह की चुनाव सूचियों में पंजीकृत सभी व्यक्तियों के नाम होते हैं, जो पंचायत का चुनाव करते हैं। संविधान (तेहरवें संशोधन) अधिनियम में शक्ति प्राप्त ग्रामसभाओं की परिकल्पना करता है, जिस प्रकार से जमीनी स्तर पर संसद् रहती है जो पूरी तरह से ग्राम पंचायतों के प्रति जवाबदेह होती है।

ग्रामसभाओं के कामकाज को और अधिक मजबूत करने के लिए 1999- 2000

को 'ग्राम-सभा वर्ष' घोषित किया गया। राज्य सरकारों से आग्रह किया गया कि—

- ग्रामसभाओं को उसी प्रकार की शक्तियाँ प्रदान की जाएँ, जिस प्रकार की शक्तियाँ पंचायत (अनुसूचित क्षेत्रों तक विस्तृत) अधिनियमों 1996 के प्रावधानों में निहित हैं।
- गणतंत्र दिवस, श्रम दिवस, स्वतंत्रता दिवस और गांधी जयंती के अवसर पर देशभर में ग्रामसभा की बैठकों का आयोजन करने के लिए पंचायती राज में बाध्यकारी प्रावधान करना।
- रद्द होने अथवा कोरम के अभाव में पहले हुई बैठकों के कारण विशेष रूप से बुलाई गई और पुनः बुलाई गई बैठकों, साधारण बैठकों के लिए, ग्राम सभा बैठकों के लिए फोरम को अलग से निर्धारित करने के लिए पंचायत राज में बाध्यकारी प्रावधान करना।
- ग्रामसभाओं के सदस्यों को अपनी शक्तियाँ तथा जिम्मेदारियों से परिचित कराना, ताकि वे सामूहिक रूप से भागीदार बन सकें, विशेष रूप से महिला और अनु. जाति/जनजाति जैसे कमजोर वर्गों की भागीदारी सुनिश्चत हो सके।
- ग्रामसभाओं के लिए प्रक्रियाएँ निर्धारित करना, ताकि ग्राम विकास मंत्रालय के लाभ वाले विकास कार्यक्रमों का सामाजिक लेखा-परीक्षण हो सके, विशेष रूप से ग्रामसभाओं की विधिसम्मत शक्तियों का परीक्षण हो सके, जिससे वित्तीय कुप्रबंध होने पर वसूली की जा सके अथवा दंड दिया जा सके। ग्रामसभा बैठकों के व्यापक प्रचार-प्रसार के लिए कार्य योजना तैयार करना।
- ग्रामसभा बैठकों के आयोजन के लिए मार्ग निदेशक/प्रक्रियाओं को तैयार करना और इन बैठकों की मॉडल कार्यसूची तैयार करना।
- प्राकृतिक संसाधनों, भू-रिकॉर्डों तथा विवाद प्रस्तावों पर नियंत्रण रखने के लिए ग्रामसभाओं के अधिकारों से परिचित कराना।

73वें और 74वें संशोधन ने हमारे देश के इतिहास में वाटरशेड का काम किया है। विश्व के किसी भी भाग में ऐसा एकजुट प्रयास नहीं हो पाया है, जहाँ जमीनी स्तर पर लोकतांत्रिक ढंग से 32 लाख से अधिक जनप्रतिनिधि चुने गए हों और जिन्हें एक संवैधानिक फ्रेमवर्क के अंतर्गत स्वयं अपने विकास कार्य के लिए जिम्मेदार बना दिया गया हो। यह सचमुच एक बहुत बड़ी उपलब्धि और सफलता है। इससे भी अधिक उल्लेखनीय यह तथ्य है कि स्थानीय निर्वाचित प्रतिनिधियों में एक-तिहाई महिलाएँ हों। फिर विश्व के किसी भी लोकतंत्र में मुश्किल से ऐसा उदाहरण मिलेगा जहाँ जमीनी स्तर पर इतनी अधिक महिलाओं का सशक्तीकरण हो सका है।

किंतु इस सफलता के होते हुए भी संविधान ने पंचायती राज संस्थानों की शक्तियाँ

प्राप्त करने की कोशिश तो की है, परंतु वास्तव में ये शक्तियाँ धीमी गति की रही हैं। यह एक बड़ा सच है। इस प्रसंग में मेरा प्राय: यह कहना है कि पंचायती राज संस्थानों को फंड, फंक्शन और फंकश्नरीज के रूप में शक्तियाँ प्रदान की जाएँ। क्योंकि जब फंड (धनराशि), स्पष्ट शक्तियाँ और प्रशासनिक अधिकारी पंचायती राज संस्थानों को मिल जाएँगे, तभी वे अपनी पूरी संभावनाओं का उपयोग कर पाएँगे। मैं निश्चित तौर पर मानता हूँ कि यही पंचायती राज संस्थानों के लिए वास्तविक सफल मंत्र हो सकता है। जब पर्याप्त संसाधन प्राप्त हो जाएँगे और पंचायतों को प्रशासनिक शक्तियाँ मिल जाएँगी, तभी वे अपनी आवश्यकताओं एवं आकांक्षाओं की पूर्ति कर सकेंगे।

स्पष्ट है कि इसके बाद प्रश्न उठता है कि पंचायतों को वास्तविक शक्तियाँ मिल जाने के बाद अगला कदम क्या होगा? वह कार्य-योजना क्या रहेगी, जिससे पंचायतें गाँवों तथा ग्रामीण भारत को एक गतिशील समुदाय का रूप दे सकें, जहाँ लोग अपनी आकांक्षाओं की पूर्ति कर सकें।

जमीनी स्तर पर लोग अपनी वास्तविक आवश्यकताओं तथा जरूरतों के बारे में बहुत अधिक परिचित और संवेदनशील भी हैं। और अपनी विकास योजनाओं के लिए जिन शक्तियों का ढाँचा खड़ा होना है और कार्य किया जाना है, उन योजनाओं के लिए शक्तियाँ प्रदान किए जाने के बाद विकास के कुछ ऐसे महत्त्वपूर्ण क्षेत्र हैं, जिन पर पंचायतें ध्यान दे सकती हैं, जिनमें निम्नलिखित शामिल हैं—

## 1. ग्रामीण कनेक्टीविटी तथा अनुरक्षण

विकास के ऐसे लाभ किसी भी समाज के ऊपर से गुजर जाएँगे, जिनका देश के अन्य भागों से संबंध नहीं होता। इसलिए ग्रामीण कनेक्टीविटी एक महत्त्वपूर्ण क्षेत्र बन जाता है। एनडीए सरकार ने इस बात को बहुत साफ-तौर पर समझ लिया था। श्री अटल बिहारी वाजपेयी के कुशल नेतृत्व में एनडीए सरकार ने एक महत्त्वाकांक्षी ग्रामीण कनेक्टीविटी कार्यक्रम शुरू किया, जिसका नाम रखा गया प्रधानमंत्री ग्राम सड़क योजना (पी.एम. ग्राम सड़क योजना), जिसमें प्रत्येक ग्राम में एक पक्की सड़क से जोड़ने का प्रयास किया गया। जब केंद्र तथा राज्य सरकारों को ग्राम कनेक्टीविटी बढ़ानी चाहिए, वास्तव में ग्रामीग सड़कों की देखभाल का वास्तविक काम पंचायतों के अधीन रहना चाहिए। तभी सड़कों की देखभाल का काम सुधर सकेगा।

## 2. ग्रामीण जल-आपूर्ति

फिर, एनडीए सरकार के लिए यह एक और फोकस एरिया था, जिसमें ग्रामीण क्षेत्रों में पीने के स्वच्छ जल बढ़ाया जाए। यह कोई रहस्य की बात नहीं है कि जल की

गुणवत्ता का सीधा संबंध ग्रामीण स्तर पर स्वास्थ्य समस्या से है।

बहुत बड़ी संख्या में बीमारियाँ जल के कारण पैदा होती हैं। स्वच्छ पेयजल की आपूर्ति से जमीनी स्तर पर स्वास्थ्य संबंधी बमिारियाँ बहुत कम हो जाती हैं। यह विषय भी ऐसा है कि ग्रामीण क्षेत्रों में जल की आपूर्ति सीधे पंचायतों के अधीन रहनी चाहिए।

इसके अलावा पंचायतों को वाटर-हार्वेस्टिंग, रिचार्ज ऑफ वाटर-टेबल, पारंपरिक जल संसाधनों के अनुरक्षण, तालाबों, छोटी टंकियों और धोबीघाटों आदि के कार्यक्रम भी अपने हाथ में लेने चाहिए, क्योंकि इन सभी का संबंध उनकी कृषि आवश्यकताओं से है और इससे बारिश पर निर्भरता बहुत हद तक कम हो सकती है।

### 3. शिक्षा स्तर में सुधार तथा मानव संसाधनों को और लाभप्रद बनाना

शायद अनपढ़ता तथा ज्ञान की कमी के कारण ही ऐसा होता है कि हमारे ग्रामीण जनसमूह की संभावनाएँ प्रतिबंधित होकर रह जाती हैं। सचमुच यह गंभीर चिंता का विषय है कि आज भी हमारी जनसंख्या का चौथाई हिस्सा पूरी तरह से अनपढ़ है। आज जब हम ज्ञान-प्रधान समाज की स्थापना की बात करते हैं तो यह स्थिति कभी स्वीकार्य नहीं हो सकती है, क्योंकि इससे हमारी जनसंख्या के बहुत बड़े भाग को विकास से वंचित रखा जाएगा।

बुनियादी साक्षरता के अलावा जमीनी स्तर पर लोगों की वृत्तिक निपुणता पर ध्यान देने और दिशा प्रदान करने की आवश्यकता है। रात्रि स्कूल चलाना, स्कूलों में अभिभावक समितियाँ बनाने के कार्य को भी हाथ में लिया जा सकता है।

### 4. इंटरनेट सहित टेलीफोन तथा संचार सुविधाएँ

हमारी पिछली सरकारों की एक प्रमुख उपलब्धि ग्रामीण टेलीफोन कनेक्टिविटी में वृद्धि होना रहा है। आज तो ग्रामीण क्षेत्रों में मोबाइल टेलीफोन कनेक्टिविटी भी बढ़ रही है। अगले चरण में इंटरनेट कनेक्टिविटी की बारी है, ताकि ज्ञान और सूचना का प्रसार भौगोलिक तथा दूरी बाधाओं को पार कर जाए। इससे ग्रामीण लोगों का सीधा संबंध और पहुँच पूरे विश्व से हो जाएगी। इससे बिचौलियों और व्यापारियों पर हमारी निर्भरता भी खत्म हो जाएगी, जो भारी मुनाफे पर अनाज और अन्य उत्पादन खरीद लेते हैं और जिससे वास्तविक उत्पादकों को लाभप्रद कीमतें नहीं मिल पाती हैं। इसके कारण ऋण और उधार की समस्याओं का चक्र चलने लगता है।

### 5. ग्रामीण ऋण तथा इ-बैंकिंग

ग्रामीण ऋण तथा बैंकिंग सुविधाओं की कमी एक बहुत बड़ी समस्या है। किसानों

तथा अन्य ग्रामीण समाज को प्रतिवर्ष ब्याज की बेतहाशा दरों पर निजी साहूकारों से ब्याज लेना पड़ता है। दुःख की बात है कि हजारों लोगों को अपना ऋण न चुका पाने के कारण अपनी जीवनलीला समाप्त करनी पड़ती है। ग्रामीण ऋण के कई मॉडल तथा ऋण योजनाएँ हैं, परंतु प्रत्येक गाँव में उनका कार्यान्वयन होना है।

साथ-ही-साथ, ग्रामीण क्षेत्रों में बैंकिंग सुविधाओं को बढ़ाने की जरूरत है। आर्थिक रूप से बैंकों के लिए सभी ग्रामीण क्षेत्रों में काउंटर या शाखाएँ खोलना संभव नहीं है। किंतु संचार माध्यमों से इ-बैंकिग स्पष्ट रूप से संभव है। किंतु कुछ राज्यों में पहले ही इस दिशा में काम शुरू हो गया है।

निष्कर्ष यह है कि मुझे महसूस होता है कि इस संबंध में एक और संविधान संशोधन की आवश्यकता है और मैं इस बात पर फिर बल देना चाहूँगा कि पंचायती राज संस्थानों का सफल मंत्र पंचायती राज को कारगर शक्तियाँ प्रदान करने में है। तभी ग्रामीण क्षेत्रों में लोग अपने सपनों तथा संभावनाओं दोनों को साकार कर सकेंगे। □

# चिंतन की धारा धरती से जुड़ी होनी चाहिए

**—नरेंद्र मोदी**

आजादी के बाद की हिंदुस्तान की विकास यात्रा में तीन महापुरुषों का चिंतन राष्ट्र की मूलभूत विचारधारा को, राष्ट्र की अस्मिता को पकड़कर, विश्व के बदलते हुए प्रवाह को समझकर किया हुआ ज्ञात होता है। जिसमें पहले थे, पू. महात्मा गांधीजी, दूसरे श्री राममनोहर लोहिया और तीसरे श्री पंडित दीनदयाल उपाध्याय। इस तीनों की चिंतन धारा राष्ट्र की धरती के साथ जुड़ी हुई है। राष्ट्र के विकास की तड़प इस चिंतन में स्पष्ट उभरती है। लेकिन आजादी के बाद नेहरुजी ने रशियन समाजवाद की विचारधारा का अमलीकरण सभी क्षेत्रों में किया। इससे बापू का चिंतन सिर्फ खादी बोर्ड तक ही सीमित रह गया। फलतः बापू का स्वप्न साकार न हो सका, राष्ट्र के विकास की मूलभूत बात को बल न मिला।

पंडित दीनदयाल उपाध्याय, जो सही में दीनदयाल थे, उन्होंने एकात्म मानव दर्शन का चिंतन दिया। पंडितजी कहते थे कि पाश्चात्य विचारधारा कभी भी हिंदुस्तान के विकास का आधारस्तंभ नहीं हो सकती।

पाश्चात्य मतानुसार मनुष्य सिर्फ आर्थिक प्राणी ही है। वे भौतिकवाद पर जोर देते हैं। जबकि भारत का चिंतन है कि मनुष्य के पास मन होता है, बुद्धि होती है, आत्मा होती है, भावनाएँ होती हैं। मनुष्य को सिर्फ रोटी मिल गई इसलिए वह सुखी हो गया, ऐसा हिंदुस्तान के चिंतन में नहीं है। उसके मन, आत्मा एवं बुद्धि को भी सुख मिले, ऐसी व्यवस्था के बिना मानवजाति का विकास संभव ही नहीं है।

पंडितजी ने एकात्म मानवदर्शन के माध्यम से समस्त दरिद्रनारायण की सेवा करने को कहा। उन्होंने अंत्योदय का विचार रखा। पू. गांधीजी ने भी कहा था कि सरकार की योजना की सफलता का आधार समाज के अंतिम छोर पर बैठे हुए व्यक्ति को उसका कितना लाभ मिला, उसके जीवन में कितना बदलाव आया, उस पर तय होता

है। पंडितजी भी कहते थे कि राष्ट्र का विकास 'अंत्योदय' द्वारा ही संभव है। समाज के अंतिम छोर पर बैठे हुए व्यक्ति को पहले ऊपर उठाना होगा। वहीं से विकास यात्रा का प्रारंभ करना होगा। गुजरात सरकार ने पंडित दीनदयाल उपाध्याय के इस विचार और चिंतन पर अमल करने का एक निष्ठापूर्वक प्रयास किया है। 'अंत्योदय योजना' के माध्यम से प्रत्येक गाँव के पाँच-पाँच वंचित परिवारों को, गरीब परिवारों को पसंद किया जाएगा। और यह परिवार कैसे गरीबी रेखा से ऊपर आ सके, इस क्षेत्र में काम करना होगा। इस परिवार को पर्याप्त पोषण मिले, स्वच्छ एवं सुविधायुक्त आवास मिले, शिक्षा मिले, स्वास्थ्य की सुविधा मिले, इस तरह समग्रतया उसके विकास की कामना के साथ काम होगा। गुजरात में 18,000 गाँव हैं। और एक वर्ष में 90,000 परिवार को हम गरीबी रेखा के ऊपर उठा सकेंगे। पंडितजी के चिंतन का यह वास्तविक स्वरूप है।

ग्रामीण क्षेत्र राजकीय विवादों से दूर रहे, गाँव समरस बने, पंडितजी की कल्पना थी कि गाँव की विकास यात्रा में सब मिलकर हिस्सेदार हों। और गाँव की बागडोर सर्वसम्मति से निर्विरोध सँभाली जानी चाहिए। गाँव ही सब की प्राथमिकता बने, ऐसी व्यवस्था हो। ग्राम पंचायत का चुनाव सर्वसम्मत्ति से निर्विरोध होना चाहिए, क्योंकि लोकसभा एवं विधानसभा के चुनाव से नहीं, बल्कि स्थानीय पंचायत के चुनाव से गाँव में दरार पड़ जाती है। इसलिए अगर सर्वसम्मत्ति से चुनाव होंगे तो गाँव की एकता बनी रहेगी, और वही एकता गाँव के विकास का आधारस्तंभ बनेगी, गाँव में समरसता का माहौल तैयार होगा। गुजरात सरकार ने इस सिद्धांत को 'समरस ग्राम योजना' के रूप में हकीकत बनाया है।

समरस ग्राम योजना के मुताबिक जो गाँव सर्वसम्मत्ति से अगर अपना प्रतिनिधि चुनता है तो राज्य सरकार ऐसे गाँव को 'समरस गाँव' का अवार्ड देती है। इतना ही नहीं, पाँच हजार से ज्यादा आबादी वाले गाँव को 1 लाख रुपए और पाँच हजार से कम आबादी वाले समरस गाँव को 60 हजार रुपए स्थानीय विकास के काम के लिए देती है, और हमें बड़ी खुशी तब हुई, जब गुजरात के स्थानीय चुनावों में 45 प्रतिशत बोर्ड में सर्वसम्मति से प्रतिनिधि चुने गए और जिससे गाँव को विकास का एक नया रास्ता मिला।

पूँजीवादी अर्थव्यवस्था में श्रम सिर्फ एक चालक परिबल है, उससे ज्यादा उसका महत्त्व नहीं। साम्यवादी मानते हैं कि अर्थव्यवस्था श्रम केंद्रित होनी चाहिए। दोनों विचारों में क्षति रही है। पंडितजी ने 'अंत्योदय' द्वारा दूर करने की एक नई सोच प्रदर्शित की। श्रम को पूँजी का दर्जा देने का चिंतन पंडितजी ने दुनिया को दिया है। जो पैसे लगाते हैं वे पूँजीपति 'मालिक' हैं, जो ज्ञान की शक्ति लगाते हैं वे भी 'मालिक' हो सकते हैं तो 'श्रमदान' करनेवाला श्रमिक क्यों न मालिक हो।

गुजरात सरकार ने इसी विचार को मूर्तिमंत करने के लिए छोटा सा प्रयास

किया है। समस्त गुजरात में जल संकट की समस्या को सुलझाने हेतु जलसंचय के काम का चेकडेम, खेत तालाब जैसे अभियान से प्रारंभ किया, और इस अभियान को जनभागीदारी से करने का तय किया, जिसमें लागत के 60 प्रतिशत पैसे सरकार देगी और 40 प्रतिशत गाँव देगा। आदिजाति क्षेत्रों में यह प्रमाण 80:20 का रखा गया। अब जो गाँव, 40 प्रतिशत या 20 प्रतिशत पैसे नहीं दे सकते हैं, उन गाँवों को उसमें श्रम के माध्यम से पूँजी लगानी होगी, उस काम में गाँव परिश्रम करेगा, मजदूरी करेगा तो उसको भी पूँजी समझी जाएगी और मुझे यह कहने में बड़ा गर्व हो रहा है कि इस योजना को गुजरात में प्रचंड प्रतिसाद मिला। 1.50 लाख से ज्यादा चेकडेम बनाए गए। ग्रामीण विकास में राज्य सरकार के लिए पैसे से ज्यादा परिश्रम की कीमत है। ऐसा सिद्धांत अपनाकर गुजरात ने न सिर्फ पंडितजी के सिद्धांत को मूर्तिमंत किया, बल्कि जल संचय का एक अभूतपूर्व काम भी किया, जिससे राज्य के कृषिकार की उपज बढ़ गई।

इस जनभागीदारी का तत्त्व योजना में नई जान फूँकता है। 2001 के भूकंप के बाद जो विनाश हुआ और उसके बाद विकास की जो पथरेखा सुनिश्चित हुई, उसमें मूलत: इस जनभागीदारी का तत्त्व है। गुजरात की स्थापना 1960 में हुई, 40 साल में जितने प्राथमिकशाला के कमरे बने थे, उतने सिर्फ 40 दिन में हम तैयार कर सके और यह संभव हुआ पंडितजी के एक विचार के माध्यम से और वह विचार था 'जन भागीदारी'। विकास की प्रक्रिया में गाँव की जनशक्ति को भागीदार बनाना। और इससे अच्छे परिणाम प्राप्त हुए। काम अपेक्षाकृत ज्यादा, मजबूत एवं गाँव की अपेक्षा के मुताबिक हुआ और सबसे बड़ी बात तो यह हुई जो आज तक किसी भी सरकारी योजना में नहीं हुई है। गाँव को जो पैसे दिए गए थे, उसमें से 3 करोड़ रुपए गाँव वालों ने बचाकर सरकार में वापस जमा करवाए। राज्य सरकार के लिए 3 करोड़ रुपए कोई मायने नहीं रखती है। लेकिन गाँव में जो प्रामाणिकता का भाव बढ़ा, वह अपने आप में बहुत बड़ी बात है। और हम उसे सगर्व अपनी उपलब्धि समझते है। पंडित दीनदयाल उपाध्याय मानते थे कि क्या सरकार का अंदाजपत्र आम आदमी के अनुरूप नहीं हो सकता? इस विचार को साकार करने के लिए सभी सरकारों ने काफी विचार किया। लेकिन गुजरात सरकार ने पूरी निष्ठा के साथ एक प्रयास किया। आदिजाति विस्तारों के लिए आदिजाति बोर्ड का गठन किया। हरेक गाँव में स्थानीय समिति का गठन किया। जो तय करेगी कि गाँव में हमें विकास का कौन सा काम करना है। और उसके मुताबिक गाँव को अनुदान दिया जाता है। इससे दो फायदे हुए, एक तो काम की गुणवत्ता बढ़ी तथा काम निश्चित अवधि से पहले भी होने लगे। और इस तरीके से भ्रष्टाचार की संभावना भी कम होने लगी है। यह ताकत समाज की है। सामूहिक शक्ति की है। जनभागीदारी की है।

गाँव के आर्थिक उत्कर्ष की बातें बहुत हो चुकी हैं। लेकिन अगर गाँव का उत्कर्ष करना है, उसका समग्रतया विकास करना है, तो गाँव के जो वंचित परिवार हैं, जो गरीबी रेखा से नीचे हैं, उन्हें पहले ऊपर उठाना होगा। गुजरात सरकार ने 'श्रमयोगी' योजना के माध्यम से ग्रामीण विकास सार्थक करने का प्रयास किया। हरेक गाँव के पाँच-पाँच गरीब परिवारों की अलग पहचान बनाकर उनको साल में 150 दिन की रोजगारी मिले, ऐसा सुनिश्चित किया। इन परिवारों को पाँच फल देनेवाले पौधे दिए गए और पौधे लगाने के लिए जमीन दी गई। जिससे पाँच साल में वे पेड़ उनकी कमाई का एक हिस्सा बन सकें। इसमें ऐसा प्रावधान भी रखा कि इस परिवार को उसके पढ़ने लायक बच्चे को फरजीयात पढ़ाना होगा। और इससे उन परिवारों में शिक्षा का प्रचार भी बढ़ेगा और बच्चे पढ़-लिखकर कुछ ज्यादा कमाने की सोच रखेंगे।

इस प्रकार जिस चिंतन को अन्य सरकारों ने अछूत माना है। जिसकी अवहेलना की थी, उसको गुजरात सरकार ने बड़े आदर के साथ अपनाया और उसका नतीजा आज देश एवं दुनिया के सामने है। गत कई वर्षों से गुजरात विकास एवं ग्रामीण विकास में सर्वप्रथम रहा है। गुजरात के दूरदराज में रहनेवाले को भी उसका अहसास हो रहा है। उसकी जीवन-शैली में इस विकास ने आमूल परिवर्तन किया है। जिसकी नींव है पंडित दीनदयाल उपाध्याय द्वारा बरसों पहले किया हुआ चिंतन और इसका पाँच करोड़ गुजरातियों को बड़ा गौरव है।

*(लेखक गुजरात के मुख्यमंत्री हैं।)*

□

# हमारी अर्थव्यवस्था की प्राणदायिनी है भारतीय कृषि

—राजनाथ सिंह

यह ध्रुव सत्य है कि जिस देश का किसान खुशहाल होगा, उस देश का भविष्य सुनहरा होगा। पर अपने देश की परिस्थितियाँ ठीक इसके विपरीत हैं। कृषि कष्ट का पर्याय बन गया है। अजीब विडंबना है कि एक तरफ तो देश आजादी की उनसठवीं वर्षगाँठ का जश्न मना रहा है और वहीं दूसरी ओर किसानों की जीवन दशा लगातार बिगड़ती जा रही है। देश का कृषक न केवल उजड़ रहा है, बल्कि सामूहिक तौर पर अपना जीवन समाप्त करने पर मजबूर हो रहा है। इससे बड़ी त्रासदी और कोई नहीं हो सकती कि कृषि प्रधान देश के किसान कृषि को अलाभकारी व्यवसाय मानने लगे। एक बड़ी संख्या में किसान इस नतीजे पर पहुँच चुके हैं कि कृषि अब घाटे का सौदा बन गई है। यह निष्कर्ष किसी और का नहीं, बल्कि राष्ट्रीय नमूना सर्वेक्षण विभाग का है। निश्चित रूप से यह राष्ट्रीय चिंता का विषय है। किसान देश की आबादी का सबसे बड़ा हिस्सा है। इनके कठिन परिश्रम के सहारे ही मानव समुदाय का जीवन चलता है। देश के औद्योगिक विकास में किसानों का महत्त्वपूर्ण योगदान है। किसान अपने अथक मेहनत से खाद्य सामग्री और उद्योगों के लिए कच्चा माल तैयार करता है। किसान का कृषि भूमि से अटूट लगाव होता है। वह अपने गाँवों, खेतों और फसलों से रागात्मक संबंध रखता है। किसान का अस्तित्व ग्रामीण व्यवस्था से जुड़ा होता है। भारतीय संस्कृति में 'कृषि संस्कृति' की विशेष पहचान है। भारत के अनेक पर्व-त्योहार और सांस्कृतिक उत्सव कृषि आधारित हैं।

### कृमि की उपेक्षा

कृषि और किसानों की मुख्य समस्या यह है कि वे आधुनिकीकरण से दूर हैं। उन्हें

खाद, बिजली, पानी आदि के रूप में जो सहायता अथवा सब्सिडी दी जाती है। वह या तो अपर्याप्त होती है या फिर उसका लाभ बड़े किसान उठा लेते हैं। आम किसान और विशेष रूप से छोटी जोत के किसान धीरे-धीरे खेतिहर मजदूर बनते जा रहे हैं। कृषि विकास दर बढ़ने का नाम नहीं ले रही है। जिस देश की आर्थिक विकास दर आठ फीसदी हो, वहाँ कृषि विकास दर तीन प्रतिशत भी न होना इस बात का परिचायक है कि खेती-किसानी का काम उपेक्षा का शिकार है। कृषि क्षेत्र केवल इस मायने में ही उपेक्षित नहीं है कि वह उदारीकरण से दूर है, बल्कि इस दृष्टि से भी है कि खेती-बाड़ी के काम को सम्मान से नहीं देखा जाता।

भारत कृषि प्रधान देश है। दावा यह भी किया जाता है कि भारत की 73 प्रतिशत आबादी कृषि पर आधारित है। जब हम आजाद हुए थे, तब कुल जीडीपी में कृषि क्षेत्र का हिस्सा लगभग 50 प्रतिशत था और अब वह घटकर 23.9 प्रतिशत रह गया है। बजट का जो एलोकेशन प्रतिवर्ष हो रहा है, उसमें दुर्भाग्य से लगातार एग्रीकल्चर सेक्टर में बजट घटता जा रहा है। वर्ष 1977 में यह 13.4 प्रतिशत था और पिछले साल घटकर केवल 9 प्रतिशत रह गया। कुल रोजगार का 63 प्रतिशत हिस्सा एग्रीकल्चर सेक्टर दे रहा है। देश में 73 प्रतिशत लोग आज भी खेती पर निर्भर हैं।

मजेदार मामला है कि कुल रोजगार का 63 प्रतिशत लोगों को जो सेक्टर रोजी दे उस पर बजट का 16 प्रतिशत हिस्सा आवंटित किया जाए, यह बहुत बड़ा विरोधाभास है। दुनिया में चीन अकेला मुल्क है, जिसने बीस साल में पर-कैपिटा इनकम दुगुने करके दिखाई है। इस हिसाब से हमारे यहाँ 7.2 प्रतिशत ग्रोथ रेट रखेंगे तो वह इस बीस साल में दुगनी कैसे हो जाएगी ? इस लिहाज से हमारी जीडीपी को दस साल में दुगना करने के लिए ग्रोथ रेट 9.2 प्रतिशत अथवा दस प्रतिशत होनी चाहिए। चीन ने सबसे ज्यादा निवेश कृषि पर किया है। हमारे यहाँ लगातार इसका उल्टा हो रहा है। आप दूसरे सेक्टर को चाहे जितना पैसा दीजिए, जब तक खेती पर ज्यादा खर्च नहीं किया जाएगा, तब तक जीडीपी और पर-कैपिटा इनकम जो बढ़नी चाहिए, वह नहीं बढ़ेगी।

## व्यावहारिक नीतियों का अभाव

सरकार कॉरपोरेट जगत् को समय-समय पर राहतों और छूटों के जरिए उपकृत करती रही है, लेकिन न तो कृषि विकास की व्यवहारिक नीतियाँ बनाई गईं और न ही किसानों की बदहाली में सुधार लाने के प्रयास हुए। विगत सालों में खेती में काम आनेवाली वस्तुओं—बीज, खाद, कीटनाशक, उपकरण, पानी-बिजली के दामों में भारी वृद्धि हुई है, जबकि उनके उत्पादन के दाम स्थिर बने रहे हैं। खाद्यानों के दाम लगभग स्थिर बने रहे। व्यापारी या कंपनियाँ भले ही खाद्यानों के ऊँचे दाम पाते हों, पर छोटे और

सीमांत किसानों को उचित कीमत नहीं मिल पाती। उर्वरकों पर मिलनेवाली सब्सिडी लगातार घटाई गई है। नगदी फसलें पैदा करने पर भारी जोर दिया गया, बिना यह सोचे-समझे कि सघन सिंचाई के लिए आवश्यक पानी कहाँ से आएगा। नगदी फसलों के बीजों के लिए गरीब किसान साहूकारों से ऊँचे ब्याज पर कर्ज लेते हैं और फसल खराब होने या मानसून के दगा देने पर वे कर्ज के जाल में फँसते चले जाते हैं। इसका दुष्परिणाम हजारों किसानों द्वारा हताश होकर खुदकुशी करने के रूप में सामने आया।

## बढ़ती आत्महत्या की घटनाएँ

अर्थव्यवस्था के भूमंडलीकरण का दबाव किसानों पर बढ़ता ही जा रहा है। प्रधानमंत्री के विदर्भ दौरे पर जाने के बाद भी दो हफ्ते भर में 74 किसानों ने आत्महत्याएँ की हैं। किसानों की दुर्दशा का कारण सरकार को भी पता है। कृषि मंत्रालय ही कई बार इस बात का गुहार लगा चुका है कि उत्पादन लागत बढ़ती जा रही है (कई जिलों में तीन गुना तक जा रही हैं) जबकि आय लगातार घटती जा रही है। 1996-97 के मुकाबले 2005-2006 में महाराष्ट्र के गन्ना किसानों की आय 40 फीसदी कम हुई है। उत्तर प्रदेश के किसानों की 32 फीसदी और बंगाल के धान किसानों की 28 फीसदी आय कम हुई है। इस अवधि में 55 फीसदी किसान और भूमिहीन हो गए हैं।

## सरकार की दिशाहीनता

संप्रग सरकार क्या कर रही है? सवाल यह है कि किसानों के गले की इस फाँसी को निकालने के लिए सरकार ने क्या कुछ किया है, नहीं, उलटे उसने ऐसे काम किए हैं, जो कपास किसानों के गले की फाँसी को और कस देते हैं। जब कपास के भाव बैठ रहे थे, तब सरकार ने पिछले साल तक लागू कपास वसूली योजना के तहत दिया जानेवाला 500 रुपए प्रति क्विंटल का बोनस बंद कर दिया। जाहिर है, इसका अनुमान लगाने के लिए किसी आर्थिक विशेषज्ञता की जरूरत नहीं थी कि अगर पिछले साल के 2250 रुपए क्विंटल के भाव पर सैकड़ों किसान आत्महत्याएँ कर रहे थे तो सरकार की ओर से भाव में 500 रुपए कमी कर दिए जाने से तो हालत और बिगड़नी थी। याद रहे कि यह सब सरकार की 'मोनोपॉली' प्राक्योरमेंट स्कीम को समेटे जाने और कपास के बाजार में देशी-विदेशी कंपनियों को घुसने की इजाजत के साथ हो रहा था। इसी से जुड़ा मुद्दा यह है कि कपास की कीमतें खुले बाजार की व्यवस्था में विदेश से अंधाधुंध इंपोर्ट के चलते बैठी है। लेकिन सरकार ने सस्ते इंपोर्ट से घरेलू किसानों को बचाने के लिए कुछ नहीं किया।

गौरतलब है कि देश में किसानों की आत्महत्याओं का सिलसिला अभी भी थमा नहीं है। न भूख से मरनेवालों का और न कर्ज के जाल में डूबे किसानों और खेती-किसानों

से उजड़े-बेघरवार बेरोजगार लोगों के शहरों की ओर बढ़ता पलायन। जहाँ इनको रोक पाने में सरकार नाकाम रही है, वहीं वह ऐसी कोई नीति-कार्यक्रम बनाने में भी विफल रही है, जो इनके दु:खों को दूर कर सके, उनके घावों पर मलहम लगा सके। सरकार प्रशासनिक भ्रष्टाचार खत्म करने में नाकामयाब हुई है, जिसके चलते आम आदमी को सरकार द्वारा दिया जानेवाला 15 प्रतिशत लाभ भी नहीं मिल पाता। इससे देश का गरीब आदिवासी और किसान ऊब चुका है।

केंद्र सरकार का कृषि के प्रति कैसा लगाव है, इसका अंदाजा तो इसी बात से लगाया जा सकता है कि सरकार ने प्राथमिकता वाले आठ कार्यक्रमों तक में कृषि को शामिल नहीं किया है, जबकि असलियत में आज देश को सबसे ज्यादा रोजगार कृषि क्षेत्र ही उपलब्ध करा रहा है। सरकार की लगातार की गई उपेक्षा के चलते जी-तोड़ मेहनत करनेवाला किसान, जो सही मायने में अन्नदाता है और सही मायने में जिसकी बदौलत समूचे देश में दो वक्त का चूल्हा जलता है, आंदोलित है। विश्व व्यापार संगठन के फैसलों से कृषि को बाहर रखने और गेहूँ आयात करने के सरकार के निर्णय ने आंदोलनरत किसानों के मन में सुलगती विद्रोह की आग में घी डालने का काम किया है।

पहली और दूसरी पंचवर्षीय योजनाओं में कृषि को प्राथमिकता देकर समस्या से जूझने की तैयारी और संकल्प व्यक्त किए गए थे। इस दौरान किसान की जिंदगी सुधारने के दावे हुए, गाँवों में नया सवेरा लाने की बात की गई। इस बीच देश खाद्यान्न में आत्मनिर्भर भी हो गया, हरित क्रांति भी हो गई, लेकिन आत्महत्याओं का यह सिलसिला इस बात का सबूत है कि आम किसान की हालत में सुधार नहीं हुआ। आज प्रधानमंत्री और कृषि मंत्री किसानों को यह सलाह दे रहे हैं कि वे 'अपने दूसरे बच्चों को कृषि के अलावा कोई और काम में लगाएँ। क्या इन सभी बातों से निदान निकलेगा? भारतीय किसानों की जिंदगी के लिए कहा जाता है वह कर्ज में जीता है और कर्ज में ही मर जाता है। लेकिन यह उस समय की बात थी, आज यह बात नहीं होनी चाहिए थी।

यह कृषि और किसानों की दुर्दशा का ही प्रतिफल है कि भारत को गेहूँ के आयात के लिए विवश होना पड़ा। यही नहीं, उसे दालों के आयात का भी फैसला करना पड़ा। गेहूँ और दलहन भारत की मुख्य फसलें हैं। ऐसी मुख्य उपजों का आयात तो खतरे की घंटी है। चूँकि इन दिनों किसानों की दुर्दशा की चहुँओर चर्चा है, इसलिए यह उम्मीद बँधती है कि उनके लिए कुछ किया जाएगा, लेकिन यदि उनके लिए आर्थिक पैकेज घोषित कर कर्तव्य की इतिश्री कर ली गई तो फिर कुछ विशेष हासिल होनेवाला नहीं है।

## समाधान के रास्ते

आजादी के 60 वर्षों में नि:संदेह हमने कई क्षेत्रों में प्रगति की है, लेकिन कृषि

और किसान पर जितना ध्यान केंद्रित करना चाहिए, वैसा प्रयास नहीं किया गया। यह सुस्थापित तथ्य है कि कृषि और किसान भारतीय समाज के मुख्य आधार हैं। इनकी उपेक्षा के गंभीर परिणाम देश को भुगतने पड़े हैं। विभिन्न राज्यों में किसानों की दुर्दशा से यह स्पष्ट प्रतीत होता है। आज जरूरत इस बात की है कि कृषि और किसान से संबंधित मुद्दों को प्राथमिकता देते हुए ठोस पहल की जाए। सबसे पहले किसानों का विश्वास जीतने की जरूरत है, इसके बाद बुनियादी सुविधाएँ जैसे—सिंचाई, बिजली आदि पर विशेष ध्यान दिए जाएँ। अभी किसान आधुनिकीकरण से दूर है, अतः खेती के क्षेत्र में प्रयोग हो रहे नए यंत्रों एवं तकनीकियों से किसानों को परिचित कराया जाए। केंद्रीय बजट तैयार करते समय कृषि पर विशेष जोर देना चाहिए, इससे आगे जाकर कृषि के लिए अलग बजट भी प्रस्तुत करना चाहिए।

औसत किसानों की आर्थिक स्थिति अच्छी नहीं है, अतः उन्हें समय पर सस्ते दर पर ऋण सुविधा उपलब्ध करानी चाहिए। साथ ही फसल बीमा के बारे में भी ठोस पहल करना होगा। इन दिनों जैविक कृषि के प्रयोग काफी लाभप्रद साबित हो रहे हैं, इसलिए इसे इस्तेमाल में लाने हेतु किसानों को प्रोत्साहित करने की जरूरत है।

वर्तमान समय की सबसे बड़ी आवश्यकता है कि हम कृषक की पीड़ा को समझें। महानगरों की गगनचुंबी अट्टालिकाओं से निकलती हुई भारत की आर्थिक प्रगति की चकाचौंध, विकसित राष्ट्र बनने के संकल्प को तब तक पूरा नहीं कर सकती, जब तक विकास की किरण गाँव के गलियारों और खेत-खलिहानों तक न पहुँचे।

□

# भारतीय तकनीक ही सभ्यता के विकास का मूल स्रोत

–डॉ. मुरली मनोहर जोशी

11 मई 'तकनीकी दिवस' के रूप में मनाया जाता है। 1998 में इसी दिन भारत के तत्कालीन प्रधानमंत्री श्री अटल बिहारी वाजपेयी के नेतृत्व में देश ने विकसित देशों में खास पहचान बनाने के लिए अपनी संकल्प शक्ति का प्रदर्शन किया। मैं भारतीय वैज्ञानिकों को समर्पण व आणविक तकनीक विकास में उनके योगदान के लिए अभिवादन करता हूँ, जिसके कारण अंतरराष्ट्रीय स्तर पर भारत की प्रतिष्ठा में अत्यधिक वृद्धि हुई, मेरा विचार है कि प्रगति, समृद्धि और सुरक्षा की योजना बनाने में विज्ञान व तकनीकी का सफलतापूर्वक इस्तेमाल होना चाहिए, ताकि विभिन्न अंतरराष्ट्रीय मंचों पर देश की आवाज सुनाई पड़े। दरअसल, भारत सदा से शांति का समर्थक रहा है और अब भी विश्व-शांति स्थापना के लिए इसका प्रयास जारी है।

सच तो यह है कि मानवता जाति से जुड़ी मानव-कुशलता की कहानी है। जिस तकनीक पर हमारी भौतिक संरचना व मानवीय शरीर बना है, वह जहाँ एक तरफ प्रकृति की रचना-कला का अनुपम उदाहरण है, वहीं दूसरी ओर स्वयं अनेक तकनीकी गतिविधियों को संचालित करती है, जिसे रोबोट और कंप्यूटर आज भी नहीं कर सकते। सभ्यता के विकास में भारत का उल्लेखनीय तकनीकी योगदान रहा है। इस संदर्भ में प्रमाण ढेर सारे हैं।

प्रसिद्ध अरबी विद्वान् सैद अल-अंदलुसी ने अपनी चर्चित पुस्तक 'तबकत अल-उमाम' में कहा है कि भारत पहला देश है, जिसके पास परिष्कृत विज्ञान है। भारतीयों के ज्ञान की प्रशंसा करते हुए वे कहते हैं, "भारत, अपने लोगों की बुद्धिमत्ता के लिए विख्यात है। सदियों से विगत सभी राजाओं ने ज्ञान की सभी शाखाओं में भारतीयों की योग्यता को स्वीकार किया है।"

वास्तव में, भारत की विज्ञान परंपरा अंदलुसी द्वारा बताए गए समय से भी काफी प्राचीन है। भारतीय विज्ञान की परंपरा को ऋग्वेद में ढूँढ़ा जा सकता है। कोई भी वैदिक साहित्य से विज्ञान और तकनीक से जुड़े प्रसंग ढूँढ़ सकता है। ऋग्वेद में वर्णित ज्योतिष परंपरा शायद विश्व की प्राचीनतम परंपरा है, जो ऋग्वेद की स्तुतियों में बृहस्पति व शुक्र ग्रह के विशेष उल्लेख से प्रमाणित होती है।

**बृहस्पतिः प्रथमं जायमानो महो ज्योतिषः परमे व्योमन्**

तैत्रिय ब्राह्मण कहता है कि बृहस्पति पहली बार तब देखा गया, जब वह 'तिस्य तारक पुंज' के सामने से ऊपर उठ रहा था।

**बृहस्पतिः प्रथमं जायमनस्तिष्य नक्षत्रमभि सम्बभूव**

वैदिक साहित्य ऐसे संदर्भों से भरे पड़े हैं, जो विभिन्न क्षेत्रों के वैज्ञानिक निरीक्षण व प्रक्रिया की सतत परंपरा को प्रमाणित करते हैं। उदाहरण के तौर पर ऋग्वेद की स्तुतियों में स्टील की मौजूदगी व वैदिक काल में उसके महत्त्व का उल्लेख है।

**जरतीभिः औषधिभिः पर्णेभिः शकुनानाम।**
**कर्मारो अश्मभिः हिरण्यवन्तमिच्छति इन्द्रान्द्रो परिश्रवा।**

अकसर इस तरह के तर्क प्रस्तुत किए जाते हैं कि भारतीय विज्ञान अनुमानों पर ज्यादा आधारित है, बजाय निरीक्षण व प्रयोगों के। यदि कोई व्यक्ति वैदिक काल से लेकर ईसवी बाद की अनेक सदियों तक के संस्कृत साहित्य का अध्ययन करे, तो वह ऐसे विश्वसनीय प्रमाणों से आश्चर्यचकित हो जाएगा, जो उपर्युक्त दोनों कथनों को झूठा साबित करते हैं। रॉयल सोसाइटी ऑफ एडिन के फेलो सर जॉन प्लेफेयर ने भारत के विभिन्न क्षेत्रों के पंचांग का विश्लेषण करने के बाद 1790 में एक अत्यंत महत्त्वपूर्ण शोध प्रकाशित किया था। इस विख्यात शोध पत्र (Remarks on the Astronomy of the Brahmins) में प्लेफेयर कहते हैं, ''भारतीय ज्योतिष जिन निरीक्षणों पर आधारित है, वह ईसवी सदी से 3000 वर्षों से भी ज्यादा पहले की है। खासतौर पर कलयुग के प्रारंभ पर सूर्य और चंद्रमा की स्थिति वास्तविक निरीक्षणों पर आधारित है।'' वे ज्योतिष के कुछ दूसरे तत्त्वों का भी खास उल्लेख करते हैं, जो उससे भी प्राचीन हैं और ज्योतिष का जन्म 1000 या 1200 वर्ष से भी पहले, यानी 4300 ईसा पूर्व निर्धारित करते हैं, क्योंकि कलयुग के प्रारंभ में विज्ञान के विकास व इसकी सटीक गणना तथा निरीक्षण के लिए इतना समय जरूरी है। इस तरह भारतीय ज्योतिष परंपरा आज से लगभग 7000 वर्ष पहले की है।

यह मेरे लिए रुचिकर होगा कि मैं उन पुरातात्विक साक्ष्यों पर चर्चा करूँ, जिनका संबंध प्राचीन भारत में विकसित तकनीकी प्रक्रिया व कुशलता से है। देश के विभिन्न भागों से खोजी गई शिल्पकृतियों से प्रमाणित होता है कि उस वक्त भी धातु तकनीक,

हथियार निर्माण, विनिर्माण, आभूषण बनाने, ताँबे, सोने व चाँदी के खनन की विकसित कला मौजूद थी।

सिंधु घाटी की सभ्यता या हड़प्पा संस्कृति भार व नाप के मानकीकृत इस्तेमाल का उल्लेखनीय प्रमाण है। हड़प्पावासी वजन और मापन के लिए उच्चकोटि की मानकीकृत प्रणाली विकसित किए थे। खुदाई स्थलों से डेसीमल चिह्नित 1.7 मिलीमीटर तक अंशांकित पैमाना की खोज हुई है। डीपी अग्रवाल के अनुसार (History of Tech. in India Vol. v,v997) घनाकार पत्थरों के वेट, द्विअंकीय प्रणाली (1, 2, 1/3ग 8, 4, 8, 16, 32 से लेकर 12800 तक) और 1:16 का परंपरागत भारतीय अनुपात (एक रुपए बराबर 16 आना) शायद हड़प्पा संस्कृति की उपज हैं। यूनिट वजन 13.625 ग्राम उच्च वेट दशमलव प्रणाली पर आधारित है। पूरे हड़प्पा क्षेत्र में वेट की विशुद्धता वाकई उल्लेखनीय है।

मनकों की फैक्टरी चहुदड़ों और लोथल जैसे हड़प्पा स्थलों में पाई गई हैं। मालाएँ गोमद, कार्नेलियन, शेल, पिमदबमए टेराकोटा, सोने, चाँदी, शंख, गोमेद, कार्लेनियन, सेलखड़ी आदि की बनी थीं। जड़ित व अलंकारिक मनकों का शायद निर्यात किया जाता था।

शायद भारत में खनन और खनिजों के प्रयोग का इतिहास 4000 ईसवी पूर्व से भी ज्यादा पुराना है। हड़प्पा-मोहनजोदड़ो काल के दौरान मिले पुरातात्त्विक साक्ष्य इस बात को प्रमाणित करते हैं कि ताँबा व काँसे का इस्तेमाल घरेलू उपकरणों जैसे चाकू, हँसिया, तार, axe heads आदि बनाने में बहुतायत किया जाता था। इन धातुओं की बनी कटार, तीर के नोक व छड़ें तमाम स्थलों से प्राप्त हुई हैं। मोहनजोदड़ो से मिली नृत्य करती लड़की की कांस्य प्रतिमा से स्पष्ट है कि इसको ढालने में cire perdue तकनीक का इस्तेमाल हुआ है। सोने और चाँदी का इस्तेमाल आभूषण बनाने और चाँदी का इस्तेमाल सजावटी बरतनों के बनाने में हुआ है। उपलब्ध साक्ष्यों से संकेत मिलता है कि अयस्क और खनिजों का इस्तेमाल बड़े पैमाने पर होता था, जिसमें क्वाट्र्ज, हेमेटाइट, सेलखड़ी, white lead leucopyrites आदि शामिल हैं। ऋग्वेद में ताँबे, काँसे, सोने और चांदी के इस्तेमाल का उल्लेख है और इस बात का भी वर्णन है कि स्टील बनाने की तकनीक क्या थी।

भानुप्रकाश के अनुसार (History of Technology in India Vol. v v997) यह निश्चित है कि वैदिक काल में बहुत सी उपयोगी धातुएँ पाई जाती थीं और उनका इस्तेमाल कृषि व रक्षा, भूतल, समुद्री और शायद हवाई, भाप और अन्य ऊर्जा स्रोतों से चलनेवाले, परिवहन के औजार बनाने में होता था।

हाल के खनन और अध्ययन यह बताते हैं कि प्राचीन काल में ताँबा खनन राजस्थान

और बिहार में, सीसा, जस्ता और चाँदी का खनन राजस्थान में होता था, जबकि सोने का खनन मुख्य रूप से दक्षिण भारत में किया जाता था। ऐसा उल्लेख किया जा सकता है कि उन दिनों भारतीय खनन का स्तर अति उच्चकोटि का था। अर्थशास्त्र में कौटिल्य ने सोने, चाँदी, ताँबे, सीसे, लोहे, टिन और पारे का विशद वर्णन है। साथ ही उनके धातुकर्म व व्यापारिक उपयोग के लिए उत्पादन तकनीक का वर्णन है। कौटिल्य उल्लेख करता है कि खदानें राजस्व की प्रमुख स्रोत थीं और उन्हें घटते खजाने को पूरा करने के लिए आवश्यक माना जाता था, जो सेना के रखरखाव और युद्ध के लिए जरूरी था। अर्थशास्त्र आँकड़ाध्यक्ष (खनन निदेशक) के कार्यों की प्रकृति और उसकी योग्यताओं का विस्तार में वर्णन किया गया है। विनिर्माण और बहुमूल्य पत्थरों से बनी सामग्रियों की बिक्री के लिए दूसरे अधिकारी (खानयाध्यक्ष) होते थे।

धर्मपाल अग्रवाल और उनके सहयोगियों ने हड़प्पा की 200 से अधिक शिल्पकृतियों का विश्लेषण किया और पाया कि ये सिर्फ 23 प्रतिशत टिन के साथ, 12 प्रतिशत आर्सेनिक के साथ, 8 प्रतिशत सीसे के साथ मिश्रित थीं, इसके अलावा कम मात्रा के दूसरे तत्त्व भी मिश्रित थे। आज हमें मालूम है कि ताँबे में अपेक्षित स्तर तक की तन्यता और कठोरता पाने के लिए 4–5 प्रतिशत आर्सेनिक और 8- 12 प्रतिशत टिन का मिश्रण करना चाहिए। यह ध्यान देने योग्य है कि हड़प्पावासी टिन और आर्सेनिक दोनों का मिश्रण करते थे। भारत में ताँबे की शिल्पकृतियों का सबसे पहला और प्राचीनतम साक्ष्य क्वेटा स्थित नल कब्रिस्तान से (Cemetery) मिला है, जो ईसा से 3000 साल पहले का है।

ताम्र निर्मित अनेक जानवरों की आकृतियाँ जैसे हाथी, गैंडा, भैंस, मनुष्य चालित सांड रथ, ये सभी wheel प्लेटफॉर्म पर स्थित हैं, जो दैमाबाद के निकट पाए गए हैं। दैमाबाद को Chalcolithic phase का माना जाता है, जिसे कुछ शोधकर्त्ता स्वीकार नहीं करते। दैमाबाद से प्राप्त ताँबे का रथ cire perdue प्रक्रिया से एक ही बार में ढला है। आज यह प्रिंस ऑफ वेल्स म्यूजियम, मुंबई में सुरक्षित है। ताँबे का इस्तेमाल कुल्हाड़ी, छिन्नी, चाकू, चूड़ियाँ आदि बनाने में किया जाता था। इनामगाँव में एक गलन भट्टी की खोज हुई है।

गोमद, कार्नेलियन, जैस्पर, chalcedony सोने, ताँबे, हाथी दाँत जैसे अनेक पदार्थ अलंकारिक मनके बनाने में इस्तेमाल किए जाते थे। अनेक स्थानों से ताँबे की पायल और सोने के कर्णाभूषण भी प्राप्त हुए हैं। उपकरणों के क्षेत्र में हड़प्पावासियों के सबसे महत्त्वपूर्ण योगदान में ड्रिल, आरियाँ, नुकीले सिर वाली सुइयाँ आदि शामिल हैं। बरतन बनाने के लिए हड़प्पावासी धातुओं का खूब प्रयोग करते थे। ऐसी रिपोर्ट है कि बरतन बनाने के लिए हड़प्पावासी sinking, raising and lapping तकनीक का इस्तेमाल करते थे और धातुओं को जोड़ने के लिए रनिंग आन व रिवेट विधि उपयोग में लाते थे।

धातुग्राफी विश्लेषणों से स्पष्ट है कि वे खुली व बंद ढलाई, ढले उत्पादों को धीरे-धीरे ठंडा करना, तापानुशीतन और कोल्ड वर्क का काम करते थे (डीपी अग्रवाल, हिस्टरी ऑफ टेक्नोलॉजी Vol. v 1997)।

ईरान के राजा डेरियस के पास पीतल का एक कप है, जो लगभग 500 ईसवी पूर्व का है और इस कप की उत्पत्ति शायद भारत में हुई थी। यह एक मजबूत साक्ष्य है कि भारतीय ताँबे का खनन xrd M.B.C. से काफी पहले जानते थे। रामपुरवा नेपाल में अशोक स्तंभ के साथ एक टेपर्ड कॉपर का बोल्ट मिला है, जो 62 सेंटीमिटर लंबा है और इसके सिरे का व्यास का लगभग 5 सेंटीमीटर है, जबकि बीच की मोटाई 5.69 व सेंटीमिटर की है। बोल्ट इस समय कोलकाता राष्ट्रीय संग्रहालय में सुरक्षित है।

वेदों और अन्य प्राचीन साहित्य में ताँबे का लोहित्य या लोहा के नाम से उल्लेख है। रास रत्नसमुच्चय में ताँबे निकालने की प्रक्रिया और आयुर्वेदिक चिकित्सा पद्धति में इसके उपयोग का विशद वर्णन है। इस पुस्तक में दो प्रकार के ताँबे का उल्लेख है। पहला, नेपाल से शुद्ध (लाल) ताँबा 99.5 प्रतिशत शुद्ध, तन्यता युक्त और दूसरा, अशुद्ध या काला ताँबा (मलीच्च), जिसमें कॉपर आक्साइड और दूसरी अशुद्धियाँ जैसे सीसा, जिंक, आर्सेनिक आदि हैं, जो उसे कठोर व भंगुर बनाती हैं। आचार्य प्रफुल्ल चंद राय ने अपनी चर्चित पुस्तक 'ए हिस्टरी ऑफ हिंदू केमिस्ट्री' में ताँबे निकालने की विभिन्न प्रक्रिया का विस्तृत विवेचन किया है ('ए हिस्टरी ऑफ हिंदू केमिस्ट्री' सेंचुरी एडसिन, 2000)।

विज्ञान और तकनीक के क्षेत्र में भारतीयों की उपलब्धियों का उल्लेख करते हुए डी.पी. सिंघल लिखते हैं, 'धातु विज्ञान व खनन शास्त्र में भारतीयों ने महान् प्रगति की थी। तीन शताब्दी ईसवी पूर्व सिंधु घाटी के लोग खनन और सोने, चाँदी, व ताँबे का बहुतायत इस्तेमाल करते थे। वैदिक काल में बरतन, हथियार और पूजा करने के लिए प्रतिमाओं का निर्माण करने के लिए ताँबे, काँसे और पीतल का बहुतायत प्रयोग होता था। दूसरी शताब्दी ईसवी पूर्व, पतंजलि अपनी पुस्तक 'लौहशास्त्र' में अनेक प्रकार की रासायनिक व धात्विक विधियों का विस्तारपूर्वक वर्णन करते हैं। खासतौर पर धात्विक नमक, मिश्रण व एमल्गम्स बनाने और धातुओं के निष्कर्षण, शुद्धीकरण और परखने का विशद उल्लेख करते हैं।' कहा जाता है कि Aqua regia (नाइट्रिक व हाइड्रोक्लोरिक अप्ल का मिश्रण, जो सोने और प्लेटिनम को desolve करता है) की खोज इन्होंने ही की।

पेरिप्लस कहता है कि ईसवी की पहली शताब्दी में भारतीय लोहा और स्टील, अफ्रीका और इथियोपिया को निर्यात किया जाता था। भारतीय धातुकर्मी अयस्क से धातु निकालने की कला के लिए विख्यात थे और उनके उत्पादों को रोमन, मिश्रवासी और अरबियन काफी महत्त्व देते थे। स्टलि की टेंपरिंग करने और 'Damascus blades' बनाने की उनकी रहस्यमयी कला के लिए वे जाने जाते थे।

हालाँकि इसकी महत्ता तब तक स्वीकार नहीं की गई, जब तक पूरे यूरेशिया में पाई गई damascened तलवारों का गंभीर धात्विक विश्लेषण नहीं किया गया। पूर्व मध्यकालीन लंबी तलवारों के धातुशास्त्र विशेषज्ञ एडवर्ड सलिन ने माना कि विभिन्न गुणवत्ता वाले लोहे व स्टील के पतले राँडों को मोड़ने व गट्ठा (fagoting) बनाने की अद्भुत कला, जिससे laminated Merovingian ब्लेड बनाया जाता है, भारतीय वूड्ज स्टील से प्रेरित है, जो वहीं परिणाम क्रिस्टिलाइजेशन से पाया गया। ईरान के लोग भारतीय तलवारों को सबसे अच्छा मानते थे। प्राचीन भारत में धातुकर्म काफी विकसित था, जो एक बार फिर जिप्सिओं के तथ्यों से सिद्ध हो जाता है। उल्लेखनीय है कि जिप्सिओं का मूल उद्गम भारत है, जो अत्यधिक कुशल कारीगर थे। यह माना जाता है कि तपाकर गढ़ने की कला जिप्सिओं ने ही यूरोप में फैलाई। प्राचीन भारत में स्टील का निर्माण होता था और पाँचवी सदी में ही इसका निर्यात चीन को होता था। नौवीं शताब्दी के लेखक अल किन्दी ने भी स्वीकार किया है कि अरबवासी भारत से स्टील का आयात करते थे (D.P. Singhal, India and World civilization, v97w) सुश्रुत संहिता ने चीर-फाड़ करनेवाले fe-C alloys के बने 100 से अधिक औजारों के बनाने की विधि का वर्णन किया है और इसमें अत्यधिक तेज धार प्राप्त करने के लिए रेजरों के हीट ट्रीटमेंट का उल्लेख है, जो बाल को भी लंबाई में दो भाग करने में सक्षम थे।

क्रिश्चियन काल में बने भारत के कुछ बड़े लौह उत्पाद विश्व में अनूठे हैं, जैसे दिल्ली स्थित 6000 किलोग्राम का प्रसिद्ध लौह स्तंभ (y6 century A.D.) धार का 7000 किलोग्राम का लौह स्तंभ (vwth century A.D.), उड़ीसा स्थित 26 लोहे की धरने (9th century A.D.), सबसे बड़ी धरन की लंबाई 11000 मिलीमीटर है, जबकि क्रास सेक्सन 175 गुणे 197 मिलीमीटर और वजन लगभग 3000 किलोग्राम है। माउंट आबू स्थित अचलेश्वर मंदिर का लौह त्रिशूल, कोंडाचारी का लौह स्तंभ और बिहार में बिशुनपुर के निकट तंगीनाथ मंदिर का लौह त्रिशूल। इन उत्पादों की विशालता और उच्च क्षरण प्रतिरोधी क्षमता आज के धातु विज्ञानियों और तकनीकी कर्मियों को आश्चर्यचकित कर देती हैं।

अब यह पूरी तरह से प्रमाणित हो गया है कि हिंदुओं ने सबसे पहले जिंक का निष्कर्षण कैलामाइट अयस्क से किया। आचार्य पी.सी. राय के अनुसार रासरत्न समुच्चय में उल्लखित प्रक्रिया पूर्णत: वैज्ञानिक है।

अनेक देशों से भारत का व्यापार खूब फला-फूला। यूनानी और रोमन इतिहासकारों ने भारतीय सोने व चाँदी का विशद वर्णन किया है। कुर्टियस स्ट्राबो और फिलोस्ट्राटस ने प्राचीन भारत में इन धातुओं के बहुतायत प्रयोग का उल्लेख किया है। ओल्ड टेस्टामेंट के दस्तावेज इस तथ्य के प्रमाण हैं कि ओफिर उल्लेख करता है कि भारत से सोने व

चाँदी का निर्यात होता था। मेगस्थनीज ने Neolithic Chalcolithic काल में भारत के विभिन्न भागों में इन धातुओं के खनन का विस्तार से वर्णन किया है। तमाम लेखकों द्वारा यह भी वर्णित है कि ग्रीक दरहम और रोमन दिनार भारतीय सोने के बने थे, जिनका इस्तेमाल कारोबार में लेन-देन के लिए किया जाता था। अशोक साम्राज्य की राजधानी को सुवगिति के नाम से जानते थे, जो अपने स्वर्ण वैभव के लिए विख्यात थी।

श्री धर्मपाल (1979) ने 18 शताब्दी में भारत के तकनीकी ज्ञान का विस्तार से वर्णन किया है, जो विभिन्न ब्रिटिश स्रोतों के दस्तावेज पर आधारित है। उनके अनुसार 18वीं शताब्दी के अंत तक इंग्लैंड अपने उद्योगों के लिए पर्याप्त स्टील का उत्पादन नहीं कर पा रहा था। 1790 में इंडियन स्टील का एक नमूना, जिसे सामान्यतया उट्ज स्टील कहा जाता था, ब्रिटिश रायल सोसाइटी के प्रेजिडेंट, सर जे. बैंक्स को भेजा गया। इस नमूने का अनेकों विशेषज्ञों द्वारा परीक्षण व विश्लेषण किया गया और पाया गया कि यह किसी भी यूरोपीयन स्टील के नमूने से बेहतर है। अंग्रेज़ों ने सोचा कि स्टील की उच्च गुणवत्ता दरअसल, हाई क्वालिटी वाले भारतीय अयस्क के कारण है और इसका किसी तकनीकी से कोई संबध नहीं है। लेकिन 30 साल के अंतराल के बाद यह महसूस किया गया कि भारतीय प्रक्रिया सिद्धांत पर आधारित थी, जो लोहे को कास्ट स्टील में बदलते समय कार्बन के साथ इसे close vessel में पिघलाते थे। वूड्ज स्टील के निर्माण में वही भारतीय तकनीक प्रयोग में लाई जाती थी, जो ऋग्वेद की स्तुतियों में वर्णित है। इस तकनीक में crucible यानी घरिया का तापमान ऊँचा किया जाता था, शुद्ध लोहा, सूखी लकड़ी और हरी पत्तियाँ भरी रहती थीं। पत्तियों से अधिक मात्रा में कार्बोरेटेड हाइड्रोजन पत्तियों से निकलती थी, जो बाहर न निकलने के कारण लोहे में घुल जाती थी। दरअसल, उस तापमान पर ठोस कार्बन की तुलना में इसका गैसीय रूप लोहे में आसानी से घुल-मिल जाता है। इस तकनीक से समय की काफी बचत होती थी और ज्यादा तापमान की जरूरत नहीं पड़ती थी। कहने की जरूरत नहीं कि ब्रिटिश निर्माताओं ने इसी प्रौद्योगिकी पर एक पेटेंट हासिल किया था।

1835 के आसपास मेजर जेम्स फैंकलीन ने इंडिया ऑफिस को सेंट्रल एशिया में लोहे और स्टील बनाने के तरीकों पर एक रुचिकर वृत्तांत भेजा। यह वूड्ज स्टील निर्माण में भारतीय निमार्ताओं द्वारा प्रयुक्त भट्टियों व अन्य सामग्रियों की नाप, डिजाइन और बनावट का वर्णन करता है। एक आकलन के अनुसार एक भट्टी से एक सप्ताह में 200 किलोग्राम लौह या स्टील का उत्पादन होता था। एक साल में एक भट्टी लगभग 20-25 टन का उत्पादन करती थी। मेजन फैंकलीन ने लौह उत्पादन के मूल्य की भी गणना की है। उसके अनुसार एक मौंड (37 किलोग्राम) का उत्पादन करने में एक रुपया, 12 आना खर्च आता था।

इस प्रकार लौह प्रौद्योगिकी की भारतीय परंपरा वैदिक काल से अंग्रेज़ों के आने तक जारी रही। इस परंपरा का ह्रास विदेशी शासन के कारण हुआ।

मैं अपने उन अनुभवों को बाँटना चाहूँगा, जिनका संबंध इलाहाबाद से है, जहाँ मैं रहा और 4 दशकों तक यूनिवर्सिटी में पढ़ाया। बतौर विद्यार्थी जब मैंने इलाहाबाद विश्वविद्यालय में प्रवेश लिया, तो मुझे पता चला कि रेफ्रिजरेटर के सिद्धांतों के जाहिर होने से काफी पहले इस शहर में बर्फ का उत्पादन होता था। मुझे यह भी बताया गया कि पश्चिमी उत्तर प्रदेश के कुछ दूसरे शहरों में भी बर्फ का उत्पादन होता था। बाद में मैंने पाया कि सर राबर्ट बारर्कर, एफ.आर.एस. ने काफी पहले 1775 में बर्फ बनाने की प्रक्रिया प्रकाशित की थी (अठारहवीं शताब्दी में भारतीय विज्ञान व प्रौद्योगिकी, 1971)।

विश्व सभ्यता में प्रौद्योगिकी के क्षेत्र में भारतीयों का योगदान महत्त्वपूर्ण है। घूमता हुआ चक्र भारतीय अनुसंधान की उपज है। इसका आर्थिक महत्त्व, टेक्सटाइल की लागत कम करने में तो है ही, साथ ही यह बेल्ट द्वारा पावर के ट्रांसमिशन का पहला उदाहरण है। रकाब की उत्पत्ति भी भारतीय है, जो दूसरी सदी ईसा पूर्व में हुई थी। प्राचीन नलिका, जिससे छोटी तीरों या लोहे की गोलियों को दागा जाता था, की ईजाद एअरगन से काफी पहले हुई। ऐसा माना जाता है कि एअरगन का आविष्कार यूरोपवासियों ने 16 वीं शताब्दी में किया था।

जो भी हो, सबसे महत्त्वपूर्ण तथ्य है कि भारतीयों ने ही यूरोपियन को सतत गति की अवधारणा बताई। इस अवधारणा की शुरुआत भास्काराचार्य से मानी जाती है और यह अरबों के द्वारा यूरोप में पहुँची, जिसने न केवल यूरोपियन इंजीनियरों को मेकैनिकल पावर की अवधारणा को आत्मसात् कराया, बल्कि उस विचार प्रक्रिया को बल दिया, जिसमें पश्चिमी वैज्ञानिक विचारों को गहरा प्रभावित किया। सतत गति का भारतीय विचार हिंदू विश्वास, 'सभी वस्तुओं की चक्रीय प्रकृति' के अनुरूप है।

प्राय: माना जाता है कि जहाँ भारत एक चिंतन प्रधान देश रहा है, वहीं यूरोप प्रयोगवादी देश रहा है। परंतु हमें स्मरण रखना होगा कि प्रयोगमूलक विज्ञान, जिसकी आज हमें जानकारी है, यूरोप में भी उसका उद्‌गम और विकास अभी हाल में हुआ है। जब बायल, हुक, क्रिस्टोफर रेन तथा प्रकृति के विद्यार्थियों ने रॉयल सोसाइटी की स्थापना 1662 में की थी तो हॉब्स ने उन्हें 'प्रयोगकर्ता' कहकर उपहास उड़ाया था; 17वीं शताब्दी में भी पश्चिमी देशों में प्रायोगिक विज्ञान में इस प्रकार के लोगों का असम्मान अर्थात् तिरस्कार होता था। यह बात भी सचमुच रोचक ही होगी कि एक बार रॉयल सोसाइटी के प्रतिष्ठित सदस्यों में गंभीर चर्चा चली कि मरी हुई मछली का वजन ज्यादा होता है या जिंदा मछली का, तब भी किसी के दिमाग में यह नहीं आया कि अरे, इस समस्या का समाधान तो सीधा सा है कि आप जिंदा और मरी हुई मछली को तौलकर ही देख लें।

आइए, हम देखें कि प्रायोगिक विज्ञान की महत्ता के बारे में भारत में क्या स्थिति थी और भारतीय वैज्ञानिकों का क्या रूख रहा है। हिंदू रसायन विज्ञान के दो मानक ग्रंथ रामचंद्र की रसेंद्र चिंतामणि और यशोधारा की रस-प्रकाश सुधाकर है, जो 13वीं या 14वीं शताब्दी ईसवी के ग्रंथ हैं। इनमें बड़े साहस तथा स्पष्ट रूप में विज्ञान अपनाने के प्रायोगिक विधियों के मूलभूत आधार की बात कही गई है।

पहली पुस्तक में कहा है, ''मैंने विद्वानों से सुना है और शास्त्रों में पढ़ा है, परंतु प्रयोग द्वारा सत्यापित नहीं कर पाया हूँ, उन्हें मैंने छोड़ दिया है। दूसरी तरफ जिन कार्यों को मैं अपने विद्वान् गुरुओं के निर्देशों के अनुसार स्वयं अपने हाथों से कर पाया हूँ, केवल उन्हीं पर मैं लिखने के लिए प्रतिबद्ध हूँ। वे ही वास्तव में वास्तविक गुरु माने जाते हैं कि वे जो कुछ पढ़ाते हैं, उसका प्रयोग कर उसे सत्यापित करते हैं, उन्हें ही सच्चा शिष्य माना जाता है जो कुछ वे सीखते हैं, उस पर चलते हैं, यही गुरु और शिष्य की परंपरा है, बाकी सब मंच के अभिनेता मात्र ही हैं।''

दूसरी पुस्तक के लेखक यशोधरा का कहना है, ''मेरी पुस्तक में सभी रसायन विधियों को मैंने स्वयं करके देखा है, मैंने सुनी-सुनाई बात पर नहीं लिखा है। जो कुछ भी लिखा है वह मेरी अपनी अनुभूति और प्रेक्षण के आधार पर लिखा गया है।''

अनेक प्राचीन पुस्तकों में उन लोगों की अर्हताओं तथा सामान्य प्रवृत्तियों का उल्लेख किया गया है, जिन्हें प्रायोगिक विज्ञान का प्रशिक्षण लेना होता है। इसमें सिफारिश की गई है कि शिक्षक को बुद्धिमान, अनुभवी, रसायन प्रक्रियाओं का ज्ञाता, संयमी और धैर्यवान होना जरूरी है। शिष्य को गुरु के प्रति सम्मान, आचरणशील, सत्यनिष्ठ, मेहनती, आज्ञाकारी, घमंडरहित तथा निष्ठावान होना जरूरी है। रसायन प्रक्रिया ऐसे शासक के अधीन रहेंगी, जो अराजकता से मुक्त रहेंगे; प्रयोगशालाएँ वनों के बीच रहेंगी, उनमें पर्याप्त स्थान होगा, चार दरवाजे होंगे और ईश्वर के चित्रों से सुशोभित होंगी।

कुछ पाठ्य-पुस्तकों में रसायन प्रयोगशाला के स्थान-निर्धारण के बारे में लिखा गया है कि प्रयोगशाला ऐसे क्षेत्र में होंगी, जो क्षेत्र जड़ी-बूटियों से भरा होगा और वहाँ कुएँ रहेंगे, वहाँ तरह-तरह के उपकरण होंगे। ऐसे लोग जो सच्चे हैं, जिनमें लालच नहीं है, आत्मसंयमी हैं और समुचित भोजन और आहार विधान पर चलते हैं, ऐसे ही लोगों को रसायन कार्यों में लगाया जाना चाहिए। दूसरे चार विज्ञान हैं, जो वैदिक ग्रंथों से तैयार हुए हैं, उन्हें उप-वेद कहते हैं। वे हैं—आयुर्वेद, धनुर्वेद, गांधर्ववेद और अथर्ववेद। आयुर्वेद का संबंध जीवन के रहस्य तथा लंबे जीवन के पालन-पोषण, संरक्षण तथा अनुरक्षण की कला के विज्ञान से है। आयुर्वेद का निर्माता धनवंतरी को माना जाता है। उनके अलावा दूसरे प्रमुख नामों में आत्रेय, कश्यप, हफीता, अग्निवेश और भेद मुनि हैं। इस समय आयुर्वेद की तीन प्रमुख पुस्तकों का अध्ययन होता है—चरक संहिता, सुश्रुत

संहिता और वागभट्ट संहिता। इन तीन पुस्तकों का संग्रह वृहतत्रयी कहलाता है। अब मैं आयुर्वेद के क्षेत्र में भारतीय उपलब्धियों की कुछ विशिष्टताओं का उल्लेख करना चाहूँगा तथा अन्य उपवेदों पर अन्य वक्तागण अपनी बात कहेंगे।

आयुर्वेदिक साहित्य भ्रूण विकास को भी पर्याप्त सही ढंग से रखा गया है। यह बात भी विशेषता रखती है कि आज भी भारत में बहुत व्यापक रूप से आयुर्वेदिक पद्धति अपनाई जाती है और विश्व के विभिन्न भागों में इसका प्रचलन बढ़ता चला जा रहा है। सुश्रुत ने संस्कृत में निदान तथा चिकित्सा की संपूर्ण पद्धति लिखी है तथा उसमें सर्जिकल ऑपरेशनों का उल्लेख भी है, जिसमें केटरेक्ट, हर्निया, लिथोटामी आदि भी शामिल हैं। उन्होंने 121 सर्जिकल इंस्ट्रमेंटस का उल्लेख भी किया है जिनमें लेंसेट्स, साउंड्स, फोर्सेप्स, केथेटर्स, रेक्टल और वेजिनल स्पेकुलम्स भी शामिल हैं। वे पहले व्यक्ति थे, जिन्होंने शरीर के दूसरे भाग से त्वचा लेकर आरोपित करने का काम किया था और इस प्रकार के ऑपरेशन का अध्ययन और प्रचार इतना व्यापक रूप से हुआ कि हमने देखा है कि एक स्थानीय तथा एक अयोग्य सर्जन ने भारत में एक ब्रिटिश सेना के फौजी का इस प्रकार का ऑपरेशन कर इलाज किया (लंदन में वेल्कम इंस्टीट्यूट फॉर हिस्टरी ऑफ मेडिसिन द्वारा आयोजित एक प्रदर्शनी में इस प्रकार का उदाहरण बहुत हाल ही में उद्धृत किया गया है।)

चिकित्सा की एक महानतम पुस्तक की रचना भाव मिश्रा (1550 ईसवी) ने की थी और यह शरीर विज्ञान, फिजियोलोजी तथा चिकित्सा का एक बहुत बड़ा ग्रंथ था और इसमें उस समय की एक नई बीमारी 'सिफलिस' का इलाज बताया गया था, जिसे तब भारत में पुर्तगाल के लोग लेकर आए थे।

यह भी उल्लेखनीय है कि 18वीं शताब्दी ईसवी से पहले यूरोप में वेक्सीन के बारे में पता ही नहीं था, जिसका ज्ञान भारत में बहुत पहले से था। 1731 में भारत से रो. कोल्ट ने एक पत्र डॉ. ओलिवर कोल्ट को लिखा था, जिसमें कहा गया था कि बंगाल में चेचक के टीके का पता कम-से-कम 150 वर्ष पूर्व हो गया था। 1767 में डॉ. जे. जेड हालवेल एफ.आर.एस. ने प्रेजीडेंट कॉलेज ऑफ फिजीशियन, लंदन को एक और विस्तृत रिपोर्ट भेजी थी। सौभाग्य से, यह बात निरंतर स्वीकार हो रही है कि मध्यकालीन तथा आधुनिक यूरोप को चिकित्सा पद्धति की जानकारी सीधे अरब लोगों से और उनके माध्यम से भारत को मिली।

पश्चिमी मेडिकल साइंस में हार्वे को रक्त संचालन की खोज का श्रेय जाता है। परंतु उससे बहुत पहले इस फिजियोलॉजिक तथ्य का पता वैदिक विद्वानों के पास था। अथर्ववेद में शरीर की सभी गतिविधियों का केंद्र हृदय को माना गया है और चरक संहिता में इसका विस्तृत विवरण मिलता है, 'हृदय से निकली सभी कोशिकाएँ रक्त को

शरीर के सभी भागों में पहुँचाती है; यह तत्त्व सभी पशुओं के जीवन को पुष्ट करता है, वरना इसके बिना जीवन समाप्त ही हो जाता है। यह तत्त्व योनि में भ्रूण को पुष्ट करता है, जो शरीर में प्रवाहित होकर माँ के हृदय तक वापस पहुँचता है। हृदय संहिता में भी रक्त संचालन का उल्लेख है, जब वहाँ पांडु रोग के इलाज पर चर्चा हुई है। विस्फोटक बुखार, कुष्ठ रोग, चेचक, तपेदिक आदि जैसे जीवाणु और संक्रमित प्रकार के रोगों के बारे में सुश्रुत संहिता में साफ-साफ लिखा है। विभिन्न प्रकार के चर्म रोगों तथा कुष्ठ रोग, बुखार और थेलमिया तथा सामान्यतया वायु और जल से उत्पन्न बीमारियाँ एक व्यक्ति से दूसरे व्यक्ति तक पहुँच जाती हैं।

सुश्रुत संहिता में रक्त कणों का उल्लेख है, जिनका रक्त में संचालन होता है और बिना चश्मे तथा खुली आँख से इन्हें देखा नहीं जा सकता है। एम.एम. गनानाथ सेन इस निष्कर्ष पर पहुँचे कि ऐसे कुछ साधन हैं, जिन्हें बिना चश्मे या खुली आँख से देखना संभव नहीं है। चरक ने भी रक्त के कृमियों का वर्णन किया है। उन्होंने कहा है कि सुश्रुत और चरक किसी कण के रंग, आकार आदि के बारे में तब तक कैसे विस्तार से वर्णन कर सकते हैं, (जो खुली आँख से नहीं देखे जा सकते हैं) जब तक उनके पास इन्हें देखने का कोई साधन उपलब्ध न हो। इस विधि के बारे में विस्तार से खोज करने की जरूरत है, जिसके कारण ये वैज्ञानिक इन माइक्रोस्कोपिक तत्त्वों को निहार सकें, जो अन्यथा दिखना संभव नहीं है।

वनस्पति शास्त्र, कृषि, बागवानी आदि के क्षेत्र में भी भारत की भारी उपलब्धियाँ हैं। वैदिक काल में कृषि विज्ञान भी विकास की परिपक्व अवस्था में पहुँच गया था। पारासार की पुस्तक 'कृषि' है जो कृषि विषय पर लिखी गई। वनस्पति शास्त्र पर वृक्षायुर्वेद ग्रंथ था, जो संभवत: बौद्धिक काल के पूर्व कभी लिखा गया था (जिसका उल्लेख अर्थशास्त्र में मिलता है), परंतु जिसकी प्रतियाँ अभी तक मिलने में सफलता नहीं मिली है, परंतु इस मूल्यवान ग्रंथ की कुछ विकृत सी प्रतियाँ हासिल हो पाई हैं। इस पुस्तक का प्राचीनकाल पहली शताब्दी ईसवी से लेकर पहली शताब्दी ईसा पूर्व या इससे भी पहले का बनता है।

वृक्षायुर्वेद के लेखक पारासार अग्निवेश के समकालीन थे, जिनका कालक्रम, आचार्य पी सी रे के अनुसार बौद्ध काल के पूर्व किसी समय निर्धारित किया जा सकता है। उन्होंने यह पुस्तक एक सम्मेलन में एकत्र ऋषि-मुनियों के अनुरोध पर लिखी थी, जो मानवजाति के लाभ के लिए जड़ी-बूटियों का विवरण लिखने के लिए बुलाया गया था। यह ग्रंथ चिकित्सा विद्यार्थियों के लिए वनस्पति शास्त्र की शिक्षा के आधार पर तैयार किया गया था। उदाहरण के तौर पर कुशल जीवक की चिकित्सा में उसकी प्रवीणता परखने के लिए तक्षशिला विश्वविद्यालय में फाइनल परीक्षा ली गई। इस परीक्षा के दौरान उनसे ऐसे सभी पौधों को संग्रह करने, उनके गुण धर्म का उल्लेख करने, पहचानने आदि

के लिए कहा गया, जो पौधे विश्वविद्यालय नगर के चार योजनों के अंदर मिलते थे और जीवक ने अपने गुरुओं की पूर्ण संतुष्टि के साथ इस कार्य को पूरा किया।

(वृक्षायुर्वेद) का संपूर्ण कार्य छह भागों में बाँटा गया। 1. बीजोपत्ति-कांड 2. वनस्पति कांड; 3. गुल्मा-क्सुपा-कांड; 4. वनस्पति कांड; 04. विरुधबल्ली कांड; और 6. चिकित्सा-कांड। पहले अध्याय में इस ग्रंथ के लिखने के उद्देश्य का वर्णन है। दूसरे अध्याय में मिट्टी का वर्णन है और इसमें बताया है कि मिट्टी के प्रकार तथा गुणधर्म पर ही किसी पौधे की बढ़ने की क्षमता निर्भर रहती है। तीसरे ध्याय में वन वर्गाध्याय है, जिसमें पूरे भारत के 14 वनों का उल्लेख है। चौथे अध्याय में वृक्षांग-सूत्रीय अध्याय में विस्तार से पौधों के आकार-विज्ञान का दिग्दर्शन है। अपने कार्य में पत्तों पर भी सबसे अधिक ध्यान दिया जाता है। पारासर जानते थे कि हरे पत्ते वायु, ताप, प्रकाश और पौधों के स्वस्थ रूप से बढ़ने के कुछ सिद्धांतों पर निर्भर रहते हैं।

पारासर का कहना है कि पत्ते के असंख्य रस कोष हैं। वे 'रहसया सराया आधारस्का' का काम करते हैं, जिनमें सभी पंचभौतिकी गुण होते हैं, जो उन्हें भूमि से प्राप्त होते हैं और पत्तों तक पहुँचते हैं। इन्हें रंजाकयुक्तम कहते हैं और ये माइक्रोस्कोपिक आकार के होते हैं। इन कालावेस्तितम में सूक्ष्म पत्रिकाएँ होती हैं, जो 'कलाल डुप्जयते' में बदल जाती हैं।

पारासर बिना मैग्नीफाइंग ग्लास के हरे पत्तों की अनाटामी तथा फिजियोलॉजी का वर्णन नहीं कर सकते थे। जैसा पहले कहा है कि इसके बिना रक्त कणों का वर्णन नहीं किया जा सकता है। बेहतर होगा कि इस पर आगे खोज की जाए।

रूई विश्व की अर्थव्यवस्था में गहरा योगदान देती है और इस समय इसकी पैदावार एशिया तथा अफ्रीका, अमेरिका तथा कुछ हद तक यूरोप में होती है। मिस्र में इसके उपयोग का निश्चित प्रमाण ईसा पूर्व चौथी शताब्दी से मिल रहा है। परंतु इससे बहुत पहले लगभग 3000 ईसा पूर्व में रुई की खेती सिंधु घाटी में होती थी। मोहनजोदड़ो के उत्खनन के दौरान कपास के कुछ टुकड़े तथा एक चाँदी के बरतन की गरदन पर रुई के धागे मिले थे। ये टुकड़े ऐसी कच्ची सामग्री वाले थे, जिनकी तुलना आज के बंगाली धागों से मिलती-जुलती है। इन दोनों प्रकार की किस्म को देखकर इसमें कोई शक नहीं रह जाता है कि सिंधु घाटी की सभ्यता में कपड़ों की दस्तकारी मौजूद थी। इसी रुई से पूर्वी एशिया, अफ्रीका और पश्चिमी देशों में इसका शाश्वत रूप तैयार हुआ।

उपर्युक्त का वैज्ञानिक प्रमाण हमें पुरातात्विक खँडहरों से मिलता है। पूर्व-इंका पेरूवियन कब्रों पर न केवल बुने धागे मिलते हैं, बल्कि बुनाई और कताई के उपकरण भी मिलते हैं। इससे इस बात का पता चलता है कि सभ्य लोगों में रुई का प्रयोग होता था, क्योंकि फाइबर से धागे तैयार करना और फिर बुनाई की शुरुआत मानव की कुशलता में

महत्त्वपूर्ण प्रगति मानी गई है और सभ्यता के इतिहास में अभूतपूर्व स्थान रखती है। यह बात भी महत्त्वपूर्ण है कि पेरू के तकुए उसी प्रकार के थे, जिस प्रकार के तकुए भारत में ढाका की मलमल बुनने में इस्तेमाल होते थे। उनके दो छड़ों वाले करघों का इस्तेमाल एशिया, यूरोप, अमरीका और हर जगह होता था। परंतु तथ्य यह है कि ये दो छड़ वाले करघे भारत में बने और यूरोप तक और दक्षिण अमेरिका के रुई वाले क्षेत्रों में इनकी तकनीकी बारीकियाँ किस प्रकार पहुँचीं, इस बारे में कुछ भी कहना मुश्किल है, फिर भी इसका कारण यही हो सकता है कि भारत और प्राचीन अमरीका के बीच प्रत्यक्ष अथवा अप्रत्यक्ष रूप से संबंध रहे होंगे (डी.पी. सिंघल, भारत और विश्व सभ्यता, 1972)।

सिंधु घाटी में पैदा हुई रुई अमरीका तक पहुँची और वहाँ अमरीकी रुई के साथ संकरित रूप लेकर एशिया में एक नए और अधिक उच्च रूप लेकर पहुँची (डी.पी. सिंघल, भारत और विश्व सभ्यता, 1972)।

इन सब तथ्यों से उससे यह मानना तर्कसंगत होगा कि प्राचीन भारत में डिजाइन तैयार करने की क्षमता थी और वह विगत में सर्जिकल इंस्टुमेंट, केमिकल्स एप्रेट्स, फर्नेस तथा अन्य दूसरे उपकरण एवं खगोल शास्त्रीय उपकरण बना सकता था। इसका मतलब यह है कि हमारे पास उच्च स्तर की मेकैनिकल तथा टेक्नोलॉजिकल दक्षता मौजूद थी। ऋग्वेद, उपवेद, पौराणिक ग्रंथों तथा अन्य पांडुलिपियों में बड़ी संख्या में मेकैनिकल साधनों का उल्लेख है। भोज की समारंगन सूत्रधारा में रोबोट सहित विभिन्न यंत्रों का उल्लेख मिलता है। भारतीय टेक्नोलॉजी तथा टेक्नोनॉमी के इस पहलू पर विस्तृत खोज की आवश्यकता है। यह भी स्वीकार करना होगा कि भारत में विदेशी शासकों का विश्व बाजार में बहुत भारी हिस्सा था। ब्रिटिश राज्य के आरंभ में हमारा हिस्सा एक प्रतिशत भी नहीं था। यदि भारत को आज के समसामयिक विश्व में अपना सही स्थान बनाना है तो उसे अपनी प्रतिभा, संसाधनों और क्षमताओं का उपयोग करते हुए वर्तमान चुनौतियों का सामना करने के लिए टेक्नोलॉजिकल क्षमता तैयार करनी होगी। खाद्य सुरक्षा, ऊर्जा, सुरक्षा, टेक्नोलॉजिकल सुरक्षा बनाकर रखनी होगी और हमें आर्थिक तथा राजनीतिक सुरक्षा पर भी बल देना होगा। उच्च पूँजी और उच्च ऊर्जा एक आधार अवश्य है, परंतु पर्यावरण रूप से बहुत खतरनाक है, जिससे पश्चिमी टेक्नोलॉजी ने हमारे सामने गंभीर चुनौतियाँ पेश कर दी हैं। हमें अपनी शक्ति और कमजोरी को पहचान कर इन्हें अवसर में बदलना होगा। हमें नवीन तथा मौलिक बनना होगा। आज विकासशील देशों को पश्चिमी टेक्नोलॉजी के अत्याचारों का सामना करना पड़ रहा है। आइए, आध्यात्मिकता के आधार पर एक नई टेक्यो-इकोनॉमिक व्यवस्था तैयार करें, जिससे एक अहिंसात्मक, अशोषणकारी विश्व व्यवस्था का जन्म हो सके।

□

# राष्ट्रपति शासन प्रणाली पर विचार करने का समय आ गया है

**–सुषमा स्वराज**

15 अगस्त 1947 को भारत स्वतंत्र हुआ और 26 जनवरी, 1950 को गणतंत्र बना। उसी दिन हम भारत के लोगों ने स्वयं को एक संविधान देकर संसदीय प्रजातंत्र की शासन-पद्धति को स्वीकार किया। इसका अर्थ है कि हमारे देश की समूची शासन व्यवस्था निर्वाचित जन-प्रतिनिधियों द्वारा चलाई जाएगी। ग्राम चौपाल से लेकर देश की संसद् तक के चुनाव होंगे और चुने हुए प्रतिनिधि राजसत्ता सँभालेंगे। संविधान में कार्यों का भी बँटवारा किया गया और यह तय कर दिया कि विधान बनाने की शक्ति विधायिका के पास होगी, उस विधान के कार्यान्वयन की शक्ति कार्यपालिका के पास होगी और उस विधान की व्याख्या करने की शक्ति न्यायपालिका के पास होगी।

आज स्वतंत्रता प्राप्ति के 59 वर्ष पूरे हो गए हैं और छठे दशक का अंतिम वर्ष चल रहा है। 60 वर्षों की इस यात्रा के बाद जिस पड़ाव पर हम खड़े हैं, वहाँ इन तमाम संस्थाओं का क्षरण होता हुआ दिख रहा है। मूल्यों में गिरावट आई है, चौपाल से संसद् तक लोकतांत्रिक आदर्शों और मान्यताओं का अवमूल्यन हुआ है। रोग इतना सार्वजनिक हो गया है कि उसके बारे में हर गाँव, गली में चर्चा होती है किंतु इस रोग का निदान क्या हो, इसके बारे में सभी मौन हैं, उत्सुकता से एक दूसरे की ओर निहारते हैं, किंतु उत्तर नहीं मिलता। इस लेख का विषय उन्हीं उपायों को सुझाना है, जिससे इस भयंकर रोग का उत्तर खोजा जा सके।

चुनाव प्रजातंत्र की रीढ़ होते हैं। चुनाव जितने निष्पक्ष होंगे, प्रत्याशियों की योग्यता पर आधारित होंगे, प्रजातंत्र उतना ही मजबूत होगा। किंतु हमारा दुर्भाग्य है कि इन 60 वर्षों में हमारे देश में चौपाल से लेकर संसद् तक के चुनावों में धन-बल और बाहुबल की भूमिका बढ़ती गई है। जाति, धर्म और गोत्र का प्रभुत्व बढ़ता गया है। इसलिए चुनाव

प्रत्याशियों की योग्यता और क्षमता पर कम, पार्टी की नीतियों और कार्यक्रमों पर कम, सरकार की योजनाओं और कार्यकलापों पर कम, प्रत्याशियों की जाति और मजहब पर ज्यादा आधारित होने लगे हैं। राजनीतिक दल भी चुनावी समर के लिए अपने उम्मीदवारों का चयन करते समय प्रत्याशियों की योग्यता या पार्टी के प्रति उनकी निष्ठा की बजाय प्रत्याशियों के जातीय समीकरण का ध्यान ज्यादा रखने लगे हैं। धन-बल, बाहुबल, जातिबल जैसे तत्वों ने पूरे चुनावी माहौल को बुरी तरह प्रदूषित किया है।

इसके परिणामस्वरूप पूरे देश में अनास्था का वातावरण तैयार हो गया है, जिसकी झलक चहुँओर दिखाई देती है। राजनेताओं से लोग नाउम्मीद हो गए लगते हैं और इसीलिए वह वर्तमान हालात को देश की नियति मान बैठे हैं। अनास्था का यह माहौल किसी भी विकासशील देश के लिए अच्छा संकेत नहीं है। विकासशील देश को तो उत्साह का वातावरण चाहिए और विशेषकर जिस देश की 60 प्रतिशत से ज्यादा आबादी युवा हो, वहाँ तो भयंकर उत्साह होना चाहिए, देश को बनाने की एक ललक होनी चाहिए। इसीलिए इस वातावरण को शीघ्र बदलने की आवश्यकता है। वरना यह अनास्था धीरे-धीरे उदासीनता में बदल जाएगी और देश निर्माण का कार्य पूरी तरह रुक जाएगा।

समय आ गया है जब हमें अपनी पूरी निर्वाचन प्रणाली पर पुनर्विचार करना होगा। संसदीय प्रजातंत्र के अपने गुण हैं किंतु यह प्रणाली नेता का जनता से सीधा संपर्क नहीं कराती। मतदाता केवल अपने क्षेत्र का प्रतिनिधि चुनता है, आगे वे प्रतिनिधि अपने राज्य का मुख्यमंत्री या अपने देश का प्रधानमंत्री चुनते हैं। इस प्रणाली में जोड़-तोड़ और तिकड़म की अपार संभावनाएँ होती हैं।

जब देश में एकदलीय सरकार होती है तो उसमें इन संभावनाओं की गुंजाइश कम रहती है, किंतु पिछले एक दशक से हमारे देश में गठबंधन की सरकारों का युग आ गया है, उसमें यह संभावनाएँ प्रचुर मात्रा में बढ़ गई हैं। एक भी सांसद अपने साथ न जुटा पाने वाले लोग भी प्रधानमंत्री की गद्दी पर आसीन हुए हैं। अपने राज्य के बाहर देश के अन्य भागों की जानकारी न के बराबर रखनेवाले लोग भी प्रधानमंत्री के आसन पर विराजे हैं। देश के शीर्षस्थ स्थान पर बैठा हुआ व्यक्ति देश की विविधताओं के बारे में जानता न हो, देश की विभिन्न समस्याओं से रूबरू हुआ न हो, यह शासन व्यवस्था का मजाक नहीं तो क्या है।

यदि इस विकृति का हम सुधार करना चाहते हैं तो हमें संसदीय प्रजातंत्र की बजाय राष्ट्रपति शासन प्रणाली अपनानी होगी। अमेरिका की तरह भारत का शासनकाल सीधे प्रत्यक्ष चुनाव से चुना जाना चाहिए। फिर कोई व्यक्ति न श्रीनगर की घाटी की अनदेखी कर सकता है, न राजस्थान के मरूस्थल की, न दक्षिण के समुद्रतट की अनदेखी कर सकता है, न सुदूर पूर्वोत्तर की। उसे सारे देश के बारे में जानना होगा, देश की विविधताओं

को समझना होगा, देश की समस्याओं के बारे में सोचना होगा और समग्रता में उनका निदान करना होगा। जातिवाद, क्षेत्रवाद,भाषावाद जैसी संकीर्णताएँ तब लुप्त हो जाएँगी। हिंदी भाषी लोग अन्य भारतीय भाषाओं के प्रति प्रेम पालेंगे। अहिंदी भाषा प्रांतों के नेता हिंदी विरोध त्यागेंगे। देश एक सूत्र में बँधेगा।

आज प्रदेश के मुख्यमंत्री का जो समय विधायकों को और प्रधानमंत्री का जो समय सांसदों को मैनेज करने में बीतता है, वह समय लोगों से, देश के नागरिकों से संपर्क करने में बीतेगा। फिर किसी को कमजोर प्रधानमंत्री या सुपर प्रधानमंत्री की संज्ञा नहीं दी जा सकेगी, क्योंकि वह व्यक्ति सीधे लोगों से शक्ति प्राप्त करके आएगा। इसीलिए लोकप्रियता में देश का सबसे शक्तिशाली व्यक्ति ही प्रधानमंत्री पद को पाएगा।

राष्ट्रपति शासन प्रणाली की दूसरी अच्छी बात यह है कि कैबिनेट का गठन प्रतिभाशाली लोगों को लेकर किया जाता है। हमारे देश में प्रतिभा का भंडार है। अर्थशास्त्र के क्षेत्र में, रक्षा के क्षेत्र में, विज्ञान के क्षेत्र में एक से एक नामी-गिरामी मेधावान लोग उपलब्ध हैं, लेकिन आज उनमें से किसी की प्रतिभा का उपयोग शासन संचालन में नहीं हो रहा। ज्यादा-से-ज्यादा कुछेक लोग सलाहकार नियुक्त कर लिये जाते हैं, लेकिन निर्णय लेने की उनकी भूमिका नहीं होती। राष्ट्रपति शासन प्रणाली में ऐसे मेधावी लोग, मंत्रियों की भूमिका में आएँगे, जिनके पास स्वयं निर्णय लेने की शक्ति होगी।

राष्ट्रपति शासन प्रणाली में संसद् की भूमिका कम नहीं हो जाती। आज अमेरिकी कांग्रेस, भारत की संसद् से ज्यादा शक्तिशाली है। उनका राष्ट्रपति सीधे संसद् के प्रति उत्तरदायी होता है। संसद् यदि किसी प्रस्ताव को अस्वीकार कर दे तो राष्ट्रपति, उसे आगे नहीं बढ़ा सकता। भारत की संसद् में तो विषयों की केवल चर्चा होती है, अमेरिकी कांग्रेस तो राष्ट्रपति के हाथ बाँधने का भी अधिकार रखती है।

प्रधानमंत्री की तर्ज पर मुख्यमंत्रियों का चुनाव भी प्रदेश के मतदाताओं द्वारा सीधे प्रत्यक्ष निर्वाचन पद्धति से किया जाए तो उन्हें भी मेंढक तोलने से फुर्सत मिल जाएगी और वे अपना समय राज्य के विकास कार्यों में लगा सकेंगे। इसी तरह जिला परिषदों के अध्यक्ष का चुनाव भी प्रत्यक्ष रीति से होना चाहिए।

इस निर्वाचन पद्धति का एक और लाभ है कि संसद् और विधानसभाओं को स्थिरता मिल जाएगी। हमारे संविधान में यूँ तो लोकसभा का कार्यकाल पाँच वर्ष के लिए निर्धारित किया गया है किंतु कितनी बार लोकसभा का समय से पूर्व भंग करके मध्यावधि चुनाव करवाने पड़े हैं। 1996 से 1999 के बीच तीन बार लोकसभा के चुनाव हुए। बार-बार चुनाव के कारण देश को अनावश्यक आर्थिक बोझ तो सहन करना पड़ता ही है, विकास कार्य भी अवरुद्ध हो जाते हैं।

देश में स्थिरता का वातावरण हो और देश का मुखिया प्रत्यक्ष चुनाव के द्वारा समस्त

देश के मतदाताओं द्वारा निर्वाचित हो तो अनास्था का वातावरण उत्साह के वातावरण में बदल जाएगा। देश के राजनेता इस देश के बारे में अपनी समझ और पकड बढ़ाने पर विवश होंगे। क्षुद्र राजनीति से छुटकारा मिलेगा। योग्यता और क्षमता को प्रमुखता प्राप्त होगी। किंतु कुछ राजनीतिक दलों का निहित स्वार्थ इस परिवर्तन का पुरजोर विरोध करेगा। वामपंथी दलों को राष्ट्रपति शासन प्रणाली बिल्कुल नहीं सुहाती। क्योंकि उनका प्रभुत्व देश के मात्र तीन राज्यों तक सीमित है—पश्चिम बंगाल, केरल और त्रिपुरा से आगे उनकी राजनीतिक भागीदारी न के बराबर है। इसीलिए वर्तमान शासन प्रणाली में तो कभी-न-कभी जुगत भिड़ाकर वे प्रधानमंत्री पद तक भी पहुँच सकते हैं, राष्ट्रपति शासन प्रणाली में तो यह पद प्राप्त करना उनके लिए असंभव हो जाएगा। इसलिए बहुत बेतुके और निर्जीव तर्क देकर वे वर्तमान शासन व्यवस्था को बनाए रखने के ही पक्षधर हैं। इसी तरह अन्य कई राजनीतिक दलों को वह व्यवस्था माफिक नहीं बैठेगी। पर कई बार मर्ज का इलाज करने के लिए कड़वी दवा देनी ही पड़ती है इसलिए भले ही यह उपाय (राष्ट्रपति शासन) कुछ लोगों को अप्रिय लगे, लेकिन आज चुनाव में हो रहे अवमूल्यन का यही एकमात्र इलाज है।

दूसरा अवमूल्यन इन संस्थाओं की कारवाई को लेकर हुआ है। ग्रामसभा से संसद् तक की कारवाई में शोर-शराबा, हंगामा, रोजमर्रा की बात हो गई है। कभी- कभी तो बात तोड़फोड़ और हाथापायी तक पहुँच जाती है और बहुत अशोभनीय दृश्य उपस्थित हो जाते हैं। इस क्षरण के लिए अन्य बातों के साथ-साथ मीडिया की भूमिका भी जिम्मेदार है। यदि किसी मुद्दे को केवल चर्चा के माध्यम से उठाया जाए तो मीडिया उसकी ओर ध्यान ही नहीं देता और यदि वही मुद्दा कार्यवाही बाधित करके, वैल में पहुँचकर सदन स्थगित कराके उठाया जाए तो अखबार भी मुखपृष्ठ पर छापते हैं और इलेक्ट्रॉनिक मीडिया तो चौबीसों घंटे बार-बार दिखाता है। इसलिए शोर-शराबे की प्रवृत्ति दिनोदिन बढ़ती जा रही है।

मैं हरियाणा विधानसभा के साथ-साथ लोकसभा और राज्यसभा की कारवाई की स्वयं साक्षी रही हूँ। बहुत बार बहुत उच्च स्तर की चर्चाएँ सदन में होती हैं। अभी हाल ही के सत्र में राज्यसभा में कुछ विषयों पर बेहद उम्दा चर्चाएँ हुईं, लेकिन अगले दिन दो पंक्तियाँ छप जाएँ तो गनीमत है, वरना बिल्कुल ब्लैकआउट होता है। केवल प्रधानमंत्री या मंत्री का दिया उत्तर छपता है, अन्य वक्ताओं का नाम तक नहीं छपता। यदि मीडिया जिम्मेदाराना भूमिका निभाते हुए चर्चाओं को महत्त्व देकर छापना शुरू करे और हंगामें की घटनाओं को ब्लैकआउट करे तो बहुत हद तक यह अवमूल्यन रुक जाएगा।

तीसरा अवमूल्यन भ्रष्टाचार को लेकर हुआ है। ग्राम के विकास के लिए जितना पैसा दिया जाता है, उसका अधिकांश हिस्सा भ्रष्टाचार की भेंट चढ़ जाता है। दूर बसे

ग्रामीण इलाकों के लिए तो यह बात और भी सच है क्योंकि कोई अधिकारी वहाँ हुए कार्यों का निरीक्षण करने नहीं जाता। सूचना का अधिकार इस बुराई को रोकने में एक अहम् भूमिका निभा सकता है। यदि गाँव के पढ़े-लिखे नौजवान इस अधिकार का प्रभावी रूप से इस्तेमाल करें तो यह अवमूल्यन पूरी तरह दूर हो सकता है।

संसद् के संदर्भ में तो एक नए तरह का भ्रष्टाचार पिछले दिनों उजागर हुआ है। प्रश्न पूछने के बदले में पैसा लेते हुए और सांसद निधि का आवंटन करने में कमीशन लेते हुए कुछ सांसदों को टी.वी. पर दिखाया गया। स्टिंग ऑपरेशनों के गुण-दोष की चर्चा किए बिना, उनकी सत्यता-असत्यता पर टिप्पणी किए बिना यह तो स्वीकार करना ही होगा कि इस प्रकरण से संसद् का बहुत घिनौना चेहरा सामने आया। जिसके कारण राजनेताओं की गिरती हुई साख को और धक्का लगा। इस तरह का अवमूल्यन रोकने के लिए संसद् के दोनों सदनों में आचार समितियों का गठन किया गया है। इसका कुछ असर तो अवश्य होगा किंतु इस दुराचार को रोकने के लिए स्वयं राजनीतिक दलों को बीड़ा उठाना होगा। इस तरह के कदाचार के दोषी सांसदों, विधायकों, पार्षदों के लिए दल में कोई स्थान न हो, इस तरह के बड़े अनुशासन की पालना से ही इस क्षरण को रोका जा सकता है।

अभी हाल में लाभ के पदों को लेकर छिड़ा विवाद भी सांसदों की गरिमा को घटाने वाला ही साबित हुआ। जिस हड़बड़ी में पिछले सत्र में लाभ के पदों को बचाने के लिए विधेयक पारित किया गया और पुनः इस बार राष्ट्रपतिजी की आपत्तियों को पूरी तरह दरकिनार करते हुए उसी रूप में विधेयक को पारित करवाया गया, उसने राजनीति के प्रति कम होती हुई आस्था को और डिगाने का काम किया है। इसलिए बहुत आवश्यक है कि एक बार लाभ के पद की परिभाषा तय करके सभी सांसदों और विधायकों पर प्रतिबंध लगा दिया जाए कि वे कोई लाभ का पद नहीं लेंगे।

किसी भी भवन के ढहने से पहले केवल एक ईंट सरकती है और उसी के कारण धीरे-धीरे सारा भवन ढह जाता है। दुःख की बात है कि हमारी संवैधानिक संस्थाओं की, हमारी लोकतांत्रिक संस्थाओं की ईंट सरकने लगी हैं, हमारे जीवन मूल्यों में फिसलन आ रही है। इस फिसलन को यदि तत्काल रोका न गया तो हमारे देश की प्रजातांत्रिक पद्धति के सामने ही सवालिया निशान लग जाएगा। इस अवमूल्यन को हर कीमत पर रोका जाना चाहिए, तभी देश बचेगा और तभी देश का प्रजातंत्र भी मजबूत बनेगा।

□

# महिलाओं की राजनीतिक भागीदारी

—मृदुला सिन्हा

इसमें दो राय नहीं कि पिछले छः दशकों में आधी आबादी के बीच राजनीतिक चेतना और राजकाज में उनकी भागीदारी बढ़ी है। पंचायती राज कानून में संशोधन होने के उपरांत देश भर में विभिन्न पदों पर लगभग 13 लाख महिलाएँ चुनकर आती हैं। इस कानून के कारण प्रत्याशी के रूप में ही सही, चुनाव में एक करोड़ से अधिक महिलाओं की भागीदारी हुई। इनकी जीत पर सर्वप्रथम पत्रकारों को ही आशंका हुई थी—'इनके पति या पिता ही शासन चलाएँगे।' और इसलिए 'सरपंच पति' जैसा शब्द प्रचलन में आया। परंतु अशिक्षित और अर्द्धशिक्षित महिलाओं ने गाँव तथा शहरों के विकास में अपनी सूझबूझ, ईमानदार नीयत और कठिन परिश्रम द्वारा अपनी पहचान थोड़े ही समय में बना ली। 'सरपंच पति' जैसे शब्द अपनी अर्थवत्ता खो चुके हैं। कुछ महिलाओं ने अपने कार्य में इतनी दक्षता दिखाई है कि पुरुष भी पीछे रह गए हैं। दरअसल पिछले दो दशकों में चहुँओर नारी के सशक्तीकरण की बही बयार से नारियाँ अछूती नहीं रही हैं। आज के स्त्री-मन में झाँककर मैंने एक नारा दिया था—'आसमाँ छूने की है आस, गर मिल जाए थोड़ा विश्वास।' और यह सत्य है कि घर, समाज तथा सरकार से थोड़ा-थोड़ा विश्वास मिलने पर महिलाएँ जीवन के हर क्षेत्र में आसमाँ छूने की ओर बढ़ रही हैं। आज जीवन का कोई क्षेत्र उनसे अछूता नहीं है।

ऐसी स्थिति में उनकी राजनीतिक भागीदारी की समीक्षा करना भी आवश्यक है। सबसे पहले हमें लोकतंत्र में 'लोक' की राजनीतिक भागीदारी की परिभाषा तय करनी होगी। आखिरकार 'स्त्री या पुरुष की राजनीतिक भागीदारी' से हमारा अभिप्राय क्या है? निर्विवादित तथ्य यह है कि लोकतंत्र में 'लोक' की भागीदारी महत्त्वपूर्ण है, जहाँ शासन-व्यवस्था ही जनता की, जनता द्वारा और जनता के लिए है। सवा सौ करोड़ की आबादी वाले इस 'लोक' में आधे की भागीदार नारी है।

प्रश्न उठता है कि क्या भारत की जनता लोकतंत्र का अर्थ समझती है ? वस्तुतः किसी भी तंत्र के आदर्श और व्यवहार को अपनाने के पूर्व उसे समझना आवश्यक है। यदि इन दिनों मीडिया द्वारा प्रायोजित सर्वेक्षण की तर्ज पर अनुमान लगाएँ, तो लोकतंत्र की अवधारणा को समझनेवालों की संख्या तीन अंकों तक ही आकर रुक जाएगी। लोकतंत्र की प्रस्थापना और तदनुकूल व्यवहार में दस प्रतिशत लोग भी नहीं होंगे। फिर भी हमारा देश विश्व का सबसे बड़ा लोकतांत्रिक देश है। कई चुनावों के बाद यह 'सफल लोकतंत्र' का भी खिताब पा चुका है।

जहाँ तक आधी आबादी का सवाल है, सच तो यह है कि उनके मन में मंथरा का वह कथन "कोउ नृप होहिं हमहिं का हानि, चेरी छाड़ि कि होयब रानी" इतनी गहराई तक घुसा है कि छः दशकों की लंबी अवधि में महिलाओं की तीन पीढ़ियाँ बीत जाने पर भी उस मानसिकता से उबरा नहीं जा सकता है। इसलिए महिलाओं की शिक्षा का प्रतिशत उत्तरोत्तर बढ़ने के उपरांत भी लोकतंत्र की अवधारणा समझनेवाली महिलाओं की संख्या उँगलियों पर गिनने लायक होगी। यह समझदारी उन महिलाओं में भी पूर्णरूपेण नहीं है, जो विभिन्न राजनीतिक दलों की सक्रिय सदस्याएँ हैं।

जहाँ तक लोकतंत्रीय प्रणाली के मतदान में महिलाओं की भागीदारी का सवाल है, यह आँकड़ों में कभी कहीं पुरुषों से अधिक भी दिखता है। मतदान करनेवाली महिलाओं का प्रतिशत बढ़ा है। पिछले कई चुनावों में यह भी धारणा अर्थहीन साबित हो चुकी है कि वे मात्र अपने पिता, पति या पुत्र के कहने पर ही मतदान करती हैं। कई चुनावों में महिला मतदाताओं ने अपनी अलग पहचान बनाई है। इंदिरा गांधी की मृत्यु के उपरांत राजीव गांधी के पक्ष में और उत्तर प्रदेश में रामजन्मभूमि आंदोलनकारियों की नृशंस हत्या के बाद मुलायम सिंह यादव के विरोध में महिलाओं के मतदान उल्लेखनीय रहे। मगर ये संवेगात्मक भाव स्थायी नहीं हैं। इससे यह अभिप्राय नहीं लगाया जा सकता कि वे समझबूझकर मतदान करने लगी हैं।

दूसरे प्रकार की राजनीतिक भागीदारी में महिलाओं का पंचायत से लोकसभा तक 'जनप्रतिनिधि बनना' आता है। इसमें दो राय नहीं कि सन् 1993 में संविधान-संशोधन कर पंचायती राज चुनाव में 33 प्रतिशत महिलाओं का आरक्षण सुनिश्चित कर देने पर चुनावों में महिला उम्मीदवारों की उपलब्धता की कठिनाइयों पर चिंता जताई गई थी। मगर अब यह चिंता भी दूर हो गई है। प्रारंभ में अधिकतर महिलाएँ अपने ससुर, पति या पुत्र (राजनीतिक कार्यकर्ता) की जगह पर ही चुनाव लड़ीं। उन्हें चुनाव लड़ने की कला का प्रशिक्षण तभी मिला। आर्थिक दृष्टि से निम्नतर वर्गों की महिलाओं की भागीदारी तब चुनाव में हुई। महिला मतदाताओं को भी चुनाव का महत्त्व थोड़ा-थोड़ा समझ में आया। आरक्षित कानून के तहत कई चुनाव बीत जाने पर चुनाव जीती हुई महिलाओं की भूमिका

महिलाओं की समझ में आई है। इसका तात्पर्य यह नहीं कि वे लोकतंत्र की अवधारणा, मतदान की महत्ता और लोकतंत्र में 'लोक' की भूमिका पूरी तरह समझ पाई हैं।

स्वतंत्रता की लड़ाई लड़ते हुए महात्मा गांधी ने तत्कालीन राजनीति में भागीदारी की राह आर्थिक-सामाजिक समस्याओं का समाधान ढूँढ़ते हुए दिखाया था। अनपढ़ महिलाओं के घर-आँगन में भी आजादी की समझ बढ़ी थी। महिलाओं के हाथ में पहुँचा चरखा उनके तन पर वस्त्र लाने का ही माध्यम नहीं था, उससे भूख भी मिटनेवाली थीं। चरखा के माध्यम से उनका संगठित होना, आजादी में भी उनका हिस्सा दिला गई। आजादी में महिलाओं की भागीदारी, देशवासियों को यह समझ बाद में आई, परंतु तब भी इस समझ को सँभालकर हम उसका संवर्द्धन नहीं कर सके। उन दिनों राजनीति में सक्रिय पुरुष मात्र और महिला सामाजिक सरोकारों की उपज थी। इसलिए उनके अंदर समाज को उन्नत बनाने का संकल्प जागा था। शनैः-शनैः राजनीतिक कार्यकर्ताओं के मन से सामाजिक भाव विलुप्त होने लगा। वे स्त्री हों या पुरुष, राजनीतिक रह गए। इसलिए स्वतंत्रता प्राप्ति के उपरांत, विशेषकर सन् 1975 को 'अंतरराष्ट्रीय महिला वर्ष' मनाने के उपरांत तो राष्ट्रीय स्तर से लेकर गाँव-गलियारे तक महिला सामाजिक संगठन बने, मगर उनके अंदर भी लोकतंत्र की समझ विकसित नहीं हो सकी। उन संगठनों ने राजनीति से अपना पल्ला ही नहीं झाड़ लिया, बल्कि राजनीतिक दलों से अपना दूर का भी संबंध नहीं होने का दंभ भरने लगीं। यह स्थिति न राजनीतिक दलों के लिए उत्साहवर्द्धक थी, न स्वयं सामाजिक संगठनों के लिए। दोनों क्षेत्र एक-दूसरे के पूरक हैं, यह भाव समाप्त हो गया। इसलिए राजनीतिक दलों द्वारा अपनी महिला शाखाओं का निर्माण करने के बावजूद महिलाओं के भीतर उनकी विशेष पैठ नहीं बन पाई है। अधिकतर राजनीतिक दलों ने समाज में अपनी साख खोई है। वे सत्ता को समाज के निचले तबके तक नहीं ले गए। सत्ता के पास आते ही कार्यकर्ताओं और नेताओं का नजरिया तथा उनका आर्थिक स्तर ऊँचा उठकर जनता से दूरियाँ पैदा कर देता है। इस स्थिति को भोगने के लिए महिलाएँ भी मजबूर हुईं।

यह भी सत्य है कि पिछले पचास वर्षों में राजनीतिक दलों से जुड़ी महिलाओं ने भी महिलाओं की सामाजिक समस्याओं को ही उठाया। तभी उनकी पैठ बनी। भाजपा महिला मोर्चा ने स्त्री पुरुष की समानता के लिए 'अर्द्धनारेश्वर' का प्रतीक ढूँढ़ा। बाद में सबने उसे स्वीकार किया। अनेक सामाजिक समस्याओं के निदान के लिए सख्त कानून बनवाने में राजनीतिक दलों की महिला शाखाओं की अहम भूमिका रही है।

कुछ अनपेक्षित कारणों से राजनीति में महिलाओं की भागीदारी अपेक्षित रूप से नहीं बढ़ी। इसके बावजूद स्थिति निराशाजनक नहीं है। यह न तो हाथ-पर-हाथ धरकर बैठने का समय है और न मात्र संसद् तथा विधानसभाओं में आरक्षण न मिल पाने के

लिए राजनीतिक दलों और राजनेताओं को कोसने का समय है। महिलाओं की राजनीतिक भागीदारी बढ़ाने हेतु भी पुनः अपनी जड़ में ही झाँकने का समय आ गया है। वहीं से समाधान ढूँढ़ना है। भारतीय महिलाओं की ऐतिहासिक गरिमा और सामाजिक आंदोलन में तत्कालीन सहभाग को देखकर संविधान-निर्माण के समय महात्मा गांधी ने यहाँ तक कहा था, ''स्त्रियों को मतदान का हक मिलना ही चाहिए। लेकिन इससे समस्या हल नहीं हो जाती। यहाँ से तो इस बात की शुरुआत होती है कि देश की राजनीतिक परिस्थिति में स्त्रियाँ प्रभावी ढंग से साझेदारी करने लगें।''

मतदान करने का हक मिला, मगर राजनीति में महिलाओं की साझेदारी नहीं बढ़ी। राजनीति में महिलाओं की प्रत्यक्ष भागीदारी तो कम ही रहेगी, मगर अप्रत्यक्ष भागीदारी बढ़ाने के लिए यह आवश्यक है कि सामाजिक जीवन के विभिन्न क्षेत्रों में तेजी से बढ़ रही महिलाओं के अंदर राष्ट्रनिर्माण के भाव का भी निर्माण हो। अपने व्यक्तित्व के गुणों को बढ़ाकर अपने घर की आर्थिक तथा सामाजिक स्थिति को बढ़ाने में दिन-रात मेहनत कर रही महिलाओं के अंदर राष्ट्रीय भाव भी भरे जाएँ। भूमंडलीकरण के कारण मध्यमवर्गीय परिवारों का दायरा और जीवन-स्तर भी बढ़ा है। मगर इनमें राष्ट्रीय समस्याओं के प्रति चेतना का अभाव है। इसलिए आतंकवाद, आंतरिक सुरक्षा, भ्रष्टाचार और महँगाई जैसे ज्वलंत मुद्दे, जिनसे स्वयं उनका जीवन सीधे प्रभावित होता है, के प्रति भी महिलाओं में विशेष चिंता नहीं जगी है। यह सच है कि आर्थिक रूप से निम्न वर्ग की महिलाओं में भूख से बढ़कर कोई दूसरा आतंक नहीं है। अफसोस की बात है कि उनकी भूख मिटाने के लिए करणीय कदम उठाने की तत्परता तथा प्रेरणा के पीछे की संवेदना मध्यमवर्गीय महिलाओं में नहीं है। उनके बीच 'उन्नति' का अर्थ अपना जीवन 'सुख से जीना' हो गया है, जो लोकतंत्र के विकास के लिए अत्यंत चिंताजनक है।

लोकतंत्र में महिला या पुरुष की भागीदारी मापने का पैमाना, सुविधासंपन्न वर्ग का असुविधाभोगी वर्ग की चिंता करना तथा उनके लिए सुविधाएँ उपलब्ध कराना भी होना चाहिए। यह क्षोभ का विषय है कि कल्याणकारी राज-व्यवस्था द्वारा वंचित, पीड़ित और शोषित महिलाओं तथा बच्चों के लिए निर्धारित अनुदान-राशि सामाजिक संगठनों के माध्यम से जरूरतमंद लोगों तक नहीं पहुँच पाती। अपने प्रधानमंत्रित्व काल में राजीव गांधी द्वारा कहा गया वाक्य आज भी सही है—''सरकारी खजाने से भेजे गए एक रुपए के मात्र पंद्रह पैसे ही नीचे के जरूरतमंद लोगों तक पहुँच पाते हैं। बाकी पैसे सत्ता के दलाल हड़प जाते हैं।'' राजनीति के प्रति आम महिलाओं का विश्वास आखिर बढ़े, तो कैसे? उनकी भागीदारी बढ़ाने के लिए राजनीतिक संगठनों और सत्ता के प्रति उनके विश्वास का बढ़ना सर्वाधिक आवश्यक है।

यह सच है कि परिवार-निर्माण के लिए प्रकृति ने ही महिलाओं में विशेष गुण

भरे हैं। दया, ममता, समर्पण और त्याग ही समाज निर्माण की प्राथमिक शर्तें हैं। आधी आबादी के अंदर स्थापित इन गुणों से समाज-विकास का आयाम और मुखड़ा बदला जा सकता है। परंतु आवश्यक यह है कि महिलाओं के इन प्राकृतिक गुणों को बरकरार रखा जाए। ममता से ही समतामूलक समाज की स्थापना हो सकती है। यद्यपि यह ममता मात्र महिलाओं की ही धरोहर नहीं है। राजनीति में आनेवाले पुरुषों में भी उनकी संवेदनशीलता प्रथम गुण होना चाहिए। मगर स्थिति इसके विपरीत है। राजनीति और सत्ता के बीहड़ राहों में अपना तत्कालीन लक्ष्य ढूँढ़ते-ढूँढ़ते संवेदनाएँ मुरझा जाती हैं। ममता का स्रोत सूख जाता है। समता आए तो कहाँ से?

राजनीति में बड़ी संख्या में प्रवेश करके महिलाएँ पुरुषों की मार्गप्रदर्शिका बन सकती हैं। उन्हें समाज-विकास की सही दिशा दिखा सकती हैं। परंतु आवश्यक यह है कि वे स्वयं समस्याओं के प्रति संवेदनशील हों; राजनीति में पहुँचकर भी सही दिशा में चलें।

आज देश में 8 लाख से अधिक महिलाओं के स्वयंसेवा समूहों के परिणाम सामने आ रहे हैं। ये समूह महिलाओं को साथ-साथ बैठाते और उनमें बचत की प्रवृत्ति जागृत करते हैं। साथ ही उनके हाथ के किसी-न-किसी हुनर से अर्थार्जन भी करवाते हैं। स्वयंसेवा समूह देश में एक बड़े सामाजिक और आर्थिक आंदोलन का रूप ले चुके हैं। इनके माध्यम से महिलाओं में राजनीतिक जागृति भी लाई जा सकती है। समूह-निर्माण में मध्यम वर्ग और निम्न वर्ग, दोनों की मिली-जुली भागीदारी होती है। अकसर मध्यम वर्ग की महिलाएँ ही सामाजिक संस्था बनाकर निम्न वर्ग की महिलाओं के बीच समूह-निर्माण के भाव भर रही हैं। इसलिए मध्यम वर्ग की महिलाओं को आर्थिक रूप से निम्न वर्ग की महिलाओं के बीच जाना पड़ रहा है। इन समूहों का उद्देश्य महिलाओं में कर्तव्य तथा अधिकार के प्रति जागृति लाना भी है। चूँकि इन समूहों के सदस्य बनने से महिलाओं को आर्थिक लाभ होना है, इसलिए उन्होंने अब अपने कर्तव्य और अधिकार की बातें सुनने और मनन करने के लिए भी अपने मन और मस्तिष्क खोला है। यह अच्छा मौका है, जब अधिक-से-अधिक स्वयंसेवा-समूह बनाए जाएँ और उनके अंदर राजनीतिक जागृति लाने के पहल किए जाएँ। ग्राम-पंचायतों, स्थानीय और स्वायत्त शासन-व्यवस्था में लाखों महिलाएँ जीतकर आई हैं। उनके अंदर लोकतंत्र के सही भाव भरना बहुत आवश्यक है। आम स्त्रियों के इन अपने संगठनों का कोई विकल्प नहीं है। पास-पास बैठने से ही शक्ति का निर्माण होता है।

महिलाओं के लिए लोकसभा तथा विधानसभा में 33 प्रतिशत आरक्षण में अब देर नहीं होनी चाहिए। विधानसभा और लोकसभाओं में महिलाओं के 33 प्रतिशत आरक्षण के लिए भाजपा ने ही अगुआई की थी। अपने चुनाव घोषणा पत्र (1996, लोकसभा

चुनाव) में महिला मतदाताओं से वादा किया था। कम्युनिस्ट पार्टी (मार्क्सवादी) ने भी चुनाव घोषणा पत्र में डाला। परंतु उसी चुनाव में कांग्रेस पार्टी ने मात्र 'महिलाओं की सीटें बढ़ाने का वायदा किया था। परंतु 1998 से लेकर अबतक सभी पार्टियों ने संसद् से बाहर और संसद् के भीतर आरक्षण की बात दुहराई है। श्री अटल बिहारी वाजपेयी की सरकार ने तीन बार विधेयक सदन के पटल पर रखा। विचारकों के कई प्रकार के सुझाव भी आए हैं। पूर्व प्रधानमंत्री श्री अटल बिहारी वाजपेयी ने संसद् में सीटें बढ़ाकर महिलाओं के लिए आरक्षित करने के सुझाव का समर्थन किया है। उनका मत है 'संसद् सदस्यों के बैठने के लिए स्थान बनाना कठिन नहीं है। मनसा साफ होनी चाहिए। इस काम में अब और विलंब नहीं होनी चाहिए।'

हमें उम्मीद करनी चाहिए कि उनका सुझाव मान्य होगा। मगर जब तक यह आरक्षित सीटें नहीं मिलती हैं, तब तक हाथ-पर-हाथ धर कर बैठने की भी आवश्यकता नहीं है। यदि ऐसा हुआ, तो हम भूमंडलीकरण के इस दौर में बहुत पीछे रह जाएँगे। महिला शक्ति का संगठित नहीं होना हमारे देश को भी पीछे रख सकता है। विकसित राष्ट्र की श्रेणी में न आने का कारण बन सकता है। इसलिए जब तक आरक्षित सीटें नहीं मिलें, तब तक अपने संगठनों के माध्यम से ही संगठन शक्ति की आवाज बुलंद करनी होगी। अपनी समस्याओं को सुलझाने के लिए महिलाओं को खुद ही लड़ाई लड़नी होगी। और इस प्रक्रिया में ही महिलाओं की राजनीतिक सोच विकसित होगी। क्योंकि सामाजिक और राजनीतिक जीवन आगे चलकर पूरक ही हो जाते हैं।

स्त्रियों की समस्याएँ सिर्फ स्त्रियों की ही नहीं हैं। हमारे देश में तो नारी की स्थिति को सुधारने में समय-समय पर तत्कालीन समय के प्रगतिशील पुरुषों और उनकी संस्थाओं ने भी बढ़-चढ़कर हिस्सा लिया है। स्त्री-पुरुष के साझे प्रयत्नों से ही स्त्रियों की स्थिति सुधार की ओर सार्थक प्रयास किए। स्त्रियाँ केवल स्त्रियों का ही प्रतिनिधित्व नहीं करतीं। वे स्वयं समाज का अभिन्न अंग हैं। परंतु यह भी सत्य है कि सामाजिक स्थिति की दृष्टि से हमारे देश में स्त्रियाँ भी कई वर्गों में बँटी हैं। गरीबी, बेरोजगारी, निरक्षरता, शोषण, अन्याय आदि समस्याएँ स्त्री और पुरुष दोनों की हैं। इसलिए दोनों को मिलकर इन समस्याओं का मुकाबला करना होगा। स्त्री को अपने आत्मबल और संगठन से ही समानता तथा सम्मान हासिल करना होगा। और यही लोकतंत्र में महिलाओं की राजनीतिक भागीदारी होगी, परंतु इन प्रयासों में पुरुषों को भी साथ लेकर।

साधनसंपन्न मुट्ठी भर महिलाओं को अपने साधन सँभालने से ही फुर्सत नहीं है। इसलिए मध्यमवर्गीय महिलाओं की विशेष जिम्मेदारी बनती है कि वे अपना संगठित हाथ बढ़ाकर अभावग्रस्त स्त्रियों तथा बच्चों से संबंधित तमाम कार्यक्रम (जैसे—आरोग्य, परिवार, नियोजन, पोषक आहार, चूल्हाघर, निरक्षरता-निवारण, खेतीबाड़ी आदि) की

तालीम दें। इसके अलावा साफ पेयजल, शौचालय आदि का प्रबंध करवाने के लिए पहल करें। प्रसन्नता की बात है कि इस ओर महिलाओं के कदम बढ़े हैं। उन्हें विस्तार देने की जरूरत है।

यह महती कार्य स्त्रियों को धर्म, वर्ण, वर्ग, जाति आदि में बाँटकर संपन्न नहीं किया जा सकता। सकल घरेलू उत्पाद में समान नागरिक संहिता का निर्माण करने की आवश्यकता है। महिलाओं के श्रम और स्वेदकणों की लागत लगाकर महिलाओं द्वारा उत्पादन का प्रतिशत पुरुषों से कहीं ज्यादा है। आवश्यक सिर्फ यह है कि उनकी संगठित शक्ति को यह अहसास हो तथा उनके परिश्रम से परिवार और समाज की स्वीकृति मिले। उनमें सामाजिक कार्य करने की भरपूर क्षमता है, साहस है। वे पुरुषों की तुलना में अधिक परिश्रमी हैं। उन्हें राजनीतिक क्षेत्र में अधिक-से-अधिक अवसर मिलने का इंतजार है। उन्हें अवसर मिले भी हैं और जब कभी अवसर मिला है, उन्होंने अपने परिश्रम के बल पर सींच कर दिखाया है। इसलिए उन्हें अवसर का पुरस्कार मिलना ही चाहिए। अधिकांश राजनीतिक दलों के बड़े-छोटे कार्यक्रमों में आज भी मात्र पुरुषों की कतार को शोभायमान होते देख तकलीफ होती है। आखिर ये पुरुष कब बनाएँगे महिलाओं को साझेदार?

लोकतंत्र में आधी आबादी को यह पुरस्कार दिया जा सकता है। परंतु यह समानता और सम्मान स्वयं स्त्रियों को अर्जित करना पड़ेगा। अधिकार मात्र अपनी राजनीतिक भागीदारी बढ़ाकर माँगने से ही नहीं मिलते, छीनने भी पड़ते हैं। राजनीतिक भागीदारी बढ़ाना सिर्फ कर्तव्य ही नहीं है, अधिकार भी है। इससे अंततः परिवार ही लाभान्वित होनेवाला है, जिसकी धुरी स्वयं महिला है और रहेगी।

*(लेखिका महिला समाज कल्याण बोर्ड की पूर्व अध्यक्षा हैं।)*

□

# सांस्कृतिक धरोहर का संरक्षण

—जगमोहन

भारत की अति प्राचीन गौरवशाली संस्कृति हमें विरासत में मिली है। जिसे सुरक्षित बनाए रखना हमारा प्राथमिक कर्तव्य है। साथ ही प्राचीन विरासत को सुरक्षित बनाए रखना इसलिए भी जरूरी है ताकि वे अगली पीढ़ी तक यथा रूप में पहुँच सकें। सच तो यह है कि संस्कृति, परंपरा और इतिहास साथ-साथ चलते हैं और वक्त की रचनात्मक कृतियों में उनका आंतरिक बोध, क्रियात्मक शक्ति व उनका विशेष चरित्र झलकता है। सार-तत्व यह है कि हमारी धरोहरें बीते वक्त की मूक आवाज हैं। यदि हम उन्हें नहीं सुनते हैं तो हम उन रचनात्मक विचारों व कार्यों के बहुमूल्य खजानों से वंचित रह जाते हैं, जिनको महान् पूर्वजों ने हमें सौगात के रूप में दिया है। जैसा कि सिसरो ने ठीक ही कहा था, ''जन्म से पहले की घटित घटनाओं के बारे में न जानना हमेशा बच्चे बने रहने जैसा है।''

## अन्य सांस्कृतिक स्थल

भारत विश्व की सबसे प्राचीन सभ्यताओं में से एक है। इसकी बहुमूल्य सांस्कृतिक धरोहरें दक्षिण में महाबलिपुरम और हम्पी से लेकर, उत्तर में अमरनाथ गुफा व लद्दाख के विहार, पश्चिम में अजंता और मोधेरा तथा पूर्व में कोणार्क व बोधगया तक अपना पाँव पसारे हैं। इसके पास 'प्राचीन स्मारक व पुरातात्विक स्थल व अवशेष कानून' के तहत संरक्षित 3606 अनोखे प्राचीन स्मारक हैं। यही नहीं राज्य सरकारों के द्वारा संरक्षित हजारों और भी स्मारक हैं। काफी वर्षों तक खासतौर पर अट्ठारहवीं और उन्नीसवीं सदी के दौरान भारत में स्मारकों पर कोई ध्यान नहीं दिया गया। दरअसल, लॉर्ड कर्जन ने इन स्मारकों को बचाया। उसने लिखा है, ''एक तीर्थयात्री की तरह मैंने इन सुंदरता के मंदिरों को देखा, लेकिन एक पुजारी की तरह इनका रखरखाव व संरक्षण किया। सभी जानते हैं कि भारत में सुंदरता की प्रचुरता है और इनमें श्रद्धा भी। हमारे संघर्ष के मध्य वर्तमान, प्राचीन का सम्मान करने में हाथ बँटा सकता है।''

कर्जन ने 1904 में प्राचीन स्मारक कानून का निर्माण किया और भारतीय पुरातात्विक स्थलों के वैज्ञानिक रखरखाव व संरक्षण की नींव रखी। देश उनका गहरा ऋणी है। जवाहरलाल नेहरू, हालाँकि वे कर्जन के कट्टर आलोचक थे, ने कहा था, ''बाद में सभी वायसराय भूला दिए जाएँगे, लेकिन कर्जन भारत की खूबसूरती बचाने के लिए याद किए जाएँगे।'' पुरातात्विक सर्वे ने जो क्रियात्मक रचनात्मक उभार दिया था, वह कुछ समय तक चला। लेकिन पिछली शताब्दी के सातवें दशक के मध्य से सांस्कृतिक अभिशासन में कमजोरी आई। कुछ स्मारक बरबाद हो गए और स्मारकों में अतिक्रमण रोज का काम हो गया। उस समय की मौजूद निराशाजनक स्थिति से यह विचार उठता है कि किस तरह हिंदुस्तान अपनी प्राचीन स्मारकों को 'विश्व धरोहर स्थल' का दर्जा दिलाने में काम करता था।

## विश्व धरोहर सूची

सन् 1972 में यूनेस्को ने सांस्कृतिक और प्राकृतिक धरोहरों को सुरक्षित करने की एक परंपरा शुरू की। इसके अनुसार विश्व धरोहर सूची में शामिल होने के लिए संसार भर से स्मारकों व स्थलों के नामों की सूची मँगाने की व्यवस्था की गई। यदि भारत में मौजूद असंख्य सांस्कृतिक व प्राकृतिक स्थलों को ध्यान में रखें, तो विश्व धरोहर सूची में इसका स्थान प्रथम होना चाहिए था, या इसके स्मारकों को काफी संख्या में विश्व धरोहर का दर्जा मिलना चाहिए था। लेकिन प्रयास कमजोर था। भारत की तुलना में अन्य दूसरे देश, जो काफी छोटे तो हैं ही साथ ही उनके पास पुरातात्विक संपदा भी कम है, लेकिन उनके स्मारकों को काफी संख्या में विश्व धरोहर स्थल का दर्जा हासिल हुआ। उदाहरण के लिए ब्रिटेन, फ्रांस, स्पेन, इटली, वेटिकन सिटी, जर्मनी, आस्ट्रिया और बेल्जियम सभी को मिला दिया जाए तो वे भारत के बराबर होंगे। जहाँ इन राष्ट्रों के पास 153 विश्व धरोहर स्थल हैं, वहीं भारत के पास सिर्फ 26 स्थल। उल्लेखनीय है कि संसार में कुल 812 स्थल विश्व धरोहर की सूची में शामिल हैं।

## नया प्रयास

जब मैं पर्यटन और संस्कृति मंत्री बना, तो स्थिति को सुधारने की कोशिश की। मैंने एक प्रोग्राम शुरू किया जिसके तहत भारत के लगभग सभी प्रसिद्ध स्मारकों को साफ-सुथरा, सुरक्षित और वातावरण को और बेहतर बनाने का प्रयास हुआ। उदाहरण के तौर पर, कुछ स्मारकों मसलन—अजंता, एलोरा, हुमायूँ के मकबरे का परिसर, लाल किला, किला राय पिथौरा, चित्तौड़गढ़ और कुंभलगढ़ किले पर जो काम हुए, यहाँ पर मैं उसकी एक छोटी सी झलक दे रहा हूँ।

## अजंता

अजंता की पृष्ठभूमि आध्यात्मिक माहौल की है, जो बौद्ध विचारों के उठते ज्वार के कारण शांत, घने और हरे जंगलों में विकसित हुई। अजंता की गुफाएँ पहाड़ों को काटकर बनाई गई हैं और इनकी दीवारों पर सुंदर भित्ति चित्र बने हैं। ये सुंदर चित्र महान् कलाकारों व संतराशों द्वारा दो शताब्दी ईसवी पूर्व से लेकर 6वीं शताब्दी के बीच बनाए गए हैं। राजा-महाराजों की देखरेख में इन कलाकारों ने अद्‌भुत सुंदरता को चट्टानों पर उकेरा है, जिनमें शानदार भव्यता और आकर्षक आकृतियाँ हैं। इन पर खुदी इबारतें निश्चित तौर पर आध्यात्मिक हैं। गुफा नंबर 16 पर खुदी इबारत कहती है, 'यह महसूस करते हुए कि जीवन, जवानी, धन और प्रसन्नता क्षणिक हैं, राजकुमार इस शानदार निवास को अपने पास रखे, जो अति सुंदरता से अभिभूत है। यह देवताओं के राजा के महल की तरह है। जब तक सूरज की सुर्ख और ताजा किरणें चमकती रहेंगी, तब तक यह बेदाग गुफा का आनंद बरकरार रहेगा।'

अजंता गुफा को सातवीं शताब्दी के महान् चीनी यात्री हूवेनसांग ने भी गौर किया था। लेकिन कुछ सालों के राजनीतिक उठापटक और संघर्ष के कारण यह गुफा धुँधलाकर इतिहास में दफन हो गई। 1816 में संयोग बस एक ब्रिटिश सैनिक से इस गुफा का पता चला, जो शिकार करने गया था। यह प्राचीन कला की सबसे बेशकीमती नगमा है और कला जगत् की सबसे शानदार कृतियों में से एक है। भित्ति चित्रों की गुणवत्ता, उसका रूप और संदेश तिब्बत और चीन के रास्ते जापान और कोरिया पहुँचा। एशिया के चर्चित कला समीक्षक लारेंस बिनीयान ने कहा, ''जिसने भी जब कभी भी जापान और चीन की कला का अध्ययन किया है, उसने शुरुआत उस लंबे रास्ते पर की है, जो अंत में अजंता की ओर ले जाएगा।'' ठीक इसी तरह भित्ति 'मरते राजकुमार' पर समीक्षा करते हुए कला इतिहासकार जान ग्रिफिथ ने टिप्पणी की थी, ''करुणा, भावना और कहानी कहने की अद्‌भुत कला ने इस चित्र को कला इतिहास का अप्रतिम व आवश्यक अंग बना दिया है।'' बर्लिंगटन पत्रिका ने अजंता को एशिया के कला जगत् का सबसे बड़ा आश्चर्य बताया है।

चित्रकृतियाँ पूरी तरह मानवीय हैं और यह उस समय के इतिहास और संस्कृति का दर्पण भी। इन चित्रों पर टिप्पणी करते हुए प्रसिद्ध इतिहासकार और समीक्षक विलियम रोथेंस्टिन ने कहा, ''पहाड़ियों से काटकर बनाए गए इन मंदिरों की सैकड़ों दीवारों और खंभों पर हमारी आँखों के सामने एक विशाल ड्रामा चलता है। यह ड्रामा राजकुमारों, साधुओं, वीरों, स्त्रियों द्वारा हर परिस्थिति में खेले जाते हैं—घने जंगल हों या खुले मैदान, राजदरबार हो या शहर। स्त्री-पुरुषों के शारीरिक सौंदर्य, पशुओं की शक्ति, पक्षियों व फूलों की सुंदरता और शुद्धता में से असीम आनंद प्रस्फुटित होता है

और इन लौकिक सुंदरता के धागों से बने वस्त्रों में जगत् के आध्यात्मिक अहसास की व्यवस्थित आकृति है।''

अजंता के चित्रों ने उदय शंकर व रूस के उनके नृत्य सहयोगी अन्ना पावलोवा के तमाम नृत्य रूपों क्रो प्रभावित किया है। हालाँकि हम अपने गौरवशाली अतीत के बारे में बहुत बातें करते हैं, लेकिन आजादी के बाद हमने इस दिशा में बहुत कम काम किया है।

जब मैं 2001 के अंत में बतौर पर्यटन और संस्कृति मंत्री अजंता के दौरे पर गया, मुझे वहाँ के हालात देखकर काफी दुःखी हुआ। गुफाओं में हर कदम पर टाट के लटकते झोले और टिन शेड वाले बदसूरत स्टाल दिखाई दिए। खाली जगहें पेपर, भोजन के खाली पैकेट और बेकार की अन्य सामानों से पटी पड़ी थीं। शोर मचाती गाड़ियाँ पैदल चलनेवालों पर धुआँ उड़ाती रहती थीं। पार्किंग अव्यवस्थित थी। सूचना पट्ट पुरानी, जंग युक्त व अनाकर्षक थीं। प्रकाश इतना कम था कि चित्रों को सही ढंग से देखना भी मुश्किल था। टॉर्चों और हाथ वाले बिजली के लैंप मुश्किल से संतुष्टि प्रदान करते थे।

पुरातात्विक विभाग एक गुफा को बतौर कार्यालय के तौर पर कब्जा कर रखा था। सुविधाएँ नाममात्र की थीं और ठंडा पानी भी मुश्किल से मिलता था। मुझे समझ में नहीं आता कि क्या कमजोर राज्य सांस्कृतिक विरासत को नष्ट करने के लिए जिम्मेदार है, या समाज की विकृति मानसिकता इसके लिए उत्तरदायी है।

नए प्रयास के तहत नया माहौल बनाने के लिए संकल्पित प्रयास किए गए। गुफा से तीन किलोमीटर दूर एक नागरिक-पर्यटक-सांस्कृतिक कॉम्पलेक्स का निर्माण किया गया। यहाँ के सुंदर व शानदार स्थल पर 72 यूनिट वाला एक शॉपिंग सेंटर खोला गया, जिसमें 5 रेस्टोरेंट भी शामिल हैं। आने-जाने के लिए वैज्ञानिक तरीके से डिजाइन की गई कार व बस का पार्किंग स्थल बनाया गया। चिकित्सकीय सुविधाओं से युक्त एक सूचना-प्रलेखन-इटंप्रिटेशन सेंटर बन रहा है। एक नई पहल की गई, जिसके तहत गुफा और नए सेंटर के बीच हरियाली विकसित की गई, जिसके बीच से सिर्फ गुफा और सेंटर को जोड़नेवाली रोड ही गुजरती है।

गुफा में ऑप्टिकल लाइट की विशेष व्यवस्था की गई, ताकि पर्यटक चित्रों को कलात्मक सुंदरता व उनमें वर्णित कहानी को आसानी से समझ सकें। सहयाद्रि पहाड़ी पर बनी झुग्गी-झोंपड़ियों को हटाकर खाली जगह का सुंदरीकरण किया गया और गुफा व भित्ति चित्रों के माहौल को ध्यान में रखते हुए खाली स्थानों पर पेड़ लगाए गए तथा उनका विस्तार गुफा तक कर दिया गया।

मकसद यह था कि सहयाद्रि श्रृंखला के सुंदर पहाड़ों व हरे-भरे मैदानों के बीच और मंद-मंद बहती वगोरा नदी के संग पर्यटक जब 26 गुफाओं के इस विशाल क्षेत्र को देखें तो उसी मूक आवाज का अहसास कर सकें, जो अजंता के चित्रों से भरपूर मात्रा में

प्रस्फुटित होती है। खास बात यह कि यह उद्देश्य रिकॉर्ड समय में पूरा कर लिया गया।

कभी अजंता की गुफाओं को स्वर्ग का उपकक्ष कहा जाता था, उसका दुबारा निर्माण किया गया। सहयाद्रि पहाड़ियों के झूमते वृक्षों के आध्यात्मिक नृत्य व वगोरा नदी के मीठे कलरव के बीच मधुर संगीत से गुफा ध्वनित की गई, ताकि माहौल और भी खुशनुमा और आनदकारी बन सके। अब हर चीज पर्यटक को खुशनुमा बनाती है और ऐसी मानसिक स्थिति का निर्माण करती है, जिसके मध्य पर्यटक जगत् के आध्यात्मिक यथार्थ के व्यवस्थित रूप का दर्शन कर सकें और पारलौकिक व लौकिक संसार में जीवन के वास्तविक सत्य को देख सकें।

## एलोरा

पहाड़ियों को काट कर बनाए गए एलोरा के मंदिर अजंता की गुफाओं से जरा सा भी कम नहीं हैं। ये भारत की स्थापत्य कला के अविश्वसनीय नमूने हैं। एलोरा की अद्‌भुत गुणवत्ता का अंदाजा इस बात से लगाया जा सकता है कि यह एक ही चट्‌टान से बनी संसार की सबसे बड़ी संरचना है।

इसका विशाल आकार 'पार्थिनन' के दूने से भी बड़ा है। इसको बनाने में 100 साल लगे और इस कार्य में 1000 लोगों ने 220,000 टन की पहाड़ी को काटकर बनाया। विश्व धरोहर स्थल पर यूनेस्को द्वारा प्रकाशित पुस्तिका में इस मंदिर की अनोखी विशेषता पर एक टिप्पणी की गई है, जो निम्नवत है—मूर्तिकारों ने मूर्तियों को बनाने में बड़ी तल्लीनता के साथ बारीक-से-बारीक चीजों पर ध्यान रखा है और उनकी प्रत्येक नक्काशी अपने आप में बेजोड़ है। उनमें सबसे ज्यादा चर्चित चित्र दुर्दांत दैत्य रावण, जो कैलाश की गुफाओं से स्वयं मुक्त होकर क्रोध में पहाड़ी को हिलाता है। इस पर शिव मुसकारते हैं और नाराज भी होते हैं और अपने बाएँ पैर के अँगूठे से भूचाल ला देते हैं।

एलोरा परिसर में 34 मंदिर हैं। 12 बौद्धों से संबंधित हैं और 17 हिंदू व जैन से संबंधित हैं। नई पहल कार्यक्रम के तहत पुनरूद्धार से पहले परिसर के वातावरण को ठीक करने का काम किया गया। यहाँ की स्थिति भी वैसी ही निराशाजनक थी, जैसी अजंता परिसर की थी। अब एलोरा के शानदार व अद्‌भुत परिदृश्य की खिड़की के जरिए हिंदुस्तान की महान् कला का दर्शन किया जा सकता है। यह सैलानियों को विचारों के उन उँचाइयों पर ले जाती है, जहाँ पर भारतीय संस्कृति के विशेष चरित्र का आभास होता है।

**"अकल्पनीय रूप का विस्तृत व**
**स्वर्ग सरीखा**
**हर लम्हा, लम्हा**
**चमकता है यह**

**दूर से भी दूर तक**
**और हाथ की निकटता तक**
**गुफा के गर्भ में छिपी**
**है सब कुछ जिसे आप देखना चाहें''**

गुफा के अंदर का पुनर्रूद्धार और आसपास की हरियाली ने उस चमक को फिर से लौटा दिया है, जो आपको न केवल गुफा के दिल में जो कुछ दफन है उसका दर्शन कराएगी, बल्कि आपके दिलों की कंदराओं में जो कुछ छिपा है, उसे भी दिखाएगी। इस तरह का स्थायी प्रभाव उस सुंदर विचार का परिणाम है, जिसको रचनात्मक प्रयासों तथा प्रेरित व कठिन कृत्यों से पूरा किया गया है।

## हुमायू मकबरे का परिसर

इस परिसर की हालत सुधारने का बीड़ा जब मैंने लिया, उस समय वहाँ के मौजूदा हालात बहुत ही नाजुक थे। हुमायू के मकबरे के मुख्य द्वार पर बदसूरत स्टाल थे, जो नगर निगम संरक्षित बदनाम व भ्रष्ट व्यवस्था की देन थे, जिसे तहबाजारी के नाम से जाना जाता था। सभी तरह की बड़ी गाड़ियाँ, जिनका मकबरे से कोई लेना-देना नहीं था, खुली जगहों पर कब्जा किए हुए थीं। नीला गुंबद की तरफ वोट बैंक राजनीति का एक बड़ा नमूना, यानी झुग्गी-झोंपड़ियाँ काफी संख्या में थीं। यहाँ पर हजारों झुग्गी-झोपड़ी के बासिदे राजनीतिक नेतृत्व के एक प्रभावशाली वर्ग द्वारा रखे गए थे, जिनका इस्तेमाल, संसद, विधानसभा व नगर निगम के चुनावों के समय बँधुवा वोटर की तरह किया जाता था। हजरत निजामुद्दीन औलिया की दरगाह का वातावरण भी बर्बरता की हद तक गंदा था। पवित्र कुंड बदबूदार कीचड़ का एक बड़ा सा हौद था।

नई पहल के कार्यक्रमों के तहत तमाम योजनाओं के लागू होने पर परिसर के अंदर और परिसर के आसपास के माहौल में गजब का परिवर्तन आया। सभी स्टाल व कब्जों को हटा दिया गया तथा स्मारक और हरे-भरे स्थानों को पुनः बहाल किया गया। इस समय स्मारक के चारों तरफ शानदार पार्क और बगीचे इसकी आभा और प्रतिष्ठा को बढ़ा रहे हैं। इसके अलावा दिल्ली के मध्य में बसा यह स्मारक सुबह टहलनेवालों के लिए मनमोहक व सुंदर स्थल मुहैया कराता है।

परिसर के अंतिम छोर पर दो नए रास्तों का निर्माण किया गया। एक रास्ता ऐतिहासिक गुरुद्वारा, दमदमा साहिब की तरफ और दूसरा बड़ापुल नाला के साथ निजामुद्दीन रेलवे की तरफ जाता है। इस तरह स्मारक का पूरा क्षेत्र ध्वनि और वायु प्रदूषण से मुक्त हो सका। कहने की जरूरत नहीं है कि छोटे समय के बीच परिसर के अंदर के तमाम ऐतिहासिक स्थलों को नया जीवन प्रदान किया गया और इनके चारों तरफ

हरा-भरा क्षेत्र विकसित किया गया, जो देश की स्थापत्य विरासत को न सिर्फ सँभालेगा, बल्कि इसके अनूठे अस्तित्व को भी बरकरार रखेगा। रात में जब इस पर प्रकाश पड़ता है तो स्मारक सच में शानदार दिखता है।

## लाल किला

सन् 1938 में मुगल बादशाह शाहजहाँ ने अपना हेडक्वार्टर्स आगरा से हटाकर दिल्ली में नई राजधानी फिरोजाबाद के खँडहरों के निकट यमुना के किनारे बनाने का निर्णय लिया। यहाँ पर एक बहुत बड़ा किला है, जिसे लाल किला कहते हैं। इसकी मजबूत दीवार, विशाल द्वार और ऊँची मिनारों को बनाने में लगभग आठ साल लगे। बादशाह शाहजहाँ किले में रहता और यहीं से पूरे साम्राज्य पर शासन चलाता। यह किला लगभग आत्मनिर्भर राजकीय नगर था, जो 5,000 लोगों को स्थान देता था।

लाल किले का ढाँचा बेमिसाल है। पूरब और पश्चिम में इसकी दो लंबी दीवारें और 6 छोटी उत्तर और दक्षिण में हैं। इसमें कई खास इमारतें हैं, मसलन—आम लोगों के लिए दीवान-ए-आम, दीवान-ए-खास, जहाँ ऊँचे ओहदेदार मिलते थे, रंग महल, जो शाहजहाँ के अंत:पुर का सबसे खास महल था और अली मर्दान के नहर की शाखा नहर-ए-भिस्त, जो फौआरों व जलप्रपातों को जल देती थी, आदि।

लाल किले की विशाल संरचना और शानदार इमारत को देखकर फर्ग्यूसन ने कहा था कि यह पूरब का सबसे शानदार महल है, शायद विश्व का भी।

लेकिन लाल किले की कहानी महज बेमिसाल ढाँचे, प्रसिद्ध इमारतें या खूबसूरत फौआरों तक ही सीमित नहीं है, बल्कि हर पत्थर, हर स्तंभ, हर गलियाँ, चित्र और हाल बीते समय की गाथा सुनाते हैं। वे बताते हैं कि किस तरह एक विशाल साम्राज्य का निर्माण हुआ, कैसे इन इमारतों में बेमिसाल अद्‌भुत सुंदरता पिरोई गई, कैसे दया और क्रूरता को एक साथ इस्तेमाल किया गया, कैसे निरंकुश शक्ति संरचना अपने ही दंभ, आलस और भ्रम का शिकार हो गई और कैसे यह शांत, चतुर कंपनी के हाथों में गिर पड़ा और अंतत: ब्रितानी शासकों के चंगुल में फँस गया।

सन् 1857 की दु:खद घटना के बाद ब्रितानी सेना ने लाल किले पर कब्जा जमा लिया। सैनिकों व अस्त्र-शस्त्रों को बिना रुकावट आवाजाही के लिए 448 गज के घेरे में आनेवाली सभी इमारतों को गिरा दिया गया, जिसमें एक तरफ जामा मसजिद व चांदनी चौक के बीच का पूरा इलाका और दूसरी तरफ किले की दीवार शामिल थी। किले के आसपास विध्वंसक काररवाई के बावजूद ब्रिटिश शासक शाही परंपरा से स्तब्ध थे। इस परंपरा की पूरी अभिव्यक्ति उस समय मिली, जब 14 दिसंबर, 1911 को किंग जार्ज पंचम व रानी अपने चमचमाते मुकुटों व रंगीन परिधानों तथा अपनी पूरी प्रसिद्धि के साथ

लाल किले की बालकनी पर दिखाई पड़े और वहाँ उपस्थित लगभग 5 लाख लोगों का अभिवादन स्वीकार किया।

स्वतंत्रता संग्राम सेनानियों के लिए भी लाल किला शक्ति का प्रतीक था। नेताजी सुभाषचंद्र बोस ने भी आजाद हिंद फौज को 'दिल्ली चलो' का नारा दिया और पंडित जवाहरलाल नेहरू ने 15 अगस्त, 1947 को स्वतंत्र भारत का झंडा यहीं पर फहराया।

काफी वर्षों से, लाल किला समय के हाथों दुर्दशा का शिकार हुआ। इतिहास ने अपने जख्म इस पर लगाए। जो कुछ चमक व शक्ति बची थी, वह लापरवाही के कारण कम होने लगी। पर्यटन और संस्कृति मंत्री बनने के बाद जब मैं लाल किला को गहराई से देखने के लिए पहुँचा, तो वहाँ पर तमाम भद्दे ढाँचे थे। लाल किला के पीछे की खुली जगह पर बदबूदार बस्तियाँ थीं। इसे नाम के अनुरूप 'चोर बाजार' की तरह इस्तेमाल किया जाता था। वहाँ की स्थिति इतनी निराशाजनक थी कि मैं सोच भी नहीं पा रहा था कि यदि सुधार की कोई कार्य-योजना बनाई जाए, तो उसका क्रियान्वयन हो सकेगा या नहीं। लेकिन सोच-विचार कर मैंने निर्णय लिया कि पूरे परिसर का पुनरूद्धार किया जाएगा, पूरे संकल्प शक्ति के साथ। एक योजना 'लाल किले का पुनर्जन्म' बनी और इसे पूरी दृढता और द्रुत गति से लागू किया गया।

किले की दीवार की पूरी सतह, 21,219 वर्ग मीटर, को पूरी तरह से धुलवाया गया और केमिकल से साफ किया गया। 1.7 किलोमीटर लंबी खाई, जो तमाम सालों में किचड़ों से पट गई थी, साफ किया गया। लगभग 23,000 धन मीटर कचरा, 3,500 ट्रक लोड के साथ, यहाँ से निकाला गया। लगभग 2,200 वर्ग मीटर पगडंडी, जिनमें पटिया लगी थी, जो बाद में नष्ट भी हो गई थी, उन्हें मूल डिजाइन के अनुरूप फिर से लगाया गया। मुमताज महल, रंग महल, हमाम के शेल प्लास्टर जो गिर गए थे, उन्हें फिर से ठीक किया गया। लाल पत्थरों की सभी 23 जालीदार खिडकियाँ, जो टूट गई थीं, फिर से बनाई गईं। दीवाने-ए-खास, खास-महल, नौबत खाना, तहखाना को भी उनके पुराने गौरव लौटाए गए। फौआरों, नालियों व जलप्रपातों के साथ हयात बक्श बागीचे की मरम्मत की गई।

मुस्मन बुर्ज के नीचे से यमुना नदी की ओर जानेवाला पुराना अंडरग्राउंड रास्ते को साफ किया गया और रिंग रोड की तरफ खोल दिया गया। नहर-ए-भिस्त का पुनुरुद्धार, जो असंभव लग रहा था, उसे भी पूरा किया गया।

एक लगभग अज्ञात सी बावली, जिसने स्वतंत्रता संघर्ष के संक्षिप्त लेकिन प्रेरणादायी इतिहास को अपने में समेटे हुए है, को खास ट्रीटमेंट दिया गया। यह स्वदेशी डिजाइन से बना गुसलखाना और एक बड़ा सा आँगन था, जो जमीन की सतह से 28 फीट नीचे बना था और सीढ़ियों के जरिए यहाँ तक पहुँचा जाता था। ब्रितानी सेना के अधिग्रहण के दौरान यह बावली बेकार हो गई और आँगन का अच्छा-खासा हिस्सा कैदीखाना

में तबदील कर दिया गया। जहाँ पर स्वतंत्रता संग्राम सेनानी, जिन्हें ब्रिटिश इंटेलीजेंस खतरनाक कैदी कहते थे, पूछताछ के लिए लाए जाते थे। सन् 1945 के बाद बावली और तहखाना बंद कर दिया गया। आर्मी से हस्तारित होने के बाद ही यह जगह साफ की गई। सैकड़ों ट्रक कचरे यहाँ से निकाले गए और कैदीखाने तथा बावली को देखने के लिए खोल दिया गया, ताकि इतिहास के कुछ अनछुए पृष्ठों को बाहर लाया जा सके।

यदि आप इस समय लाल किले के पिछवाड़े की तरफ देखें तो आप राजधानी में एक महान् नई ऐतिहासिक घटना पाएँगे—आकर्षक और शानदार। यदि रिंग रोड की तरफ देर शाम को ड्राइव करते या टहलते हुए जाएँ तो जगमगाती रोशनी में हाल ही में साफ, संरक्षित और पुनुरुद्धार किया हुआ लाल किले का पूर्वी हिस्सा आपको सुखद अहसास देगा।

ठीक इसी तरह की व्यवस्था करके चाँदनी चौक की तरफ उबड़-खाबड़ और बिना रखरखाव वाले विशाल क्षेत्र को खूबसूरत राष्ट्रीय पार्क '15 अगस्त पार्क' में बदल दिया गया। इस तरह किले को दो शानदार पंख मिल गए, जिसके सहारे वह लालित्य और आत्मविश्वास के साथ भविष्य में उड़ान भर सकेगा।

## किला राय पिथौरा

हाल ही तक किला राय पिथौरा विशाल, उपेक्षित टीले की तरह था, जो यहाँ और इसके आसपास रहनेवाले झुग्गी वासियों के लिए शौचालय के रूप में इस्तेमाल किया जाता है। कुछ विद्धानों को छोड़कर शायद ही कोई जानता हो कि इतिहास के महत्त्वपूर्ण अंश इसमें दफन हैं, जिसमें किला राय पिथौरा और लाल कोट शामिल हैं। इसे दिल्ली की सात शहरों में प्रथम होने का गौरव हासिल है, जिसका निर्माण 1980 के आसपास हुआ और इसका संबंध महान् राजपूत शासक पृथ्वी राज चौहान से है।

शहरी विकास मंत्री बनने के बाद मेरे पहले कामों में इसका दौरा भी शामिल है। निकासी के आदेश दिए, दिल्ली विकास बोर्ड की मशीनरी को सक्रिय किया, विकास योजनाओं को बनाया तथा क्रियान्वित किया। उस समय टीले का छोटा हिस्सा ही संरक्षित था। जब मेरा मंत्रालय बदलकर पर्यटन व संस्कृति का हो गया, जिसके अंदर भारतीय पुरातात्विक सर्वेक्षण भी आता है, तो मैंने प्राचीन स्मारक व पुरातात्विक तथा अवशेष कानून, 1958 के तहत पूरे टीले को संरक्षित करने को सुनिश्चित किया तथा इसकी विस्तृत खुदाई का प्रबंध भी किया।

आज आप किला राय पिथौरा के खुदे परकोटे और दीवालों को उनके शानदार अवशेष के रूप में देख सकते हैं, जिसकी मध्यकालीन मोहकता रात में रोशनी पड़ते ही कई गुना बढ़ जाती है।

हाल ही में निर्मित संरक्षण केंद्र भवन में पृथ्वीराज चौहान की एक भव्य मूर्ति स्थापित की गई है, जिसके चारों ओर सुंदर हरे-भरे पार्क विकसित किए गए हैं। संरक्षण केंद्र रचनात्मक पुनरुद्धार का एक शानदार उदाहरण है, जहाँ परंपरा व इतिहास को नगरीय व्यवस्था में पिरोया गया है, ताकि भीड़-भाड़ व लगातार विस्तार होते शहर में ताजगी व सुकून मिल सके। इस वक्त तकरीबन 90,000 लोग इस हरियाली का इस्तेमाल सुबह-शाम टहलने के लिए करते हैं। यह संरक्षण केंद्र हड़प्पा से लेकर आज तक की भारतीय सभ्यता का एक दर्शनीय स्थल है।

## चित्तौड़गढ़

चित्तौड़गढ़ की वीरता व बलिदान की पृष्ठभूमि पर नजर रखते हुए कर्नल जेम्स टॉड ने कहा था, 'चित्तौड़ के अंगूरों पर पड़नेवाली सूरज की आखिरी किरणों को निहारता हूँ, जो इसके दुःख और निराश भरे पलों तथा विषाद के चेहरे पर कांतिमय झिलमिल प्रकाश की तरह प्रकाशित करती है।'

युद्ध से उजड़े परकोटे व रक्त जनित चित्तौड़ गढ़ के 700 एकड़ों में फैले विशाल परिसर में तमाम स्मारक हैं और हर स्मारक दुःख भरी प्रेरणादाई कहानी कहता है।

वही विजय स्तंभ पड़ोसी राजाओं की संयुक्त शक्ति पर राणा कुम्भा की महान् विजय को गाथा कहता है। पद्मिनी का महल हमें दुःख भरे गर्व से भर देता है और याद दिलाता है अपने समय की सबसे खूबसूरत रानियों में एक की वीरता भरे कारनामों की, जिसने अपमान के बदले मौत को चुना और परंपरा के सैकड़ों दासियों और परिजनों के साथ 'जौहर' कर लिया।

मीरा का मंदिर बताता है कि किस तरह निःस्वार्थ प्रेम से उदात्तता की पराकाष्ठा पाई जा सकती है और यह भी बताता है कि कैसे सबसे दुःख भरे विचार ही हमारे सबसे मधुर भरे गीत हैं।

नई पहल के तहत जोरदार पुनर्रुद्धार प्रयासों के बाद दुर्भाग्य और मनमानापन को नकारते हुए आज यह अपनी शक्ति और प्रतिष्ठा के साथ एक बार पुनः खड़ा है।

## कुंभलगढ़

कुंभलगढ़ किला एक शानदार उदाहरण है कि भारतीय धरोहर के कुछ शानदार नगमे लंबे समय तक गुमनामी में कैसे पड़े रहे। हाल तक, कुछ ही लोग इस अविश्वसनीय भव्य किले के बारे में जानते थे, जो मेवाड़ की आँख माना जाता है। ऐसा कहा जाता है कि इस विशाल किले का निर्माण आदमियों ने नहीं, बल्कि शैतानों ने किया है। इसकी विशाल चौड़ी दीवारें विश्व प्रसिद्ध चीन की दीवार के बाद सबसे मोटी हैं, जिस पर एक

साथ सात घोड़े समायोजित हो सकते हैं।

कुंभलगढ़ का इतिहास सम्राट अशोक के पोते संप्रति के समय तक जाता है। यह संसार की सबसे प्राचीन पहाड़ी पर स्थित है। सुरक्षात्मक युद्ध के लिए इसकी महान् उपयोगिता को मेवाड़ शासक राणा कुंभा ने पहचाना और 15 शताब्दी में इस किले का निर्माण कार्य प्रारंभ किया। समयांतराल के बाद यह किला दिल्ली, मालवा और गुजरात के शासकों के खिलाफ अभेद्य हथियार बना।

35 किलोमीटर लंबी दीवाल के साथ इसमें 700 बंकर, कील लगे 8 विशाल दरवाजे और एक के ऊपर एक परकोटे बने हैं, जो आज राजपूतों के अदम्य साहस और दृढ इच्छाशक्ति के भव्य प्रतीक के रूप में खड़े हैं। इसका ऐतिहासिक महत्व भारत के महान् सपूत महाराणा प्रताप की जन्मस्थली होने के कारण और भी बढ़ जाता है। इसके अलावा यहाँ पर नीलकंठ, नामदेव, गणेश और योगा वेदी जैसे अनेक सुंदर मंदिर भी हैं।

इस विशाल किले की मरम्मत इसके शानदार अतीत को देखते हुए पुनरुद्धार कार्यक्रम के तहत किया गया। आज यह अपनी पूरी भव्यता और चमक के साथ खड़ा है और पर्यटकों को आमंत्रित करता है कि वे अनगिनत विजय व पराजय, चुनौती व असफलता, वीरता व कुटिलता की आवाज को सुनें।

## परिणाम

इसके अलावा और बहुत से स्मारक जैसे—बोधगया, महाबलिपुरम, हम्पी, मोढ़रा, पुष्कर और भीमबेटका की मरम्मत ठीक उसी तर्ज पर की गई। अब इन स्मारकों की मूक आवाज हमें स्पष्ट सुनाई पड़ती है और दिलों पर छा जाती है। लेकिन मेरा 'मिशन' पूरा न हो सका। मई 2004 में परिस्थितियाँ तेजी से करवट लीं, जब मुझे अपने कार्यभार से मुक्त होना पड़ा।

*(लेखक पूर्व केंद्रीय संस्कृति व पर्यटन मंत्री हैं।)*

□

# सप्तसिंधु का अभिनव सप्तशील

**—डॉ. लक्ष्मीमल्ल सिंघवी**

भारत विश्व का सुविकसित एवं अग्रणी देश हो, यह डॉ. श्यामा प्रसाद मुकर्जी का सपना था, उनके जीवन का मिशन था। विकास, उन्मेष और उन्नति के कई निकर्ष होते हैं, जो जीवनमूल्यों एवं उपलब्धियों के साथ जुड़े हुए होते हैं। भारत में जीवन मूल्यों के निष्कर्ष पुरुषार्थ के सम्यक् संतुलन से अंतग्रथित होते हैं। डॉ. मुकर्जी एक आदर्शवादी पुरुष थे। वे भारतीय पुरुषार्थ और उन्मेष के आदर्श के प्रति समर्पित थे।

डॉ. श्यामा प्रसाद मुकर्जी का व्यक्तित्व और कृतित्व एक तेजस्वी राष्ट्रनिष्ठ और मूल्यनिष्ठ सांस्कृतिक पुरुष का व्यक्तित्व और कृतित्व था। उनका राष्ट्रबोध उनके संस्कृतिबोध तथा उनके इतिहासबोध से जुड़ा हुआ था। वे सोचते थे कि भविष्य में स्वतंत्र भारत को, समर्थ, सक्षम एवं सशक्त देश होना होगा। उनका यह सोच संविधान के प्राक्कथन के साथ पूर्णतः जुड़ा हुआ था। उनका मंतव्य था कि विश्व में अग्रणी होने के लिए भारत में सामाजिक, आर्थिक एवं राजनीतिक न्याय की संस्थापना होनी चाहिए; भारतीय समाज में एकता, समता स्वतंत्रता, बंधुता देशप्रेम एवं व्यक्ति की गरिमा को प्राथमिकता देनी चाहिए। वे संविधानसभा के सदस्य थे और कई कठिन और विकट समस्याओं के समाधान में उनका तेजस्वी नेतृत्व रहा। संविधान सभा में दिए गए उनके प्रत्येक भाषण में उनकी सैद्धांतिक प्रतिबद्धता एवं उनका गहरा देशप्रेम झलकता है, उनकी सूझबूझ रेखांकित होती है।

भारतीय दृष्टि से मनुष्य के पुरुषार्थ में सबसे आधारभूत है, धर्म। धर्म के साथ जुड़े हुए हैं काम, अर्थ और मोक्ष। पुरुषार्थ का यह सिद्धांत मूलतः लौकिक है, यद्यपि इसका एक अंतरंग पारलौकिक पक्ष भी है। पुरातन भारत में पुरुषार्थ के इस सिद्धांत ने जो जीवनशैली दी, उसमें विज्ञान द्वारा ज्ञान संपुष्ट होता था; विज्ञान एवं ज्ञान द्वारा दर्शन की संरचना होती थी; दर्शन जीवन को दिशा देता था, चरित्र का और श्रेष्ठ मानव का

निर्माण करता था। भारत इसी साधना द्वारा जगदगुरु सिद्ध हुआ और इसी साधना द्वारा विश्व का वरिष्ठ और अग्रणी राष्ट्र बना, और इसी प्रकार एक श्रेष्ठ संस्कृति के निर्माण में सफल हुआ।

सदियों से पूरे जगत् में भारत एक अग्रणी देश रहा है। 18वीं शताब्दी से पूर्व आर्थिक दृष्टि से एवं उत्पादन तथा संपन्नता की दृष्टि से भारत दुनिया के देशों के बीच प्रथम पंक्ति का देश था। यद्यपि दसवीं-ग्यारहवीं शताब्दी से लेकर लगभग आठ शताब्दियों तक भारत विदेशी आक्रामकों के आधिपत्य में रहा। सांस्कृतिक एवं सभ्यतामूलक निष्कर्ष पर देखें तो मानवीय सभ्यता के उषाकाल से भारतवर्ष शेष दुनिया से बहुत आगे रहा। भाषा की दृष्टि से, जीवन-दर्शन की दृष्टि से, विज्ञान की दृष्टि से, सोच एवं जीवनशैली की दृष्टि से भारत एवं चीन अधिकांश देशों से बहुत आगे थे। सोच में बहुत मुक्त और सहिष्णु था भारत, बहुत प्रशस्त था भारत, बहुत प्रगतिशील था भारत। दुनिया जब गिनती और गणित से अनभिज्ञ थी, तब भारत ने शून्य और दशमलव का आविष्कार कर लिया था। पुरातन काल में भारत भौतिकी, गणित, रसायनशास्त्र, वनस्पतिशास्त्र एवं औषधिशास्त्र के क्षेत्र में विकास के उतुंग शिखर पर था, क्योंकि ज्ञान और विज्ञान के क्षेत्र में भारत के समकक्ष और कोई देश नहीं पहुँच पाया था। चिंतन और चरित्र की दृष्टि से भी भारत की श्रेष्ठता जगजाहिर थी। आज वह स्थिति नहीं रही। भारत के पुनरुत्थान के लिए चिंतन, मंथन और नवजागरण का अभियान् जरूरी है। समकालीन भारत विश्व का अग्रणी देश और समाज कैसे बने, इस लक्ष्य को लेकर मेरे मन में एक सप्तसूत्रीय परिकल्पना है, जिसे मैं 'सप्तसिंधु का सप्तशील' कहकर उन रास्तों को मानचित्र पर रेखांकित करना चाहता हूँ कि जिन पर चलकर हम भारत-युग के नए स्वर्णिम संवत्सर का शुभारंभ कर सकते हैं।

सप्तसिंधु भारत का एक पुराना नाम है। 'सप्तसिंधु के सप्तशील' से मेरा अभिप्राय सात आधार भूत अवधारणाओं से है:

1. भारत के लोग देशप्रेम से प्रेरित हों, देशप्रेम से संप्रेरित हों, देशप्रेम के प्रति समर्पित हों एवं भारत की एकता के लिए कृतशपथ एवं कृतसंकल्प हों।

2. हम भारत के लोग सांविधानिक, लोकतंत्रात्मक गणराज्य को अपनी जातीय अस्मिता के साथ जोड़ें, अतीत का गर्व से स्मरण करें, अतीत को व्यतीत समझकर उसका तिरस्कार कभी न करें।

3. हम भारत के लोग न्यायनिष्ठ हों, मूल्यनिष्ठ हों।

4. हम भारत के लोग स्वतंत्रता एवं समता के सांविधानिक सिद्धांतों को सस्पंद एवं साकार करने में सन्नद्ध हों एवं अंत्योदय से सर्वोदय की ओर अग्रसर हों।

5. हम भारत के लोग राष्ट्रीय जीवन में स्वतंत्रता के प्रत्येक पक्ष को संपुष्ट करें, विचार एवं अभिव्यक्ति की स्वतंत्रता की सुरक्षा और संवर्धन करें, मनुष्य मात्र की गरिमा

की प्राणपण से रक्षा करें और नागरिकता को बंधुता की एकसूत्रता में अनुबंधित करें।

6. हम भारत के लोग प्रत्येक नागरिक के लिए जीने का अधिकार सुरक्षित करें। कोई नागरिक भुखमरी से पीड़ित न हो, आजीविका से वंचित न हो; उसे रोटी, रोजी, कपड़ा और मकान मिले, शिक्षा और चिकित्सा की सुविधा मिले।

7. भूमंडलीकरण और ज्ञान तथा विज्ञान के समाज में भारत की प्रतिभा का प्रभामंडल देदीप्यमान हो।

इसी दृष्टि को लेकर मैंने एक कविता लिखी थी, जिसका शीर्षक था 'भारत युग का नव संवत्सर।' उस कविता का एक उदाहरण देते हुए एवं डॉ. श्यामा प्रसाद मुकर्जी को श्रद्धांजलि अर्पित करते हुए मैं भारत युग के नव-संवत्सर का आह्वान करता हूँ।

### भारत युग का नव संवत्सर

मनुज सभ्यता की यशगथा, जिसको भारत रहा सजाता
जहाँ चित्त भय-शून्य, निरामय दृष्टि, गर्व से उन्नत माथा;
उस माथे पर तिलक लगाता, अपने हाथों स्वयं विधाता
स्वयं विधाता अलख जगाता, दिव्य चेतना से नहलाता
शुभाशीष दे रहा हिमालय, चरणों में सागर लहराता
पर्वत, निर्झर नदियाँ तुमको नमन कर रही भारत माता।

यह अद्‌भुत है देश जहाँ संदेश एक, भाषा अनेक हैं,
हर भाषा में यहाँ पुरातन अधुनातन का होता संगम;
यह सतरंगी इंद्रधनुष का देश, यहाँ रंगों का उत्सव,
गूँज रहा उत्सव में जीवन के सारे तारों पर सरगम,
वेदों, उपनिषदों का सरगम, तीर्थंकर अरिहंत बुद्ध का,
यह आँगन नानक,फरीद, तुलसी, कबीर का अनुपम उद्‌गम।

शतसहस्र सदियों से भारत लिखता रहा मनुज की कविता,
वह कविता भारत का दर्शन, भारत का इतिहास बन गई,
मनुज दृष्टि से माना अपना ही कुटुंब सारी वसुधा को,
त्याग-तपस्या से आलोकित यह धरती आकाश बन गई।
धरा और अंबर ने मिलकर लिखी विश्व की नई कहानी,
यही कहानी मनुज सभ्यता का रंचित विश्वास बन गई।

ये विश्वास विश्व के अंतरा में करुणा की धड़कन बनते,
यही सत्य की खोज, सत्य का ओज, सत्य का प्रतिवेदन है;
यही सुदर्शन सत्य सारथी के हाथों में शोभा देता,
युद्धक्षेत्र में यही सारथी का भारत को उद्‌बोधन है;
यह उद्‌बोधन हर मनुष्य के लिए मनोबल की गंगा है,
इस गंगा में ईश्वर से संवाद, मनुज का संवेदन है।

यह संवाद और संवेदन ही भारत की परिभाषा है,
वाल्मीकि में, वेदव्यास में, कालिदास में यही निरंतर,
सूरदास, रविदास और मीरा, रहीम, रसखान, जायसी
गालिब, कवि रवि और निराला इसी समन्वय के हस्ताक्षर।
इसी समन्वय में अभिवंदित भारत की छवि और धरोहर,
सुजल-सुफल मलयज-शीतल है कोटि-कोटि कंठों का यह स्वर॥

यहाँ विश्व में सबसे पहले लोकतंत्र का उदय हुआ था,
गणराज्यों ने यहाँ मनुज की गरिमा की यशगाथा गाई;
यहाँ विक्रमादित्य और चाणक्य नीति से शासन करते,
समदर्शी अशोक देते हैं न्यायधर्म की यहाँ दुहाई;
यहाँ हर्षवर्धन को अच्छा लगता अपना सबकुछ देना,
युद्धक्षेत्र में रासो लिखते कितने यहाँ चंद्रबरवाई।

इन पचास वर्षों के पीछे सौ सदियों की एक कथा है,
भारत के स्वर्णिम अतीत के अंतर में भी एक व्यथा है।
उस स्वर्णिम अतीत को हमने बार-बार क्यों, कैसे खोया?
रहे सदा आपस में लड़ते वैमनस्य का अंकुर बोया।
इन पचास वर्षों का अनुभव, खट्टा-मीठा कड़वा अनुभव
इस अनुभव के मंथन से ही सकल मनोरथ होंगे संभव॥

सोचो इन पचास वर्षों में कितना खोया, कितना पाया?
सोचो क्या भारत माता का हमने पूरा कर्ज चुकाया?
सोचो क्या करने से, कैसे भारत की छवि होगी उजली?
सोचो क्या हमने भारत में टूट-फूट का कर्ज मिटाया?
करें प्रतिज्ञा नए सिरे से, हम मिल-जुलकर साथ बढ़ेंगे,
कह पाएँ तब निश्छल मन से, हमने अपना फर्ज निभाया॥

संविधान में हमने फिर से एक नया उद्बोधन पाया,
समता, न्याय और आजादी का हमने संबोधन पाया,
नई चेतना के हम हलधर, हम सपनों के पौध लगाते,
नवयुग के शिल्पी निष्ठा से हम भविष्य के सौध बजाते

सतयुग, त्रेता, द्वापर, कलियुग, बीत गए अब फिर एक युगांतर,
वही युगांतर भारत का युग, वही नए युग का संवत्सर॥

*'भारत ही केवल कर्म-भूमि है, अन्य भोग-भूमि है। इसकी नियति विशिष्ट है। इसे संपूर्ण संसार का मार्गदर्शन करना है। इसमें क्षमता है आत्मशुद्धि की। यह तत्पश्चर्या की अमर भूमि है। इसे अपनी नियति को स्वीकारना होगा। भारत के सामने इस समय अपनी आत्मा को खोने का खतरा है। और यह संभव नहीं है कि अपनी आत्मा को खोकर वह जीवित रह सके। भारत ने आत्म-शुद्धि के लिए स्वेच्छापूर्वक जैसा प्रयत्न किया है, उसका दुनिया में कोई दूसरा उदाहरण नहीं मिलता। भारत की आत्मा की मृत्यु संपूर्ण भारत की मृत्यु है।''*

**—महर्षि अरविंद**

□

# भारत में संसदीय लोकतंत्र समस्या और समाधान

**–डॉ. सुभाष कश्यप**

भारत क्या है ? क्या वह केवल मात्र एक भौगोलिक इकाई है अथवा 15 अगस्त, 1947 को जन्मा कोई देश है ? वस्तुतः भारत तो सहस्त्रों वर्षों से चली आ रही एक सनातन संस्कृति की अविरल धारा का नाम है—सतत चेतन, स्पंदनशील और जीवंत। जो राष्ट्र अपने अतीत की नींव पर नहीं खड़े होते, उस पर गर्व नहीं करते, वे कभी भी उज्ज्वल भविष्य का निर्माण नहीं कर सकते। हमें चाहिए कि हम अपने गौरवमय लोकतांत्रिक अतीत को जाने-पहचाने, वर्तमान की समस्याओं से जूझे, चुनौतियों का सामना करें और पूर्ण आशा और विश्वास के साथ अपनी पृष्ठभूमि, आकांक्षाओं, आवश्यकताओं और सपनों के अनुरूप भावी भारत का निर्माण करें।

लोकतंत्र एवं प्रतिनिधि संस्थाएँ भारत के लिए पूर्णतया नई नहीं हैं। कुछ प्रतिनिधि निकाय तथा लोकतंत्रात्मक स्वशासी संस्थाएँ वैदिक काल में भी विद्यमान थीं। (सिरका 3000-1000 ईसा पूर्व) ऋग्वेद में 'सभा' तथा 'समिति' नामक दो संस्थाओं का दर्जा और इनके कृत्य अलग-अलग थे। 'समिति' एक आम सभा या लोकसभा हुआ करती थी और 'सभा' अपेक्षतया छोटा और चयनित वरिष्ठ लोगों का निकाय, जो मोटे तौर पर आधुनिक विधानमंडलों में ऊपरी सदन के समान था। वैदिक ग्रंथों में ऐसे अनेक संकेत मिलते हैं, जिनसे पता चलता है कि ये निकाय राज्य के कार्यों से निकट का संबंध रखते थे और इन्हें पर्याप्त प्राधिकार, प्रभुत्व एवं सम्मान प्राप्त था। ऐसा ज्ञात होता है कि आधुनिक संसदीय लोकमत के कुछ महत्त्वपूर्ण तत्व, जैसे निर्बाध चर्चा और बहुमत द्वारा निर्णय, तब भी विद्यमान थे। बहुमत से हुआ निर्णय ''अलंघनीय माना जाता था, जिसकी अवहेलना नहीं हो सकती थी, क्योंकि जब एक सभा में अनेक लोग मिलते हैं और वहाँ एक आवाज से बोलते हैं, तो उस आवाज या बहुमत की अन्य लोगों द्वारा

उपेक्षा नहीं की जा सकती।" वास्तव में प्राचीन भारतीय समाज का मूल सिद्धांत यह था कि शासन का कार्य किसी एक व्यक्ति की इच्छानुसार नहीं, बल्कि पार्षदों की सहायता से संयुक्त रूप से होना चाहिए। पार्षदों का परामर्श आदर से माना जाता था। वैदिक काल के राजनीतिक सिद्धांत के अनुसार 'धर्म' को वास्तव में प्रभुत्व दिया जाता था और 'धर्म' अथवा विधि द्वारा शासन के सिद्धांत को राजा द्वारा माना जाता था और लागू किया जाता था। आदर्श यह था कि राजा की शक्तियाँ जनेच्छा और रीति-रिवाजों, प्रथाओं और धर्मशास्त्रों के आदेशों द्वारा सीमित होती थीं। राजा को विधि तथा अपने क्षेत्र के विधान के प्रति निष्ठा की शपथ लेनी पड़ती थी और अपनी जनता के भौतिक तथा नैतिक कल्याण के लिए राज्य को न्यास अथवा ट्रस्ट के रूप में रखना होता था। यद्यपि इस बात से इनकार नहीं किया जा सकता कि प्राचीन भारतीय राजनीति व्यवस्था मुख्यतया राजतंत्रवादी हुआ करती थी, फिर भी ऐसे अनेक उदाहरण मिलते हैं, जहाँ राजा का चुनाव होता था। जो भी हो, लोकतंत्रात्मक संस्थाएँ एवं प्रथाएँ प्रायः हमारी राजतंत्रीय शासन प्रणाली का सदा अभिन्न अंग रहीं।

'आत्रेय ब्राह्मण', पाणिनि की 'अष्टाधायी', कौटिल्य के 'अर्थशास्त्र', 'महाभारत', अशोक तंभों के शिलालेखों, समकालीन यूनानी इतिहासकारों तथा बौद्ध एवं जैन विद्वानों द्वारा लिखित ग्रंथों में तथा 'मनुस्मृति' में इस तथ्य के पर्याप्त ऐतिहासिक प्रमाण मिलते हैं कि वैदिकोत्तर काल में अनेक गणराज्य थे। उन गणराज्यों में, जो 'समथा' अथवा गणराज्य के नाम से जाने जाते थे, प्रभुसत्ता एक बहुत बड़ी सभा में निहित रहती थी और उसी सभा के सदस्य न केवल कार्यपालिका के सदस्यों को, बल्कि सैनिक प्रमुखों को भी चुना करते थे। वहीं वैदेशिक कार्यों पर नियंत्रण रखती थी और शांति और युद्ध जैसे मामलों का फैसला भी करती थी। इसके अतिरिक्त, कार्यपालिका पर निर्वाचित सभा का पूर्ण नियंत्रण रहता था। पाली में लिखित ग्रंथों में इस विषय में दिलचस्प ब्यौरे मिलते हैं कि प्राचीन गणराज्यों की सभाओं में क्या-क्या प्रथाएँ एवं प्रक्रियाएँ अपनाई जाती थीं, जो कुछ विद्वानों के अनुसार 'आधुनिकतम स्वरूप के विधि एवं संवैधानिक' सिद्धांतों पर आधारित थीं। उदाहरण के तौर पर, सभा का अपना अध्यक्ष हुआ करता था, जिसे 'विनधर' कहा जाता था और सचेतक भी हुआ करता था, जिसे 'गणपूरक' कहा जाता था। 'विनयधर' संकल्प, गणपूर्ति का अभाव, बहुमत द्वारा मतदान, इत्यादि जैसे प्रक्रियागत उपायों एवं शब्दावली से परिचित होता था। सभा में चर्चाएँ स्वतंत्र, स्वच्छ एवं निर्बाध हुआ करती थीं। मतदान शलाकाओं (टिकटों) द्वारा होता था, जो विभिन्न मतों का प्रतिनिधित्व करनेवाली भिन्न-भिन्न रंगों की लकड़ी की पट्टियाँ होती थीं। जटिल और गंभीर मामले प्रायः सभा के सदस्यों में से चुनी गई विशेष समिति के पास भेजे जाते थे।

निचले स्तर पर लोकतंत्र प्रादेशिक परिषदों (जनपद), नगर परिषदों (पौर सभा) और ग्राम सभाओं के रूप में विद्यमान थी। ये निकाय स्थानीय कार्यों की देखरेख पूरी स्वाधीनता से करते थे, जिसमें स्थानीय उपक्रम एवं स्वशासन का तत्त्व रहता था। 'अर्थशास्त्र', 'महाभारत' और 'मनुस्मृति' में 'ग्राम संघ' विद्यमान होने का अनेक स्थानों पर उल्लेख मिलता है। उन दिनों ग्राम सभाओं, ग्राम संघों अथवा पंचायतों जैसे निर्वाचित स्थानीय निकाय साधारणतया भारतीय राजनीति व्यवस्था के अंग थे। 'सभा' तथा 'समिति' लोकतंत्रात्मक संस्थाएँ तथा गणराज्य तो बाद में लुप्त हो गए, परंतु ग्राम स्तर पर 'ग्राम संघ', 'ग्राम सभाएँ' अथवा 'पंचायतें' अनेक हिंदू तथा मुसलिम राजवंशों के शासन काल में अस्तित्व में रहीं तथा ब्रिटिश शासकों के आगमन तक और उसके पश्चात् भी किसी-न-किसी रूप में प्रभावी संस्थाओं के रूप में कार्य करती रहीं और फलती-फूलती रहीं।

आधुनिक अर्थों में संसदीय शासन प्रणाली एवं विधायी संस्थाओं का उद्भव एवं विकास लगभग दो शताब्दियों तक ब्रिटेन के साथ भारत के संबंधों से जुड़ा हुआ है। परंतु यह मान लेना गलत होगा कि बिस्क ब्रिटेन जैसी संस्थाएँ किसी समय भारत में प्रतिस्थापित हो गई। जिस रूप में भारत की संसद् और संसदीय संस्थाओं को आज हम जानते हैं, उनका विकास भारत में ही हुआ। इनका विकास विदेशी शासन से मुक्ति के लिए और स्वतंत्र लोकतंत्रात्मक संस्थाओं की स्थापना के लिए किए गए अनेक संघर्षों और ब्रिटिश शासकों द्वारा रुक-रुककर, धीरे-धीरे, झिका-झिकाकर, छोटे-छोटे टुकड़ों में दिए गए संवैधानिक सुधारों के द्वारा हुआ।

4 नवंबर, 1948 को संविधान का प्रारूप संविधान सभा में पेश करते हुए और संसदीय प्रणाली के लिए सिफारिश करते हुए, प्रारूप समिति के सभापति बी.आर. अंबेडकर ने कहा, ''संविधान के प्रारूप में संसदीय शासन प्रणाली की सिफारिश करते हुए अधिक स्थिरता की अपेक्षा अधिक उत्तरदायित्व को तरजीह दी गई है। '' यद्यपि संसदीय शासन प्रणाली के विचार के विरुद्ध कुछ आवाजें सुनी गईं, तथापि प्रारूप समिति के प्रस्ताव के पक्ष में भारी बहुमत था और अंत में 26 जनवरी, 1950 को स्वतंत्र भारत के गणराज्य का संविधान लागू हो जाने से, आधुनिक संस्थागत ढाँचे और उसकी अन्य सब शाखा-प्रशाखाओं सहित पूर्ण संसदीय प्रणाली स्थापित हो गई। किसी भी भारतीय को इस बात पर गर्व का अनुभव होता है कि स्वाधीनता के बाद गत लगभग 60 वर्षों तक हमारी संसदीय लोकतंत्रात्मक व्यवस्था अक्षुण्ण रही है। ढेर सारी उपलब्धियाँ हैं। किंतु एक दूसरा पक्ष भी है। यह सोचकर कि ''कुछ बात है कि हस्ती मिटती नहीं हमारी'' हम अपना मन बहला लेते हैं, किंतु आज वर्तमान में हमारे चारों ओर जो हो रहा है वह भयावह है। देश विनाश के कगार पर खड़ा है, समाज नष्ट हो रहा है, संस्कृति विकृत

हो रही है, शासन व्यवस्था चरमरा रही है, राष्ट्र टूट-फूट रहा है, उसकी अस्मत हमारी आँखों के सामने गिरवी रखी जा रही है और हम मूक दर्शक बने खड़े हैं।

इसमें कोई छिपी बात नहीं कि इधर कुछ वर्षों में जनता में राजनीतिज्ञों और सांसदों में आस्था और उनके विश्वास में भारी कमी आई है। सदनों की काररवाई को दूरदर्शन पर देखकर आम नागरिक की प्रतिक्रिया कुछ नहीं होती।

पिछले 54 वर्षों पर विहंगम दृष्टि डालें तो देखेंगे कि पहली लोकसभा के काल से 14वीं लोकसभा तक आते-आते संसदीय संस्थाओं के कार्यकरण, स्वरूप और आयामों में भारी फेर-बदल हुआ। नए चेहरे और नई पहचान सामने आई।

- संसद् जिसे विशेषकर विधि बनानेवाली संस्था समझा जाता था, उसके लिए विधि निर्माण कार्य गौण हो गया। जहाँ प्रथम लोकसभा में 48.74 प्रतिशत समय विधि निर्माण पर लगा था, अब 13 प्रतिशत से कम इस काम पर लगने लगा।
- सदस्यों की पृष्ठभूमि और पहचान में भारी परिवर्तन हुए। 1947-1962 के बीच संसद् काफी कुछ अभिजात, समृद्ध शहरी परिवारों से आए अंग्रेजी स्कूलों में पढ़े-पनपे लोगों से भरी थी। वकीलों/बैरिस्टरों का व्यावसायिक समूह सबसे बड़ा था। संभवतः वही कुछ कारण थे कि संसद् के दोनों सदनों में वाद-विवाद का स्तर बहुत ऊँचा रहता था।
- प्रारंभ के दशकों में हमारी संसद् में ऐसे विशिष्ट और गुणी पुरुष और महिला सांसद हुए, जो संसदीय वाद-विवाद में पटता, प्रक्रिया संबंधी नियमों पर अधिकार, वाक-कौशल, संसदीय संस्कृति और परंपराओं के प्रति निष्ठा तथा व्यक्तिगत शालीनता के लिए जाने जाते रहे। हम उन पर गर्व कर सकते थे। विश्व के किसी भी संसद् के वे गौरव होते। जब पंडित जवाहरलाल नेहरू देश के प्रधानमंत्री धीरे-धीरे दबे पाँवों से सदन में प्रवेश करते थे और बड़े विनम्र भाव से और बड़ी गरिमा के साथ अध्यक्ष का और पूरे सदन का सिर झुकाकर अभिवादन करते थे तो दृश्य दर्शनीय होता था। वे घंटों संसद् में बिताते और संसद् की काररवाई को ध्यानपूर्वक सुनते थे। कभी-कभी कटु आलोचना और प्रहारों को भी वे मुसकराकर सुनते थे। नेहरूजी संसदीय गरिमा और गौरव स्थापित करनेवालों वे अग्रणी माने जाएँगे। जब डॉ. श्यामा प्रसाद मुकर्जी, डॉ. अंबेडकर, डॉ. लोहिया, आचार्य कृपलानी, कृष्ण मेनन जैसे किन्हीं दिग्गज हस्तियों के सदन में बोलने की बात फैलती तो मिनटों में सदन और उसकी दीर्घाएँ लबालब भर जाती थीं।
- विशेषकर 1967 के बाद संसद् के सदस्यों की पहचान बहुत बदली। यद्यपि

शिक्षा की दृष्टि से और जहाँ तक डिग्री आदि का संबंध है, पढ़े-लिखों की, उच्च शिक्षा प्राप्त सदस्यों की संख्या में उत्तरोत्तर वृद्धि हुई, इसके बावजूद वाद-विवाद का स्तर और संसदीय कार्यों में सदस्यों की रुचि का स्तर गिरा। कतिपय सदस्यों के आचरण पर भी बारंबार प्रश्न चिह्न लगे। संस्थाओं और अपने प्रतिनिधियों से जनता का विश्वास उठा।

- सदस्यों में जो सबसे बड़े व्यावसायिक समूह उभरे, वे थे कृषकों के और राजनीतिक और सामाजिक कार्यकर्ताओं के।

संसदीय लोकतंत्र के लिए एक सैद्धांतिक द्विदलीय व्यवस्था नितांत आवश्यक है, किंतु भारत में एक स्वस्थ द्विदलीय राजनीति व्यवस्था अभी तक नहीं उभर सकी है।

दल-बदल निरोधक कानून के कारण भी संभवत: सदस्यों के चरित्र, कार्यकरण और दृष्टिकोण में बदलाव आया। कानून मूलत: निरर्थक सिद्ध हुआ, क्योंकि दल-बदल केवल व्यक्तियों का न होकर समूहों में होने लगा।

जो दशक बीते हैं, उनमें संसद् के सदनों के चरित्र, गठन, वाद-विवाद और कार्यकरण में जो परिवर्तन हुए, उनसे संसदीय संस्कृति ही बदल गई। पहले अंतरराष्ट्रीय और फिर राष्ट्रीय विषयों पर बहस की वरीयता मिलती थी तो बाद में क्षेत्रीय और स्थानीय मामले ही अधिक महत्वपूर्ण हो गए, भले ही वे राज्यों की विधानपालिकाओं अथवा नगरपालिकाओं के लिए ही अधिक उचित क्यों न रहे हों। पहले क्षेत्रीय और स्थानीय समस्याओं को राष्ट्रीय परिप्रेक्ष्य में देखा-समझा जाता था तो अब राष्ट्रीय समस्याओं को भी क्षेत्रीय, जातिगत, भाषाई, सांप्रदायिक तथा अन्य ऐसे ही संकुचित आधारों पर जाँचा-परखा जाने लगा। यह राष्ट्र के लिए चिंता का विषय है।

जिसे त्रिशंकु लोकसभा की संज्ञा दी जाने लगी है, उसने संसदीय संस्कृति और देश की राजनीति को और भी क्षेत्रीय और संकुचित बना दिया।

संसदीय लोकतंत्र एक सभ्य और सुसंस्कृत शासन प्रणाली है। उसकी अपनी एक संस्कृति है। स्वाधीनता और संसद् दोनों ही अत्यंत कोमल पौधे हैं। यदि इन्हें ध्यानपूर्वक सींचा-सँजोया न जाए तो ये शीघ्र ही मुरझा जाते हैं। यदि हमें संसद् और संसदीय लोकतंत्र को मजबूत बनाना है तो सबसे पहले ऐसा कुछ करना होगा, जिससे संसद् और सांसदों की पारंपरिक गरिमा पुनर्स्थापित हो और फिर से उन्हें जनमत में आदर और स्नेह का स्थान मिल सके। यह हमारा दुर्भाग्य है कि आज संसदीय जीवन को भी एक लाभकारी के रूप में देखा जाता है। आदर्श रूप में सांसद समाज को कुछ देने के लिए आगे आता है न कि समाज से अधिकाधिक लेने के लिए। कहते हैं कि रोमन साम्राज्य का अभ्युदय हुआ और वह चरम शिखर पर पहुँचा, जब उसके लोग अपना सबकुछ रोम को देना चाहते थे और रोमन साम्राज्य का पतन हो गया जैसे ही उन्होंने समाज से

ज्यादा-से-ज्यादा लेना शुरू कर दिया। आशा करनी चाहिए कि आनेवाले वर्षों में संसद् को एक नई दिशा मिलेगी, संसदीय संस्थाओं का गौरव और सम्मान लौटेगा, राजनीति सांप्रदायिकता, अपराधीकरण, भ्रष्टाचार जैसे दानवों से मुक्ति पाएगी तथा हमारा लोकतंत्र और गणतंत्र अधिक प्रशस्त होंगे।'

*(लेखक प्रसिद्ध संविधान विशेषज्ञ हैं।)*

□

# राष्ट्र-जागरण का गांधी-मंत्र

**—देवेंद्र स्वरूप**

आधुनिक व्याख्या के अनुसार 'राष्ट्रीयता' या राष्ट्रवाद वह 'समूह चेतना' है जो किसी भूमि पर बसे जन की लंबी इतिहास यात्रा के उस बिंदु पर प्रकट होती है जब एक समान सांस्कृतिक अनुभूति का उस भूमि के प्रति ममत्व अर्थात् देशभक्ति की भावना के साथ अभिन्न संयोग हो जाता है। भूमि ही राष्ट्रीयता का अधिष्ठान होती है। भूमि के प्रति 'जन' का पुत्र भाव ही राष्ट्रीयता का सिंचन-पोषण करता है। यह पुत्र भाव ही भूगोल एवं इतिहास द्वारा विविधता को एकता के सूत्र में गूँथता है। भारतीय मनीषा ने इस सत्य का साक्षात्कार हजारों वर्ष पूर्व कर लिया था। अथर्ववेद के पृथिवी सूक्त को संसार का प्रथम राष्ट्र-गीत कहा जा सकता है। यह सूक्त कहता है कि—

**जनं विभुती बहुधा विवाचरां**
**नाना घुमोणं पृथिवी यथौकसम्**
**सहस्त्रं धारा द्रविनस्य में**
**दुहां ध्रुवेव घेनुरन परफुटंती॥** (12/1/45)

यहाँ अनेक बोलियाँ बोलनेवाले लोग निवास करते हैं, वे तरह-तरह के आचार-विचार का पालन करते हैं, किंतु यह भूमि अपना दूध पिलाकर सबका समान रूप से पोषण करती है। इसलिए पृथ्वी सूक्त के ऋषि ने घोषित किया कि यह भूमि मेरी माता है और मैं इसका पुत्र हूँ। भारत माता के प्रति यह पुत्र भाव सदैव हमें अनुप्रणित करता है और बहुविध विविधताओं से भरे इस विशाल देश में सांस्कृतिक एकता की धारा प्रवाहित करता रहा है। महाभारत, रामायण एवं पुराणों के माध्यम से भारतभूमि की एकता व पवित्रता का भाव युग-युगों से मन-मन पर संस्कारित होता रहा है।

**'उत्तरं' यत्समुद्रस्य हिमाद्रेश्चैव दक्षिणम्,**
**वर्ष तद् भारतं नामं भारती यत्र सन्तति।**

(विष्णुपुराण)

श्लोक में भारत की भौगोलिक सीमाओं की व्याख्या करते हुए उसकी सन्तति को 'भारती' नाम से संबोधित करके ही नहीं कहा जाता, बल्कि भारत भूमि के सांस्कृतिक वैशिष्ट्य की भी उद्घोषणा करता है। वह कहता है,

**गायन्ति देवाः किल गीत कानि।**
**धन्यास्तु ते भारतभूमि भागे।**
**स्वर्गापवर्गास्पद हेतुर्भूते**
**भवन्ति मूयः पुरुषाः सुरत्वात्॥**

स्वर्ग में देवतागण भी गान करते हैं कि धन्य हैं वे लोग, जो भारत-भूमि के किसी भाग में पैदा हुए। यह भूमि स्वर्ग से भी बढ़कर है, क्योंकि यहाँ स्वर्ग से आगे मोक्ष प्राप्ति की साधना भी की जा सकती है, जबकि स्वर्ग में देवत्व भोग के बाद देवताओं को भी मोक्ष साधना के लिए भारत में ही जन्म लेना होगा।

यहाँ राष्ट्रीयता की भावना को ऋषि-मुनियों की सहस्रबादियों लंबी तपस्या में से उपजे जीवन दर्शन से जोड़ा गया है। भूमि के साथ रिश्ते को भौतिक धरातल से ऊपर उठाया गया है। इसीलिए भारत की आध्यात्मिक चेतना ने भारत-भूमि के कण-कण में पवित्रता का दर्शन किया। सप्त नदियों, सप्त पर्वतों, सप्त नगरियों का स्मरण करके भारत-माता का स्मरण किया। इसी में से समूचे देश की तीर्थयात्रा की अभिनव कल्पना का जन्म हुआ।

परंपरा से चले आए इसी माता-पुत्र भाव को ऋषि बंकिम ने 1875 में वंदेमातरम् गीत में छंदोबद्ध किया और 1882 में अपने 'आनंद मठ' उपन्यास का अंग बनाकर मातृभूमि के स्वतंत्रता-संघर्ष का संदर्भ प्रदान किया। इस पृष्ठभूमि के कारण ही यह गीत 1906 में बंगभंग विरोधी स्वदेशी आंदोलन का जयघोष बनकर पूरे भारत में गूँज उठा। हजारों छात्र वंदेमातरम् का घोष करने के लिए विद्यालयों से निष्कासित हुए, अनेक युवा क्रांतिकारी वंदेमातरम् का घोष करते हुए सहर्ष फाँसी के फँदे पर चढ़ गए। तपस्या और त्याग की यज्ञाग्नि में तप कर यह गीत राष्ट्रीयता का मंत्र बन गया। स्वतंत्रता आंदोलन की सशस्त्र क्रांति और अहिंसक संघर्ष की दोनों धाराओं ने वंदेमातरम् को राष्ट्रगीत के रूप में अपनाया।

भारतीय राष्ट्रीयता के इस सांस्कृतिक चरित्र का साक्षात्कार गांधीजी को भी विदेश में रहकर हो गया था। 1909 में प्रकाशित अपनी सुप्रसिद्ध रचना 'हिंद स्वराज' में उन्होंने

लिखा, "अंग्रेज़ों ने हमें सिखाया कि हम एक राष्ट्र नहीं थे और एक राष्ट्र बनने में हमें सैकड़ों बरस लगेंगे। यह बात बिल्कुल बेबुनियाद है कि जब अंग्रेज हिंदुस्तान में नहीं थे, तब हम एक राष्ट्र थे, हमारे विचार एक थे, हमारा रहन-सहन एक था। तभी तो अंग्रेजों ने यहाँ एक राज्य कायम किया। भेद तो हमारे बीच बाद में उन्हीं ने पैदा किया। मैं जो कहता हूँ वह बिना सोचे-समझे नहीं कहता। एक राष्ट्र का यह अर्थ नहीं कि हमारे बीच कोई भिन्नता नहीं थी। लेकिन हमारे मुख्य लोग पैदल या बैलगाड़ी में हिंदुस्तान का सफर करते थे, एक-दूसरे की भाषा सीखते थे और उनके बीच कोई अंतर नहीं था। जिन दूरदर्शी पुरखों ने सेतुबंध रामेश्वर जगन्नाथपुरी और हरिद्वार की यात्रा निश्चित की, उनका आपकी राय में क्या विचार रहा होगा? वे मूर्ख नहीं थे यह तो आप मानेंगे। वे जानते थे कि ईश्वर-भजन घर बैठे भी हो सकता है। उन्हीं ने हमें सिखाया कि मन चंगा तो कटौती में गंगा। लेकिन उन्होंने सोचा कि प्रकृति ने हिंदुस्तान को एक देश बनाया है, इसलिए वह एक राष्ट्र होना चाहिए। इसलिए उन्होंने अलग-अलग स्थान तय करके लोगों को एकता का विचार इस तरह दिया, जैसा दुनिया में और कहीं नहीं दिया गया है। दो अंग्रेज़ जितने एक नहीं हैं, उतने हम हिंदुस्तानी एक थे और एक हैं। सिर्फ हम और आप, जो खुद को सभ्य मानते हैं, उन्हीं के मन में ऐसा भ्रम पैदा हुआ कि हिंदुस्तान में हम अलग-अलग राष्ट्र हैं।" (महात्मा गांधी, हिंद स्वराज संस्करण 1959, पृष्ठ 39)

वे भारत भूमि को मोक्ष-भूमि के रूप में देखते थे। द. अफ्रीका को छोड़कर भारत को अपनी कर्मभूमि बनाने के पीछे यही भावना काम कर रही थी। 9 जुलाई, 1914 को डरबन में गुजराती सभा में भाषण देते हुए उन्होंने कहा, "मैं अब योग भूमि से कर्म भूमि में जा रहा हूँ। मेरी मुक्ति भारत को छोड़कर किसी अन्य भूमि में नहीं है। यदि मोक्ष की इच्छा हो तो मनुष्य को भारतभूमि में जाना ही चाहिए। मेरी ही तरह प्रत्येक के लिए भारतभूमि दुखियों का विश्राम स्थल है और इसीलिए स्वदेश जाने के लिए मैं इतना उत्सुक हूँ।" (संपूर्ण गांधी वाङ्मय, खंड 12, पृ. 445)। एक अन्य स्थान पर उन्होंने कहा, "मेरी देशभक्ति मेरी धर्म भावना के अधीन है। बच्चा जैसे माँ की छाती से चिपटा रहता है, वैसे ही मैं भारतमाता से इसलिए चिपटा रहता हूँ कि मुझे लगता है कि वह मुझे आवश्यक आध्यात्मिक पोषण देती है। यहाँ वह वातावरण है, जो मेरी उच्चतम आकांक्षाओं के अनुकूल है।"

(संपूर्ण वाङ्मय, खंड 19, पृ. 519-20)

कभी-कभी मन में प्रश्न उठता है कि क्यों गांधीजी ही भारत लौटने के पश्चात् केवल चार वर्ष में अनेक दिग्गजों के होते भारत के हृदय सम्राट हो गए, पहली बार उनके आह्वान पर स्वतंत्रता आंदोलन के अखिल भारतीय जनांदोलन का स्वरूप प्राप्त

हुआ। गाँवों और नगरों, शिक्षित और अशिक्षित, धनी और निर्धन, ऊँच और नीच का भेद मिट गया। भारत के प्रत्येक कोने से, प्रत्येक वर्ग से, प्रत्येक जाति से नेतृत्व उभर कर ऊपर आया। क्यों गांधी ही भारत के मूर्च्छित प्राणों में चेतना का संचार कर विश्व के सबसे विशाल जन आंदोलन को सृजित कर पाए? भारतीय समाज की सामूहिक मानसिकता को समझने के लिए इस प्रश्न का उत्तर खोजना बहुत आवश्यक है। गांधीजी की इस सफलता का रहस्य इस बात में है कि उन्होंने राजनीति की नहीं, धर्म की भाषा बोली, जिन उदात्त जीवन मूल्यों की भारतीय समाज सहस्राब्दियों से पूजा करता आ रहा था, गांधीजी ने उन जीवन मूल्यों को न केवल व्यक्तिगत में, बल्कि अपने आश्रम और सार्वजनिक आंदोलन में जीने का ईमानदार प्रयास किया। भारतीय समाज ने उनमें सांस्कृतिक परंपरा का जीवंत प्रतिनिधि देखा, उनमें सत्य के दर्शन किए, उन्हें 'महात्मा' शब्द से विभूषित किया।

मुझे स्मरण है कि अब से 65-70 वर्ष पूर्व जब मैं बालक था, मेरे छोटे से कस्बे में अनेक दुकानों पर रंगीन चित्र टँगे होते थे, जिनमें गांधीजी को विश्वामित्र और नेहरू सुभाष को राम-लक्ष्मण की जोड़ी के रूप में चित्रित किया होता था। गांधीजी के बारे में एक लोक गीत की दो पंक्तियाँ अभी भी मुझे भूली नहीं हैं। गांधीजी को कृष्ण की उपमा देते हुए इस गीत में कहा गया है,—

**वे माखन चोर कहाते थे, तुम नमक चोर कहाते हो।**
**वे चक्रसुदर्शनधारी थे, तुम चरखाधारी होते हो॥**

गांधीजी ने भारतीय राष्ट्रीयता के मर्म को पहचाना था, उसके साथ पूर्ण तादात्म्य स्थापित किया था, इसलिए भारतीय समाज के वे श्रद्धा केंद्र बन सके, भारत के सोए प्राणों में नवजीवन का संचार भर सके। 1934 में कांग्रेस की प्राथमिक सदस्यता को त्याग कर वे दल-राजनीति से पूरी तरह निरपेक्ष हो गए थे, किंतु फिर भी वे ही समाज के प्रेरणा केंद्र बने रहे। उनके द्वारा उत्पन्न जन-जागरण का ही परिणाम था कि 1937 के चुनावों में कांग्रेस सात प्रांतों में पूर्ण बहुमत पा सकी। उन चुनावों में कांग्रेस की प्रचार रैली का एक अद्‌भुत वर्णन मुझे स्मरण आ रहा है। स्वतंत्रता के आगमन के पूर्व जब मैं काशी हिंदू विश्वविद्यालय में पढ़ रहा था, तब वहाँ एक कांग्रेसी नेता बाबा राघवदास का भाषण सुनने का अवसर मिला। ये बाबा राघवदास वही हैं, जिन्होंने प्रसिद्ध समाजवादी नेता आचार्य नरेंद्रदेव को उनके ही घर फैजाबाद में पराजित किया था। उस सभा में राघवदास ने 1937 के चुनाव में कांग्रेस की भारी सफलता का वर्णन करते हुए बताया कि हमारे पास साधन नहीं थे, धनाभाव था, जबकि हमारे विरुद्ध एक प्रभावशली साधन संपन्न जमींदार खड़ा था। हमने केवल इतना किया कि गाँव-गाँव में डुग्गी पिटवा दी कि

अमुक तिथि को अमुक स्थान पर गांधी बाबा का यज्ञ होगा। उसमें सबको अपने वोटों की आहुति डालनी है, वहाँ भंडारे के लिए खाने-पीने का सामान साग-सब्जी लेकर पहुँचें। बाबा राघवदास ने बताया कि इस सूचना का चमत्कारिक असर हुआ। लोग झुंड बनाकर सिरों पर साग-सब्जी, अनाज लादकर मतदान केंद्र की ओर चल पड़े। उन्होंने बताया कि एक जमींदार हाथी पर साग-सब्जी लेकर स्वयं पैदल आ रहा था। किसी ने पूछा कि ऐसा क्यों तो उसका उत्तर था कि गांधी बाबा के यज्ञ में जा रहे हैं तो क्या हम हाथी पर बैठकर जाएँगे। बाबा राघवदास जब यह वर्णन कर रहे थे, हम छात्रों की आँखों से आँसू बह रहे थे।

यह है भारतीय समाज का अंत:करण, जिसे समझना बहुत आवश्यक है। किंतु गांधीजी की सफलता की इस गाथा को कहते समय यह भी ध्यान रखना होगा कि कांग्रेस को केवल उन्हीं प्रांतों में सफलता मिल सकी, जहाँ हिंदुओं का भारी बहुमत था। जिन प्रांतों में मुसलिम बाहुल्य का प्रभाव था, वहाँ कांग्रेस को सफलता नहीं मिली। हिंदू बहुल प्रांतों में भी मुसलिम सीटों पर कांग्रेस को भारी पराजय मिली। ये आँकड़े उपलब्ध हैं और उनका अध्ययन बहुत उपयोगी रहेगा। मुसलिम समाज की इस मानसिकता ने ही मि. जिन्ना को अपनी व्यक्तिगत महत्त्वाकांक्षा की पूर्ति के लिए मुसलिम पृथकतावाद का मंच अपनाने की प्रेरणा दी। तभी अक्तूबर 1937 में उन्होंने मुसलिम लीग के अधिवेशन में सात प्रांतों में कांग्रेसीराज को हिंदुराज बताया, गांधी को 'हिंदू पुनरुत्थानवादी' घोषित किया और प्रस्ताव पारित करके मुसलमानों को वंदेमातरम् राष्ट्रगीत का बहिष्कार करने का अह्वान किया। स्वतंत्रता प्राप्ति के 60 वर्ष बाद भी वंदेमातरम् के विरोध की वह मानसिकता ज्यों की त्यों जीवित दिखाई दे रही है। अत: भारतीय राष्ट्रवाद की दृष्टि से इन दोनों समाजों की सामूहिक मानसिकता के अंतर को समझना बहुत आवश्यक हो जाता है। इसे कैसे समझें? इतिहास की आँखों से देखें तो प्रश्न उठता है कि 1637 से 9647 तक मुसलिम समाज के सामने दो नेता थे—एक मौलाना अबुल कलाम आजाद और दूसरे मुहम्मद अली जिन्ना। मौ. आजाद अपनी वेषभूषा, अपनी उपासना-आस्था और मजहबी निष्ठा में इंच-इंच पक्के मुसलमान थे। वे कुरान के अधिकारी व्याख्याता थे, अरबी-फारसी और उर्दू पर उन्हें अधिकार था, उर्दू के प्रभावी वक्ता थे, अचकन पाजामा, दाढ़ी व लंबी टोपी पहनकर उस काल के मुसलिम वेश में रहते थे, पाँच बार नमाज पढ़ते थे, कांग्रेस कार्यसमिति की बैठक के बीच भी नमाज पढ़ते थे। उधर मि. जिन्ना वेशभूषा, खान-पान में पूरी तरह अंग्रेज़ थे, वे नमाज कभी नहीं पढ़ते थे, अरबी, फारसी तो क्या वे उर्दू भी न बोल सकते थे, न लिख सकते थे, मुसलमानों के लिए वर्जित सुअर का माँस उन्हें प्रिय था, किंतु क्या कारण है कि भारत के मुसलिम समाज ने मौ. आजाद को ठुकराकर मि. जिन्ना को नेता बनाया, उन्हें रातोरात कायदे आजम बना दिया।

1946 का चुनाव परिणाम साक्षी है कि 95 प्रतिशत मुसलिम समर्थन मुसलिम लीग को प्राप्त हुआ, न कि मौलाना आजाद की कांग्रेस को। मुसलमानों ने जिन्ना को नेता माना, क्योंकि वे पृथकतावाद और विभाजन की भाषा बोल रहे थे, मौलाना आजाद को उन्होंने ठुकराया क्योंकि उनकी दृष्टि में वे हिंदू कांग्रेस की कठपुतली थे, क्योंकि वे राष्ट्रवाद और अखंड भारत की भाषा बोल रहे थे।

दूसरी ओर 1937 के बाद वीर सावरकर रत्नागिरी जिले में स्थानबद्धता से मुक्त होकर कर्म उतर क्षेत्र में चुके थे, हिंदू महासभा के अध्यक्ष के नाते पूरे भारत का तूफानी दौरा उन्होंने शुरू कर दिया था। वे ओजस्वी वक्ता थे, प्रभावशाली लेखक थे, उनकी देशभक्ति, साहस और त्याग की कहानियाँ काफी लोकप्रिय थीं। उनकी हिंदुत्व निष्ठा और देशभक्ति असंदिग्ध थी।

1937 से 1947 तक उनके अथक प्रयत्नों के बावजूद हिंदू समाज उनके पीछे खड़ा नहीं हुआ, वह गांधी की कांग्रेस के पीछे ही खड़ा रहा। मैं बहुत सोचता हूँ कि ऐसा क्यों हुआ तो उसका ठीक ही उत्तर मुझे समझ में आता है कि शायद सावरकर की हिंदुत्व राजनीतिक और प्रतिक्रियात्मक थी, जबकि गांधी का हिंदुत्व भावात्मक और सांस्कृतिक था। सावरकर की भाषा राजनीतिक थी, गांधी की भाषा धार्मिक थी, जो हिंदू मानस के अनुकूल थी।

गांधीजी को हिंदू समाज ने तो शिरोधार्य किया पर मुसलिम समाज को राष्ट्रीयता के प्रवाह में लाने में वे असफल रहे, जिसकी परिणति उनकी आँखों के सामने ही मातृभूमि के विभाजन में हुई। गांधीजी देश को विभाजन की त्रासदी से जूझते छोड़ कर दुर्भाग्यपूर्ण परिस्थितियों में अनायास चले गए और खंडित भारत का शासन सूत्र जवाहरलाल नेहरू के हाथों में छोड़ गए। स्वाधीन भारत का समूचा सार्वजनिक जीवन सत्ताविमुखी होकर राजनीति केंद्रित हो गया और राजनीतिक चुनावों की धुरी पर घूमने लगा। स्वाधीन भारत ने 1861 से 1935 तक ब्रिटिश शासकों द्वारा आरोपित जिस ब्रिटिश संसदीय प्रणाली को अपनाया, उसने हिंदू चेतना को जाति, भाषा एवं क्षेत्र के आधार पर विभाजित किया, और मुसलिम समाज को मजहब के आधार पर संगठित किया, जिसके कारण मुसलिम समाज सबसे बड़े वोट बैंक के रूप में उभरकर आया है। अनेक छोटे-छोटे दलों में विभाजित हिंदू नेतृत्व में मुसलिम वोटों को पाने के लिए जबरदस्त प्रतिस्पर्धा मची हुई है। मुसलिम वोटों को रिझाने के लिए सेकुलरिज्म के आवरण में हिंदू बहुसंख्यकवाद का काल्पनिक हौवा खड़ा किया जा रहा है। राष्ट्रीयता और देशभक्ति के प्रतीकों को हिंदू प्रतीक कहकर अपमानित और लांछित किया जा रहा है, दूसरी ओर हिंदू मतों को पाने के लिए जातिवाद और क्षेत्रवाद को उभारा जा रहा है। जातिवादी राजनीति को पुरोगामी और हिंदू एकता की बात को प्रतिगामी व सांप्रदायिक कहा जा रहा है। यह भुलाया जा

रहा है कि जाति चेतना और राष्ट्रीय चेतना परस्पर विरोधी नहीं हैं, विश्वैक्य की ओर बढ़ानेवाली उत्तरोत्तर सीढ़ियाँ हैं। हमारे यहाँ कहा गया है कि व्यक्ति को कुल के लिए, कुल को ग्राम के लिए, ग्राम को जनपद के लिए और आत्मा के लिए सबकुछ त्याग देना चाहिए। जिस प्रकार मनुष्य परिवार में पिता, पुत्र, पति आदि सब धर्मों का निर्वाह एक साथ कर सकता है, उसी प्रकार वह सामाजिक जीवन में इन अनेक समूह चेतनाओं को एक साथ लेकर चल सकता है। केवल इतना ध्यान रखना आवश्यक है कि जिस प्रकार राष्ट्रीयता नामक समूह चेतना भाव एकता की ओर ले जानेवाली एक सीढ़ी है, उसी प्रकार जाति चेतना व्यक्ति को राष्ट्रीयता की ओर बढ़ानेवाली सीढ़ी मात्र है, किंतु आज तो जाति के लिए राष्ट्र की बलि दी जा रही है। हिंदू अर्थात् भारतीय राष्ट्रवाद के चरित्र को रेखांकित करते हुए श्री विपिनचंद्र पाल ने जनवरी 1912 में प्रकाशित अपने लंबे लेख का समापन इन तीन सूत्रों में किया था—(1) मातृभूमि, (2) मानवता, (3) नारायण अर्थात् अध्यात्म। यहीं भारतीय राष्ट्रवाद और मानव-एकता विरोधी पाश्चात्य राष्ट्रवाद का अंतर आ जाता है। ऐसा विषम वातावरण बन गया है कि राष्ट्रीयता और देशभक्ति की बात करना अपराध लगने लगा है। मुसलिम समाज को पृथकतावाद के रास्ते पर धकेला जा रहा है। राष्ट्रवादी मुसलिम नेतृत्व की आज भी वही स्थिति है, जो पहले मौ. आजाद की थी, वंदेमातरम् विवाद ने यह बहुत स्पष्ट कर दिया है। वंदेमातरम् गानेवाले आरिफ मुहम्मद खान, मुख्तार अब्बास नकवी और शाहनवाज हुसैन जैसे नेताओं को हिंदू भाजपा का एजेंट कहा जा रहा है। उन्हें दीन से निकालने की धमकियाँ दी जा रही हैं।

राजनीतिक नेता निर्लज्जता से जाट-मुसलिम, दलित-मुसलिम, यादव-मुसलिम, वोक्कालिंगा-मुसलिम और तमिल-मुसलिम गठबंधन की भाषा बोल रहे हैं। ऐसी राजनीति के माध्यम से राष्ट्रीयता की भावना का पुनर्जागरण क्या संभव है; यदि नहीं तो उसका विकल्प क्या है? वैकल्पिक लोकशक्ति को खड़ा करने का मार्ग क्या हो सकता है? क्या दयानंद-बंकिम-विवेकानंद-अरविंद-गांधी और श्रीगुरुजी की परंपरा का अनुसरण करते हुए राष्ट्रीयता के जागरण का एक विशाल बौद्धिक-आध्यात्मिक आंदोलन का सृजन पुनः संभव है? इसमें संदेह नहीं कि भारत की सांस्कृतिक चेतना व श्रद्धा आज भी स्थानीय और राष्ट्रीय मेलों, वृद्धिगत तीर्थयात्रा, अनेकानेक नए-पुराने आश्रमों, मठों, मंदिरों व प्रवचनों के माध्यम से प्रवाहित हो रही है। गायत्री परिवार, स्वामीनारायण संप्रदाय, सत्य साई बाबा स्वाध्याय परिवार चिन्मय मिशन जैसे अनेक प्रयास आध्यात्मिक चेतना को जगाने का प्रयास कर रहे हैं। करोड़ों भारतीय बिना किसी निमंत्रण के अपनी आंतरिक श्रद्धा से ऊँच-नीच, गरीब-अमीर शिक्षा-अशिक्षा जात-पात और भाषा का भेद भूल कर इन मेलों, तीर्थों, प्रवचनों, उपासना केंद्रों में खिंचे चले आते हैं, वहीं भारत की आत्मा हैं। वे ही उस गैर राजनीतिक नैतिक-बौद्धिक जागरण का

माध्यम बनने की क्षमता रखते हैं; पर कौन इन सब प्रयासों को एक प्रवाह में लाने का सामर्थ्य रखता है ? गांधी ने भारत आगमन के पश्चात् प्रारंभिक वर्षों में कुंभ के मेले, गुरुकुल कांगडी, रामकृष्ण मिशन आदि सब सांस्कृतिक रचनाओं से जिस प्रकार अपने को जोड़ा, उसका अध्ययन आज भी उपयोगी हो सकता है।

पर यक्ष प्रश्न यह है कि भारतमाता की कोख में से जनमा आज का शंकराचार्य या गांधी कौन है, कहाँ है ?

*(लेखक प्रख्यात चिंतक व स्तंभकार हैं।)*

□

# विविधता में एकता

**—मा. गो. वैद्य**

विविधता यह एक वस्तुस्थिति है। वह हम अपनी आँखों से देख सकते हैं। क्योंकि आकार के कारण विविधता निर्माण होती है और आकार दृश्य होता है। मूल वस्तु लकड़ी होती है, किंतु आकारों की विविधता के कारण, कुरसी, मेज, स्टूल, बेंच, दरवाजा आदि नाम के आकार प्राप्त करते हैं। कुरसी या टेबल भी एक प्रकार का नहीं होता। लिखने का टेबल अलग, ड्रेसिंग टेबल अलग, डायनिंग टेबल उनसे भिन्न और ऑपरेशन टेबल और भी भिन्न। यह मानव प्रतिभा की विशेषता है कि वह अलग आकार को अलग नाम देती है। पहले खोजती है और बाद में उस नाम को रूढ़ करती है, छांदोग्य उपनिषद् इसी सत्य को अधोरेखित करता है, वह उदाहरण मृत्पिंड का देता है। मिट्टी के अनेक प्रकार के बरतन बनते हैं। शास्त्रीय परिभाषा में उनको 'विकार' कहा गया है। उन सब विकारों को वाणी नाम देती है, किंतु मृतिका ही सत्य होती है। छांदोग्य के शब्द हैं, ''वाचारम्भणं विकारी नामथेयं मृत्तिका इत्येवं सत्यम्।''

### विविधता का सम्मान

अत: आवश्यकता है विविधताओं को समझने की। वे रहेंगी, रहनी चाहिए, उनकी संख्या में बढ़ोत्तरी हो सकती है, इस मूलभूत बात को समझना चाहिए। साथ ही यह भी समझने की आवश्यकता है कि ये सारी विविधताएँ ऊपर-ऊपर की हैं। मूल में एकत्व है। वह दिखता नहीं। मिट्टी भी कहाँ दिखती है। उसका ढेला दिखता है। उसका चूर्ण दिखता है। बिना किसी आकार में वह दिखेगी ही नहीं। परंतु वह रहती है। उसका रहना अनिवार्य है। अन्यथा आकार कहिए या विकार कहिए, बनेंगे ही नहीं। अत: यह आवश्यक होता है कि हम विविधताओं को मान्यता दें, किंतु उन विविधताओं के अंतरंग में एकता है, इसका ज्ञान-भान तथा अनुभूति कभी नहीं नकारें।

भाषाएँ भी ऐसी ही बनती हैं, बदलती हैं। लिखित भाषा का एक रूप होने के

बावजूद भी उसकी बोलियाँ अनेक होती हैं। किस मानव समूह को कौन सा उच्चारण सुलभ लगेगा, वह कहा नहीं जा सकता। किंतु उच्चारण सुलभ करने की प्रवृत्ति सर्वत्र समान दिखेगी। अंग्रेजी का 'स्टेशन' शब्द लीजिए। महाराष्ट्र में उसका 'स्टेशन' ही उच्चारण होगा। उत्तर भारत में वह 'इस्टेशन' हो जाता है। कारण प्रारंभ में 'स्टे' का उच्चारण आसान नहीं है। उसको 'इ' लगाकर वह सुलभ किया जाता है। पंजाब में वही शब्द 'सटेशन' बनता है, आदि में स्वर लगाने की बजाय, 'स' के बाद लगाते हैं। और हमारे गाँव का आदमी उसको 'टेसन' बोलता है। वह पहला 'स' हटा ही देता है। गाँववालों को दोष देना उचित नहीं। अंग्रेजी में 'know' लिखते हैं, किंतु उच्चारण में 'क' वर्ण को निकाल बाहर कर देते हैं। लिखते हैं, 'दपहीज' किंतु बोलते हैं 'नाईट' पाली भाषा में पर्ण, कर्म, सर्प क्रमशः पण्ण, कम्म और सप बन जाता है। यह भी उच्चारण कठिन लगता है, जो आप अपनी भाषा में पान, काम और साँप प्रचलित हो जाते हैं। पर्ण, पण्ण और पान एक ही हैं, इनको जानने की आवश्यकता है।

## परिवर्तन अनिवार्य

अपनी हिंदू संस्कृति में विविधताओं का सम्मान किया गया है। उसको जबरदस्ती से मिटाने की कोशिश नहीं की। अनेक बार व्यवस्था के लिए भी विविधताओं को स्वीकार करना ही पड़ता है। पाठशाला का भवन बनाना है तो भिन्न-भिन्न वर्गों के लिए भिन्न-भिन्न कमरे बनाना आवश्यक हो जाता है। मुख्याध्यापक के लिए अलग कमरा, दफ्तर के लिए अलग कमरा, अध्यापकों के विश्राम के लिए अलग कमरा, अध्यापिकाएँ हैं तो उनके लिए अलग कमरा। इस भिन्नता के लिए दीवारें खड़ी करनी पड़ती हैं। किंतु यह समझना चाहिए कि ये दीवारें व्यवस्था के लिए हैं। पाठशाला एक है। और व्यवस्था बदल सकती है, क्योंकि परिवर्तन यह संसार का मौलिक धर्म है।

अपने यहाँ पर समाजव्यवस्था की दृष्टि से कुछ विभाग बनाए गए थे। उस व्यवस्था का नाम था, चातुर्वर्ण्य। श्रीमद्भागवद्गीता कहती है, "चातुर्वर्ण्य मया सृष्टं गुणकर्मविभागशः।" बात गुण और कर्म की है। 'जन्मशः' नहीं बोला है। चतुर्थ अध्याय में संक्षेप में आई इसी बात को 18वें अध्याय में विस्तृत किया है। भगवद्गीता बताती है, "ब्राह्मणक्षत्रियविशा स्तन्य च परंतप। कर्माणि प्रविभक्तानि स्वभावप्रभवैर्गुणै" यहाँ पर 'स्वभावप्रभवैर्गुणैः' कहा है। 'जनप्रभव' नहीं कहा। एक वर्ण की भी बाद में अनेक जातियाँ बनीं। वेदाध्ययन के अनुसार ब्राह्मण भी चार प्रकार के हो गए। ऋग्वेदी, यजुर्वेदी, सामवेदी और अथर्ववेदी। क्षत्रियों में कोई पदाति रहा, कोई रची बना, कोई महारथी बना। अपने कलाकौशल के द्वारा समाज की सेवा करनेवालों की अनगिनत जातियाँ बनीं। वह व्यवस्था हजारों वर्ष चली। समाज को उपयुक्त लगी, इसलिए चली।

जबरन नहीं चली। केवल कानून के बल पर नहीं चली। अब वह अनुपयुक्त हो गई है, कालबाह्य हो गई है तो वह जा रही है। जानी भी चाहिए। कुछ लोग विशिष्ट स्वार्थों के कारण उसे जिंदा रखने के प्रयत्न कर रहे हैं। किंतु मेरी दृष्टि से यह ज्यादा समय तक चल नहीं सकेगा। कृत्रिम रीति से या बल प्रयोग से अथवा लालच से कोई व्यवस्था टिक नहीं सकती। जातिगत आरक्षण के विरोध में आवाजें अधिकाधिक बुलंद हो रही हैं। ये इसी परिवर्तन का संकेत देती हैं। जातिगत राजनीति के भी दिन समाप्ति की ओर बढ़ रहे हैं। बसपा की नेता, ब्राह्मणों को रिझाने में लगी है। बहिरंग विविधताओं की सीमाओं के लाँघने के प्रयासों का यह संकेत है। समाज और शासन दोनों मिलकर इस बहिरंगी अवांछनीय सामाजिक स्थिति को परिवर्तित कर सकते हैं। मात्र इच्छाशक्ति चाहिए और थोड़ी सी दूरदृष्टि।

## अपनी संस्कृति की विशेषता

अपनी संस्कृति में कहा गया है कि ब्रह्म एक है और वही एकांतिक सत्य है। किंतु उसको भी अकेलापन भाता नहीं। वह अनेक होने की इच्छा करता है। कहता है 'बहु स्याम्'। और एक वचन है, ''एकं सत् विप्रा बहुधा वदन्ति'' एक ही सत्य का लोग अनेक प्रकार से वर्णन करते हैं। दृष्टिकोण बदल गया और अलग ही दृश्य दिखता है। एक ही हाथी को देखने वाले चार अंधे अलग-अलग ढंग से उसका वर्णन करते हैं। कोई दुम पकड़ता है, तो उसको हाथी रस्सी जैसा लगता है। कोई सूँड पकड़ता है तो उसको साँप का अनुभव आता है। कोई पाँव पकड़ता है, तो उसे खंभा लगता है और चौथे को सुपड़ा सा लगता है, क्योंकि उसने कान पकड़ा हुआ होता है। जैसा शारीरिक अंधापन होता है, वैसा ही बुद्धि का और विश्वास का भी अंधापन होता है। ईसाइयत और इसलाम इस अंधेपन के नमूने हैं। एक जगह, ईश्वर का एकमात्र पुत्र होता है तो दूसरी जगह ईश्वर का एक ही नाम मान्य रहता है। इस एकात्मिक कट्टरता के कारण पिछले दो हजार वर्षों में बहुत नरमेध हुआ। बहुत खून बहाया गया है। अभी भी वह अंधापन छूटा नहीं। किंतु वह छूटेगा। अंधों की बुद्धि ठिकाने लगेगी और वे ही अपने अंधेपन को छोड़ेंगे, अन्यथा समाप्त हो जाएँगे।

## समाज धुरीणों का दायित्व

विविधताओं के अंतरंग में जो एकता है, उसका आभास निरंतर होते रहना चाहिए। अन्यथा विविधताओं को ही अभिमान उत्पन्न हो जाएगा। अलगता, कुछ प्रमाण में हो तो ही वह उपयुक्त रहती है। अन्यथा अलगाव का ही अहंकार उत्पन्न होकर, वह अपने मूल स्वरूप को भूल जाती है। इसलिए, विविधताओं के अंदर जो एकता विद्यमान रहती

है, उस पर बल देने की आवश्यकता रहती है। लोग अलग-अलग हैं, किंतु सबके लिए कानून एक हो तो एकता का भान आ जाता है। अत: आग्रह रहता है कि कानून के सामने सब समान हैं। कुछ धार्मिक कहिए अथवा उपासना की विधाएँ कहिए, ऐसी बनती हैं कि भिन्न होते हुए भी हम सब एक हैं, इसका भान आ जाता है। हज, कुंभमेला आदि ऐसे पर्व हैं, जो एकता का अनुभव कराते हैं। समाज के नेताओं का तथा समाज के प्रबुद्धजनों का यह दायित्व बनता है कि वे इस एकता को रेखांकित करें। अन्यथा ये पर्व मात्र वैयक्तिक पुण्यसंचय के लिए बनी भीड़ से अधिक कुछ नहीं रहेंगे। प्राचीनों ने अपने ढंग से एकता अंकित करने के मार्ग ढूँढ़े। आद्य शंकराचार्य ने चार मठों की स्थापना कर देश की भौगोलिक एकता को बलवती बनाया। उनके पूर्व चार धामों की यात्रा का उद्देश्य देकर यही काम किया। ग्रामपंचायत में चारों वर्णों को सदस्यता देकर एकात्म समाज का बोध कराया। नए परिप्रेक्ष्य में भी यह आवश्यक है। कानून की समानता, राज्यव्यवस्था की समान पद्धति, राजकीय अधिकारियों के समान पदनाम, समान मूल्य व्यवस्था का आग्रह, शिक्षा और परीक्षा की समान पद्धति, गुणवत्ता निर्धारित करने के लिए समान कसौटियों, समान न्यायव्यवस्था, जनतंत्र को स्वीकार किया है, तो जनप्रतिनिधियों के चयन की समान पद्धति, समान शिक्का, व्यापार के समान नियम, आवगमन की मुक्त रीति ये सारे ऐसे उपाय हैं, जो विविधताओं में एकता का भान नित्य जागृत रख सकते हैं। निरर्थक, विभेदकारी प्रवृत्ति को दंड का प्रयोग कर भी रोकना, दबाना तथा समाप्त करना आवश्यक होता है। मानव जीवन में दंड का भी एक महत्त्व है। भीष्म पितामह ने महाराज युधिष्ठिर को बताया था कि एक समय ऐसा था, जब कोई दंड नहीं था और न दंड देने की कोई व्यवस्था थी। किंतु वह व्यवस्था नहीं चली। समाज में मात्मन्याय संचरित हुआ। यानी बड़ी मछली छोटी मछली को निगलने लगी। तो लोगों ने ही ब्रह्मदेव के पास जाकर प्रार्थना की कि हमें दंड की व्यवस्था चाहिए। तब राजा आया, राज्य आया, दंड आया, दंड की व्यवस्था, यानी सरकार आई। जो लोग कट्टरता के कारण कहिए, बौद्धिक और मानसिक अंधेपन की वजह से कहिए अथवा स्वभावगत उद्दंडता के कारण कहिए, अनावश्यक भेदों को उछालकर विद्वेष का पोषण करते हैं, वे शांतिप्रवचनों से अपने में सुधार नहीं लाते। उनके लिए दंड और उसका भय आवश्यक रहता है। अत: कहा गया है कि, 'दंडस्य हि भयात् सर्व जगद् भोगाय कल्पते'। दुनिया को अपने-अपने अधिकारों का उपभोग प्राप्त हो, इस हेतु दंड का भय आवश्यक है।

## तात्पर्य

तात्पर्य यह है कि विविधताएँ रहेंगी। उनका सम्मान करने की अपनी वृत्ति चाहिए। वह वृत्ति बने, इसलिए उपयुक्त शिक्षा और संस्कार चाहिए। शिक्षा का और भी प्रयोजन

है कि वह बाह्य विविधताओं को मान्य करते हुए अंतरंग की एकता का ज्ञान दे और भान निर्माण करे। साथ ही, विविधताओं को नकारनेवाले तथा विविधता को आधार बनाकर विद्वेष फैलानेवाले लोगों को रास्ते पर लाने के लिए समुचित दंड व्यवस्था और न्याय व्यवस्था रहे, ऐसी संतुलित व्यवस्था निर्माण करने तथा उसको टिकाने का दायित्व जैसा शासन का है वैसा ही समाज के धुरीणों का है। शासन के पास दंड रहेगा। उसका भय रहेगा तो समाज के पास अनुरोध, शिक्षा और संस्कार की व्यवस्था रहेगी। समाज और सरकार की भिन्न कार्यप्रणाली को स्पष्ट करनेवाला, अर्नेस्ट बार्कर नाम के चिंतक का वचन उद्धृत कर मैं इस लेख को विराम देता हूँ। बार्कर लिखते हैं—

"The State employs the method of corercion or compulsion its purpose of declaring and enforcing a scheme of law and order makes the method necessary; and the unity of its organization makes the method possible. Society uses the method of voluntary action, the process of persuation; the nature of its purposes can be satisfied by that method; and the multiplicity of its organization which enables men to choose and relinquish freely their membership of its various and alternative groups, enables them also to escape coercion by any group if coercian should be attempted." (Ernest Barker, the Principles of social and Political Theory: Page 43, 44).

(अनुवाद—राज्य ताकत की और अनिवार्यता की रीति अपनाता है। राज्य का उद्देश्य ही कानून और व्यवस्था की रीति को प्रकट करना और उसको बल से लागू करना होता है। राज्य के संगठन की एककेंद्री रचना, उस रीति को सफलता प्रदान करती है। समाज ऐच्छिकता और अनुरोध का सहारा लेता है। उसका जो उद्देश्य है, उसकी सफलता के लिए यही रीति उपयुक्त है। समाज का संगठन बहुकेंद्री होने के कारण, समाज घटकों को पूरी छूट मिलती है कि वे समाज के किस संस्था का सदस्य बनें या छोड़ें। इस स्वतंत्रता के कारण ही अन्य संस्थाओं के बलप्रयोग से वे छुटकारा पा सकते हैं।)

अत: दोनों की आवश्यकता रहती है। समाज के अभिक्रम की, तथा राज्य के उसके अनुकूल दृष्टि की और दंड के भय की।

*(लेखक राष्ट्रीय स्वयंसेवक संघ से जुड़े हैं तथा प्रख्यात चिंतक हैं।)*

□

# प्रबल आकांक्षा और तत्परता बिना नया बदलाव असंभव

–वसुंधरा राजे

समय चक्र बहुत तेजी से गतिमान है। समय की रफ्तार उसे आसानी से पकड़ नहीं सकता। जो कल था, वह आज नहीं है। जो आज है, वह कल नहीं रहेगा। इस परिवर्तनशील समय में मनुष्य की आकांक्षा रहती है कि वह अपने परिवार, अपने समाज तथा अपने राष्ट्र में यथा शक्ति एक नया बदलाव पैदा करे। यह बदलाव इच्छा मात्र से नहीं आ सकता। इसके लिए प्रबल आकांक्षा, तत्परता, और आवश्यक संसाधन होने बहुत जरूरी हैं।

सत्ता से समाज परिवर्तन के बारे में अपने विचार रखने से पहले मैं अपना मंतव्य स्पष्ट करना चाहूँगी कि समाज में परिवर्तन लाने का काम किसी जादुई छड़ी से संभव नहीं है। विकास की एक सतत प्रक्रिया समाज में बदलाव लाती है। हाँ, यह जरूर संभव है कि सत्ता अपने संस्पर्श से सामाजिक परिवर्तन की धारा को अपने ढंग से गति प्रदान कर सकती है।

राजस्थान में सत्ता की बागडोर सँभालने से पूर्व हमने संपूर्ण प्रदेश में परिवर्तन-यात्रा की अलख जगाई। राज्य के कोने-कोने में प्रदेशवासियों से जब हम रूबरू हुए तो लगा कि आजादी के पाँच दशक बाद भी राजस्थान पिछड़ेपन के शिकंजे से मुक्त नहीं हो पाया है। मैंने उस वक्त देखा कि जिन चेहरों पर आजादी के बाद खुशहाली आ जानी चाहिए थी, उन पर गरीबी, भूख और लाचारी से उपजी वेदना की लकीरें साफ झलक रही थीं। उसी वक्त मैंने ठान लिया कि प्रदेश के बाशिंदों को उस पीड़ा से मुक्त कराने की कोशिश तो करनी ही होगी। उनके बेरौनक चेहरों पर समृद्धि की मुसकान लानी होगी। उन्हें सही मायने में आजादी और तरक्की के सुख का एहसास कराना होगा।

परिवर्तन यात्रा का फलितार्थ यह हुआ कि मुझे प्रदेश की जनता-जनार्दन का

आशीर्वाद प्राप्त हुआ। राज्य की सेवा का मौका हमें मिला। जैसे ही जनता ने सेवा की जिम्मेदारी हमारे कंधों पर डाली, हमने तय कर लिया कि राजस्थान की बिगड़ी हुई सूरत को हम हर हाल में बदलकर रहेंगे। प्रसंगवश मुझे कवि दुष्यंत कुमार की पंक्तियाँ याद आती हैं—

**हंगामा खड़ा करना मेरा मकसद नहीं है,**
**मेरी कोशिश है कि सूरत बदलनी चाहिए॥**

मेरा मानना है कि केवल शब्दजाल से सूरत नहीं बदला करती। समाज में परिवर्तन लाने के लिए उत्कट इच्छा के साथ सही दिशा में मशक्कत करनी पड़ती है। हकीकत में मेरी कल्पना भी यही है कि राजस्थान समग्र रूप से विकसित और आधुनिक प्रदेश बने। मेरे सपनों का राजस्थान ऐसा होगा जिसमें सर्वांगीण विकास का भव्य दर्शन हो सकेगा। यहाँ के खेत हरे-भरे होंगे, चप्पे-चप्पे पर खुशहाली होगी, बच्चे आधूनिक एवं तकनीकी शिक्षा प्राप्त कर सुयोग्य नागरिक बनेंगे तथा औद्योगिक इकाइयों का प्रदेश भर में जैसे जाल फैल जाएगा। गाँव-गाँव एवं ढाणी-ढाणी तक सड़कों का संजाल व्याप्त होगा और समस्त ग्रामीण अंचल बिजली से जगर-मगर हो जाएँगे। हर किसान के हाथ में लैपटॉप होगा जिसके माध्यम से वह दुनिया भर की धान मंडियों से जुड़ा रहेगा।

इस सपने को साकार करने के लिए हमने विभिन्न विकल्पों पर गहराई से विचार किया और पाँच साल के विकास की रूपरेखा तैयार की। यह रूपरेखा उस वक्त के बनाए गए 'दृष्टि दस्तावेज' में परिलक्षित हुई थी। हमने दृष्टि दस्तावेज में राज्य के विकास के लिए दिशा निर्धारित करने के उद्देश्य से छः सर्वोच्च प्राथमिकताएँ चिह्नित की थीं—

1. दरिद्रता, कुपोषण और भूख से मुक्ति
2. अशक्तजन और महिलाओं को संबल
3. मानव संसाधन विकास व सामाजिक आधारभूत सुविधाओं में बढ़ोत्तरी
4. रोजगार सृजन तथा प्राकृतिक व सांस्कृतिक संपदा का संरक्षण
5. अच्छा शासन एवं राजकोषीय सुधार
6. आर्थिक आधारभूत सुविधाओं का विकास

हमने काफी हद तक इन प्राथमिकताओं को पूरा करने में कामयाबी हासिल कर ली है। पिछले ढाई साल में प्रदेश में विभिन्न क्षेत्रों में सर्वांगीण विकास हुआ है। राज्य सरकार के हर फैसले और तरक्की की हर पायदान के पीछे जनता के भरोसे की मुहर लगी है। हमारी सरकार ने परिणाम देकर जनता का विश्वास अर्जित किया है।

सत्ता में आने के बाद हमने जनता से हमेशा जीवंत संपर्क बनाए रखा है। अकसर होता यह है कि शासन में आने के बाद लोग जनता से कतराने लगते हैं और सत्ता सुख

का प्रमाद उन पर छा जाता है। राजस्थान सरकार ने उस प्रमाद से मुक्त रहकर जनता से निरंतर जुड़ाव बनाए रखा। अभी हाल ही में मई-जून में हमने 'जल चेतना यात्रा' और 'किसान महोत्सव' आयोजित किए। राज्य में लगातार गिरते भूजल स्तर एवं पेयजल की भावी विकट समस्या के संकेत को मद्‌देनजर रखते हुए प्रदेश भर में 'जल चेतना अभियान' चलाया गया। प्रदेश के 40 हजार गाँवों में से करीब 20 हजार गाँवों के लगभग 60 लाख लोगों ने इस अभियान में सहभागिता की है। आजादी के बाद संभवत: यह पहला अभियान था, जिसमें बड़े पैमाने पर जनसहभागिता रही। इस अभियान में जल संरक्षण के उद्‌देश्य से जुटे जनप्रतिनिधियों, अधिकारियों और कर्मचारियों में अपूर्व समन्वय देखने को मिला। अजमेर के बूढ़ा पुष्कर में तो जल चेतना अभियान का मंजर देखने लायक था। सभी धर्म और समुदायों के हजारों लोगों ने भेदभाव भुलाकर श्रद्धापूर्वक जनसहभागिता में सराहनीय भूमिका निभाई। इस बात का मैं खासतौर से उल्लेख करना चाहूँगी कि बूढ़ा पुष्कर के जीर्णोद्धार का कार्य पूरा-का-पूरा जनता के बलबूते पर संभव हुआ है। राज्य सरकार का इसमें न तो धन खर्च हुआ है और न ही श्रम। पचास साल के इतिहास में शायद पहली बार ऐसा हुआ कि चिलचिलाती धूप में मुख्यमंत्री से लेकर अधिकांश जनप्रतिनिधि, अधिकारी, कर्मचारी राजधानी को छोड़कर ग्रामीण क्षेत्रों में जनता के बीच गए और उन्हें जल संरक्षण के प्रति सचेत किया। अभियान के सुखद परिणाम निश्चित ही आनेवाले समय में हमें देखने को मिलेंगे।

जल चेतना यात्रा से पहले हमने आदिवासी क्षेत्रों का भी दौरा किया। जनसंपर्क यात्राएँ भी कीं। उदयपुर, डूंगरपुर और बाँसवाड़ा के जनजाति बहुल इलाकों के दौरे में हमने जनता के साथ बातचीत की कि आपको वर्षा जल बचाने की कला सीखनी होगी तभी पीने का पानी मिल सकेगा। दरअसल यह यात्रा जल चेतना अभियान का पहला चरण कही जा सकती है। राज्य सरकार का मंजूरशुदा पैसा वक्त पर रिलीज हो और जनता की भलाई के लिए योजनाओं की राशि का कुशलतम उपयोग किया जाए। यह ही हमारी सरकार की मंशा है।

इस मामले में कोताही मुझे बरदाश्त नहीं है। हमारी आदिवासी यात्रा भी जनसंपर्क के लिहाज से मील का पत्थर साबित हुई। अधिकारियों को मौके पर ही समस्याएँ निपटाने के निर्देश प्रदान किए गए। जवाबदेही और पारदर्शिता राज्य की वर्तमान सरकार की अहम पूँजी है। शासन में आने के साथ ही सार्वजनिक स्तर पर हमने कहा था कि हम शासन करने नहीं, सेवा करने आए हैं। प्रदेश में सुशासन के नए आयाम स्थापित करने के उद्‌देश्य से हमने सरकार और जनता के बीच की दूरी को समाप्त करने के पर्याप्त प्रयास किए हैं। पब्लिक प्राइवेट पार्टनरशिप की योजना इस दिशा में महत्त्वपूर्ण कदम है। वर्ल्ड ट्रेड पार्क और स्पेशल इकोनॉमिक जोन के माध्यम से प्रदेश के औद्योगिक

परिदृश्य को बदलने की तैयारी हमने की है।

शिक्षा जनजीवन से जुड़ा अत्यंत महत्त्वपूर्ण पहलू है। राज्य सरकार ने 'मुख्यमंत्री शिक्षा संबल अभियान' चलाया है। इस वर्ष अब तक इस अभियान के तहत 6 लाख 40 हजार से ज्यादा बच्चों का स्कूलों में दाखिला कराया गया है। इसी प्रकार 'मिड-डे-मील' योजना में हमने स्कूली बच्चों को गरम और पौष्टिक भोजन देने का अभिनव कार्य शुरू किया है। इस योजना में अक्षयपात्र, नंदी फाउंडेशन, इस्कॉन, हेवल्स इंडिया और रावलिया बोर्ड जैसी संस्थाएँ पब्लिक प्राइवेट पार्टनरशिप योजना के तहत जुटी हुई हैं। यहाँ तक कि 'राजस्थान एसोसिएशन ऑफ नॉर्थ अमेरिकंस' ने मिड-डे-मील के रसोईघर बनाने के लिए दो करोड़ रुपए देने की घोषणा की है। प्रदेश में 74 हजार 121 स्कूलों में पहली से पाँचवीं कक्षा तक के करीब एक करोड़ बच्चों को 'मिड-डे-मील' उपलब्ध करवाया जा रहा है।

इसी प्रकार शहरी क्षेत्रों में सामाजिक सुरक्षा प्रदान करने की दृष्टि से हमने 'अक्षय कलेवा' के रूप में एक योजना प्रारंभ की है, जिसके प्रथम चरण में जिला मुख्यालय पर श्रमिकों तथा अन्य जरूरतमंदों को नगरपालिका तथा गैर-सरकारी संस्थान की सहभागिता से रियायती दर पर भोजन उपलब्ध कराया जा रहा है।

'नेशनल रूरल हेल्थ मिशन' के तहत प्रत्येक गाँव में एक आशा सहयोगिनी का चयन किया गया है, जो महिलाओं को चिकित्सा एवं स्वास्थ्य संबंधी जानकारियों के अलावा उन्हें सामाजिक सुरक्षा के प्रति भी जागरूक करेगी। अब तक राज्य में 30 हजार आशा सहयोगिनियों का चयन किया जा चुका है।

सरकार प्रदेश में शहरी आधारभूत ढाँचा तैयार करने पर विशेष जोर दे रही है। राजस्थान अरबन इंफ्रास्ट्रक्चर डेवलपमेंट प्रोजेक्ट के तहत सरकार ने एक लाख से अधिक की आबादी वाले कस्बों में आधारभूत संरचनाओं के विकास व प्रबंधन के लिए दूसरे चरण का काम शुरू कर दिया गया है। इससे कृषकों में सीवरेज, नाली निर्माण, गलियों में सीमेंट रोड व पेयजल आदि के काम कराए जाएँगे।

प्रदेश के विकास की धुरी को मजबूत करने के लिए अपने संसाधन से राजस्थान स्टेट मेगा हाईवे डेवलपमेंट प्रोजेक्ट प्रारंभ किया गया है, जो पब्लिक प्राइवेट पार्टनरशिप की देश की पहली परियोजना है। इस योजना के तहत 1500 करोड़ रुपए की लागत से 1,053 किलोमीटर के चार राजमार्ग बनाने का कार्य प्रारंभ कर दिया गया है। इस योजना से 14 जिलों जोधपुर, बाड़मेर, हनुमानगढ़, चूरू, नागौर, अलवर, अजमेर, दौसा, सवाईमाधोपुर, टोंक, बूंदी, कोटा, बारा एवं झालावाड़ लाभान्वित हो सकेंगे।

राज्य सरकार गाँवों के संतुलित विकास के लिए भी प्रतिबद्ध है। हम ग्रामीण क्षेत्रों में भी बेहतर सड़क निर्माण का कार्य करवा रहे हैं, ताकि वहाँ भी विकास परिलक्षित हो

सके। राज्य में पाँच सौ तक की आबादी के सभी गाँवों को सड़क से जोड़ने का कार्य प्रगति पर है। इसे 2007 में हम पूरा कर देंगे। वर्तमान में 4 हजार 692 नए गाँवों को सड़कों से जोड़ा जा चुका है। प्रतिदिन चार गाँवों को सड़कों से जोड़ा जा रहा है और 12 किलोमीटर सड़क बनाई जा रही है, जो अपने आप में एक रिकॉर्ड है।

इंदिरा आवास योजना के तहत जनजाति क्षेत्र के गरीबी की सीमा रेखा से नीचे जीवन यापन करनेवाले परिवारों को भवन-निर्माण के लिए दी जानेवाली राशि 25 हजार से बढ़ाकर 50 हजार कर दी गई। आयोडिन की कमी को दूर करने के लिए हम बीपीएल और अंत्योदय परिवारों को एक किलो नमक निशुल्क प्रतिमाह दे रहे हैं। इससे लगभग आगामी 5 लाख 62 हजार परिवार लाभान्वित हो रहे हैं। कथौड़ी समुदाय के विकास के लिए तीन वर्षीय योजना शुरू की है। समस्त कथौड़ी जाति को सहरिया समुदाय के समकक्ष मानकर अंत्योदय योजना के तहत उन्हें दो रुपए किलो के हिसाब से गेहूँ उपलब्ध कराया जा रहा है।

मेरा मानना है कि सत्ता से समाज में परिवर्तन लाने के लिए यह बहुत जरूरी है कि जनता की खरी कमाई का पैसा जनता के लिए ही खर्च किया जाए। योजना एवं गैर आयोजना मद में प्राप्त राशि का कुशलतम ढंग से जनहित में सदुपयोग किया जाए, तभी अच्छे परिणाम सामने आ सकेंगे। इसके लिए यह देखना होगा कि राजस्व के क्षय को हर सूरत में रोका जाए।

जनकल्याण की योजनाओं में जनभागीदारी बढ़ाई जाए। जनता से जीवंत संपर्क बनाया जाए और सामाजिक सरोकार बढ़ाया जाए। हमने पिछले ढाई वर्ष में कुछ ऐसे ही प्रयोग किए हैं। इससे अपने आप समाज में परिवर्तन के परिदृश्य नजर आने लगे हैं।

मुख्य बात यह है कि सत्ता में बैठे जनप्रतिनिधियों और अधिकारियों को सेवा की धारणा को मन से अंगीकार करना होगा। उन्हें हर कार्य शासन की भावना से नहीं, बल्कि सेवा की भावना से करना होगा।

*(लेखिका राजस्थान की मुख्यमंत्री हैं।)*

□

# जवाबदेही लोकतंत्र का प्राणतत्त्व है

—डॉ. रमन सिंह

परमात्मा इस जगत् का स्वामी है, इसी दृष्टि से यह समाजरूपी, राष्ट्रीय परमात्मा भी इस राष्ट्र की सारी संपत्ति का स्वामी है। इस राष्ट्र का ज्ञान, सत्ता, धन, कला सब उसी का है। व्यक्ति तो उसके पास जो शरीर, शक्ति, गुण और संपत्ति आदि है, उसके द्वारा स्वार्थनिरपेक्ष होकर इस परमात्मा की सेवा करने का अधिकारी है। राजसत्ताधीश राज्य का उपभोग शून्य अधिपति, धन प्राप्त करनेवाला धन का उपभोग शून्य रक्षक एवं संवर्धक, इस प्रकार स्वार्थ रहित होकर प्रत्येक के लिए अपने-अपने स्थान से, गुणादिको के द्वारा इस समाज स्वरूप की एकात्मता, परमात्मा की सेवा करना ही परमश्रेष्ठ कर्तव्य है।

परमपूज्य गुरुजी माधव सदाशिव राव गोलवलकर के जन्मशताब्दी वर्ष पर उनका पावन स्मरण करते हुए उनके इन विचारों से अपनी बात शुरू करना चाहूँगा। ''सबै भूमि गोपाल'' की या ''सबकुछ ईश्वर का है। हम तो निमित्त मात्र हैं।'' जैसे विचार हमें अपनी संस्कृति और संस्कार से ही मिलते हैं। इस तरह हमें सेवा के संस्कार मिलते हैं। यह सेवा की भावना ही एक संगठित और व्यवस्थित रूप में जवाबदारी या जवाबदेही का रूप लेती है।

अलग-अलग परिस्थितियों और परिप्रेक्ष्य में जवाबदेही का स्वरूप बदलता है, लेकिन भावना वही रहती है। जवाबदेही, सेवा और कर्तव्य का व्यापक रूप है। इस तरह स्वाभाविक रूप से जवाबदेही अपनी जिम्मेदारियों के निर्वहन में खरा उतरने के साथ ही वचन के पालन के सफल होने से भी संबंधित है।

हर व्यक्ति को अपनी जरूरतों के लिए किसी-न-किसी पर निर्भर रहना पड़ता है और किसी-न-किसी की यह जवाबदारी होती है कि वह जरूरतमंद की जरूरतों को पूरा करे। इस तरह जीवन के हर क्षेत्र में जवाबदेही की जरूरत होती है। जवाबदेही की पूर्णता का सबसे बड़ा पैमाना तो निर्भर या जरूरतमंद व्यक्ति का संतोष ही हो सकता

है। स्वाभाविक रूप से जागी अथवा जगाई गई उम्मीदों को पूरा करने को जवाबदेही पूरा करना माना जाता है।

हम लोग राजनीति के क्षेत्र में कार्य करते हैं। हमारा मानना है कि लोकतंत्र सर्वश्रेष्ठ शासन व्यवस्था है। लोकतांत्रिक व्यवस्था में राजनीति का अहम स्थान होता है। राजनीति से समाज की बेहतरी और खुशहाली के लिए बेहतर काम करने के अपार अवसर मिलते हैं। इसलिए यदि हमें यह साबित करना है कि हम जवाबदेह हैं तो हमें जनता की आकांक्षाओं को पूरा करना होता है।

जनता की आकांक्षा एक व्यापक विषय होता है, जिसमें हमें अपने वचनों, वायदों, घोषणाओं और आश्वासनों को पूरा करना होता है। राजनेताओं को अनेक अवसरों पर ऐसी बातें कहनी होती हैं, जो कुछ कार्य पूरा करने के लिए उनकी जिम्मेदारी तय करती हैं। अनेक ऐसे भी मौके होते हैं, जब किसी को कोई वचन नहीं दिया गया हो, लेकिन कई मौकों पर व्यापक हित के लिए स्वयं पहल करते हुए निर्णय लेने होते हैं।

मेरा मानना है कि जवाबदेही लोकतंत्र का प्राणतत्व है, जो राजनेता जवाबदेही पूर्ण करने में सफल होता है, उसका सार्वजनिक जीवन भी सफल और सुदीर्घ होता है और जो राजनेता अपनी जवाबदेही पूर्ण करने में नाकाम होते हैं, उनका राजनीतिक या सार्वजनिक जीवन भी अल्पकालिक होता है।

लोकतंत्र में संसदीय प्रणाली और आम चुनाव स्थान भी महत्त्वपूर्ण है। आम चुनाव के लिए प्रत्येक राजनीतिक दल को अपना चुनावी घोषणा पत्र जारी करना होता है कि यदि वे सत्ता पर आते हैं तो उनके शासन संचालन की नीति-रीति क्या होगी? उनकी प्राथमिकताएँ क्या होंगी, उनकी योजनाएँ क्या होंगी और वे उन्हें कैसे पूरा करेंगे? यह चुनावी घोषणापत्र एक तरह से गीता का रूप होता है जो राजनेताओं की जवाबदेही तय करता है।

चुनाव घोषणा पत्र का अक्षरश: पालन करनेवाले राजनीतिक दल, सरकार तथा राजनेता को जवाबदेह माना जाता है। मैं अपने छत्तीसगढ़ राज्य का उदाहरण देना चाहता हूँ, जहाँ हमें नया राज्य गठन के बाद प्रथम निर्वाचित सरकार बनाने का गौरव मिला। छत्तीसगढ़ में हमने ढाई वर्ष अथवा कार्यकाल के आधे समय में 80 प्रतिशत से अधिक घोषणाएँ पूरी कर दीं। इतना ही नहीं, सत्ता की बागडोर सँभालने के बाद जो हमें प्रशासनिक और जमीनी अनुभव मिले, उनसे भी हमने अनेक नई योजनाएँ बनाकर लागू कीं। अपने दृष्टिकोण को विस्तारित करते हुए हमने ऐसे क्षेत्रों के लिए नई योजनाएँ बनाईं, जो आजादी के दशक के मुहाने में पहुँचकर भी विकास के हाशिए में थे।

छत्तीसगढ़ की 44 प्रतिशत आबादी अनुसूचित जनजाति और जाति की है। करीब 65 प्रतिशत भू-भाग आदिवासी उपयोजना क्षेत्र के अंतर्गत आता है। कुल 146

विकासखंडों में से 85 अनुसूचित जनजाति बहुल विकासखंड हैं।

वनवासी समाज के कल्याण, उनकी संस्कृति के संरक्षण और संवर्धन के लिए कार्य करना हमारी पार्टी की कार्यप्रणाली की विशेषता रही है। इसलिए वनवासी समाज में हमारी जड़ें काफी गहरी हैं। छत्तीसगढ़ में चुनावों के दौरान और शासन की जिम्मेदारी सँभालने के बाद, हमें इस बात का बेहतर अहसास हुआ कि वनवासी भाइयों-बहनों को हम पर कितना विश्वास है और वे हमारे साथ अपने विकास की मंजिलें तय करना चाहते हैं।

आदिवासी इलाकों की अपनी विशेष संस्कृति, अपना विशेष रहन-सहन और विशेष जरूरतें होती हैं। मैं विनम्रता से बताना चाहता हूँ कि इन इलाकों में अभी भी असली जरूरत लोगों को नए जमाने के साधनों से अवगत कराने की है। शिक्षा, स्वास्थ्य, रहन-सहन को लेकर उन्हें पहले तो वे चीजें भौतिक रूप से देने की जरूरत है, जिनके अभाव में वे ऐसे कष्ट उठाते रहे हैं। जिन्हें शेष दुनिया काफी पहले भूल चुकी है।

बस्तर के बहुत बड़े क्षेत्र में लोगों को खाने के लिए नमक भी नहीं मिलता था, शायद ही कोई इस बात पर विश्वास करे। यदि किसी को नमक मिलता भी था, तो वह मेवों से बदलकर। ऐसे 'बार्टर सिस्टम' को खत्म करने के लिए हमने छत्तीसगढ़ अमृत नमक योजना चालू की। 25 पैसे प्रति किलो की दर से दूरस्थ गाँवों में बसे लोगों को प्रतिमाह 2 किलो आयोडिनयुक्त नमक देना शुरू किया। धीरे-धीरे राज्य के समस्त गरीबी रेखा के नीचे के लोगों ने इस योजना का लाभ उठाना चाहा और 24 लाख बीपीएल परिवारों के लिए यह योजना लागू कर दी गई। इतना ही नहीं, आज बाजार में उपलब्ध आयोडिनयुक्त नमक से आधी कीमत 4 रुपए प्रति किलो की दर से हमने सभी के लिए 'महामाया नमक' प्रदान करने की योजना भी शुरू की है। एक बुनियादी जरूरत को पहचानकर उसे कितना ऊपर तक ले जाया जा सकता है, मैं सोचता हूँ कि यह योजना इस बात का अच्छा उदाहरण है।

अरसे से हम यह सुनते आए हैं कि विकास के लिए पर्याप्त धन की समस्या आड़े आती है, लेकिन आमतौर पर इस बात पर ध्यान नहीं दिया जाता कि उपलब्ध राशि का उपयोग कैसे बेहतर तरीके से हो कि स्थानीय लोगों की माँगें भी पूरी हों और उनके नजरिए से, उनकी सुविधाओं में बढ़ोतरी हो। ऐसे काम होने से ही स्थानीय जनता संतुष्ट होती है। हमारी सरकार ने बस्तर और सरगुजा एवं जशपुर विकास प्राधिकरण गठित कर समन्वित प्रशासनिक व्यवस्था की कारगर पहल की। इसके लिए स्पष्ट कार्यप्रणाली बनाई कि प्राधिकरण की बैठकें संबंधित क्षेत्रों में जाकर हों। हर बैठक में मैं स्वयं, प्राधिकरण के अध्यक्ष की हैसियत से उपस्थित रहता हूँ। संबंधित क्षेत्र के समस्त जनप्रतिनिधि और राज्य शासन के समस्त अधिकारी होते हैं। हम लोगों से ही पूछते हैं, कि उन्हें क्या चाहिए?

और उनके सुझाव के हिसाब से ही विकास कार्यों की घोषणा करते हैं। बाकायदा मुख्य सचिव की अध्यक्षता में क्रियान्वयन समिति बनाई गई है, ताकि अमल में कोई कोताही न हो। मैं बताना चाहूँगा कि लोगों की माँग पर इन दोनों विकास प्राधिकरणों का दायरा राज्य के संपूर्ण आदिवासी उपयोजना क्षेत्र में बढ़ाना पड़ा। अलग से अनुसूचित जाति विकास प्राधिकरण बनाना पड़ा। मुझे यह बताते हुए प्रसन्नता हो रही है कि एक वर्ष में ही इन प्राधिकरणों के माध्यम से एक अरब रुपए के विकास कार्य मंजूर हुए और 70 प्रतिशत से अधिक कार्य पूरे भी हो चुके हैं।

वनवासियों की आजीविका वन तथा वनोपजों पर ही निर्भर करती है। हमने महसूस किया कि आदिवासी भाई-बहनों को मजबूरी में किए गए कुछ कामों के कारण, बरसों से आपराधिक प्रकरणों की पीड़ा झेलनी पड़ रही है। अपने जीवन की बुनियादी जरूरतों को पूरा करते समय उनसे हुई कुछ भूल-चूक का खामियाजा भुगतने में उनका जीना दुभर हो गया था। सन् 1953-54 से लेकर वर्तमान तक उनके खिलाफ करीब 2 लाख 87 हजार प्रकरण लंबित थे, जिनके विरुद्ध 13 करोड़ रुपए की राशि भी वसूली जानी थी। हमारी सरकार ने वनवासी, अनुसूचित जाति और गरीब परिवारों को इस पीड़ा से निजात दिलाने का फैसला लिया और ये सभी प्रकरण समाप्त कर दिए। इस तरह करीब 3 लाख परिवारों को चिंता और मानसिक प्रताड़ना से राहत दी गई। उन्हें नए सिरे से विकास की राह पर चलने का रास्ता दिया गया।

फिर मैं एक छोटी लगनेवाली चीज के बारे में कहना चाहूँगा, लेकिन इसका महत्त्व अधिक है, जिसने कभी चप्पल-जूते नहीं पहने हों, जिसके पैर जख्मी रहते हों और उनकी पीड़ा से काम में बाधा आती हो, उन्हें जूते पहनाने का अलग महत्त्व है। तेंदूपत्ता संग्राहक वनवासियों के लिए 12 लाख जोड़ी चरण-पादुकाएँ देने का फैसला हमने किया। आप यह जानते ही हैं कि पैसा देकर उन्हें जूते खरीदने के लिए प्रेरित नहीं किया जा सकता, क्योंकि जब तक वे जूते पहनने की सुविधा के बारे में जानेंगे नहीं, तब तक उसका उपयोग नहीं करेंगे। जैसा कि मैंने पहले कहा, वनवासियों के रहन-सहन में सुधार के लिए हमें उन्हें सुविधाएँ वस्तु के रूप में भी मिलनी जरूरी हैं।

अनुसूचित जनजाति एवं जाति के बच्चों को पढ़ाई के प्रति प्रोत्साहित करने के लिए हमने अनेक कदम उठाएँ हैं। करीब 200 नए छात्रावास शुरू किए हैं। पोषण-आहार देने की नई योजना शुरू की है। हाई स्कूल की बालिकाओं को नि:शुल्क साइकिलें दे रहे हैं और मेरिट में आने पर स्कूटर देने की योजना है। प्रतियोगी परीक्षाओं के लिए प्रशिक्षण देने के साथ पढ़ाई का खर्च वहन करने के लिए विशेष छात्रवृत्ति देने तक की योजनाएँ चालू की गई हैं। इस तरह आदिवासी अंचल में बुनियादी सुविधाएँ जुटाने से लेकर व्यक्तिगत रूप से लोगों को सक्षम बनाने तक के लिए हमने अनेक नए कदम

उठाए हैं। दक्षिण बस्तर में नक्सलवादियों के खिलाफ आज जो विद्रोह की आग भड़की है, वनवासी भाई-बहनों ने हिंसा और आतंक को जड़-मूल से समाप्त करने के लिए जो मोर्चा खोला है, जिसे वे 'सलवा जुडूम' कहते हैं। मैंने हर मंच पर कहा है कि यह आदिवासियों का स्व-स्फूर्त सामूहिक अभियान है। इसलिए मैं इसका कोई क्रेडिट नहीं लेना चाहता, लेकिन यह जरूर बताना चाहता हूँ कि हमारे प्रति वनवासियों के बढ़ते विश्वास का एक उदाहरण इसे भी माना जा सकता है। आज हमारी सरकार बस्तर के जंगलों में वनवासियों के साथ उनका हौसला बढ़ाने के लिए, उनकी सुविधा के लिए, उनकी सुरक्षा के लिए, उनके रोजगार के लिए, उनके पुनर्वास के लिए डटकर खड़ी दिखती है। सरकार ने 'सलवा जुडू' के प्रतिभागियों के लिए शिविर संचालित किए हैं, जहाँ आदिवासी सपरिवार निवास कर रहे हैं। वामपंथी आतंकवाद के खिलाफ स्व-स्फूर्त सामाजिक मुहिम का यह एक ऐतिहासिक अध्याय है। हमने बड़ी सावधानी से इस अभियान को राजनीतिक छाप लगने से बचाए रखा है, ताकि हमारी सामाजिक प्रतिबद्धता और जिम्मेदारी स्पष्ट तौर पर राजनीति से अलग दिखाई दे।

हमने गाँव, गरीब और किसान को अपनी सरकार की सर्वोच्च प्राथमिकता घोषित किया था। मुझे यह कहते हुए खुशी है कि अपनी इस प्राथमिकता को अमली-जामा पहनाने के लिए सही दिशा मे प्रयास करने, सही योजनाएँ बनाने और सही हितग्राहियों तक उन्हें पहुँचाने में हम सफल हो रहे हैं। इस तरह हम अपने मतदाताओं के बहुत विराट् वर्ग तक सीधे पहुँच बना रहे हैं। वनवासियों और ग्रामवासियों के बीच हमारी पैठ मजबूत होना और बढ़ना राजनीतिक रूप से बहुत जरूरी है। साथ ही इन वास्तविक रूप से जरूरतमंद लोगों के दिल में जगह बनाकर हम उनके विकास, समृद्धि और खुशहाली का माध्यम भी बन रहे हैं, जो हर दृष्टि से हमारे लिए पूँजी बनेगी।

किसान भाइयों और खेती की स्थिति में सुधार से ही हमें अपनी जमीन और जड़ों से जुड़े रहने में मदद मिलती है। हमने ऐसी नई योजनाएँ लागू कीं, जिनसे किसान भाइयों को स्पष्ट फर्क दिखाई दे। लघु और सीमांत किसानों की एकबारगी अल्पकालिक ऋण माफी, पुरानी सिंचाई कर में माफी, 5 प्रतिशत ब्याज पर कृषि ऋण उपलब्ध कराने की व्यवस्था और समर्थन मूल्य पर कृषि उपज खरीदने की व्यवस्था से किसानों की आर्थिक स्थिति में सुधार हुआ। हमारे राज्य की प्रमुख फसल धान है। हमने किसानों से, वे जितना चाहे उतना धान समर्थन मूल्य पर खरीदा और हर साल एक नया कीर्तिमान बनाया। इतना ही नहीं धान खरीदी के नाम पर पिछली सरकार पाँच-छह सौ करोड़ रुपए का घाटा बताती थी। हमने प्रशासनिक कुशलता से यह घाटा खत्म कर दिया।

सिंचाई के साधन जुटाने के लिए किसानों को प्रत्यक्ष तौर पर मदद करने के लिए हमने कई योजनाएँ संचालित कीं। उसमें भी नगद फसल, उद्यानिकी फसल, साग-सब्जी

उत्पादन को बढ़ावा देने के लिए अलग-अलग आर्थिक सहायता दी जा रही है। बड़े अचरज की बात है कि आजादी के बाद से हमारे शासन सँभालने के पहले तक छत्तीसगढ़ में मात्र एक लाख किसानों को ही सिंचाई पंप कनेक्शन दिए गए। हमने इसे यथाशीघ्र दो गुना करने का संकल्प लिया और एक लाख नए पंप कनेक्शन अपने कार्यकाल में देने का अभियान शुरू किया। अल्पसमय में ही 35 हजार नए पंप कनेक्शन दिए जा चुके हैं। इतना ही नहीं, प्रति किसान, प्रति सिंचाई पंप कनेक्शन देने के लिए होनेवाले खर्च की सीमा भी 20 हजार से बढ़ाकर 40 हजार रुपए की गई।

गाँवों के लिए भी अलग तरह की बुनियादी अधोसंरचना जरूरी होती है। इसके लिए अलग तरह से प्रयास करने होते हैं। हमने अलग-अलग जरूरतों के लिए अलग-अलग योजनाएँ बनाईं। सबसे पहले तो पंचायत राज व्यवस्था को मजबूत बनाने के लिए अधिनियम में संशोधन किया गया और पंचायतों को अनेक नए कार्यों की जिम्मेदारी दी गई। गरीबी उन्मूलन के लिए 'नवा अंजोर' योजना, खेल मैदान के लिए 'इच्छस्थ' योजना, महिलाओं को तालाबों में नहाने के लिए विशेष सुविधा देने हेतु 'निर्मला घाट' योजना, सामुदायिक गतिविधियाँ बढ़ाने के लिए 'सदभावना भवन', सरकारी जमीन पर अतिक्रमण रोकने और स्वस्थ मनोरंजन के लिए 'केशव कुंज' योजना, गलियों के कांक्रीटीकरण की योजना, महिलाओं को धुआँ रहित ईंधन देने के लिए 'गृहलक्ष्मी' योजना, गौरव पुरुषों के जन्मस्थल गाँवों के समग्र विकास के लिए 'छत्तीसगढ़ गौरव', ग्रामीण पर्यटन स्थलों के विकास के लिए 'हमारा छत्तीसगढ़' योजना बना अनेक योजनाएँ संचालित की जा रही हैं। इनसे गाँवों में हर तरह की सुविधा बढ़ रही है। अच्छी शिक्षा की जरूरतों को पूरा करते हुए प्रत्येक मतदाता के घर तक दखल बनाना हमारी प्रमुख रणनीति रही है। इसी के अंतर्गत हम कक्षा पहली से आठवीं तक के स्कूली छात्र-छात्राओं को जाति, वर्ग आदि के अंतर के बिना समान रूप से निःशुल्क पाठ्यपुस्तकें दे रहे हैं। बालिकाओं को कक्षा दसवीं तक समस्त पाठ्यपुस्तकें निःशुल्क दे रहे हैं। इस योजना से 45 लाख विद्यार्थियों को लाभ मिल रहा है। इसके अलावा स्कूलों में शिक्षकों का अभाव दूर करने के लिए हमने वृहत अभियान छेड़ा, जिससे 40 हजार से अधिक शिक्षाकर्मियों की भर्ती की गई। शालाओं में भवन व अन्य सुविधाएँ जुटाने के लिए भी बड़ा अभियान छेड़ा गया है। स्कूल से लेकर कॉलेज और यूनिवर्सिटी तक, हर स्तर पर उनकी जरूरतों की पूर्ति की गई है।

महिलाओं के सशक्तीकरण के लिए ऐसे कदम उठाए गए हैं, जिससे उन्हें सीधी मदद मिले। राज्य में 72 हजार स्व-सहायता समूह गठित किए गए हैं। इन समूहों को सार्वजनिक वितरण प्रणाली में राशन दुकानें आवंटित की गई और प्रति दुकान 75 हजार रुपए के मान से 40 करोड़ रुपए की 'वर्किंग कैपिटल' भी दी गई। महिलाओं को शहरों

में विपणन सुविधा देने के लिए 'महिला समृद्धि बाजार' बनाए जा रहे हैं। बाल विवाह और दहेज प्रथा जैसी कुरीतियों के निदान के लिए सामूहिक विवाह कार्यक्रमों के आयोजन को बढ़ावा दिया जा रहा है।

'कन्यादान' योजना के तहत प्रति कन्या 5 हजार रुपए की स्वीकृति दी गई हैं, जिसमें आयोजन का खर्च तथा कन्याओं को दी जानेवाली सामग्री शामिल है। छत्तीसगढ़ में टोनही या डायन के नाम पर आरोपित और प्रताड़ित करने की घटनाओं को रोकने के लिए टोनही प्रताड़ना निवारण अधिनियम बनाया गया है। महिलाओं के सम्मान और आर्थिक स्वावलंबन के लिए प्राथमिकता से कार्य का वातावरण बनाया गया है।

राज्य में रोजगार के अवसर बढ़ाने के लिए बहुस्तरीय प्रयास किए गए हैं। औद्योगिकीकरण को बढावा दिया जा रहा है। 44 हजार करोड़ रुपए का पूँजी निवेश सुनिश्चत करने में सफलता मिली है, जिसे अन्य राज्यों की तुलना में अव्वल माना गया हैं। इसके साथ ही नई औद्योगिक नीति बनाई गई है, जिसमें नए उद्योगों को रियायतों और सुविधाओं का लाभ तभी मिलेगा, जब वे स्थानीय लोगों को रोजगार की गारंटी दें। शासन के सभी रिक्त पदों को सीधी भर्ती या संविदा नियुक्ति से भरा जा रहा है। इतना ही नहीं, बेरोजगार इंजीनियरों को एक बार में 10 लाख रुपए तक के कार्य बिना टेंडर के देने की व्यवस्था भी की गई है।

जनस्वास्थ्य के लिए विशेषतौर पर ग्रामीण क्षेत्रों में ध्यान केंद्रित किया गया है। सरकारी अस्पतालों में भर्ती मरीजों के भोजन की राशि 8 रुपए से बढ़ाकर 16 रुपए कर दी गई है। 60 हजार मितानिनों को दवापेटी देकर, सामुदायिक स्वास्थ्य की इस पहल को और भी मजबूती दी गई। 874 नए उप स्वास्थ्य केंद्र बनाए गए हैं। 235 भवन विहीन स्वास्थ्य केंद्रों के भवन निर्माण की मंजूरी दी गई है। आदिवासी अंचलों में चलित अस्पताल और महिलाओं के लिए 64 प्रथम संदर्भ इकाई प्रारंभ की गई। ग्रामीण स्वास्थ्य अधोसंरचना के विकास के लिए 172 करोड़ रुपए की नई परियोजना शुरू की जा रही है।

हमने छत्तीसगढ़ में बिजली उत्पादन की संभावना को मूर्तरूप देने के लिए एक ओर जहाँ 7500 मेगावॉट क्षमता के बिजली घरों के निर्माण को गति प्रदान की है, वहीं अपनी प्राथमिकता पर भी अटल हैं कि इससे गाँववालों को निर्बाध बिजली मिले। इसके लिए 697 करोड़ रुपए की लागत से 'अटल ज्योति योजना' शुरू की जा रही है, जिसके तहत गाँवों में विद्युत् प्रदाय के लिए अलग फीडर स्थापित किए जाएँगे। हर ग्रामीण घर में बिजली देने के लिए 1200 करोड़ रुपए की परियोजना शुरू की गई है। बहुत बड़े पैमाने पर सिंचाई पंप और एक्ल बत्ती कनेक्शन देकर जरूरतमंद तबकों की मदद की जा रही है। मुझे यह कहते हुए खुशी हो रही है कि बायोडीजल उत्पादन की संभावनाओं को अपनी धरती पर उतारने में छत्तीसगढ़ देश का अग्रणी राज्य बना है। हमने 8 करोड़

रतनजोत के पौधों का रोपण कर लिया है और वर्ष 2007 तक 3 लाख हेक्टेयर पड़त भूमि में वृक्षारोपण का लक्ष्य रखा गया है, जिससे रतनजोत और करंज जैसी वनस्पति के बीजों से बड़े पैमाने पर बायोडीजल बनाया जा सके। प्रतिदिन 3 हजार लीटर बायोडीजल का उत्पादन शुरू भी कर दिया गया है। हमारा अनुमान है कि इससे गाँवों में 3 लाख लोगों को रोजगार मिलेगा। राज्य में ही उत्पादित बायोडीजल सस्ता पड़ेगा और इससे किसानों को काफी आर्थिक मदद भी मिलेगी।

मैं प्रधानमंत्री ग्राम सड़क योजना बारे में जरूर बताना चाहूँगा। छत्तीसगढ़ राज्य गठन के समय ही माननीय अटलजी, आडवाणीजी के नेतृत्व वाली एनडीए सरकार ने यह योजना शुरू की थी। हमसे पूर्व की राज्य सरकार ने तीन वर्षों में मात्र 250 करोड़ रुपए खर्च किए थे, जबकि हमने मात्र दो वर्ष में 600 करोड़ रुपए खर्च कर गाँवों में सड़कें बनाई। इस योजना के क्रियान्वयन में छत्तीसगढ देश में दूसरे स्थान पर है। इस योजना से गाँवों में सड़कों का विकास तेजी से हो रहा है। इससे गाँवों के चौतरफा विकास में मदद मिल रही है। इस दूरदर्शी योजना के लिए मैं आप लोगों को साधुवाद देना चाहता हूँ। आजादी के बाद गाँवों के क्रांतिकारी विकास के लिए किए गए उपायों में इस योजना का नाम स्वर्णाक्षरों में दर्ज होगा। इससे हमें बहुत कुछ सीखने का मौका मिला, जिसका प्रतिबिंब राज्य की विभिन्न योजनाओं में देखा जा सकता है।

विधानसभा चुनाव के बाद लोकसभा, नगरीय निकाय और पंचायत राज संस्थाओं के चुनावों तथा उप चुनाव में हमारी पार्टी को भारी बहुमत मिला। हमारा मानना है कि चुनाव ही किसी राजनीतिक दल की कार्य प्रणाली, किसी सरकार की कार्यप्रणाली और उससे जनता को मिलनेवाले लाभ का सटीक मूल्यांकन करते हैं। हम अपने अल्प कार्यकाल में ही देश के अन्य राज्यों की तुलना में, अनेक क्षेत्रों में उपलब्धियों के शिखर पर हैं, तो अनेक क्षेत्रों में हमारी उपलब्धियाँ सराहनीय हैं। इस तरह हम गौरव के साथ यह कह सकते हैं कि हम जवाबदेह हैं।

*(लेखक छत्तीसगढ़ के मुख्यमंत्री हैं।)*

□

# शासन संचालन में जन भागीदारी जरूरी

**—शिवराज सिंह चौहान**

जन भागीदारी शब्द आजकल काफी रुढ़ हो गया है। यों ता 'सभा' और 'समिति' की वैदिक संस्कृति में शासन संचालन जन भागीदारी से ही होता था, लेकिन आजकल यह शब्द दुबारा फैशन में राबर्ट चैंबर्स की कृपा से आया जब उन्हीं ने पार्टिसिपेटरी रूरल अप्रेजल की चर्चा की। फिर धीरे-धीरे यों भी होने लगा कि जन भागीदारी के नाम पर क्रियान्वयन में और कभी-कभी निगरानी में भी जनमत को जगह दी जाने लगी। फिर जनता से पैसा/श्रम इकट्ठा किया जाने लगा। हमारे मध्य प्रदेश में भी इसी वर्ष 150 करोड़ रुपए से ज्यादा की जन भागीदारी हुई। लेकिन मुझे लगता है कि जन भागीदारी का फलसफा इससे कहीं ज्यादा है। जनता सिर्फ क्रियान्वयन क्यों करें? पैकेज का अभिकल्पन और अभिशिल्पन कोई और करे और उसे ढोने का काम जनता करे, जन भागीदारी का यह स्वरुप मुझे स्वीकार नहीं। मैं तो जन भागीदारी को नीति, परियोजनाओं और कार्यक्रमों के निर्धारण तक ले जाना चाहता हूँ। जन भागीदारी यदि एक 'समावेशी जनतंत्र' नहीं है तो वह कुछ नहीं है। हम शासन करने नहीं, शासन बाँटने के लिए निर्वाचित हुए हैं। जिस हद तक शासन की शक्ति जन-मन में बँटती है, उस हद तक वे 'एम्पावर्ड' महसूस करते है। इसलिए मैंने महिला, किसान आदि विभिन्न वर्गों की पंचायत आयोजित करनी शुरू की ताकि 'जन' का हर घटक मन—हर छोटी इकाई समाज के एक व्यापक कल्याण में शामिल हो सके।

1940 के संघ शिक्षा वर्ग में गुरुजी ने सर्वाधिकारी के रूप में प्रास्ताविक भाषण दिया था, उसमें उन्होंने कहा था कि राष्ट्र के प्रत्येक घटक को समष्टि जीवन में अपना व्यक्तित्व विलीन करना चाहिए। मुझे लगता है कि यह एक चीज, यह एक छोटा सा सूत्र वाक्य शासन और प्रशासन में भी हमारा स्थायी प्रेरक बन गया है। यहाँ की गई समष्टि की बात बुनियादी रूप से उस भारतीय दर्शन की बात है जो पिंड से लेकर ब्रह्मांड में

एक ही चेतना को अनुस्यूत मानता है। इसका यदि मैं प्रशासनिक अनुवाद करूँ तो इसका अर्थ यह होगा कि मनुष्य मनुष्य के बीच के सारे कृत्रिम विभाजन क्रमश: खत्म किए जाने चाहिए और वह खंड-दृष्टि जो इन विभाजनों को प्रोत्साहित और पोषित करती है, वह अभारतीय है, उसका विरोध किया जाना चाहिए। मेरे लिए जन भागीदारी का अर्थ यही है कि राज्य और समाज के बीच कृत्रिम विभाजन खत्म हों। हम विभाजनकारी मानसिकता के खिलाफ हैं।

जब से मैंने शासन सँभाला है, मैंने हर विभाजनकारी षड्यंत्र के खिलाफ काररवाई की है। सबसे पहले तो मैंने पाया कि मेरी सरकार के विभिन्न विभाग कई मामलों में हिंदू-मुसलिम गणना करने में लगे हुए हैं। मैंने जब जानकारी ली कि यह सब क्यों हो रहा है तो पता चला कि प्रधानमंत्री कार्यालय से सच्चर समिति से कुछ फार्मों में जानकारी माँगी गई है तो वह तैयार की जा रही है। जानकारी भी कैसी-कैसी? यह कि आपके विभाग में ठेकेदारों में कितने हिंदू मुसलिम हैं? भारत में कब धर्म के आधार पर टेंडर हुए, जो हिंदू-मुसलिम की अलग-अलग संख्या पूछी जा रही थी? धर्म की यह कौन सी ठेकेदारी थी जो ठेकेदार का धर्म पूछ रही थी? वे स्व-सहायता समूहों का सेल्फ हेल्प ग्रुपों का धर्म पूछ रहे थे? धर्म व्यक्ति का विषय है कि ग्रुप का—धर्म हृदय में धारित होता है कि उस अकाउंट बुक में जो कोई ग्रुप में रखी जाती है? वे पूछ रहे थे। ट्रस्ट/बोर्ड का धर्म वे पूछ रहे थे कि प्राकृतिक आपदा में जिन्हें राहत या बीमा लाभ मिला है, उनमें कितने हिंदू-मुसलमान हैं? यानी प्राकृतिक आपदा भी हिंदू-मुसलमान देख-पूछकर आएगी? मैंने आते ही इस बेहूदगी पर रोक लगाई। मैंने आदेश दिए कि ऐसी कोई जानकारी केंद्र को नहीं भेजी जाएगी और मैंने प्रधानमंत्री को पत्र लिखा कि विकास को रिलजिस ब्लाक्स में, मजहबी खंडों में बाँटकर नहीं देखा जा सकता। खंड-चेतना के विरुद्ध यह काररवाई जरुरी थी। गुरुजी ने कहा था (1946 के संघ शिक्षा वर्ग में), "एकता तो आंतरिकता से आती है, कृत्रिम रूप से स्थापित करने से नहीं आती।"

मुझे लगता है कि सच्चर समिति के विभाजक परिणामों का राष्ट्रीय स्तर पर पर्दाफाश अभी अच्छी तरह से नहीं हुआ है। बस एक बार आर्मी में, एक बार ज्युडिशियरी में मुसलिम हेडकाउंट का मामला थोड़ा उठा था, एक बार मुसलमानों के लिए बजट के पृथक् आवंटन पर थोड़ी देर बहस हुई थी, उसके बाद शांति है। लेकिन इस मुद्दे में अभी बहुत जान बाकी है। जनभागीदारी और उससे जुड़े मुद्दे हमारे लिए अभियान नहीं है, वे हमारे गीत का 'स्थायी' हैं। वे इसलिए नहीं हैं कि संस्कृति के स्प्रिंग बोर्ड से सत्ता पर छलाँग लगा लें। वे इसलिए हैं कि हम गंभीरता से महसूस करते हैं कि मानवता के कल्याण का पथ उनसे प्रशस्त होगा। इसलिए हम कोई 'झूठी चेतना', फाल्स कांशसनेस नहीं तैयार करना चाहते, हम तो बस 'मूल चेतना'—हम भारतीयों

की ओरिजिनल कांशसनेस की ओर लौटना चाहते हैं। यह जनमानस की 'कल्चरल प्रोग्रामिंग' नहीं है। यह जीवन-शैली है। इस शैली के प्रशासनिक अनुवाद हमें ढूँढ़ने होंगे, यह मैं हमेशा से मानता आया था। इसलिए मैंने क्रमश: एक के बाद एक कदम उठाए और जन विश्वासों को सम्मान देना शुरू किया। मैंने हिंदू संवत्वर : वर्ष प्रतिपदा को शासकीय अवकाश घोषित किया। 31 दिसंबर से 1 जनवरी को हू-हा से हटकर, हमारे कैलेंडर की इस शुरुआत को हमने आधिकारिक और औपचारिक मान्यता दी। लेकिन यह भी अभी एक शुरुआत है। मैं चाहता हूँ कि गुड़ी पड़वा के इस दिन के कुछ कार्यक्रम भी अभिकल्पित हों। अगले साल हम इसे पूरी तैयारी के साथ मनाएँ। 31 दिसंबर 'होश खोने' का दिन बन गया है। उसे ठीक विपरीत हम कैसे इस दिन को शासकीय, प्रशासकीय और सामाजिक चेतना के जागरण का दिन बनाएँ, यहाँ मैं आप सबके सुझाव चाहता हूँ। मैंने मानसरोवर यात्रियों को शासकीय सब्सिडी देना शुरू की है। हज की यात्रा पर सब्सिडी देकर एक धर्मनिरपेक्ष राज्य ने तुष्टीकरण के अपने इरादे जता दिए थे। इसकी परिणति यह होनी ही थी कि आगे यही बात, यही माँग अन्य क्षेत्रों से भी उठती। यदि काबा देश के बाहर है तो मानसरोवर, हिंगलाज, ननकानासाहब, पशुपतिनाथ, अंगकोरवाट जैसे मंदिर भी देश के बाहर हैं। इसलिए उनके लिए शासन क्यों धर्म-यात्रा को सहायता न दे? विचार करना होगा कि पशुपतिनाथ, अंगकोरवाट, चीन के चेंगडू जैसे स्थानों की विदेश यात्रा प्रोत्साहित किया जाए ताकि लोगों को उस वृहत्तर भारत की स्मृति एक बार फिर से आए जो कभी हिंदू सभ्यता के स्वर्णकाल में स्थापित हुआ था। इसके विरोध में निश्चित ही सेकुलरवादी बोलेंगे और एक बहस की शुरुआत होगी। हम ऐसी बहस चाहते भी हैं।

मेरे कई आलोचक बोलते हैं कि जनभागीदारी का यह रूप वस्तुत: जनमानस की, जनचेतना की क्रमश: कलरिंग करने की कोशिश है कि बार-बार ऐसा किया जा रहा है, एक खास तरह की सोच को तैयार करने के वास्ते। लेकिन यह उन्हें कौन समझाए कि सोच और स्ट्रेटजी से कहीं आगे यह एक जीवन-दर्शन है। गौवंश वध का प्रतिबंध उन्हें एक स्ट्रेटजी लगती है, लगती रहे। हमारे लिए यह तो उसी 'आध्यात्मिक अर्थशास्त्र' का अंग है जिसकी चर्चा गुरुजी, गांधीजी और गायत्री परिवार के पं. श्रीराम शर्मा आचार्यजी ने की थी। मैंने कृषिक पशु परिरक्षण अधिनियम में संशोधन किया है और अब हम गाय को पवित्र पशु का दर्जा देने जा रहे हैं। देशी नस्ल के गौवंश का संरक्षण करने के लिए नंदी शाला योजना भी इसी फरवरी से शुरू की गई है।

मैंने एक क्रम और आरंभ किया है। यह संभवत: देशभर में अलग है। हम जन पंचांग की तिथियों को प्रशासनिक प्रासंगिकता दे रहे हैं। हमने मीरा जयंती पर महिला पंचायत की, हलधर जयंती पर किसान पंचायत की। विश्वकर्मा जयंती को हम साइंस

ऐंड टेक्नोलॉजी तथा श्रम दिवस के रूप में इस्तेमाल करेंगे और धनवंतरी जयंती को स्वास्थ्य पर अपनी डिलीवरी सिस्टम की रिकास्टिंग करेंगे। सिर्फ पंचांग की बात नहीं है। प्रशासन में हम सामाजिक संस्कारों का उपयोग कर रहे हैं। मुख्यमंत्री कन्यादान योजना, कन्यादान संस्कार से शासन प्रशासन को जोड़ती है। सरकार वधू पक्ष बन रही है। पहले सरकार जब हितग्राहीमूलक योजनाएँ करती थी तो सिर्फ हितग्राही जुटते थे, लेकिन अब जब हम कन्यादान जैसा कोई कार्यक्रम कर रहे हैं तो वर-वधू के परिवार ही नहीं, उनका पूरा कुनबा, रिश्तेदार, मित्र, परिचित सब आ जाते हैं। सामूहिक विवाह होने से अब सरकारी कार्यक्रमों में वह भीड़ देखी जाती है जो प्रदेश के इतिहास में कभी नहीं देखी गई। हमने 'स्कूल चलें हम' के अभियान को उपनयन संस्कार से जोड़ दिया तो हमारे कुछ विपक्षी मित्र भड़क गए' जबकि हमारा आशय बस इतना कम्युनिकेट भर करना था कि शिक्षा बच्चे का सहायक नेत्र है, उसकी तीसरी आँख। हमने महिला और बाल विकास के कार्यक्रमों में दो नए कार्यक्रम जोड़े हैं। अन्नप्राशन और गोद भराई एक बच्चे के और दूसरा गर्भवती माता के पोषण से संबंधित है और दोनों ही संस्कारों के संदर्भ, शक्ति और स्मृति का उपयोग करते हैं।

कार्यक्रम/योजनाओं के लिए हमने उस शब्दावली का उपयोग शुरू किया है जो जनमानस में पैठी हुई है। मैंने जल अभिषेक शब्द का उपयोग वाटर कंजर्वेशन अभियान के लिए किया तो हमारे विपक्षी मित्र भड़के कि हम बस धार्मिक नामकरण देते हैं। मैंने कहा कि अभिषेक शब्द सिर्फ धार्मिक अर्थ का नहीं है। ऐसे तो राज्याभिषेक भी होता है। 'मध्य प्रदेश में जल संरक्षण की परंपरा' पर एक पुस्तक भी प्रकाशित करवाई गई है। हमने हाल में हरियाली अभियान हरियाली अमावस्या से आरंभ किया। मैंने उसे भारतीय पर्यावरण दिवस कहा और उसे 5 जून के अंतरराष्ट्रीय पर्यावरण दिवस के समानांतर रखा। हरियाली अभियान में हम तुलसी कानन और नक्षत्र वाटिका जैसी सामाजिक संकल्पनाओं को जगह दे रहे हैं। हम आवला नवमी, वट सावित्री, तिथियों का उपयोग वृक्ष, रोपण व जनमानस के प्रशिक्षण के लिए करेंगे।

हमारा देश ऋषि-संस्कृति और कृषि संस्कृति का देश है। हमारे यहाँ एग्रीकल्चर एक कल्चर है। वह सिर्फ एग्रोनॉमी नहीं है। हमने रासायनिक उर्वरकों के अंधाधुंध प्रयोग से धरती को नशीली बना दिया है। इसलिए अब हम वैदिक कृषि या महाराष्ट्री 'अहिंसक शेती' कहते हैं, की ओर ध्यान दे रहे हैं। जैविक कृषि में प्रामाणिकता सुनिश्चित करने के लिए हमने मापदंड भी बनाए हैं। जनभागीदारी जनता की श्रद्धा में श्रद्धा करने का नाम है। वह इस विश्वास का नाम है कि राज्य और समाज अजनबी नहीं हैं बल्कि सामाजिक प्रक्रियाओं में ही राज्य को सही-सही लोकेट किया जा सकता है। अंग्रेजों के लिए यह जरूरी था कि वह राज्य और समाज को दूर-दूर रखें क्योंकि वे भारतीय समाज के लिए पराए थे और

अपने इस पराएपन को बनाए रखने के लिए आग्रही भी। आजाद भारत में हमें ऐसी कोई मजबूरी नहीं है। जनभागीदारी की सार्थकता और उपयोगिता तर्क के इसी मुकाम पर सबसे ज्यादा जरूरी हो जाती है।

*(लेखक मध्य प्रदेश के मुख्यमंत्री हैं।)*

> 'धर्मराज्य' में जनाधिकारों को समाप्त नहीं किया जा सकता। जनता का इन मूलभूत अधिकारों के प्रति जागरुक रहना कर्त्तव्य है। बिना इसके धर्मपालन संभव नहीं। 'अधिकार' वह उपादान है जिससे व्यक्ति अपने कर्त्तव्यों का पालन करने में सक्षम होकर अपने स्वतंत्र अस्तित्व की तथा एक बड़ी सत्ता के अंगभूत होने की अनुभूति करता है। कर्त्तव्य और अधिकार उस त्रिकोण की दो भुजाएँ हैं धर्म जिसका आधार है। सैनिक का अधिकार है कि उसे शस्त्र मिले। बिना उसके वह रक्षा के अपने कर्त्तव्यों का पालन नहीं कर सकता। शस्त्र की उपलब्धि और प्रयोग कब और कैसे हो, इसका नियमन धर्म से होता है।
>
> —पं. दीनदयाल उपाध्याय

□

# इसलाम की मूल मान्यताओं पर बहस से संबंध सुधरने के आसार बढ़ेंगे

—बलबीर पुंज

भारत और उसके पड़ोसी देशों के बीच संबंधों का विश्लेषण करने से पूर्व इन देशों की भूतकालीन और वर्तमान भौगोलिक स्थिति के साथ उनकी वर्तमान राजनीतिक प्रकृति का अध्ययन करना होगा। हमारे यहाँ हिंदू धार्मिक संस्कार से पूर्व 'जम्बू द्विपे भारत खंडे…' शब्दों का उच्चारण किया जाता है। इसका अर्थ है कि किसी समय एशिया का अधिकांश भाग सांस्कृतिक भारत था, जिसके बीच में सिंधु नदी बहती थी। उसके पश्चिम में पश्चिम का पश्चिमी छोर उत्तर में उत्तरी सागर और दक्षिण में हिंदू महासागर था। रूस को उस समय श्वेत क्षेत्र कहा जाता था। तत्कालीन चीन बहुत छोटा था। साइबेरिया उस समय उर्वरतम भूमि थी। महाभारत काल तक भारत विश्वगुरु बना रहा। महाभारत युद्ध के बाद भारत की समिाओं का संकुचन प्रारंभ हो गया। आज से करीब 1200 वर्ष पूर्व तक भारत विश्व का सबसे बड़ा देश था। मध्य एशिया और पश्चिम एशिया के बर्बर हूण, तुर्क, शक, कुषाण, मंगोल आदि जातियों ने भारतीय संस्कृति को नष्ट करने का प्रयास किया और अपना प्रभाव स्थापित किया। इन सभी स्थानों पर पाए जानेवाले भारतीय अवशेषों से यह प्रमाणित होता है कि वे कभी विराट् हिंदू संस्कृति के अंग थे।

प्रामाणिक साक्ष्यों से यह स्थापित हो चुका है कि वेदकालीन भारतीयों (आर्यों) का मूल निवास स्थान सप्त सैंधव और उसके आसपास स्थित विशाल भारतीय भूभाग ही रहा है। सप्त सैंधव क्षेत्र अर्थात् सिंपु विपाशा (व्यास), शतुद्री (सतलज), वितस्ता (झेलम), असिक्वी (चेनाब), परुष्णी (रावी), और सरस्वती नदियों की सीमाओं तक विस्तृत क्षेत्र। निष्कर्षत: वेदकालीन अखंड भारत में वस्तुत: वह समस्त क्षेत्र शामिल था, जहाँ आज भारत, पाकिस्तान, अफगानिस्तान, नेपाल, बर्मा, तिब्बत और पूर्वी एशिया के जावा, सुमात्रा, कंबोडिया आदि स्थित हैं।

## मधुर संबंध और टकराव

आज के परिप्रेक्ष्य में यदि अपने पड़ोसियों का अवलोकन करें तो भूटान और बर्मा के साथ जहाँ हमारे भूराजनैतिक संबंथ मधुर हैं, वहीं पाकिस्तान और बांग्लादेश के साथ हमारा भौगोलिक और राजनीतिक टकराव लगातार बढ़ता जा रहा है। यह टकराव इन दोनों देशों की मूल प्रकृति के कारण है, जिससे आज अधिकांश विश्व त्रस्त है।

## बर्मा

बर्मा एक लंबे समय तक इस देश के साथ वैचारिक, सांस्कृतिक तथा प्रशासनिक दृष्टि से जुड़ा रहा है। बर्मा की एकता भारत के साथ बड़ी मौलिक है। डॉ. बाबा साहब अंबेडकर ने लिखा है, ''सांस्कृतिक रूप से भारत और बर्मा एक तो थे ही, प्रशासनिक दृष्टि से भी भारत बर्मा के साथ जुड़ा हुआ था। अराकान और तेन्नासारिम 1826 की येंदालू संधि के द्वारा भारत के साथ जोड़ दिए गए। पेगू तथा मर्तबएन 1852 में जुड़े। प्रशासनिक एकता भारत और बर्मा के मध्य 1826 में संपन्न हो गई। यह एकता 110 वर्षों तक चली। 1937 में बर्मा को भारत से अलग किया गया।...अगर एकता बनाए रखना है तो इसका आधार आपसी भाईचारे का भाव होना चाहिए। वास्तव में हिंदुस्तान और पाकिस्तान की अपेक्षा हिंदुस्तान और बर्मा में अधिक आध्यात्मिक एकता है।'' (राइटिंग ऐंड स्पीचेज, खंड 8, पृ 65-66)

## नेपाल

दुनिया के एकमात्र हिंदू राष्ट्र रहे नेपाल के साथ हमारे पारंपरिक संबंध मधुर रहे। एक ही जीवन पद्धति और दर्शन के कारण भी हमारे बीच आध्यात्मिक संबंध कायम थे। हालाँकि अब नेपाल के माओवादियों के हाथ में चले जाने से समीकरण बदलेंगे। निरीश्वरवादी माओवादियों की मूल संस्कृति हिंदू होते हुए भी वे अपने को हिंदू नहीं मानते। भारत के लिए चिंता की बड़ी बात यह है कि माओवाद हिंसक विचारधारा है, जो सभ्य समाज विरोधी, प्रजातंत्र विरोधी और बहुलतावादी संस्कृति को नष्ट करनेवाली तानाशाह संस्कृति की पक्षधर है।

नेपाल की हाल की समस्या राजशाही बनाम लोकतंत्र की नहीं थी। यह व्यवस्था बनाम अराजकता का मसला था। नेपाल का तीन-चौथाई हिस्सा प्रजातंत्र के कथित रूप से बहाल हो जाने के बावजूद माओवादी हिंसा से ग्रस्त है। भारत की करीब 1860 किलोमीटर सीमा नेपाल के साथ सटी हुई है। उत्तराखंड के 4, उत्तर प्रदेश के 6, बिहार के 7, पश्चिम बंगाल का 1 और सिक्किम के 2 जिले इस सीमा रेखा से जुड़े हुए हैं, जिसके साथ नेपाल के 27 जिले भी संबद्ध हैं। इन सभी सीमावर्ती इलाकों में

माओवादियों की हिंसा सर्वाधिक है। भारत के पीपुल्स वार ग्रुप के साथ संबंध होने के कारण माओवादियों की पहुँच आंधप्रदेश के दंडकारण्य तक हो गई है।

नेपाल में माओवादियों का उत्पात भारत के लिए गंभीर चिंता का विषय है। हाल में एमसीसी और पीडब्लूजी का विलय हुआ है, जिन्होंने खुलेआम माओवादियों का साथ देने का एलान किया है। भारत की आंतरिक सुरक्षा के लिए गंभीर खतरा बन चुके नक्सली-माओवादियों का खात्मा हमारा प्राथमिक लक्ष्य होना चाहिए, किंतु भारत के वर्तमान सत्ता अधिष्ठान में कम्युनिस्टों के वर्चस्व के कारण भारत का रवैया इस दिशा में लचर लगता है।

## चीन

चीन कम्युनिस्ट देश होते हुए भी अपनी मूल संस्कृति से तादात्मय बनाए हुए है, यही उसकी जीवंतता का भी कारण है। 1950 से पूर्व भारत और चीन के बीच राजनीतिक संपर्क सीमित थे। हालाँकि पहली सदी से ही दोनों देशों के बीच घनिष्ठ सांस्कृतिक संबंध बौद्ध मत के कारण कायम थे। सिल्क रूट की राह दोनों देशों के बीच व्यापारिक संबंध युगों पुराने हैं। 1 अक्तूबर, 1949 व को लंबे गृहयुद्ध के बाद 'पीपुल्स रिपब्लिक ऑफ चाइना' अस्तित्व में आया। 1950 के पंचशील संधि और हिंदी चीनी भाई-भाई के नारे के बीच भी हम यदा-कदा चीन के हाथों दगा के शिकार हुए हैं। अक्साई चीन, लद्दाख और तिब्बत के मसले पर हमारी राजनीतिक कमजोरी के कारण चीन के हाथों हमें क्षति पहुँची।

यह सच है कि चीन ने भारत की 90,000 वर्ग किलोमीटर जमीन पर कब्जा कर रखा है। उत्तराखंड के पहाड़ी इलाके बाराहोती में 40 वर्ग किलोमीटर के चारागाहों की जमीन पर चीन ने अरसे से अधिकार कर रखा है। जम्मू-कश्मीर का 2/5 भाग पाकिस्तान के कब्जे में है। उस पाक अधिकृत कश्मीर द्वारा चीन को अवैध रूप से सौंपे गए हिस्से तथा अक्साईचीन इलाके में चीन ने कई सड़क निर्माण योजनाओं को पूरा कर लिया है। ये विवाद आपसी विचार-विमर्श से दूर हो सकते हैं। शीतयुद्ध के बाद ध्रुवीकरण बदलने से भी दोनों देशों के संबंधों में परिवर्तन आया है। अरुणाचल प्रदेश और सिक्किम पर बदला चीन का रवैया शुभ संकेत है। साम्यवादी विचारधारा त्यागकर आर्थिक उदारीकरण और मुक्त अर्थव्यवस्था की ओर अग्रसर चीन भारत के साथ प्रौद्योगिकी विज्ञान और दूरसंचार में नए संबंध कायम कर रहा है। प्राचीन नाथू ला दर्रे का खुलना दोनों देशों के बीच के आर्थिक रिश्तों को निस्संदेह नया आयाम देगा।

## श्रीलंका

भारत-श्रीलंका के बीच चार हजार सालों से भी पुराना सांस्कृतिक संबंध है। श्रीलंका

के सिंहली और तमिल नागरिकों में से अधिकांश के पूर्वज कभी भारत से ही प्रव्रजन कर गए थे। श्रीलंका की कुल आबादी में सिंहलियों का अनुपात 74 प्रतिशत है और वे पूर्वी भारत के आर्यों को अपना पूर्वज मानते हैं। जबकि तमिलों की आबादी 18 प्रतिशत है, जो दक्षिण के द्रविड़ों को अपना पूर्वज मानते हैं। बौद्ध मत से भी दोनों देशों के बीच निकटता संभव हुई। हालाँकि 1960 और 70 के दशक में चीनी अतिक्रमण के दौरान श्रीलंका के तटस्थ रवैये के कारण दोनों देशों के बीच कटुता आई। इसमें 1965 और 1971 के भारत-पाक युद्ध के दौरान पाक हवाई जहाजों को श्रीलंका की जमीन पर उतरने और ईंधन भरने की अनुमति देने के कारण भी कटुता बढ़ी। किंतु सामरिक दृष्टि से भारत को श्रीलंका से कोई संभावित खतरा नहीं लगता। श्रीलंका के आंतरिक मामलों में दखल देना भारत के लिए 1984 में महँगा पड़ा, जब हमें पूर्व प्रधानमंत्री, राजीव गांधी को 'लिट्टे' के आतंकवादी के हाथों खोना पड़ा।

## इसलामी देश

भारत की आज सबसे बड़ी चिंता उसके दो पड़ोसी इसलामी देश हैं। भारत का सामाजिक-राजनीतिक इतिहास हजारों वर्ष पुराना है, जबकि पाकिस्तान 1947 और बांग्लादेश 1971 में अस्तित्व में आए। ये दोनों ही इसलामी देश पचास साल पहले तक उसी भारत के हिस्सा थे, जिसके प्रति आज इन दोनों देशों में सर्वाधिक नफरत है। पूर्वी पाकिस्तान जब तक अस्तित्व में था, कोई भी हिंदू सांप्रदायिक खतरे से भयभीत होकर आसानी से प. बंगाल या त्रिपुरा में शरण ले लेता था। 1972 और 1974 में इंदिरा-मुजीब समझौते के बाद परिस्थितियाँ बदल गईं। बांग्लादेश के संस्थापक मुजीबुर्रहमान ने पंथनिरपेक्ष प्रजातांत्रिक देश का सपना देखा था। हिंदुओं के साथ किसी प्रकार भेदभाव नहीं करने का संकल्प किया गया था, परंतु 15 अगस्त, 1974 को मुजीब की हत्या हो जाने के बाद से बांग्लादेश इसलामी राष्ट्र बन गया। 1988 में आधिकारिक रूप से इसकी घोषणा हो जाने के बाद से हिंदुओं, बौद्धों और ईसाइयों पर उत्पीड़न बढ़ गया। बांग्लादेश आज जिहादियों का गढ़ बन चुका है, जिनके आतंक से हिंदुओं का लगातार पलायन हो रहा है।

डॉ. अंबेडकर ने लिखा है, ''जब ह्वेनसांग भारत आया, तब न केवल पंजाब, बल्कि आज का संपूर्ण अफगानिस्तान भी भारत का ही एक अंग था। पंजाब और अफगानिस्तान की जनता या तो वैदिक धर्म को मानने वाली थी या बौद्ध थी।''(राइटिंग ऐंड स्पीचेज, खंड 8 पृ. 54) इन पचास सालों में ही अपने पूर्वजों की विरासत से इतनी नफरत क्यों? पाकिस्तान का जन्म क्यों हुआ और किन कारणों से देश का रक्तरंजित विभाजन संभव हुआ? भारत का वह भाग, जिसमें सिंध नदी का बड़ा भाग बहता है और जिसके किनारे

किसी समय वेद की ऋचाओं से गूँजते थे, आज खंडित भारत की सबसे बड़ी समस्या बन गया है। क्यों भारत की ही कोख से जन्मा भारत के लिए त्रासदी सिद्ध हो रहा है? इस यक्ष प्रश्न का उत्तर इसलाम में निहित है। इसलाम भी अन्य मत व संप्रदायों की तरह ईश्वर को प्राप्त करने का एक अतिरिक्त मार्ग है। यह मान्यता सत्य तो हो सकती है, परंतु यह पूर्ण सत्य नहीं है। कटु सत्य यह है कि इसलाम व्यक्ति को उसकी जड़ों, परंपरा, इतिहास और पुरखों से न केवल अलग करता है; बल्कि मतांतरित व्यक्ति के अंदर अन्य मतावलंबियों के प्रति और अपने ही पूर्वजों की परंपरा और इतिहास के विरुद्ध शत्रुभाव भी उत्पन्न करता है।

## पाकिस्तान का जन्म

1940 में अलीगढ़ मुसलिम विश्वविद्यालय में भाषण देते हुए पाकिस्तान के संस्थापक मोहम्मद अली जिन्ना ने कहा था, "जिस दिन और जिस क्षण हिंदुस्तान में पहले व्यक्ति ने इसलाम स्वीकार किया, उसी दिन पाकिस्तान का जन्म हुआ।" पाकिस्तान का आधार दो राष्ट्रों का सिद्धांत था। मुसलिम नेता यह सिद्ध करते रहे कि मुसलमान अलग राष्ट्र है। कल की सांप्रदायिक समस्या सुलझी नहीं है, बल्कि उसका स्वरूप बदल गया है। कल तक जो समस्या हिंदू-मुसलिम के आधार पर आंतरिक प्रश्न था, वह आज अंतरराष्ट्रीय मुद्दा बन गया है। कल की समस्या मुसलिम लीग ने एक संस्था के रूप में खड़ी की थी, आज उसका अधूरा काम पाकिस्तान और बांग्लादेश एक राज्य के रूप में कर रहे हैं।

राष्ट्रवाद के विषय में इसलाम के दृष्टिकोण पर लंबे समय से बहस होती रही है। राष्ट्रीयता की दो शर्तें हैं। पहली शर्त है, उसकी सर्वमान्य भौगोलिक और राजनीतिक इकाई। सभी नागरिकों पर एक ही संविधान द्वारा शासन राजनीतिक इकाई की अभिव्यक्ति है। दूसरी शर्त है, एक राष्ट्र के निवासियों में राष्ट्रीय बंधुत्व की भावना। किंतु इसलाम इन अवधारणाओं को नहीं मानता। वह भौगोलिक और राजनीतिक इकाई और राष्ट्रीय बंधुत्व के स्थान पर मजहबी इकाई—शरीअत कानून और मजहबी बंधुत्व को राष्ट्र का मुख्य स्तंभ मानता है। 1914 में एक फ्रांसीसी पत्रिका को दिए साक्षात्कार में खिलाफत के शीर्ष नेता मोहम्मद अली ने इसलाम का यह कटु सत्य कहा था। उन्होंने इसलाम को एक मजहब ही नहीं, बल्कि एक राजनीतिक दर्शन, एक संस्कृति और एक राष्ट्र बताया था। अंतरदेशीय इसलामवाद इसलामी भ्रातृत्ववाद का ही पर्याय है।

जमाते इसलामी के संस्थापक सैयद अबू आला मौदूदी का कहना था, "इसलाम और राष्ट्रीयता दोनों भावना और उद्देश्य के लिहाज से एक-दूसरे के विरोधी हैं। जहाँ राष्ट्रीयता है, वहाँ इसलाम कभी फल-फूल नहीं सकता। जहाँ इसलाम है, वहाँ राष्ट्रीयता

के लिए कोई जगह नहीं है। राष्ट्रीयता की तरक्की के मायने यह है कि इसलाम के फैलने का रास्ता बंद हो जाए और इसलाम के मायने यह है कि राष्ट्रीयता जड़ से उखड़ जाए। जाहिर है कि एक शख्स एक वक्त में इन दोनों में से किसी एक का ही हामी हो सकता है।''

मौलाना मुहम्मद अली के अनुसार एक मुसलमान पहले मुसलमान है और बाद में भारतीय है। (डॉ. अंबेडकर भारत का विभाजन या पाकिस्तान, पृ. 356) इसलामी भ्रातृत्ववाद या अंतरदेशीय इसलामवाद के कारण जब तक राष्ट्रवाद दूसरे दर्जे पर रहेगा, भारत अपने दोनों ही पड़ोसी इसलामी देशों से त्रस्त रहने के लिए मजबूर है।

जब तक इसलाम का यह स्वरूप भारत-पाकिस्तान-बांग्लादेश में नहीं बदलता, तब तक इन देशों के साथ रिश्तों में दूरगामी सुधार कठिन लगता है। इसलाम में सुधार तभी संभव है, जब उसकी मूल मान्यताओं पर बहस हो। यह सभ्य समाज और देश का दुर्भाग्य है कि इसलाम में सुधार की आवाज इसलाम विरोधी और पंथनिरपेक्षता विरोधी मानी जाती है। भारत-बांग्लादेश-पाकिस्तान के संबंध तभी सामान्य हो सकेंगे, जब इसलाम की कुछ मूल मान्यताओं में परिवर्तन हो। यह पहल खुद मुसलिम जगत् को ही करनी होगी।

*(लेखक प्रसिद्ध स्तंभकार हैं।)*

□

# ग्राम विकास को संस्कृतिपरक बनाइए

**—हृदयनारायण दीक्षित**

भारत के गाँव जीवंत प्रेमगीत थे। अपनी बोली, अपनी भाषा, सहज संस्कृति, स्वतः स्फूर्त राग, स्वाभाविक छंद, लय और रस में परस्पर निबद्ध कविता थे। गाँव देश थे, देश गाँव था, शहर परदेश थे, मेरा गाँव मेरा देश था, मेरा देश मेरा गाँव। गाँव एक प्रीतिपूर्ण परिवार थे, एक रसवंत काव्य। प्रेमगीत का अनुवाद असंभव होता है। अनुवाद में आत्मा नहीं होती, प्राण तो होते ही नहीं, स्पंदन भी नहीं होता। जैसे गाँव के किसान फसल की रक्षा के लिए लकड़ी-डंडे पर कुरता-पैजामा या कोट-पैंट पहनाकर एक धोख-चौकीदार बनाते हैं, इसलामी हुकूमत ने फारसी तर्ज पर गाँवों का बलात् तर्जुमा (अनुवाद) करने की कोशिश की। मंदिर की घंटियों, कलशों और ओउम ध्वनि पर हमला हुआ। फिर अंग्रेजों ने गाँव सभ्यता का अंग्रेजी अनुवाद किया। प्रणाम, नमस्कार के सुर बदले, चाची, आंटी हो गई, काका, चाचा, अंकल। अंग्रेजी बोलनेवाला रट्टू तोता काबिल माना गया, हिंदी भाषी जाहिल गँवार। 1947 के बाद 'अपने लोग' शासक बने। इनने गाँव की संस्कृति, प्रकृति, नेह-स्नेह, मेला, मंदिर, सावन कजरी, फागुन फगुवा, चैती, गिद्धा सहित सभी रागात्मक अनुभूतियों पर धावा बोला।

महात्मा गांधी ने 1909 में 'हिंद स्वराज' लिखा। हिंद स्वराज में भविष्य के भारत का चित्र था। गाँव को एक परिपूर्ण इकाई बनाने की प्यास थी। गाँव को सामूहिक प्रार्थना इकाई बनाने की तड़प थी। गाँव के कारीगर, हुनरमंद लोगों के लिए काम की बात थी। सामूहिक व्यायामशाला सामूहिक चिंतन का नक्शा था। गांधी ने 'हिंद स्वराज' के आखिर में अन्य पुस्तकों के साथ हेनरी मेन की किताब 'विलेज कम्युनिटीज' का खास उल्लेख किया है। उन्होंने जून 1864 में नेटाल विधानसभा को एक प्रतिवेदन भेजा। इस प्रतिवेदन में भी उन्होंने हेनरीमैन की किताब का उल्लेख किया 'जब एंग्लो सेक्शन जातियों को प्रतिनिधित्व के सिद्धांतों का ज्ञान हुआ, उसके बहुत पहले से भारतीय राष्ट्र चुनाव के

अधिकारों से परिचित रहा है। उपयुक्त कथन के समर्थन में प्रार्थी आपकी सम्मानीय परिषद् और सभा का ध्यान सर हेनरी मेन की पुस्तक 'विलेज कम्युनिटीज' की ओर आकर्षित करते हैं। उसमें बताया गया है कि भारतीय जातियाँ लगभग स्मरणतीत काल से प्रतिनिधि संस्थाओं के सिद्धांतों से परिचित रही हैं। उस महान् कानून विशारद लेखक ने बताया कि ट्रयूटनिक मार्क पर जब तक शुद्ध शास्त्रीय रोमन स्वरूप की कलम नहीं रोपी गई, तब तक वह (भी) उतना सुसंगठित या तात्विक रूप से उतना प्रतिनिधिक नहीं था जितना कि ग्राम पंचायतें थीं'' (संपूर्ण गांधी वाङ्मय 1/135-136)

जर्मनी के ग्राम समाज 'मार्क' कहे जाते हैं। वे भारत के गाँवों की संगठित प्रतिनिधिक प्रणाली से पीछे थे। यूनान के तो और भी पीछे, यूनानी ग्राम समाजों में दास प्रथा थी, जर्मनी में दास प्रथा नहीं थी, भारत में तो कभी रही ही नहीं। बेशक जब यूनान में जाति प्रथा थी, तब भारत में भी थी। लेकिन भारत के राष्ट्रजीवन में एक समय ऐसा भी था जब न जाति थी, न वर्ण थे, तब भी एक परिपूर्ण व्यवस्थित प्रीतिकर समाज था। मार्क्सवादी चिंतक डॉ. रामबिलास शर्मा ने 'इतिहास दर्शन' (पृष्ठ 22) में बताया, ''हड़प्पा सभ्यता के ह्रासकाल से पहले है यजुर्वेद। यजुर्वेद में जन्मगत वर्णों की प्रतिष्ठा से पहले है ऋग्वेद। ऋग्वेद में आर्य शब्द कई बार आया है। उसका संबंध स्वामित्व और समृद्धि के भाव से है, वह वर्ण सूचक नहीं है। ... ... ऋग्वेद में सामाजिक विकास की एक मंजिल है, अथर्ववेद और यजुर्वेद में उसके बाद की।'' गांधीजी ने भारतीय ग्राम समाजों की परिपूर्णता के लिए ऋग्वैदिक काल का साक्ष्य नहीं दिया। वे यूरोपीय हुकूमत को यूरोपीय विद्वानों के लेखन के जरिए सहमत करना चाहते थे। अंग्रेज उनसे सहमत नहीं हुए, स्वाभाविक था, पर गांधीजी अपने सर्वाधिक प्रिय समर्थक पं. जवाहरलाल नेहरू को भी अपने 'हिंद स्वराज' या हेनरी मैन की 'विलेज कम्युनिटीज' की धारणा पर राजी करने में असफल रहे।

किसी एक पौधे पर दूसरी पौध की कलम रोंपना विकास नहीं होता। मूल से पौध, पौध से वृक्ष, वृक्ष पर हरीतिमा-पत्तियाँ, फिर फूल और फिर परिपूर्ण बीज के निर्माण को विकास कहते हैं। अंतस ऊर्जा का ऊर्ध्वगमन ही विकास है। उधार की विजातीय ऊर्जा से विकास नहीं होता। कृत्रिम अंग विकलांगता नहीं दूर करते हैं। पं. नेहरू और उनकी कांग्रेस ने भारत की सनातन ग्राम संस्कृति के मूलस्रोत की उपेक्षा की। उनके लेख हमारे पूर्वज आर्य बाहर से आए। गांधी यूरोपीय विद्वानों के भारत समर्थक उद्धरणों से प्रेरित करते थे, पं. नेहरू ने यूरोपीय विद्वानों की भारत विरोधी निष्पत्तियों से अपनी सोच समझ बनाई।

भारत के ग्राम/गाँव स्वाभाविक विकास के प्राचीन प्रवाह से उगे। ऋग्वेद में भरे-पूरे गाँव हैं। ऋषि गृत्समद को एक पक्षी शकुनि आकर्षित करता है, ''हे शकुनि, आप

घर की दक्षिण दिशा में भी बैठकर मंगलवचन बोलते हैं, आपको दुष्ट व्यक्ति न मारे, कोई हिंसक पक्षी भी न मारे।" (ऋ. 2.42.2-3) गृत्समद इसके पहले (सूक्त 49) में सरस्वती को माँ ज्ञानदात्री, संतति देनेवाली, द्रोह न करनेवाली बताते हैं। वशिष्ठ द्वारा रचे गए एक सूक्त (7.22) के देवता ही 'वास्तोपति' (गृहपालक) है। ऋषि उनसे अपने घर की बात करते हैं, "जो यहाँ ठहरता, आता-जाता रहता है, उसकी दृष्टि को दिव्य प्रासाद की तरह बनाएँ।" (वही मंत्र 6) फिर स्त्रियों के सोने के स्थान का वर्णन करते हैं, "नारियाँ घर के आँगन में शयन करती हैं। कुछ राह चलते वाहनों पर भी सोती हैं, बिछौने पर सोती हैं।" (वही मंत्र 8) वसिष्ठ वरुणदेव से स्थायी निवास की बात करते हैं, "हे वरुण स्थायी (ध्रुवासु त्वासु) भू-क्षेत्र में रहते हुए आपकी स्तुति करते हैं।" (ऋ 7.88.7) यूरोपीय विद्वान् आर्यों को घुमंतू बेघरबार और चरवाहा बताते हैं, लेकिन ऋग्वेद में घर हैं, गाँव हैं, बड़े घर भी हैं। वे कहते हैं, "हे वरुण, हम विशाल परिमाण वाले, सहस्त्र द्वार वाले बड़े घर में जाएँगे।"(वही : 5)

अथर्ववेद में ऋग्वेद के बाद का इतिहास है। यहाँ घर सुव्यवस्थित है। बाँस का उपयोग है, लोहे का भी है। ऋषि बाँस से मजबूती से खड़े रहने की प्रार्थना करते हैं (अथर्व : 3.92.6) घर परिपूर्ण है, "इस शाला में तरुण बालक, गौए और बछड़े हैं। दूध दही से भरे-पूरे कलश भी हैं।" (वही : 7) आगे अथर्व का 9वाँ कांड (अध्याय 3) खूबसूरत घर निर्माण की कथा बताता है। ऋग्वेद में ग्राम है तो ग्राम का प्रधान ग्रामणी भी है। पुर भी हैं। भरी पूरी सामाजिक व्यवस्था है। देवता भी खेती करते हैं। कृषि, पशुपालन और कारीगरों से समृद्ध समाज है। विवाह संस्था है। राज समाज संचालन के लिए सभा समिति है। राजा भी हैं। वे सभा समिति से प्रायः निर्देशित हैं। एक आदर्श नेहमयी संस्कृति थी। परस्पर नेह-स्नेह वाले सामाजिक राष्ट्रीय लक्ष्य थे। ऋषियों ने राष्ट्र (और सारी दुनिया) निर्माण के अपने विराट् लक्ष्य भी निरूपित किए। ऋषि गाते हैं, "मधु वाता अष्ठतायते मधु क्षरन्ति सिंधवः। माध्वीर्जः संत्वोषधीः।। मधु नक्तमुतोष सो मधुमत्पार्थिवं रजः। मधु द्यौरस्तु नः पिता।। मधुमाननो वस्पतिर्म धुमां अस्तु सूर्यः। माध्यवीर्गावो भवंतु नः।।" (ऋग्वेद मंडल 1 सूक्त 90/6, 7, 8) (वायु और नदियाँ मधुर प्रवाह में हों। औषधियाँ मधुरस युक्त हों। दिव्यलोक पिता की तरह हमारे मधुर पोषक हों। पृथ्वी की रज मधुर हो। रात्रि और ऊषा भी माधुर्य युक्त हों। वनस्पतियाँ मधुर सुखदायक हों। सूर्यदेवता हमें माधुर्य से परिपुष्ट करें। गौएँ मधुरस-दुग्ध दें।")

पं. नेहरू के विकास मॉडल से गाँव संस्कृति को चोट पहुँची। भारत के शहर और गाँव की जीवन रचना में बुनियादी अंतर है। गाँव के जीवन का आधार संस्कृति परस्पर स्नेह और सामूहिकता है। शहरी जीवन का आधार समृद्धि और अकेलापन है। संस्कृति समृद्ध गाँवों को आर्थिक समृद्धि नहीं मिली। समृद्धि युक्त नगर सनातन संस्कृति से

विरत हो गए। गाँव के क्षिति, जल, पावक और गगन समीर घटिया शहरी औद्योगीकरण के चलते लहूलुहान हो गए। जहाँ करील, कुंज थे, आम्रवन थे, महुए का मदन रस था, कोयल की हूक थी, पपीहा की पुकार थी वहाँ गंदे नाले, टेम्पो, ट्रक का धुआँ और जहरीली वायु है।

गाँवों के शहरीकरण को विकास की संज्ञा मिली। तो भी बिजली नहीं, पेयजल नहीं, स्कूल नहीं, स्वास्थ्य सेवाएँ नहीं, लेकिन टी.वी. है। ठंडा का बदल गया मतलब है। निजी मांटेसरी है। झोला छाप डॉक्टर हैं। गाँवों का नगरीकृत विकास भी नहीं हुआ। 1981 की जनगणना में देश में नगरों की संख्या 4016 थी। शहरी जनसंख्या कुल 16 करोड़ थी। इस संख्या में गाँव से रोजी रोजगार की तलाश में भागे प्रवासी मजदूर भी जोड़े गए। 2001 की जनगणना में भी अभावग्रस्त ग्रामीण जनसंख्या 72.2 प्रतिशत आई। शहरी आबादी अभी भी सिर्फ 28.5 करोड़ है।

बेशक गाँवों में जनतंत्र पहुँचा। जनतंत्र के साथ जाति नंगी सच्चाई हो गई। लाठी, गोली और रुपए की बोली से बूथ कब्जे की नई तकनीक पहुँची। कट्टरपंथी मजहबी तत्त्वों ने हिंदू त्योहारों, पर्वों और मेल-मिलन की संस्कृति का गला रेता। ग्राम विकास के नाम पर अरबों-खरबों का बजट उड़ाया गया। विधायक निधि, सांसद निधि ने पंच प्रधान की भूख बढ़ाई। ब्लॉक प्रमुख, जिला पंचायत चुनावों में वोट की नीलामी चली। बोली बढ़ते बढ़ते लाख दो लाख का आँकड़ा पार गई। गाँव लहूलुहान हैं। होली अब एकजुट नहीं करती, रंगों की बौछार नहीं लाती। बिटिया बहुरिया सावन का झूला नहीं झूल पाती, बसंत का सिंदूर फीका है। मदनगंध सपना है। सब तरफ दहशत है, अभाव, रूग्णता और बेचैनी है। विश्व बैंक की ताजा रिपोर्ट ''इंडिया अंडरनरिशूड चिल्ड्रेन : ए काल फार रिफार्मस ऐंड एक्शन' के अनुसार भारत कुपोषित/कम वजन के बच्चों की संख्या में विश्व का प्रथम देश है।'' ये बच्चे गाँव के भोलू-टोलू हैं, शहर के पिंकू-रिंकू नहीं हैं। गाँव समस्याग्रस्त अभावग्रस्त है। भूख तन तोड़ती है, मन पराजित करती है। भूख पहले कभी श्रम बेचती थी, अब तन और मन भी बेचती है। बाल वेश्यावृत्ति है। सोनागाछी जैसे क्षेत्रों में खुलेआम देह व्यापार हैं। नगरीय सभ्यता की वेश्यावृत्ति गाँव में देह-व्यापार तक पहुँच चुकी है। आधुनिक शहरों में उसे 'कॉलगर्ल' की संज्ञा से महिमा मिली।

ग्राम विकास को संस्कृतिपरक बनाना होगा। नैमिषारण्य में कोई 3500 वर्ष पूर्व एक गोष्ठी हुई। नैमिषारण्य के पहले पिप्पलाद के आश्रम में छह ऋषि एक साल तक आपस में बतियाये। इसके पहले स्वेताश्वर ऋषि के आश्रम में कई विचारधाराओं के प्रतिनिधि ऋषि इकट्ठा हुए थे, बहस में से श्वेताश्वतरोपनिषद का जन्म हुआ। नैमिषारण्य में अठासी हजार ऋषि-मुनि वहाँ इकट्ठा हुए। 'एकदा नैमिषारण्ये ऋषयः शौनकादयः।'

शौनक प्रश्न करते थे, सूत उत्तर देते थे। एक विराट् आत्ममंथन हुआ। जीवनव्रती लोग निकले। सभी दिशाओं में गए। इन सबने सांस्कृतिक पुनर्जागरण चलाया। भारत के गाँवों के बीच एक प्रखर सांस्कृतिक पुनर्जागरण की आवश्यकता है। राजनीतिक दल यह काम नहीं कर सकते। ध्येयसेवी सांस्कृतिक संगठन ही इस काम को चला सकते हैं। इस जागरण के जरिए संस्कृति आधारित राष्ट्रभाव को प्रवाहित करने का काम होना चाहिए। पर्यावरण, मूल्य आधारित शिक्षा, स्वराष्ट्र के परमवैभव से जुड़े कर्म तप का प्रशिक्षण संस्कार चाहिए। प्रसिद्ध चिंतक राष्ट्रीय स्वयंसेवक संघ के द्वितीय सरसंघचालक श्री गुरुजी ने लिखा, "हमें यह नहीं भूलना चाहिए कि ग्रामों में रहनेवाला सामान्य जन ही है, जो हमारे राष्ट्र का वास्तविक आधार है। भूतकाल में भी जब कभी हमारे समाज पर विदेशी आक्रमणों की विभीषिका आई तो यह 'असभ्य ग्रामीण', यह 'निरक्षर जनसमुदाय' ही था, जो अनेक कष्टों और बलिदानों को सहन करते हुए स्वदेश एवं स्वधर्म के उद्धार हेतु उठा खड़ा हुआ।"

दूसरे भारतीय कृषि को लाभ कर बनाना चाहिए। कृषि क्षेत्र में पूँजी का प्रवाह बढ़ाकर ही यह काम पूरा नहीं हो सकता। किसान परिवारों को उनके गाँव में ही उच्च शिक्षा, उच्च स्वास्थ्य सेवाएँ रोजमर्रा के जीवन की सारी सुविधाएँ देनी होगी। गाँव तक अबाध बिजली देने का काम पूरा करना होगा। गाँव में कृषि क्षेत्र के सहायक उद्योगों का विकास करना चाहिए। वे कृषि विकास के अनुपूरक हों, विनाशक कतई न हों। प्रशासन और न्याय व्यवस्था को गाँव ले जाना चाहिए।

आज सारी बड़ी चीजें शहर में हैं। बड़ा स्कूल शहर में है, बड़ा अस्पताल शहर में, कप्तान, कलक्टर शहर में, सरकार शहर में, अखबार शहर में। गाँव उत्पादनकर्ता होने के बावजूद बगैर शहर गए काम नहीं चला पाते। प्रशासन और न्याय का विकेंद्रीकरण करना चाहिए। ग्राम विकास के धन को लूटनेवाले राजनीतिज्ञों की दौलत की जाँच के लिए स्वचालित प्रक्रिया बनानी होगी। प्रत्येक पदधारक राजनीतिज्ञ की संपत्ति जाँच अपने आप बिना शिकायत ही होते रहने का अभिकरण चाहिए। अंतिम बात। भारत को अमेरिका या चीन के मॉडल की नकल से बचना होगा। चीनी मॉडल व्यक्ति की गरिमा नहीं मानता। अमेरिकी मॉडल बाजारवादी है। भारत के सुदूर अतीत में वर्णहीन, जातिविहीन, समता, ममता से युक्त सत्य अभीप्सु तार्किक और विवेकी समाज था, उसमें जो कुछ रूढ़ि है, उसे घटाकर अतीत के स्वाभिमान को सँजोते हुए एक सामर्थ्यवान सशक्त भारत बनाना होगा। गाँव इसकी इकाई है। भारत माता ग्रामवासिनी हैं।

*(लेखक प्रसिद्ध स्तंभकार हैं।)*

□

# अल्पसंख्यकवाद से किस प्रकार निपटा जाए?

**–मुजफ्फर हुसैन**

अल्पसंख्यकवाद वैश्विक प्रश्न होने के बावजूद राष्ट्र संघ जैसी संस्था भी इसे हल करने के उपाय नहीं बतला सकी है। केवल आयोग नियुक्त कर देने से यह मामला नहीं निपट सकता है। चाहे आज यह समस्या अंतरराष्ट्रीय दिखलाई पड़ती है, लेकिन इसका स्वरूप हर देश में अलग-अलग है। विश्व के प्राय: हर देश ने अपने संविधान, संस्कृति और मानव अधिकार के तहत इस मामले पर विचार किया है और अपनी क्षमतानुसार इसका समाधान खोजने का प्रयास किया है। दुनिया में ऐसे असंख्य उदाहरण हैं, जब किसी देश की सरकार ने अल्पसंख्यकों के तुष्टीकरण का प्रयास किया, तब अल्पसंख्यक वर्ग ने इसे सरकार की कमजोरी समझकर उसे ब्लैकमेल करने की कोशिश की। ऐसे उदाहरणों की भी कमी नहीं है, जब अल्पसंख्यकों की एकजुटता को समाप्त करने और उनके प्रभाव पर अंकुश लगाने के लिए किसी देश की सरकार ने कड़े कानून बनाए, तब विश्व जनमत भी उस देश के विरुद्ध हो गया और अल्पसंख्यकों की सुरक्षा के लिए मानवता की दुहाई दी जाने लगी। यानी यह समस्या न तो नरमी से हल हो सकती है और न ही गरमी से। इसके लिए यह आवश्यक है कि बीच का मार्ग निर्धारित किया जाए।

दुनिया के मानचित्र पर जब नजर दौड़ाते हैं तो पता चलता है कि इस समस्या से छुटकारा पाने के लिए लोगों ने तीन प्रकार के उपाय किए हैं। पहले वे देश हैं, जो अपने यहाँ देश से अधिक महत्त्व धर्म को देते हैं। उनके कायदे-कानून और उनकी शासन व्यवस्था में धर्म का बोलबाला है। इसलिए जो धर्म कहता है, उसके अनुसार वे अपने यहाँ बसे अल्पसंख्यकों के प्रश्न का हल ढूँढ़ते हैं। इसलामी देशों में इसलामी शरियत सर्वोपरि है, इसलिए शरीयत गैर-मुसलिमों को कोई भी अधिकार नहीं देती है। कोई भी गैर-मुसलिम अपने यहाँ न तो इन अल्पसंख्यकों को राजनीतिक अधिकार देते हैं

और न ही धार्मिक अधिकार। अरब भूखंड में अरब लीग के 18 है जहाँ लाखों ईसाई और हिंदू रहते हैं, लेकिन इन लोगों को न तो नागरिकता दी जाती है और न ही किसी प्रकार के राजनीतिक अधिकार। उन्हें अपने धर्म के मामले में भी कोई छूट नहीं है। वे वहाँ रहनेवाले हिंदू को न तो राखी का त्योहार मनाने देंगे और न ही दीपावली और गणेश चतुर्थी। इसी प्रकार ईसाई सार्वजनिक तौर पर न तो क्रिसमस मनाएँगे और न ही नववर्ष की धूमधाम कर सकेंगे। इन अल्पसंख्यकों को धार्मिक त्योहारों पर अवकाश देने का तो सवाल ही पैदा नहीं होता। वे न तो मंदिर बना सकते हैं और न ही चर्च। हिंदुओं के अंतिम संस्कार के लिए कोई श्मशान की व्यवस्था नहीं है। गैर-मुसलिम उनके यहाँ केवल काम करनेवाला वर्ग है, इसलिए उसके प्रति किसी तरह की छूट के वे अधिकारी नहीं हैं। इसलामी देश केवल-और-केवल इसलाम के आदेशानुसार अपना शासन चलाते हैं, इसलिए वे अल्पसंख्यकों को न तो आनुवंशिक आधार पर और न ही धर्म तथा भाषा के आधार पर कोई अलग वर्ग मानकर उन्हें सुरक्षा प्रदान करते हैं। इसलामी कायदे-कानून के रखवाले अपने यहाँ किसी मानव अधिकारवाले को फटकने भी नहीं देते। आज तक वहाँ न जाने क्रूरता के कितने मामले बने हैं, लेकिन किसी एक की भी जाँच-पड़ताल नहीं हुई है। चूँकि वे आधुनिक दुनिया में होनेवाले परिवर्तन के अंतर्गत अपने व्यवहार को नापते-तौलते नहीं हैं, इसलिए उनके शब्दकोश में 'समधर्म समभाव', 'सहिष्णुता' और मानवता जैसे शब्द नहीं मिलते हैं।

ऐसा भी नहीं है कि इसलामी शरीयत ने गैर-मुसलिमों के लिए कोई बात नहीं कही हो। स्वयं पैगंबर हजरत मोहम्मद के समय में मक्का और मदीना में रहनेवाले यहूदियों के लिए अनेक आदेश पढ़ने को मिलते हैं। मुसलिम शासक गैर-मुसलिमों के धर्मों के प्रति उदार बने और उनके राज में उन्हें पूर्ण सुरक्षा मिली, इसकी चर्चा अनेक हदीसों में पढ़ने को मिलती है। लेकिन गैर-मुसलिमों को इसलामी राज में राजनीतिक और धार्मिक अधिकार नहीं दिए जा सकते, यह बात भी अपनी जगह अटल है। युद्ध जीत लेने के बाद उस देश की गैर-मुसलिम जनता के साथ किस प्रकार का व्यवहार किया जाए, महिलाओं और बच्चों के साथ किस प्रकार मानवता बरती जाए और लूट के माल में किस प्रकार मानवीय संवेदना का ध्यान रखा जाए, यह सबकुछ जीतनेवाले शासक के विवेक पर निर्भर रहता है। हिंदुओं पर जजिया (कर) लगाना मुसलिम शासकों के लिए एक सामान्य बात थी।

अरब भूखंड के देश, जहाँ अपने धर्म को सर्वोपरिता देते हैं, वहीं अपनी संस्कृति को भी सम्मान देते हैं। लेबनान से निकाले गए ईसाइयों के प्रति अरब शासक और अरबी जनता का मन उदार था, क्योंकि वे उनके जैसे कपड़े पहनते थे और उनकी जैसी बोली बोलते थे। जहाँ कहीं कबाइली लोग हैं, वे आज भी अपने धर्म से अपने कबीलों

की परंपरा और मान्यताओं को अधिक स्थान देते हैं। इसलिए धार्मिक रूप से कबाइली अल्पसंख्यक अलग धर्म से संबंधित होने के बावजूद बहुसंख्यक धर्म के कबाइलियों से संघर्ष में नहीं उतरते। इन दोनों के जोड़ने का काम संस्कृति करती है। पाकिस्तान के बलूचिस्तान में 25 हजार हिंदू हैं, लेकिन चूँकि वे किसी-न-किसी कबीले से जुड़े हैं, इसलिए मुसलिम बहुसंख्यकवाले इस प्रदेश में उनकी स्थिति पंजाबी और सिंधी हिंदुओं से बेहतर है। एक तो उनको पहचाना नहीं जा सकता और दूसरी बात यह कि सांस्कृतिक प्रवाह में घुले-मिले होने के कारण दोनों वर्गों में दूरी नहीं दिखलाई पड़ती। संस्कृति धर्म से महान् और विशाल है, इसलिए धार्मिक कट्टरता को भी संस्कृति के सामने शीश नवाना पड़ता है। दूसरी श्रेणी पाश्चात्य देशों की है, जहाँ धर्म तो है, लेकिन उन्होंने अपने देश को धर्म से ऊँचा और ऊपर रखा है। आधुनिकता में साँस लेने के लिए वे किसी भी अवरोध को अपने यहाँ जन्म नहीं देना चाहते हैं। इसलिए अपने लिखित अथवा अलिखित संविधान के माध्यम से वे एक ही नागरिकता और एक ही कानून में विश्वास रखते हैं। अमेरिका, इंग्लैंड और फ्रांस जैसे देश ईसाई बहुमत के होने के उपरांत भी वहाँ दुनिया के सभी धर्मों के माननेवाले हैं। इसलिए अपने धर्म को परे रखकर अपने राष्ट्रहित उन्होंने कानून और नियम बनाए हैं। इन देशों में किसी भी धर्म के कानूनों को मान्यता नहीं दी जाती। न तो वहाँ मुसलिम पर्सनल लॉ है और न ही यहूदी व पारसियों के कानून। अमेरिका में अमेरिकन कानून ही सब पर लागू होता है। वहाँ धर्म की स्वतंत्रता है, लेकिन यह स्वतंत्रता केवल उपासना-पद्धति और कर्मकांड तथा त्योहारों के प्रति है। कोई भी धर्मावलंबी अपनी धार्मिक पद्धति के अनुसार निकाह कर सकता है, मंदिर में जाकर विवाह कर सकता है, लेकिन निकाह को रजिस्टर्ड कराना उसके लिए आवश्यक है। विवाह के समय यदि नागरिकता और राष्ट्रीयता का सवाल खड़ा होता है तो उसे अमेरिकन कानून के तहत ही निपटाना होगा। यदि तलाक कोर्ट के द्वारा होता है तो भरण-पोषण के कानून अमेरिकन नियम के अनुसार ही तय होंगे। वहाँ धार्मिक रूप से संपत्ति का बँटवारा नहीं हो सकता। कहने का अर्थ यह कि चाहे कोई अल्पसंख्यक हो या बहुसंख्यक, वह केवल अमेरिकन कानून के तहत ही व्यवहार का पात्र होगा।

अमेरिका में 18 प्रतिशत नीग्रो होने के बावजूद उन्हें अल्पसंख्यक श्रेणी में मान्य नहीं किया गया है। इसी प्रकार सारी दुनिया से गए वहाँ हजारों लोग हैं। उनमें भारत से लेकर चीन और पाकिस्तान से लेकर लातीनी देशों के हजारों लोग हैं। इनमें कोई हिंदू है तो कोई मुसलमान, कोई बौद्ध है तो कोई अन्य धर्म का। लेकिन इसके बावजूद हम देखते हैं कि वहाँ न तो किसी अन्य देश के कायदे-कानूनों को लागू किया जाता है और न ही किसी धार्मिक कानून के लागू करने की गुंजाइश है। अमेरिका में केवल

सभी अमेरिकन हैं। इसलिए वहाँ न तो कोई अल्पसंख्यक है और न कोई बहुसंख्यक। नीग्रो ने किंग मार्टिन लूथर के नेतृत्व में यह समस्या उठाई थी, लेकिन हम देखते हैं कि अमेरिका सरकार ने बड़ी दूरदर्शिता के साथ अमेरिकन कानून के तहत इस समस्या का समाधान कर लिया। सभी को रोजगार और नागरिकता के समान अधिकार होंगे तो वहाँ फिर संघर्ष होने का सवाल ही पैदा नहीं होता। इतने बड़े देश ने केवल समान कानून और समान सुविधाओं के तहत इस मामले को हल कर लिया।

ब्रिटेन और फ्रांस ने भी इस समस्या का समाधान समान नागरिक कानून के तहत ही किया। हम देखते हैं कि इन देशों में जब भी आवाज उठती है, वह मुसलिम अल्पसंख्यकों के द्वारा ही उठाई जाती है। मुसलिम इन देशों में सह-शिक्षा का विरोध तो नहीं कर सकते, क्योंकि उन्हें अपने धर्म के अनुसार शालाएँ चलाने का अधिकार नहीं है। लेकिन स्कूल में लड़कियों के गणवेश को लेकर वहाँ यह समस्या उठती रहती है। कट्टरवादी मुसलिम परिवारों का यह आग्रह है कि उनकी लड़कियाँ शाला में खुले सिर नहीं जाएँगी। उनके सिर पर स्कार्फ बँधा हुआ रहना चाहिए। अनुशासन के प्रति समर्पित शालाओं के संचालक तो इसकी आज्ञा नहीं देते, लेकिन कुछ उदारवादी संस्थाएँ इसे स्वीकार कर लेती हैं। सिख समाज के साथ भी यही कठिनाई थी। ब्रिटेन, कनाडा और अन्य पश्चिमी राष्ट्रों ने उनकी यह माँग स्वीकार कर ली है। वे उनकी परंपरा के अनुसार केश, कटार और कड़ा पहनने की आज्ञा दे देते हैं। कटार इतनी छोटी होती है कि उसके प्रति किसी को आपत्ति नहीं होती। धर्म की पहचान के नाम पर वहाँ की सरकारें यह बर्दाश्त कर लेती हैं, लेकिन अपने कानून और राजनीतिक अधिकारों के रूप में इन बातों को मान्य नहीं करतीं। कहने का अर्थ यह है कि पश्चिमी राष्ट्र अपने संविधान और कानून के तहत अल्पसंख्यक और बहुसंख्यक का भेद नहीं करते। उन्हें कोई विशेष रूप से धार्मिक और राजनीतिक अधिकार नहीं दिए जाते। समान कानून का राज होने के कारण वहाँ अल्पसंख्यकों ने अपने अस्तित्व के नाम पर बहुत सिर नहीं उठाया है। जब भी उठाया है तो उसे सरकार ने अपने समान कानून के तहत ही इसे निपटाया है।

साम्यवादी देशों ने तो इस सिद्धांत को ही मान्य नहीं किया है। अल्पसंख्यक और बहुसंख्यक का भेद मिटाने के लिए उन्होंने जनसंख्या के स्थानांतरण से भी परहेज नहीं किया है। स्टालिन, खुश्चेव और ब्रजन्नेव ने तो रूस में मुसलिम बहुल जनतावाले भागों की जनसंख्या के साइबेरिया तथा अपने अन्य प्रदेशों में बड़े पैमाने पर स्थानांतरित कर दिया। आज चीन तिब्बत की आबादी को इसी प्रकार दूसरे स्थान पर ले जाकर बसा रहा है। लेकिन देखा यह गया है कि उक्त अनुभव सुखद और सफल नहीं रहा है। एक धर्म के माननेवालों की जनसंख्या यदि एक स्थान पर रहेगी तो वे अपनी

अलगाववादी वृत्ति के कारण नया देश बनाने के लिए आवाज बुलंद करने लगेंगे। इसलिए साम्यवादी शासकों ने यह नियम बनाया कि समान धर्मियों को एक स्थान पर नहीं रखा जाना चाहिए। जनसंख्या के स्थानांतरण से लोगों में क्षोभ और आक्रोश बढ़ने लगा, जिसका नतीजा यह हुआ कि सोवियत रूस में छह इसलामी रियासतों ने साम्यवादी सरकार को कभी सहयोग नहीं दिया, जिसका नतीजा यह हुआ कि रूस का विघटन हो गया। सन् 1922 में लेनिन ने जिस सिद्धांत के आधार पर विशाल सोवियत यूनियन की बुनियाद डाली और द्वितीय महायुद्ध के बाद उसका सपना भी साकार होने लगा, लेकिन साम्यवादी दार्शनिकों और चिंतकों को यह पता नहीं था कि उनकी यह तिलिस्मी दुनिया बीसवीं शताब्दी समाप्त होने से पहले ही समाप्त हो जाएगी। उज्बेकिस्तान, आरमिनिस्तान, किरगिस्तान, तुर्कमेनिस्तान और तजाकिस्तान जैसी कुल मिलाकर छह रियासतें अपनी पूर्व स्थिति में पहुँच जाएँगी। आज उसी रास्ते पर चेचन्या चल रहा है। यानी साम्यवाद का फौलादी शस्त्र अल्पसंख्यकों को बहुसंख्यक के प्रवाह में शामिल नहीं कर सका। संस्कृति के स्थानीय आधार और इसलाम को अपनी पहचान बनाकर ये सारे प्रदेश बगावत करते रहे। इस प्रकार यदि सोवियत रूस विभाजित हुआ है तो वह अल्पसंख्यकों की ताकत के आधार पर ही हुआ है। पाकिस्तान निर्माण के बाद अल्पसंख्यकों की यह दूसरी विजय है, जिन्होंने धर्म को राष्ट्र से महान् माना। यहाँ एक बात और देखने को मिलती है कि इन राष्ट्रों में इसलाम कोई कट्टरवादी रूप में नहीं है। धर्म के स्थान पर वे अपनी संस्कृति, वंश और कबीलों को अधिक महत्त्व देते हैं।

सवाल यह है कि क्या रूस की तरह चीन भी विफल होगा (चीन के झियांग प्रांत में मुसलिम बहुसंख्यक के रूप में हैं। समय-समय पर वहाँ यह आंदोलन उठता रहता है। फिलहाल तो चीन के फौलादी शासक इसे जोर-जबरदस्ती और अपनी क्रूरता से दबा देने में सफल हो जाते हैं। तिब्बत के बहुसंख्यकों को वे उनकी मूल धरती से हटाने का आंदोलन चला रहे हैं। तिब्बत में हान जाति के लोगों को बसाया जा रहा है, लेकिन फिर भी यह कह पाना कठिन है कि चीन की यह नीति बहुत अधिक दिनों तक सफल होगी। कहने का तात्पर्य यह कि साम्यवाद ने भी अल्पसंख्यकवाद के सामने घुटने टेक दिए हैं। भारत के राज्य पश्चिम बंगाल में जहाँ पिछले कई वर्षों से मार्क्सवादी साम्यवादियों की हुकूमत है, उन्हें भी पिछले दिनों यह अनुभव हुआ है कि पश्चिम बंगाल में बढ़ते मदरसों की संख्या और उनकी गतिविधि राज्य सरकार के लिए चिंता की बात है। भारत में जो साम्यवादी पक्ष मुसलिमों की हर जायज और नाजायज माँग पर अपनी मोहर लगा देते हैं, उन्हें भी अपने प्रदेश में इन क्रियाकलापों के लिए विचार करना पड़ रहा है। कुल मिलाकर साम्यवादी रणनीति अल्पसंख्यक-समस्या को हल करने में बुरी तरह से असफल रही है। आजादी के पश्चात् भारत सरकार ने

जिस प्रकार की नीति अल्पसंख्यक समुदाय के लिए अपनाई है, उसके संबंध में तो हम बहुत गहराई से पिछले पृष्ठों में अध्ययन कर चुके हैं। लेकिन देखने में यह आया कि इससे अल्पसंख्यकवाद तेजी से बढ़ा है, जिसके गंभीर परिणाम हम अलग-अलग क्षेत्रों में देख चुके हैं। अल्पसंख्यक और बहुसंख्यक के बीच की खाई को पाटने के लिए आजादी से पहले भारत में सूफी-संतों का आंदोलन चला। भक्तिकाल के कवियों और दार्शनिकों ने ईश्वर के आगे सभी को समान बतलाकर आध्यात्मिक ढंग से इस समस्या के समाधान की कोशिश की। बहुत हद तक वे इसमें सफल भी हुए। लेकिन देश के स्वतंत्रता आंदोलन में जब दो राष्ट्रों के सिद्धांत की वकालत मुसलिम समुदाय के कुछ अग्रणी नेताओं ने की, तब इस प्रयास पर पानी फिर गया। कट्टरता और जुनून की लपटें आकाश तक पहुँचने लगीं, जिनमें भारत की आध्यात्मिक एकता जलकर भस्म हो गई।

यह सूफीवाद का ही परिणाम था कि बाहर से आनेवाले आक्रांताओं ने भारतीय संस्कृति को अपना लिया। भारत में जिनका धर्मांतरण हुआ वे तो भारतीयता के प्रवाह में पहले से ही थे। इसलिए हम देखते हैं कि भारत में मुसलिम त्योहारों पर हिंदुस्तानी संस्कृति का जबरदस्त प्रभाव है। शिवरात्रि और शबे-बरात मनाने का ढंग एक जैसा लगता है। शिव मरघट के देवता हैं इसलिए धर्मांतरण के पश्चात् भी भारतीय उपखंड के मुसलमान ने शबे-बरात के दिन कब्रिस्तान में जाकर अपने पूर्वजों को श्रद्धांजलि अर्पित करने की रस्म जारी रखी। उत्तरी भारत में शिवरात्रि गरमी का पहला दिन होता है, इसलिए उस दिन पानी का मटका बदला जाता है, चौका लीपा जाता है और नए गेहूँ की फसल आ जाने से उसका मीठा पकवान (हलवा) बनाया जाता है। शिवरात्रि के दिन महिलाएँ उपवास रखती हैं। गुजरात और उत्तर भारत के मुसलिम समाज में शबे-बरात मनाने का लगभग यही ढंग है। रमजान की ईद, जिसे ईदुलफितर कहा जाता है, उस दिन 'क्षीर खुरमा' बनाने का रिवाज है। अपनी धरती के गेहूँ की सेवई, अपने पशु का दूध, उसके साथ अरब की मुख्य पैदावार खजूर का समावेश करके वह इस पेय को तैयार करता है। यदि इसमें पूर्ण रूप से अरबी प्रभाव होता तो उस दिन मांसाहार का अधिक उपयोग होता। लेकिन भारत की जलवायु और यहाँ रहनेवाले गैर-मुसलिमों को अपने त्योहारों में बराबर का शरीक करने के लिए उसने ऐसा पकवान तैयार किया, जिसको सभी अपना सकें। मुसलिमों के निकलनेवाले जुलूस, दरगाहों का वातावरण आदि सभी में पूर्णतः भारतीयता है। बोली और वेशभूषा एक जैसी होने के कारण यह पता ही नहीं लगता कि इसमें बहुसंख्यक कौन है और अल्पसंख्यक कौन? भारतीय संगीत और चित्रकला को जिस प्रकार मुसलिमों ने आत्मसात् किया, उसे देखकर यही कहा जा सकता है कि यहाँ दोनों वर्गों में कोई दूरी अथवा मतभेद नहीं है। भारतीय ईसाई तो अब राष्ट्रीय चर्च की माँग करने लगे हैं, इसलिए वहाँ भी

यह अलगाव सांस्कृतिक आधार पर कम होते जाना स्वाभाविक है। सांस्कृतिक एकता, जो कल तक इस अल्पसंख्यकवाद की रामबाण औषधि थी, वह आज भी उतनी ही प्रभावी हो सकती है, लेकिन ज्यों ही इसलामी पुरातनवाद की हवाएँ चलीं तो सबकुछ बदल गया और यह समस्या इतनी तीव्र हुई कि उससे सारा देश जूझने लगा। इसलिए देश के दार्शनिक और बुद्धिजीवी आज भी इस मिश्रित संस्कृति को ही इसका सबसे बड़ा इलाज मानते हैं। इसी उद्देश्य की पूर्ति के लिए महान् सूफियों ने हिंदी बोली को अरबी लिपि में लिखकर उर्दू को जन्म दिया। जिस एकता के लिए यह भाषा जन्मी थी, दुर्भाग्य से वही भाषा पाकिस्तान का आंदोलन चलाने में सबसे अग्रणी रही। इसलिए इस देश की धरती में जनमी यह भाषा यहाँ पराई सी लगने लगी। धार्मिक उन्माद की आँधी और आतंकवाद के झंझावत ने इस महान् विरासत पर हमेशा के लिए प्रश्नवाचक चिह्न लगा दिया।

वर्तमान में भारत सरकार क्या करे? जब यह सवाल पूछा जाता है तब एक ही बात कही जा सकती है कि, भारत में केवल समान नागरिक कानून को लागू करके इस समस्या को हल किया जा सकता है। भारत के संविधान में दिए गए मौलिक अधिकारों में धर्म की स्वतंत्रता का अधिकार है। इसके अतिरिक्त अनुच्छेद 26 और 30 में अल्पसंख्यकों के अधिकारों की विस्तार से चर्चा है। संविधान में पर्सनल लॉ की व्यवस्था की गई है। भारत में पिछले पचास सालों से यह सबकुछ अल्पसंख्यकों को दिया जाता है, लेकिन इसके बावजूद अल्पसंख्यक संतुष्ट नहीं होते। कभी वे आरक्षण चाहते हैं और कभी मानव अधिकार आयोग के नाम पर इतनी अधिक छूट-छाट कि देश का बहुसंख्यक वर्ग उनके सामने गौण बन जाए। राज्य और केंद्र सरकार ने सबकुछ देकर देख लिया है, फिर भी अल्पसंख्यकों की माँगों का प्रवाह नहीं थमता है। संविधान बनानेवालों को इस बात का भलीभाँति अनुमान था, इसलिए राजनीति के निर्देशक सिद्धांतों में अनुच्छेद 44 के तहत इस बात की व्यवस्था की गई थी कि एक विशेष अवधि के पश्चात् देश में समान नागरिक कानून की व्यवस्था की जानी चाहिए। सभी धर्म और सभी जाति एवं भाषा के लोग भारतीय नागरिक हैं, इसलिए उनमें समानता और एकता पैदा करने के लिए संपूर्ण देश में एक ही कानून का होना अनिवार्य है। समय-समय पर सुप्रीम कोर्ट ने अपने फैसलों में भी इस बात पर जोर दिया और संसद् से यहाँ तक पूछा कि इस दिशा में अब तक सरकार ने क्या किया है, इसकी जानकारी उच्चतम न्यायालय को दी जाए। लेकिन देवगौड़ा सरकार ने न्यायालय के इस आदेश को ठुकरा दिया और यह कहा कि संसद् से उच्चतम न्यायालय को पूछने का कोई अधिकार नहीं है। सन् 1986 के शाहबानो मामले के बाद सारे देश में इसकी चर्चा शुरू हो गई। भारतीय जनता पार्टी ने इसे अपने घोषणा-पत्र में मुद्दा

बनाया। लेकिन एनडीए की सरकार ने इसे अपने कार्यक्रम में शामिल नहीं किया। यह बात लोग बड़ी तीव्रता से महसूस करते हैं कि पर्सनल लॉ संविधान से ऊपर नहीं हो सकता। अनेक प्रांतों के उच्च न्यायालय की खंडपीठ और पूर्ण पीठ में भी यह मामला उठाया जा चुका है। मुंबई उच्च न्यायालय के सम्मुख न्यायमूर्ति धानुका ने लड़के और लड़की के बीच संपत्ति के विभाजन के मामले में यह प्रश्न उठाया था। अब भी इसी प्रकार के अनेक मामले सुप्रीम कोर्ट के विचाराधीन हैं। लेकिन सरकार की नीति स्पष्ट नहीं होने के कारण अब तक इस बारे में कुछ भी नहीं किया जा सका है। इसलिए देश के सभी नागरिकों पर समान कानून लागू करके ही अल्पसंख्यकवाद की धार को भोथरा किया जा सकता है।

संविधान में दी गई मध्यवर्ती सूची के तहत कोई भी राज्य चाहे तो अपनी कानूनी मर्यादा के अनुसार अपनी सीमा में समान नागरिक कानून लागू कर सकता है। लेकिन इससे कोई समस्या का हल नहीं निकलेगा। उदाहरण के लिए, यदि कोई राज्य धर्मांतरण-विरोधी बिल पास करता है और अपनी सीमा में उसे लागू करता है तो उसे अप्रभावी बना देना बहुत सरल है। तमिलनाडु ने धर्मांतरण विरोधी बिल पास कर लिया, तब भी यदि किसी को धर्म-परिवर्तन करना है तो वह पड़ोसी राज्य में जाकर कर सकता है और फिर अपने राज्य में लौट सकता है। एक ओर तो ईसाई मिशनरी धड़ल्ले से धर्मांरण कराते हैं और दूसरी ओर आँकड़ों में यह दरशाते हैं कि ईसाइयों की संख्या का प्रतिशत घट रहा है। ये दोनों तथ्य अपने आप में विरोधाभासी हैं। इसका सीधा अर्थ यह होता है कि मिशनरियों के विरुद्ध शोर न मचे, इसलिए ईसाई संख्या को जानबूझकर छिपाया जा रहा है। अल्पसंख्यक की परिभाषा देते समय भी हर धर्म के लोगों के लिए उसका प्रतिशत पिछली जनगणना के आँकड़ों को ध्यान में रखकर ही करना होगा। उदाहरण के लिए, यदि यह तय हो जाता है कि 10 प्रतिशत जनसंख्या वाले को अल्पसंख्यक कहा जाएगा, तब यदि आज भारत में 3.5 प्रतिशत ईसाई हैं तो वे यह दावा कर सकते हैं कि अभी हमारी जनसंख्या में 7 प्रतिशत की वृद्धि का अधिकार हमें संविधान देता है। इसलिए किसी भी प्रकार के मार्ग अपनाकर हम अपनी जनसंख्या बढ़ा सकते हैं। पारसी और यहूदियों के लिए न तो देश में परिवार नियोजन लागू होता है और न ही उनकी वर्तमान जनसंख्या के आधार पर कोई प्रतिशत तय हो सकता है। इसलिए अल्पसंख्यक की परिभाषा तय करते समय उस वर्ग की वर्तमान स्थिति को ध्यान में रखकर ही निर्णय लेना होगा। यह कार्य बड़ा विकट है, लेकिन सरकार को तो एक न एक दिन यह करना ही होगा।

जब तक दुनिया रहेगी, अल्पसंख्यक तो किसी-न-किसी रूप में रहेंगे ही। यह एक नैसर्गिक प्रक्रिया है, इसलिए अल्पसंख्यकों के अस्तित्व को नकारा नहीं जा सकता।

अल्पसंख्यक शब्द में कोई बुराई नहीं है, लेकिन जब मुठ्ठी भर लोगों की अपने स्वार्थ और अपनी सुविधाओं के तहत उठनेवाली माँगें यदि एक दर्शन तथा विचारधारा में बदल जाती हैं और जिस कारण उस देश का बहुसंख्यक दु:खी हो जाता है, तब यह मामला अत्यंत संगीन हो जाता है। अल्पसंख्यकवाद मानव सभ्यता के लिए धोखा है, इसलिए हर जागरूक समाज और देश का इसके प्रति सतर्क और सावधान रहना स्वाभाविक है।

*(लेखक पद्मश्री से पुरस्कृत व प्रसिद्ध स्तंभकार हैं।)*

□

# राजनीति में अध्यात्म का महत्त्व

–सुधांशु त्रिवेदी

राजनीति और अध्यात्म दो ऐसे परस्पर विरोधाभासी शब्द प्रतीत होते हैं, जिनकी एक साथ चर्चा करना एक दुस्साहस सा प्रतीत होता है। आज समाज में व्याप्त धारणा के अनुसार अध्यात्म और राजनीति में कोई भी समन्वय संभव नहीं प्रतीत होता है। यदि अपने मूल स्वरूप में देखें तो राजनीति एक व्यापक सामाजिक परिवेश का विषय है और अध्यात्म मानवीय चेतना के व्यापक विस्तार का विषय है। चाहे भारतीय विचारक रहे हों या पश्चिमी विचारक राजनीति की जो अवधारणा उन्होंने प्रस्तुत की है, वह किस प्रकार अध्यात्म से संबंधित हो सकती है, उस पर हमको विचार करना चाहिए।

350 ईसा पूर्व अरस्तु ने अपने प्रसिद्ध ग्रंथ 'पॉलिटिक्स' में सर्वप्रथम राजनीति के सिद्धांतों का स्वरूप प्रस्तुत किया। परंतु रोचक तथ्य यह है कि जिस ग्रंथ के दूसरे भाग के रूप में 'पॉलिटिक्स' की रचना अरस्तु ने की, उसका प्रथम भाग था 'इथिक्स' (नैतिक मूल्य)। यानी यदि अरस्तु की दृष्टि से देखें तो नैतिक मूल्य या इथिक्स पहला चरण है। राजनीति या 'पॉलिटिक्स' उस प्रक्रिया का दूसरा चरण है। हम सभी जानते हैं कि यही नैतिक मूल्य अथवा इथिक्स ही आध्यात्मिक उन्नति का भी प्रथम चरण है।

भारतीय अवधारणा में तो राजनीति शब्द की उत्पत्ति राज और नीति दो शब्दों से मानी जाती है। राज का अर्थ है राज्य से जुड़ी व्यवस्था और नीति शब्द तो अपने आप में ही अरस्तु के 'इथिक्स' का पर्यायवाची है। नीति शब्द की उत्पत्ति नय् धातु से होती है, जिसका अर्थ होता है ले जाना। अत: राजनीति का शास्त्रीय अर्थ यह हुआ कि संपूर्ण राज्य व्यवस्था को सन्मार्ग की ओर ले जाना।

आज समाज में नेता शब्द की गरिमा बहुत घटी है। बल्कि यूँ कहें कि यदि बड़े स्तर पर छोड़ दें तो छोटे स्तर पर और व्यक्तिगत चर्चाओं में नेता शब्द सकारात्मक भाव में प्रयोग नहीं किया जाता। परंतु यदि हम नेता शब्द की उत्पत्ति पर ध्यान दें तो यह तो

राजनीति शब्द से भी अधिक अध्यात्म प्रेरित दिखाई पड़ता है। नेता शब्द भी 'नय्' धातु से बना है, जिसका अर्थ होता है ले जाना। नेता शब्द का सर्वप्रथम उल्लेख वैदिक वांगमय में यज्ञ की अग्नि के लिए किया जाता था, क्योंकि यज्ञ की अग्नि ही हमारी आहुतियों को देवताओं तक ले जाने का कार्य करती है। कालांतर में समाज सेवा से जुड़े नेतृत्व करनेवाले व्यक्तियों के लिए इस शब्द का प्रयोग होने लगा।

अतः पश्चिमी संदर्भ में 'पॉलिटिक्स' और भारतीय संदर्भ में राजनीति और नेता शब्द अपनी मूल उत्पत्ति में विशुद्ध अध्यात्म से प्रेरित हैं। प्राचीन भारतीय परंपरा में तो राजनीति में अध्यात्म का प्रभाव इतना अधिक माना जाता था कि राजनीति शब्द का प्रयोग न होकर 'राजधर्म' शब्द का प्रयोग किया जाता था। इसीलिए प्राचीन धर्मशास्त्रों में सामान्यतया 'राजधर्म' शब्द अधिक प्रयुक्त होता दिखाई पड़ता है।

## राजनीति का स्वरूप

आज के युग में राजनीति के स्वरूप का तात्पर्य राजनीति में कार्य कर रहे लोगों के क्रियाकलापों से लगाया जाता है। ये क्रियाकलाप सामान्यतः जनता को स्वार्थपरक दृष्टिकोण से सत्ता प्राप्ति के साधन के रूप में प्रतीत होते हैं।

''राजनीति को यदि व्यावहारिक रूप से परिभाषित करना हो तो हम कह सकते हैं कि राजनीति वह क्षेत्र है, जहाँ सामाजिक गतिविधियों के माध्यम से राज्य के सत्ता संस्थान में कोई भूमिका निभाई जाती हो।'' अतः एक बात तो स्पष्ट है कि यदि किसी व्यक्ति को राजनीति में पर्दापण करना है तो उसे समाज के बारे में सोचना ही होगा और समाज की तमाम समस्याओं के बारे में व्यापक जानकारियाँ भी रखनी होगी, और उन सबके अंतःसंबंध भी समझने होंगे, यानी राजनैतिक रूप से विकसित होने के लिए अपने दृष्टिकोण में किसी भी व्यक्ति को दो परिवर्तन अवश्य लाने होंगे, एक, समग्रता और दूसरी, व्यापकता। अब यदि हम सूक्ष्म दृष्टि से विचार करें तो समग्रता और व्यापकता का दृष्टिकोण स्वाभाविक रूप से व्यक्ति को अपने स्व से परे सोचने के लिए प्रेरित करता है।

## आध्यात्म का स्वरूप

परिभाषित करने की दृष्टि से अध्यात्म एक बहुत सूक्ष्म विषय है, जिसके अनेकानेक आयाम संभव हैं। यदि मोटे तौर पर परिभाषित करना चाहें तो अध्यात्मक का अर्थ हुआ 'स्व' अथवा 'अहम' को तिरोहित करके आत्मिक चेतना का अपरिमित आविर्भाव। आध्यात्मिक प्रक्रिया की उन्नति में हम अपनी आंतरिक चेतना का स्पंदन करते हैं, फिर उसका उन्नयन करते हैं और फिर उसका विस्तार करते हैं। In path of spiritual development, we have to energize, elevate and expand our consciousness, अर्थात् आध्यात्मिक उन्नति का मूल स्रोत भी हमें अपने से परे हटकर दूसरे विषयों के बारे में सोचने के लिए प्रेरित करता है। बस थोड़ा सा अंतर यह है कि राजनीति में व्यक्तियों तक हमें सोचना पड़ता है और अध्यात्म में हमारी सोच व्यक्ति, वस्तु और तत्त्व सभी तक पहुँच जाती है।

## व्यक्तित्व, वेदांत एवं राजनैतिक उन्नति

आध्यात्मिक उन्नति के मार्ग और इसके विभेदीकरण भारतीय संस्कृति और दर्शन में प्रचुर मात्रा में उपलब्ध हैं। परंतु आज के भौतिक जगत् में शरीर और इससे जुड़े आध्यात्मिक आयामों को समझने के लिए वेदांत दर्शन में जिस प्रकार की व्याख्या की गई है, वह बहुत समीचीन प्रतीत होती है। वेदांत दर्शन के अनुसार हमारा अस्तित्व केवल शरीर नहीं है, बल्कि यह पाँच कोशों में विभाजित है।

1. अन्नमय कोश
   (Material element of body)
2. प्राणमय कोश
   (Energy element of body)
3. मनोमय कोश
   (Emotional element of body)
4. ज्ञानमय कोश
   (Intellectual element of body)
5. आनंदमय कोश
   (Blissful element of body)

यदि हम अपने शरीर को वैज्ञानिक दृष्टि से भी देखें तो केवल आनंदमय कोश को छोड़कर आधुनिक विज्ञान भी शेष चार भागों पर कोई उँगली नहीं उठा सकता। अब हम यदि सामाजिक जीवन में अपने इन भागों को किस प्रकार प्रयोग करते हैं और सामाजिक जीवन में हमारे विकास अथवा राजनैतिक व्यक्तित्व की व्यापकता कैसे प्रभावित होती है और कैसे इन पाँचों कोशों से गुजरता हुआ हमारी चेतना का विस्तार हमारे व्यक्तित्व को सामाजिक दृष्टि से भी अधिकाधिक विराट और व्यापक करता चला जाता है, जरा इस पर दृष्टि डालें।

सर्वप्रथम अन्नमय कोश आता है, जो कि हमारे शरीर के वस्तुपरक अंग-प्रत्यंग का प्रतिनिधित्व करता है। जरा सूक्ष्म दृष्टि से विचार करें तो अन्नमय कोश के किसी भाग की शक्ति को केवल हमारे शरीर का वह भाग ही महसूस कर सकता है। उदाहरण

के लिए यदि किसी व्यक्ति ने व्यायाम करके अपने हाथ को सुदृढ कर लिया है तो उसे शक्ति का एहसास हाथ में होगा पर पेट, गले अथवा पैर में नहीं। अर्थात् अन्नमय कोश के स्तर पर चेतना का विस्तार शरीर के अंदर भी सर्वव्यापक न होकर स्थान केंद्रित होता है।

प्राणमय कोश अर्थात् शरीर के अंदर ऊर्जा के स्तर पर हम जब अपनी चेतना को लाते हैं तो ऊर्जा का प्रवाह अथवा प्राणशक्ति का संचार पूरे शरीर में अनुभव किया जा सकता है। अर्थात् यदि हमारे शरीर में किसी समय में ऊर्जा की मात्रा अधिक है तो शरीर के समस्त अंग-प्रत्यंग समान रूप से गतिशील हो जाते हैं। अर्थात् प्राणमय कोश के स्तर पर चेतना का विस्तार एक कदम आगे जाता है और शरीर के अंदर स्थान केंद्रित न रहकर पूरे शरीर तक व्यापक हो जाता है। परंतु इसका अनुभव हमारे शरीर के बाहर, यानी किसी दूसरे व्यक्ति को नहीं हो सकता।

मनोमय कोश अर्थात् भावनाओं के स्तर पर जब हम अपनी चेतना को ले जाते हैं तो हमारी चेतना को एक और विस्तार का आयाम मिलता है, क्योंकि जब हमारे मन में कोई सकारात्मक अथवा नकारात्मक भावनाएँ आती हैं तो उसी के अनुसार ऊर्जा का स्तर तो बदलता ही है, साथ-ही-साथ हम अपने संपर्क में आनेवाले किसी भी दूसरे व्यक्ति की भावनाओं को भी प्रभावित कर सकते हैं, यानी यहाँ से चेतना के विस्तार की प्रभावकता शरीर के बाहर जाकर सामाजिक दायरे में प्रवेश करने लगती है। हम अपने मनोभावों से, मनोभावों की अभिव्यक्ति से अपने संपर्क में आनेवाले व्यक्तियों को अपने से जोड़ सकते हैं, अपने अनुकूल बना सकते हैं और इस प्रकार नेतृत्व करने का प्रथम सोपान अस्तित्व में आता है। कार्यकर्ताओं को संगठन से जोड़ने के लिए भावनात्मक लगाव आवश्यक होता है और यह मनोभावों के स्तर पर संभव हो सकता है। परंतु अभी भी जो लोग हमारे प्रत्यक्ष संपर्क में नहीं हैं, उन पर हमारी चेतना का कोई भी प्रभाव नहीं पड़ सकता।

ज्ञानमय कोश के स्तर पर हमारी बुद्धि, विवेक जाग्रत होती है और आध्यात्मिक उन्नति की प्रक्रिया में हमारी चेतना को एक और विस्तार मिलता है। चूँकि जिस प्रकार पदार्थ से ऊर्जा अधिक सूक्ष्म और व्यापक है, उसी प्रकार अन्नमय कोश से प्राणमय कोश अधिक सूक्ष्म और व्यापक है। जिस प्रकार ऊर्जा से भावनाएँ अधिक सूक्ष्म हैं, उसी प्रकार प्राणमय कोश से अन्नमय कोश अधिक सूक्ष्म है। भावनाएँ शरीर में ऊर्जा का स्तर निर्धारित करती हैं। जिस प्रकार मनोभावनाओं से मन को सत्य और असत्य का आभास करानेवाली बुद्धि और बुद्धि का मुख्य अधिष्ठान ज्ञान अधिक सूक्ष्म है, उसी प्रकार मनोमय कोश से ज्ञानमय कोश अधिक सूक्ष्म है। ज्ञान यह निर्धारित करता है कि मनोभाव कैसे निर्मित होंगे।

हम सोच सकते हैं कि इस गूढ दार्शनिक व्याख्या का राजनीति से क्या संबंध

है। जरा विचार करके देखिए कि मनोभावों से व्यक्ति अपने संपर्क में आए व्यक्ति को प्रभावित कर सकता है, परंतु ज्ञान और विचार से वे व्यक्ति भी प्रभावित किए जा सकते हैं, जो कि हमारे प्रत्यक्ष संपर्क में नहीं आए या जिन्होंने सिर्फ विचारों को पढ़ा, सुना या जाना, यानी संपूर्ण समाज के जन-जन से आप जुड़ सकते हैं। देश ही नहीं, देशांतर से भी जुड़ सकते हैं।

अर्थात् अब चेतना के विस्तार में व्यक्तिगत संपर्क एवं स्थान की सीमाएँ टूटने लगती हैं। कोई भी नेता पूरे देश के साथ और देश की सारी जनता के साथ सीधा संपर्क नहीं रख सकता। वह देश की जनता के साथ संपर्क केवल विचारों के स्तर पर ही रख सकता है। महात्मा गांधी, दीनदयालजी और लोहिया जैसे महापुरुषों ने इसी स्तर पर देश की राजनीति को दिशा दी। इतना ही नहीं जीवन समाप्त होने के वर्षों बाद भी, यहाँ तक कि शताब्दियों बाद भी समाज किसी के विचारों से प्रभावित हो सकता है। यानी राजनीतिक परिवर्तन के लिए काल की सीमाएँ भी चेतना के इस स्तर पर आकर टूटने लगती हैं। उदाहरण के लिए कार्ल मार्क्स के विचारों ने बीसवीं शताब्दी में लगभग आधी दुनिया को प्रभावित किया, परंतु उसकी मृत्यु के वर्षों बाद, वह भी उसके देश जर्मनी में नहीं, बल्कि रूस और चीन में उसके विचारों ने राजनीति का स्वरूप बदल दिया।

निष्कर्ष यह निकलता है कि राजनैतिक दृष्टि से यदि देखें तो यदि हम एक अच्छे नेतृत्वकर्त्ता के रूप में सामने आना चाहते हैं तो हमारे व्यक्तित्व को ऊर्जावान होना चाहिए, यानी प्राणमय कोश के स्तर पर चेतना का विकास आवश्यक है। यदि हम इससे आगे बढ़कर संगठनकर्ता बनना चाहते हैं और संपर्क में आनेवाले कार्यकर्ताओं से भावनात्मक दृष्टि से जुड़ना चाहते हैं तो मनोमय कोश के स्तर पर चेतना का विस्तार आवश्यक है। यदि हम संपूर्ण समाज और देश से सीधे जुड़ना चाहते हैं तो यह वैचारिक स्तर पर ही संभव है, यानी ज्ञानमय कोश का विकास होना चाहिए। इसके आगे की यात्रा जब ज्ञान प्रेय मार्ग से हटकर श्रेय मार्ग की ओर जाती है, सांसारिक सीमाओं से परे जाकर परमार्थिक सीमाओं को स्पर्श करती है तो वह विशुद्ध ज्ञान का स्वरूप धारण कर लेती है और हमारी चेतना का विस्तार सिर्फ देश और समाज तक नहीं, बल्कि इस संसार के समस्त जड़, चेतन, तत्त्व और क्रिया सभी तक हो जाता है और यहीं से आनंदमय कोश का द्वार खुलता है।

## सत्ता संघर्ष का समाधान

आध्यात्मिक चेतना के विस्तार की प्रक्रिया में राजनैतिक नेतृत्व की क्षमता एक पड़ाव का कार्य करती है। अध्यात्म और राजनीति का आधुनिक युग में समन्वय दिखानेवाले महात्मा गांधी ने स्वयं यह कहा था—"I could not lead a religious life unless I identified myself with the whole of mankind and that I could not do unless I took part in politics." अर्थात् मैं जीवन का आध्यात्मिक स्वरूप अनुभव नहीं कर सकता था, जब तक कि मैं संपूर्ण मानवता के साथ अपने को एकाकार न कर लेता और ऐसा मैं कभी नहीं कर पाता, यदि मैं राजनीति के क्षेत्र में कार्य न कर रहा होता।

राजनीति वह क्षेत्र है, जिसमें हमारे समाज के सभी क्षेत्र स्वतः ही समाहित हो जाते हैं। व्यापार वाणिज्य से लेकर कला, संस्कृति, परंपरा और युद्ध तक सबकुछ राजनीति से प्रभावित होता है। अत : राजनीति का स्थान सभी कार्यकारी क्षेत्रों से ऊपर हो जाता है। या यूँ कहें कि भौतिक जगत् में जो कुछ भी दिखाई पड़ता है, उसका सर्वोच्च सोपान राजनीति में समाहित होता है। अब प्रश्न यह उठता है कि यदि राजनीति भौतिक जगत् में सर्वोच्च है, परंतु राजनीतिज्ञ भी एक मनुष्य ही होता है और त्रुटि करना मनुष्य का नैसर्गिक स्वभाव है और यह स्वभाव स्वाभाविक रूप से राजनीति में परिलक्षित होकर राजनीति को दूषित कर सकता है तो इसका परिमार्जन किस स्तर पर और कैसे किया जाना चाहिए। इस संदर्भ में महान् वैज्ञानिक अल्बर्ट आईस्टिन ने कहा था—"We can't solve a problem on the same level of consciousness that created the problem. We have to find higher common ground." अर्थात् हम किसी भी समस्या का समाधान उस स्तर पर रहकर कदापि नहीं कर सकते, जिसने स्वयं वह समस्या उत्पन्न की हो। अतः समाधान के लिए हमें उससे अधिक उच्च स्तर का एक कोई सामान्य आधार निर्धारित करना होगा।

अतः स्पष्ट है कि यदि राजनीति भौतिक जगत् का सर्वोच्च स्तर है तो राजनीतिक समस्या का निवारण इससे अधिक उच्च स्तर के किसी आधार के द्वारा ही संभव है। और स्वाभाविक रूप से यह आधार अध्यात्म ही हो सकता है।

जिस प्रकार बच्चों के विवादों को बड़े सुलझाते हैं, बड़ों के विवादों को वृद्ध सुलझाते हैं, व्यावसायिक विवादों को प्रशासन सुलझाता है, प्रशासनिक विवादों को सत्ता सुलझाती है तो सत्ता के विवादों को स्वयं सत्ता ही कैसे सुलझा सकती है। जब तक ऐसा होता है तो समाज में खूनी सत्ता संघर्ष होता है। इस प्रश्न पर विचार करना चाहिए और उत्तर यही मिलेगा कि सत्ता के विवादों को सुलझाने के लिए उससे अधिक उच्च, परिष्कृत और पवित्र ही नहीं, बल्कि उससे भी अधिक शक्तिशाली सत्ता का प्रयोग करना होगा। यह सत्ता हम सबके आध्यात्मिक शक्ति के रूप में उपस्थित रहती है और इसका विकास ही सत्ता की राजनीति को सही दिशा दे सकता है।

## पश्चिम एवं भारत का व्यावहारिक विभेद

इसीलिए सत्ता प्राप्ति के लिए हुए सत्ता संचालन ने विश्व के इतिहास में सीमाओं

का विस्तार तो देखा, परंतु सभ्यताओं और समाज का सतत प्रवाह नहीं दिख सका। विश्व इतिहास के महानतम शासक कहे जानेवाले सिकंदर से लेकर चंगेज खाँ और नेपोलियन तक बड़े-बड़े साम्राज्यों के स्वामी रहे, परंतु वे मानव समाज को ऐसी कोई भी चीज नहीं दे सके, जो कि आज 21वीं शताब्दी में भी प्रासंगिक हो।

भारतीय संदर्भ में राजसत्ता को आध्यात्मिक से ओतप्रोत रखा जाता था, इसीलिए भारतीय परंपरा में जिन राजाओं को महान् कहा गया, वे मर्यादा पुरुषोत्तम श्रीराम और राजा हरिशचंद्र जैसे राजा रहे, जिन्होंने साम्राज्यों का त्याग किया और अधिभौतिक स्तर पर ऐसे आदर्श स्थापित किए, जो कि आज 21वीं शताब्दी में भी पूरी तरीके से प्रासंगिक है। एक उल्लेखनीय तथ्य यह है कि भगवान् श्रीराम के पूर्वज महाराजा रघु का साम्राज्य राम से बड़ा था, परंतु रघु को राम के कारण याद किया जाता है, क्योंकि राम का आध्यात्मिक स्तर रघु से बड़ा था। सिकंदर और नेपोलियन की राजनीति कालांतर में अप्रासंगिक हो गई, परंतु राजा राम की राजनीति काल की बाधाओं को तोड़कर शाश्वत हो गई। यह अंतर है अध्यात्मयुक्त और अध्यात्मविरत राजनीति का।

इतना ही नहीं यदि आधुनिक विश्व में भी देखें तो 20वीं शताब्दी के पूवार्द्ध में जर्मनी दुनिया के सर्वाधिक शिक्षित, संपन्न और शक्तिशाली राष्ट्रों में से एक था, जिसने अपनी राजनीति से दुनिया को प्रभावित किया। वहीं भारत उस समय दुनिया के सर्वाधिक अशिक्षित, विपन्न और शक्तिहीन राष्ट्रों में से एक था। उसने भी दुनिया को प्रभावित किया। परंतु दोनों के प्रभाव के प्रतीक थे महात्मा गांधी। दोनों की राजनीति में मूल अंतर आध्यात्मिक दृष्टि का था और इसी अंतर ने तत्कालीन विश्व की राजनीति में अपनी कुछ ऐसी भूमिका निभाई कि आज दोनों को बिल्कुल पृथक कारणों से विश्व की राजनीति के इतिहास में याद किया जाता है। अतः राजनीति और अध्यात्म का समन्वय केवल लेख और भाषण की विषयवस्तु नहीं व्यावहारिक धरातल पर उच्च स्तर की राजनीति अध्यात्म के उच्च स्तर के द्वारा ही संभव है।

## भारतीय संदर्भ

हर देश और समाज की अपनी एक स्वाभाविक और नैसर्गिक प्रवृत्ति होती है, जिससे वह अनुप्राणित एवं संचालित होता रहता है। उस देश और समाज की राजनीति भी उसी तत्त्व के इर्द-गिर्द घूमती है। जिस प्रकार मध्य एशिया और मध्य-पूर्व के देशों की परंपरा आक्रामकता और संघर्षशीलता से प्रेरित होती रही है, पश्चिमी यूरोप और अमेरिका के देशों की राजनीतिक परंपरा व्यापार और आर्थिक प्रगति से प्रेरित होती रही है, उसी प्रकार भारतीय राजनीति की परंपरा धर्म और धार्मिक विषयों से प्रेरित होती रही है। जब भी भारतीय जनमानस के अंतःस्थल में स्थापित अध्यात्म के तत्त्व को किसी

शासन अथवा व्यवस्था ने झकझोरने का कार्य किया, तब ही भारत की राजनीति करवट लेती रही। यदि हम इतिहास का विषय छोड़ भी दें और आधुनिक भारत के इतिहास के विगत 150 सालों पर नजर डालें तो हमें यह प्रवृत्ति और स्पष्ट रूप में दिखाई पड़ेगी।

ब्रिटिश राज के विरूद्ध 1857 का प्रथम स्वतंत्रता संग्राम भले ही इतने राजनीतिक परिस्थितियों से हुआ, परंतु इसका तात्कालिक कारण गाय और सुअर की चर्बी के कारतूस, यानी धार्मिक भावना ही बनी। उसके बाद कांग्रेस के गठन के बाद कांग्रेस को स्वतंत्रता आंदोलन के मैदान में ले जाकर खड़ा करनेवाले लोकमान्य तिलक ने भी महाराष्ट्र के गणपति उत्सव के माध्यम से समाज की धार्मिक भावना और अध्यात्म के प्रति आकर्षण को राजनीति के साथ स्पंदित करने में सफलता पाई थी और तभी भारत में पूर्ण स्वराज्य का उद्घोष हुआ था।

1905 में पूर्ण स्वराज्य के घोष के बाद से 1947 में स्वराज्य की प्राप्ति तक के स्वतंत्रता संग्राम की राजनीति में सबसे प्रमुख भूमिका निभानेवाले महात्मा गांधी ने तो व्यक्तिगत जीवन से लेकर सार्वजनिक जीवन और सत्ता की राजनीति तक सबकुछ आध्यात्म के अधिष्ठान पर ही स्थापित किया। भारत की स्वतंत्रता के बाद भारतीय राजनीति का सबसे बड़ा आंदोलन श्रीराम जन्मभूमि आंदोलन अध्यात्म की पृष्ठभूमि पर खड़ा हुआ एक राजनीतिक आंदोलन था। इस आंदोलन ने भारत की राजनीति का मूल चरित्र बदल दिया। कांग्रेस बनाम अन्य की राजनीति का स्वरूप श्रीराम जन्मभूमि आंदोलन के बाद भाजपा बनाम अन्य हो गया।

व्यक्तिगत राजनीति की दृष्टि से भी हम देखें तो 53 साल की स्वतंत्र भारत की राजनीति में भारत के जनमानस ने राजनीति के शिखर पर उसी व्यक्ति को स्वीकार किया, जिसके अंदर अध्यात्म प्रवृत्ति के अनुरूप त्याग और तपस्या का आचरण दिखाई पड़ा। आजादी के समय यदि भारत की राजनीति में श्रद्धा के प्रतीक महात्मा गांधी थे, क्योंकि उन्होंने कोई पद प्राप्त नहीं किया था तो 1975 के आपात्काल में समग्र देश में जनचेतना फैलानेवाले लोकनायक जयप्रकाश नारायण इसी सत्ता से निःस्पृह रहने के भाव के कारण देश में इतना बड़ा राजनीतिक आंदोलन खड़ा कर सके और स्वतंत्र भारत की पहली गैर-कांग्रेसी सरकार के गठन का मार्ग प्रशस्त किया।

1987 से 1989 तक श्री विश्वनाथ प्रताप सिंह का प्रबल राजनीतिक उत्थान और उसके तुरंत बाद 1990-1991 में समानुपातिक राजनीतिक पतन केवल त्याग के भाव के दिखाई पड़ने और लोप होने का ही परिणाम था। 1990 के दशक में श्रीराम जन्मभूमि आंदोलन के चलते भाजपा के प्रति निरंतर बढ़ता हुआ जन आकर्षण का मुख्य तत्त्व जनता के मन के आध्यात्मिक भाव का राजनीति के साथ तदात्म्य हो जाना ही था।

अतः व्यक्तिगत राजनीति की दृष्टि से भी आध्यात्मिकता का प्रमुख तत्त्व त्याग

आज भी भारत की जनता को सर्वाधिक आकर्षित करता है और इस तत्त्व का राजनीति में स्थान इतना प्रबल है कि यदि त्याग रणनीतिक दृष्टि से हो अथवा बाध्यता की दृष्टि से हो अथवा दिखावे की दृष्टि से तो भी वह राजनीतिक लाभ की पृष्ठभूमि बना सकता है ऐसा हाल के वर्षों में भी भारत की जनता ने देखा है।

भारत की परंपरा में तो हर राजा को अनिवार्य रूप से अपने जीवन के अंतिम चरण में संन्यासी होना ही पड़ता था। आश्रम चतुष्टय की व्यवस्था के अनुसार ही पश्चिमी मान्यताओं के आधार पर भारत के लिखित इतिहास के प्रथम सम्राट चंद्रगुप्त मौर्य ने भी वृद्धावस्था में अपनी स्वेच्छा से राजपद को छोड़कर कनार्टक के श्रवणबेलगोला में जाकर आध्यात्मिक साधना की थी। प्रख्यात कवि जयशंकर प्रसाद के शब्दों में भारत की राजनीति की परंपरा में राजनीति और अध्यात्म का व्यवहार किस प्रकार होता था, उसे अभिव्यक्त किया है—

**''विजय केवल लोहे की नहीं, धर्म की रही धरा पर धूम।**
**भिक्षु होकर रहते सम्राट, क्या दिखलाते घर-घर घूम॥''**

अतः भारत में राजनीति में वृहत्तर राजनीति के लिए आध्यात्मिकता व्यावहारिक और पारंपरिक दोनों दृष्टियों से एक अनिवार्यता है।

*(लेखक मेकैनिकल इंजीनियरिंग के प्रवक्ता हैं।)*

□

# भारतीय दर्शन-परंपरा और वामपंथ

—शंकर शरण

भारतीय वामपंथ अस्सी वर्ष पूरे कर चुका है। इस अवधि में तरह-तरह के परिवर्तन के बावजूद उसकी दो आधारभूत भावनाएँ यथावत् रही हैं। प्रथम, सबसे प्रमुख कम्युनिस्ट देश सोवियत संघ के प्रति अंध-भक्ति। द्वितीय, सनातन धर्म व इससे जुड़ी भारतीय राष्ट्रीयता से अंध-घृणा। इसे उचित ही उनका 'फर्स्ट लव' तथा 'फर्स्ट हेट' भी कहा गया है। यदि काल ने उसकी प्रथम भावना का कारक ही मिटा दिया, तब भी उसकी दूसरी भावना आज भी उत्कट है। कुछ महीने पूर्व मार्क्सवादी कम्युनिस्ट पार्टी की एक नेत्री द्वारा योगाचार्य स्वामी रामदेव को लांछित करने का षड्यंत्र उसी का परिचायक था।

यह सांयोगिक बात नहीं थी। यदि कभी कोई मार्क्सवादी भी हिंदू दर्शन के प्रति सम्मान दिखाता है तो कम्युनिस्ट गिरोह उस पर टूट पड़ता है। प्रसिद्ध हिंदी आलोचक डॉ. रामविलास शर्मा की उनके अंतिम वर्षों में जो लानत-मलानत की गई, उसका एक मात्र कारण था कि वे भारतीय मनीषा को मूल्यवान और विशुद्ध भारतीय मानते थे। वे उसे किन्हीं 'बाहरी आर्यों की देन नहीं मानते थे, न 'आर्य आक्रमण' सिद्धांत से सहमत थे। केवल इसी बात के लिए कम्युनिस्ट लेखकों-प्रचारकों के गिरोह ने डॉ. शर्मा को मरणोपरांत सूली पर चढ़ा दिया। बहुत पहले यही बानी देशपांडे के साथ हुआ था, जो प्रसिद्ध कम्युनिस्ट नेता श्रीपाद अमृत डांगे के जामाता थे। उन्होंने वेदांत पर अपने विद्वत-प्रबंध में यह दिखाया था कि आधुनिक विज्ञान और गणित की कई बातें भारतीय मनीषा में पहले से उपलब्ध हैं। यह लिखने के लिए देशपांडे ही नहीं, बल्कि उसकी अनुशंसा करने के लिए स्वयं डांगे की भी भर्त्सना की गई और देशपांडे की पुस्तक को दुकानों से वापस कराया गया।

ऐसे प्रसंग यही प्रदर्शित करते हैं कि हमारे कम्युनिस्टों के नारे भले बदल जाएँ, सनातन (हिंदू) मनीषा, परंपरा और ज्ञान-विज्ञान के प्रति उनका वैमनस्य नहीं बदलता।

मार्क्सवादी यह सहन नहीं कर सकते कि किसी भी कारण भारत के लोग, ईसाई और मुसलमान भी, सनातन धर्म के प्रति सचेत या आकृष्ट हों। अभी के प्रतिष्ठित हिंदू संतों में स्वामी रामदेव को अपनी कुत्सा और प्रहार के लिए चुनना उसी भावना का द्योतक था। अपने संपूर्ण इतिहास में भारतीय वामपंथ का पहला निशाना सनातन धर्म और परंपरा ही रही है। ज्ञान-विज्ञान और कर्म की इस अतुलनीय संपदा को अंधविश्वास, पोंगापंथ ढकोसला और सभी बुराइयों की जड़ आदि कहते रहना वामपंथ की चारित्रिक विशेषता रही है। अभी एक माओवादी नेता ने भी कहा कि हिंदू धर्म को मिटाए बिना यहाँ कुछ नहीं हो सकता।

## भारतीय दर्शन का अवमूल्यन

वस्तुत: वामपंथी चिंतन और भारतीय दर्शन परंपरा दो ध्रुवों पर खड़े हैं। तदनुरूप दोनों की संपूर्ण सामाजिक-वैचारिक संकल्पनाएँ भी भिन्न हैं। एक समाज को मुख्यत: आर्थिक दृष्टि से देखती है, दूसरी सांस्कृतिक दृष्टि से। वामपंथी चिंतन समाज को बाजार मानता है, जहाँ लोग उत्पादन-उपभोग में लगे रहते हैं, तो हिंदू चिंतन इसे मानव-समुदाय और घर के रूप में देखता है। एक के लिए छल-तिकड़म-धूर्तता समेत किसी भी विधि से भौतिक-आर्थिक 'सफलता' पाना केंद्रीय तत्त्व रहा है, तो दूसरे के समक्ष सेवा, आत्म-समान, उत्थान के साथ सार्वभौमिक, चराचर सुख-शांति का आदर्श रहा है। इन दो मूलत: भिन्न मानसिक-बौद्धिक धाराओं के निहितार्थ जीवन के प्रत्येक पहलू के लिए भिन्न होते हैं जिन्हें जाना-परखा जा सकता है।

जब गांधी ने भारत में अपना कार्य आरंभ करने से पहले देश-भ्रमण कर गाँवों और साधारण जन-गण को देखा-समझा, तो उन्हें उनमें भद्रता, कौशल, सामर्थ्य और आत्मसम्मान दिखा था। श्री अरविंद को भी जेल में अपने साथी गरीब और निरक्षर बंदियों में स्वयं नारायण के दर्शन हुए थे। जबकि जवाहरलाल नेहरू के विचार से, "भला कोई कैसे यह कबूल कर सकता है कि गाँव के लोगों में भी कोई सद्‌गुण और सामर्थ्य है, वे तो बड़े मूर्ख लोग हैं।"[1] यह कहते समय नेहरू एक व्यक्ति नहीं थे, वे वामपंथी विचार-पद्धति को व्यक्त कर रहे थे। अतएव एक ही विषय, भारतीय ग्राम, पर दोनों धाराओं की समझ कितनी भिन्न थी, इसका यह एक उदाहरण है। यही भिन्नता धर्म, समाज, राजनीति, अर्थनीति, सुख-समृद्धि, विज्ञान, दर्शन, शिक्षा आदि सभी विषयों में रही है। तदनुरूप उनसे नि:सृत नीतियों और व्यावहारिक परिणामों का मूल्यांकन एक ऐसा अनिवार्य कार्य है, जो अब तक नहीं किया गया।

ज्ञातव्य है कि किसी भी यूरोपीय विचारधारा ने संपूर्ण भारत को कभी प्रभावित नहीं किया। सौ वर्ष पहले उठे स्वदेशी आंदोलन में भारतीय चिंतन-परंपरा के आधुनिक

मनीषियों ने ही संपूर्ण भारत को जगाने और आत्मविश्वास भरने में सफलता पाई थी। उनमें बंकिमचंद्र, बाल गंगाधर तिलक, दयानंद सरस्वती, स्वामी विवेकानंद, श्री अरविंद आदि के नाम अग्रगण्य हैं। बंकिम के गीत 'वंदे-मातरम्' ने ही आज से सौ वर्ष पहले पहली बार संपूर्ण देश को एक साथ राजनीतिक रूप से जगाया, उद्वेलित किया था। वस्तुतः वह एक जादुई मंत्र ही बनकर आया था।[2] श्री अरविंद के नेतृत्व में ख्याति-प्राप्त समाचार-पत्र 'वंदे मातरम्' (1906-1908) ने अपूर्व भूमिका निभाई थी। यह मात्र उस परंपरा का प्रभाव था, जिसे संपूर्ण विश्व उपनिषद्, वेद, पुराण, महाभारत, रामायण और श्रुतियों की परंपरा या भारतीय दर्शन परंपरा मानता है।

दुर्भाग्यवश स्वतंत्र भारत की आधिकारिक नीति को भारतीय चिंतन परंपरा से काट दिया गया। चाहे बंकिम, तिलक, श्री अरविंद, सावरकर व गांधी के विचारों ने करोड़ों लोगों को प्रेरित, उद्वेलित किया हो, किंतु स्वतंत्र भारत का लक्ष्य व नीति निर्धारित करने में उन्हें तिलांजलि दे दी गई। जिस 'वंदे-मातरम्' को गाकर कभी पूरा देश गर्व, एकता, आत्माभिमान और सक्रियता से भर उठता था, आज सामान्य भारतीय धरती पर भी उसे गाना कतिपय सत्ताधारियों, संगठनों को अनुचित लगता है, और लोगों को निर्देश दिए जाते हैं कि वे उसे न गाएँ।[3]

यह स्थिति एकाएक नहीं बनी। 1947 में स्वतंत्रता प्राप्ति के साथ ही 'वंदे-मातरम्' को सेक्यूलरिज्म नामक एक झूठे देवता को धीरे-धीरे, किस्तों में बलि चढ़ा दिया गया। ठीक उन्हीं कारणों से आज तिलक, दयानंद, विवेकानंद या श्री अरविंद के सुचिंतित विचारों का अनुकरण तो क्या उनकी चर्चा तक आज किसी को राजकीय, अकादमिक या मीडिया जगत् के कई संस्थानों के लिए अस्पृश्य बना सकता है। स्वदेशी आंदोलन के नायक श्री अरविंद एक प्रखर चिंतक और कर्मयोगी थे। उन्होंने यूरोपीय और भारतीय शास्त्रों तथा जन-जीवन का स्वयं मूल्यांकन किया था। 'राष्ट्रीय शिक्षा' पर लिखे उनके निबंधों ने पूरे देश को उद्वेलित किया था। वह विश्लेषण आज भी उतना ही सामयिक है। मूल रूप में पढ़कर उनकी मूल्यवत्ता असंदिग्ध प्रतीत होगी। जिस विचार ने सौ वर्ष पहले पूरे देश को झकझोरा था, राष्ट्रीयता के बारे में श्री अरविंद के उन प्रसिद्ध शब्दों का पुनः-पुनः स्मरण और मनन आवश्यक है:

"...मैं यह कहता हूँ कि सनातन धर्म ही हमारे लिए राष्ट्रीयता है। यह हिंदू जाति सनातन धर्म को लेकर ही पैदा हुई है, उसी को लेकर चलती है और उसी को लेकर पनपती है। जब सनातन धर्म की हानि होती है, तब इस जाति की भी अवनति होती है और यदि सनातन धर्म का विनाश संभव होता तो सनातन धर्म के साथ-साथ इस जाति का विनाश हो जाता। सनातन धर्म ही है राष्ट्रीयता। यही वह संदेश है, जो मुझे आपको सुनाना है।[4]"

किंतु आज ऐसे विचारों का सकारात्मक उल्लेख किसी गोष्ठी या लेख में करके देखें। तुरंत ही 'सांप्रदायिक', 'पोंगापंथी', 'ब्राह्मणवादी', 'अंध-राष्ट्रवादी', 'अल्पसंख्यक विरोधी' जैसी बौद्धिक-राजनीतिक गालियों से आपका सत्कार हो जाएगा। प्रातः स्मरणीय मनीषियों अथवा भारतीय मनीषा के कालजयी ग्रंथों की बात दुहराना भी आज भारत में स्वयं को लांछित किए जाने का आमंत्रण बन गया है।

ऐसा कैसे हुआ? क्यों श्री अरविंद की राष्ट्रीय शिक्षा की कोई भी अनुशंसा स्वतंत्र भारत की राजकीय, बौद्धिक नीति में स्थान न पा सकी। उलटे तरह-तरह के विदेशी, अस्पष्ट, अनैतिक विचारों का हमारा मार्गदर्शक सिद्धांत घोषित कर दिया गया? स्वतंत्रता प्राप्ति तक कभी भी 'सेक्युलरिज्म' या 'सोशलिज्म' हमारे राष्ट्रीय आंदोलन की प्रेरणा अथवा आदर्श नहीं था।[5] तब यह कैसे हुआ कि ये दोनों ही मतवाद आज भारतीय संविधान के प्रथम पृष्ठ पर आसीन हैं? और भारतीय चिंतन परंपरा के कालजयी निर्देश उपेक्षित पड़े हैं। वह निर्देश, जो संपूर्ण मानवता की अनमोल धरोहर है, जो हमारे महान् ग्रंथों व लोक परंपरा में अभी भी बहुत कुछ सुरक्षित है, उसे 'रिलीजियस' श्रेणी का मान सेक्यूलरिज्म के नाम पर किनारे कर दिया गया। जबकि वह दर्शन, आरोग्य, राजनीति, नैतिकता, प्रकृति ज्ञान और श्रेष्ठ, सुसंस्कृत आर्थिक, सामाजिक जीवन जीने के लिए अतुलित ज्ञान से भरे हुए हैं। उदाहरणार्थ, महान् समाजशास्त्री मैक्स वेबर ने म्यूनिख विश्वविद्यालय में अपने सुप्रसिद्ध व्याख्यान 'पॉलिटिक्स ऐज ए वोकेशन' (1919), जो आधुनिक राजनीति की सैद्धांतिक-व्यावहारिक समझ के लिए अत्यंत मूल्यवान है, उसमें राजनीति एवं नैतिकता के अंतर्संबंध पर विचार करते हुए जिन चार कृतियों का उल्लेख किया है, उनमें से तीन भारतीय मनीषा से हैं। उपनिषद्, भगवद्गीता और कौटिल्य का अर्थशास्त्र-नैतिकता के दृष्टिकोण से राजनीतिक आचार व कर्म की ऐसी अविच्छिन्न प्रस्तुति मैक्स वेबर को हिंदू मनीषा छोड़ कहीं और नहीं मिला।[6] इस संदर्भ में 'हिंदू' शब्द मैक्स वेबर ने ही प्रयोग किया है। आज भारत में कोई पाठ्यपुस्तक में यही बात लिख दे तो उसे 'राजनीति शास्त्र का भगवाकरण' कहकर लांछित किया जाएगा और हमारा बौद्धिक वर्ग कोई आपत्ति भी नहीं करेगा। यह आत्महीन स्थिति कैसे बनी?

स्वतंत्र भारत में संपूर्ण हिंदू मनीषा को मजहबी सी चीज कहकर उसे शिक्षा, शोध, बौद्धिक विमर्श से बाहर कर दिया गया। निर्मल वर्मा ने ठीक ही कहा था कि किसी सभ्यता के पास शाश्वत मनीषा के रूप में इतने हीरे-माणिक नहीं, जिन्हें हमने 'कंकड़ समझकर फेंक दिया है' (और कूड़े-कचरे को सिर पर रख लिया है)। यही स्थिति आज भी, जब सोशलिज्म दिवालिया हो चुका और अपरिभाषित सेक्यूलरिज्म हमारे पैरों की बेड़ी बन चुका है, तब भी हम अपनी मूल्यवान चिंतन-परंपरा की बजाय चालू विदेशी आग्रहों-दुराग्रहों, नारी, अवधारणाओं के दास बने, तदनुरूप अपने विचार

बदलते, संशोधित करते रहते हैं। चिंतन और शिक्षा के क्षेत्र में यह पराधीनता क्यों बनी?

भारत में पिछले पाँच-छः दशकों से 'समाजवाद', 'प्रगतिशीलता', 'साम्राज्यवाद-विरोध', 'सेक्यूलरिज्म', 'वैज्ञानिक दृष्टि', आदि संज्ञा-विशेषणों से जुड़ी वैचारिकता किसी भी परिभाषा से अंधविश्वास के अतिरिक्त और कुछ नहीं रही। उन नारों, मुहावरों में से अधिकांश का कोई सुसंगत अर्थ नहीं है। इसलिए जो अर्थ एक समय व स्थान पर बताए जाते हैं, वही हवा देखकर बाद में या किसी भिन्न स्थान पर परिवर्तित कर दिए जाते हैं। समाजवाद को कभी बड़े दर्प से वैज्ञानिक, अनुभव-प्रमाणित, आदि कहा जाता था। सोवियत विघटन के बाद उसकी वैसी कोई परिभाषा सुनने को नहीं मिलती, जो 1930 से 1960 तक ठसक और अहंकार से थोपी जाती थी। क्या वह अंधविश्वास न था, जिसे अब विवेक-बुद्धि रखनेवाले पुराने कम्युनिस्ट भी याद नहीं करते? यह हमारी वैचारिक पराधीनता का संकेत है कि कभी जबरदस्ती और धोखे से भारतीय संविधान में घुसाए गए इस विचार को अभी भी निकाला नहीं गया है।

यह कितनी बड़ी विडंबना हुई कि स्वतंत्र भारत का संविधान बनाने में अमेरिका, इंग्लैंड, कनाडा, रूस आदि दुनिया भर के (सभ्यता की दृष्टि से लगभग नवजात, अल्प-अनुभव वाले) संविधानों की नकल की गई, किंतु स्वयं भारतीय सभ्यता की शक्तियों से चलती रही सफल धर्म-नीति, शासन-व्यवस्था, शिक्षा, कृषि, उद्योग आदि संबंधी विस्तृत अनुभवों को उसमें कोई स्थान नहीं मिला। इसके बदले जब भारत का तथाकथित नवनिर्माण आरंभ हुआ तो ईसाइयत-प्रभावित लोकतंत्र दर्शन को यथावत स्वीकार कर, राजकीय क्षेत्र की अर्थव्यवस्था को खूब बढ़ाकर सोवियत साम्यवाद के मॉडल पर तरह-तरह के केंद्रीकृत आयोग, समितियाँ अकादमियाँ, संगठन आदि बना-बनाकर एक तरह की संकर व्यवस्था बनाई गई। उसके परिणामस्वरूप आज हमारे समाज में दोनों के दुर्गुण-अमेरिकी तंत्र का व्यक्तिवाद, उपभोगवाद तथा सोवियत तंत्र की कुव्यवस्था-भ्रष्टाचार-मनमानी-खूब फल-फूल रहे हैं।

## स्वतंत्र भारत की विचारधारा : नेहरूवाद

स्वतंत्रता के पश्चात् भारत की संपूर्ण नीति सोवियत कम्युनिज्म से गहरे प्रभावित रही। नेहरूजी के लेखन, भाषण, नीति-निर्णय, संसद् के बहस-मुबाहसों के अवलोकन से स्पष्ट होगा कि कम्युनिस्ट देशों के अतिरिक्त भारत ही ऐसा देश था, जो पश्चिमी लोकतांत्रिक व्यवस्था अपना कर भी मुख्यतः कम्युनिस्ट अंधविश्वासों से परिचालित होता रहा। स्वतंत्र भारत के अधिकांश नीति-दस्तावेज और विचार-विमर्श उसी वामपंथी अंधविश्वास के फल हैं, जिसने भारतीय चिंतन-परंपरा एवं समकालीन मनीषियों के विचारों को दो कौड़ी का समझकर त्याग दिया था। उनके स्थान पर स्तालिन, माओ जैसे

कम्युनिस्ट नेताओं की लफ्फाजियों हेराल्ड लस्कि, रजनी पामदत्त, मॉरिस डाँब, जैसे यूरोपीय लेखकों-टिप्पणीकारों तथा सोवियत-चीनी प्रचार के दावों को ध्रुव सत्य मानकर उसी दुराशा में भारत के नवनिर्माण की योजना बनाई गई। यदि 'पंचशील समझौता' (1954), औद्योगिक नीति (1956), शिक्षा नीति (1966), गुट-निरपेक्ष आंदोलन आदि का उनकी परिकल्पनाओं और परिणामों का ठोस तथ्यों के आलोक में आज पुनरावलोकन करें तो यह सोवियत संविधान और सोवियत वास्तविकता के बीच की विराट् खाई जैसी ही दयनीय दिखेगी। इस सत्य को पर्याप्त महत्त्व नहीं दिया गया है कि स्वतंत्र भारत की दुर्गति में नेहरूवादी अंधविश्वासों का कितना बड़ा हाथ था। पर जैसे चीन की वास्तविक प्रगति कम्युनिस्ट जड़सूत्रों को छोड़ 'आधुनिकीकरण' (1978) के बाद से ही आरंभ हो सकी, वैसे ही भारत का अर्थिक विकास भी 'उदारीकरण' (1991) के बाद ही हुआ।

सारत: नेहरूवाद यहाँ प्रत्येक विजातीय, विस्तारवादी, हानिकारक विचारधाराओं का समेकित रूप है।[7] इस पर ध्यान दिया जाना चाहिए कि नेहरू जितना ही कम्युनिस्ट विचारों को अपनाते गए, उतना ही भारतीय संस्कृति व चिंतनधारा से दूर होते गए और प्रत्येक आक्रामक, साम्राज्यवादी विचारधाराओं के पृष्ठ-पोषक बनते गए। नेहरूजी के भाषणों, पुस्तकों में ही नहीं, विभिन्न सहयोगियों, संबंधियों को लिखे निजी पत्रों में भी देखा जा सकता है कि वे सोवियत प्रचारों पर कैसे लट्टू थे और यहाँ भी 'समाजवादी पद्धति का समाज' बनाने के लिए उनका अधीर अनुकरण करना चाहते थे। यहाँ तक कि उन्हें अपनी कांग्रेस पार्टी के समक्ष माओ के रेड-गार्ड अधिक उपयुक्त लगते थे।

धीरे-धीरे पूरे भारत को अपनी गिरफ्त में लेता वह वामपंथी अंधविश्वास किस विराट् पैमाने का था, यह परखने के लिए नेहरूजी के तमाम लेखन-भाषण, संसद् में हुई नीतिगत बहसों, कांग्रेस व कम्युनिस्ट पार्टियों के तमाम प्रस्तावों, दस्तावेजों विभिन्न शैक्षिक-अकादमिक आयोगों की अनुशंसाओं, प्रगतिशील जनवादी लेखक संघों तथा कम्युनिस्ट देशों द्वारा प्रायोजित विभिन्न सांस्कृतिक मंचों से जुड़े प्रभावी लेखकों, पत्रकारों, कवियों, प्रोफेसरों द्वारा लिखे-छपे-बँटे लाखों पन्नों को पढ़ना नहीं तो कम-से-कम पलटना अवश्य पड़ेगा। जिनसे हमारी अर्थ नीति, विदेश नीति, शिक्षा नीति और साहित्यिक-सांस्कृतिक गतिविधियाँ दशकों निर्देशित होती रहीं और आज भी जिनका असर गहरा है। तब हम देख सकेंगे कि स्वतंत्र भारत में राज्यसत्ता और नीति-निर्धारण पर कितना जबरदस्त वामपंथी नियंत्रण रहा और इसने हमें वैचारिक रूप से कितना पंगु और पराधीन बनाए रखा है।

जब नेहरू स्तालिन को 'इतिहास के इंजन का ड्राइवर', शांति का महान् पुजारी, आदि कह रहे थे, उसी समय दुनिया के कई नेता और विद्वान् ही नहीं, असंख्य सामान्य लोग भी स्तालिन को भयंकर तानाशाह और सोवियत व्यवस्था को अभूतपूर्व विडंबना

के रूप में पहचान चुके थे। भारत में भी विभिन्न चिंतकों ने कम्युनिस्ट सिद्धांत-व्यवहार पर उँगली रखी थी। उदाहरणार्थ, श्री अरविंद ने हिटलर को 'शैतान का दूत' और स्तालिन को 'स्वयं शैतान' बताया था। उन्होंने कहा था कि सोवियत संघ में 'अगर तुम लेनिन या स्टालिन से भिन्न प्रकार से सोचो तो तुम मिटा दिए जाओगे।' हमारे लिए भी उन्होंने चेतावनी दी थी कि 'अब भारत समाजवाद की ओर बढ़ रहा है, यह उसके लिए खतरनाक है'[8] आदि। यह सब उन्होंने 1938-1939 में ही कह दिया था। इसलिए यह नहीं कि तब सच्चाई स्पष्ट नहीं हुई थी।

बात उलटी है, कि सच्चाई नग्न रूप में प्रकट हो चुकने के बाद भी नेहरू ने स्तालिन-भक्ति और सोवियत प्रचार नहीं छोड़ा। उस स्तालिन की भक्ति, जो एक मात्र राष्ट्राध्यक्ष था, जिसने न तो भारत के स्वतंत्र होने पर शुभकामना संदेश भेजा, न महात्मा गांधी के निधन पर शोक-संदेश। वही स्तालिन जिसने कहा था, "दस लाख व्यक्तियों की मौत महज आँकड़ा होता है, कोई ट्रेजडी नहीं, तथा कृतज्ञता कुत्तों की बीमारी है।"

यह भी लाक्षणिक है कि 1956 में स्वयं सोवियत नेता खुश्चेव द्वारा पिछले चार दशक में स्तालिन के क्रूर कारनामों तथा सोवियत समाजवाद की भयावह सच्चाइयों की स्वीकारोक्ति के बाद भारत में कांग्रेस पार्टी ने 1947 में समाजवाद को अपना लक्ष्य घोषित किया। तत्कालीन कांग्रेस नेताओं के अनुसार वह नेहरूजी का 'दीने इलाही', एक निजी खब्त था, जो उन्होंने कांग्रेस से पास करा लिया और यही बात ध्यान देने की है कि जब दुनिया भर में अच्छे-अच्छे कम्युनिस्ट समाजवाद से तौबा कर रहे थे, उस समय नेहरू इसे अपनी पार्टी पर थोप रहे थे। इस संपूर्ण पृष्ठभूमि को बिना समझे हम नेहरूवाद, समाजवाद और यहाँ उसकी विनाशक भूमिका का आकलन नहीं कर सकते।

स्वतंत्र भारत में भारतीय चिंतन-परंपरा का अवमूल्यन तथा तिलक, दयानंद श्री अरविंद, विवेकानंद जैसे मनीषियों की अनुशंसाओं का लोप स्वतः नहीं हुआ। कम्युनिस्ट देशों वाली शैली में उन्हें छल-बल-लांछन से गुम किया गया और उनके स्थान पर लेनिन, स्तालिन, माओ और नेहरू के तैयार निष्कर्षों को दिन-रात प्रचारित किया गया। यह नोट करने की बात है कि नेहरूजी के काल में ही सत्ता के दुरूपयोग, सेंसरशिप, प्रोत्साहन-हतोत्साहन तथा अवैध-अनैतिक तरीकों से भारत में कम्युनिज्म के प्रति आलोचनात्मक अध्ययन-विमर्श को रोका गया।[10] अतः बात केवल समाजवाद की शाब्दिक स्वीकृति की नहीं थी, यथासंभव व्यवहार में भी उसे लागू किया गया, जिसके वैसे ही परिणाम भी हुए।[11] जैसे सोवियत संघ या लाल चीन में स्वतंत्र विचार, आलोचना को छल-बलपूर्वक दबाया जाता था, स्वतंत्र भारत में भी कम्युनिस्ट-विरोधी विचारों को उसी तरह कुचला गया। एक लोकतांत्रिक व्यवस्था की सीमाएँ ही रूकावट थीं, अन्यथा मानसिकता और शैली लगभग वही थी।

कम्युनिस्ट मिथ्या प्रचार के विरुद्ध वैचारिक जागृति लाने का प्रयत्न यहाँ भी समर्थ रूप में आरंभ हुआ था। जो संघर्ष रामस्वरूप की पुस्तिका 'लेट अस फाइट द कम्यूनिस्ट मीनेस' (1948), 'रशियन इंपीरियलिज्म हाउ टू स्टॉप इट' (1950) जैसे गंभीर प्रकाशनों—जिसे श्रीअरविंद, बर्ट्रेंड रसेल, आर्थर कोएस्तर, फिलिप स्प्रैट, सरदार पटेल जैसे विश्वविख्यात विद्वानों, नेताओं का आशीर्वाद भी मिला था तथा 'सोसाइटी फॉर डिफेंस ऑफ फ्रीडम इन एशिया' (1952) की स्थापना के साथ आरंभ हुआ था, उसे यदि आरंभ में ही दबोच कर नष्ट न किया गया होता तो यहाँ भारतीय चिंतन-परंपरा को अपदस्थ कर वामपंथी दबदबा कायम नहीं हो सकता था। किन तरीकों से उसे धराशायी किया गया? ध्यान दें—सार्वजनिक पुस्तक प्रदर्शनी में स्वयं अधिकारियों द्वारा (पार्टी कार्यकर्ताओं या गुंडों द्वारा नहीं) प्राची प्रकाशन का स्टॉल जबरदस्ती बंद करवा कर (कलकत्ता, अप्रैल 1954), शुल्क देकर पोस्टल विभाग द्वारा नियमानुरूप प्राप्त की गई फ्रैंकिंग सुविधा को अवैध तरीके से छीनकर (1953), कम्युनिज्म विरोधी सम्मेलनों में जाने से रोकने के लिए बिना कोई कारण बताए पासपोर्ट न देकर (मई 1955), सोवियत या चीन के प्रति आलोचनात्मक वैचारिक सम्मेलनों को विफल बनाने के लिए बड़े लोगों को कह-सुनकर उसमें जाने से रोक कर, प्रेस में उन सम्मेलनों की चर्चा को गुम या कम करवाकर, आयोजकों-लेखकों को अधिकारियों द्वारा परेशान करवा कर, अखबारों में महत्त्वपूर्ण पदों पर कम्युनिस्टों और उनसे सहानुभूति रखनेवालों को नियुक्त करवाकर, उनके माध्यम से कम्युनिज्म के आलोचक लेखकों, विद्वानों पर प्रेस में तरह-तरह के लांछन लगवाकर, आदि तरीकों से नेहरूजी के समय में इस वैचारिक आंदोलन को खड़े होने से पहले ही गिरा दिया गया था।

जबकि ठीक उसी समय तरह-तरह के कम्युनिस्ट प्रचार साहित्य देश भर में फैलाए जा रहे थे। सोवियत प्रायोजित, चीन प्रायोजित जलसों, सम्मेलनों में प्रति वर्ष सैकड़ों भारतीय नेता, बुद्धिजीवी मास्को और पेकिंग जा रहे थे। गृह मंत्रालय और संसद् की जानकारी में विदेशी सोवियत-चीनी धन का यहाँ की कम्युनिस्ट पार्टी के माध्यम से राजनीतिक कार्यों में अवैध उपयोग हो रहा था। उसी धन से तथाकथित विश्व शांति, साम्राज्यवाद-विरोध, प्रगतिशील लेखक, कलाकार संघों, नई-नई प्रकाशन संस्थाओं, अखबारों आदि विभिन्न नामों-माध्यमों से कम्युनिस्ट प्रचार को निर्बाध चलने दिया जा रहा था, बल्कि प्रोत्साहित किया जा रहा था। अर्थव्यवस्था, शिक्षा, संस्कृति और प्रत्येक क्षेत्र में कम्युनिस्ट देशों की 'चमत्कारी सफलता' के मिथ्या प्रचारों को यहाँ जनता तक दूर-दूर पहुँचाना चल रहा था। उसी असर और नकल में यहाँ भी योजनाएँ, विभिन्न आयोग, अकादमियाँ, संस्थान, समितियाँ आदि बन रही थीं, जिनका दर्शन ही नहीं काम-काज के तरीके तक सोवियत मॉडल से प्रभावित थे। (आज भी उनमें से कई संस्थाएँ सफेद

हाथी या क्षुद्र प्रचार-संस्थान बनीं, जो देश के गले का बोझ बनी हुई हैं।)

कुछ लोग आज इन सबको 'बीती बातें' कहकर कतराते हैं। किंतु उन बातों का सामयिक महत्त्व है। एक तो इसमें कि स्वतंत्र भारत की संपूर्ण राजनीतिक-आर्थिक-शैक्षिक परंपरा उन्हीं विचारों पर आधारित है, जिन्हें नेहरूवाद[12] कहा जाता है। व्यवहारत: यह आज भी भारतीय राजनीति में सबसे प्रभावी विचारधारा है। इसलिए भारतीय दर्शन-परंपरा से इसके छत्तीस के आँकड़े समझना आवश्यक है। आज भी देश-विदेश की अनेक समस्याओं पर हमारे अनेक बुद्धिजीवी, नेता आदि वैसे ही अंधविश्वास में डूबे लिखते-बोलते रहते हैं। समय के साथ नारे, मुहावरे बदलते जरूर गए, किंतु भारतीय चिंतन परंपरा के प्रति उनका दुराव तथा पश्चिमी नारों के प्रति उनका आग्रह यथावत है। वामपंथियों द्वारा स्वामी रामदेव को प्रतिष्ठा-च्युत करने का उत्कट प्रयास उसी का उदाहरण था।

इसलिए वामपंथ 'बीती बातें' नहीं, समकालीन विडंबना है। आज भी नई पीढ़ी को अनेकानेक झूठ परोसे जाते हैं। उदाहरणार्थ, अब स्वयं रूस में नवंबर 1917 की घटना को 'कम्युनिस्टों द्वारा किया गया तख्ता-पलट' कहा जाता है, किंतु हमारे अनेक इतिहासलेखक अभी भी उसे 'समाजवादी क्रांति' कह महिमा मंडित करते झूठे विवरण लिखते हैं। इतिहास के कूड़ेदान में जा चुका समाजवाद अभी भी हमारे पाठयक्रमों की शोभा बढ़ा रहा है, किंतु भारत और पूरी दुनिया को लंबे समय से सांसत में डाले हुए इसलामी आतंकवाद का कोई अध्ययन-अध्यापन नहीं होता। जिहाद फैक्टरी कहलानेवाले मदरसे पाकिस्तान में आधिकारिक विमर्श, नीति-निर्णय के विषय बन सकते हैं। किंतु भारत में यह संपूर्ण विषय वर्जित है। भारत में राजनीति शास्त्र का छात्र 'इसलामी आतंकवाद' पर कुछ नहीं जान सकता, यह उसके पाठयक्रम में ही नहीं है। किंतु उसे रूस, चीन, क्यूबा, फिडेल कास्त्रो तथा समाजवाद के बारे में तरह-तरह की झूठी-सच्ची बातें अभी भी पढ़ने को विवश किया जाता है। क्या यह शिक्षा में किसी राजनीति गुट के नारों को बढ़ावा देकर नई पीढ़ी को हानि पहुँचाना नहीं है?

वस्तुत: 1947 के बाद शिक्षा, शोध, चिंतन, नीति-निर्माण आदि में भारतीय चिंतन परंपरा और स्वाधीनता आंदोलन के मूल्यों की मात्र उपेक्षा की गई थी। किंतु समय के साथ उपेक्षा से आगे बढ़कर अब उन मूल्यों के विरूद्ध दोषारोपण, दुष्प्रचार आरंभ हो गया है। उदाहरण के लिए जो भगवा रंग भारतीय अस्मिता का प्रतीक है, जो भारत के राष्ट्र-ध्वज में भी उसी कारण सादर रखा गया था, वही आज 'भगवाकरण' के रूप में लाँछन का शब्द बन गया है।

## संविधान के साथ भीतरघात

सन् 1950 में बने भारतीय संविधान के पहले पृष्ठ पर 'प्रस्तावना' है। देश-विदेश

के विधिवेत्ताओं ने उसे अत्यंत महत्त्वपूर्ण माना है। प्रसिद्ध ब्रिटिश राजनीति शास्त्री अर्नेस्ट बार्कर ने अपने महत्त्वपूर्ण ग्रंथ प्रिंसिपल्स ऑफ सोशल ऐंड पोलिटिकल थ्योरी में आमुख के स्थान पर वह पूरी प्रस्तावना ही उद्धृत की थी, यह कहकर कि उसमें सबकुछ समाहित है। उसी में सन् 1975 में कुख्यात 42वें संशोधन द्वारा दो अत्यंत वजनी, गूढ़ शब्द जोड़े गए—'सोशलिस्ट' और 'सेक्यूलर'। जहाँ मूल संविधान में भारत को 'लोकतांत्रिक गणराज्य' कहा गया था, वह इस संशोधन के बाद 'लोकतांत्रिक समाजवादी सेक्यूलर गणराज्य' में बदल दिया गया।

उस संशोधन के पीछे गर्हित स्वार्थ थे। प्रतिष्ठित मासिक सेमिनार की संस्थापक राज थापर ने अपनी आत्मकथा में लिखा है कि तत्कालीन प्रधानमंत्री इंदिरा गांधी के सचिव पी.एन. हक्सर मार्क्सवादी विचारों के थे। उन्होंने सभी महत्त्वपूर्ण अकादमिक, राजनीतिक पदों पर कम्युनिस्टों को नियुक्त करना आरंभ किया, जिसके पीछे देश में 'ऊपर से क्रांति संपन्न करने' का उद्देश्य था[13]। मोहन कुमार मंगलम, नुरूल हसन जैसे कम्युनिस्टों का केंद्रीय मंत्रिमंडल में आना उसी का अंग था। गर्हित स्वार्थ इससे भी स्पष्ट है कि इमरजेंसी समाप्त होने और नई सरकार बनने पर उसकी कई बातों को निरस्त किया गया। पर प्रस्तावना वाला संशोधन नहीं हटाया जा सका। वहीं से भारतीय राजनीति में एक कैंसर पनपा, जिसने आज हमारे राजनीतिक शैक्षिक जीवन को चौतरफा जकड़ लिया है। इसीलिए यह प्रश्न आवश्यक है कि संविधान की मूल संरचना 1950 वाले संविधान की है या 42वें संशोधन के बाद 1976 वाले संविधान की? यह प्रश्न इसलिए गंभीर है कि 'सोशलिस्ट' और 'सेक्यूलर' ऐसी अवधारणाएँ नहीं, जिनके बारे में संविधान निर्माताओं को ज्ञान न था।

यह भी स्मरण करें कि जिस समय भारतीय संविधान को 'समाजवादी' और 'सेक्यूलर' मताग्रह का बंदी बनाया गया, ठीक उसी समय हमारे अनेक सत्ताधारी नेता, नौकरशाह और प्रभावी प्रगतिशील लेखक-पत्रकार अवैध धन व सुविधाएँ पाकर सोवियत गुप्तचर एजेंसी के.जी.बी. की सेवा के लिए पंक्तिबद्ध खड़े थे। पिछले वर्ष प्रकाशित मित्रोखिन आर्काइव्स, द के.जी.बी. ऐंड द वर्ल्ड में भारत संबंधी लज्जाजनक विवरण ठीक उसी काल से संबंधित है। जब उनकी लालसा देख एक के.जी.बी. अधिकारी अलेग कालूगिन की टिप्पणी थी, 'ऐसा लगता है कि यह पूरा देश ही बिकने के लिए तैयार है[14]। (ध्यान रहे, कांग्रेस या कम्युनिस्ट नेताओं ने मित्रोखिन विवरणों का खंडन नहीं किया, केवल यह कहा है कि 'वे पुरानी बातें हैं, जिन्हें याद करने से क्या लाभ)।'

मानना होगा कि भारतीय संविधान में 'समाजवाद' को दिशा-निर्देशक स्थान दे देने से यहाँ कम्युनिस्ट पार्टियों को अनुचित वरिष्ठता, अतिरिक्त नैतिक शक्ति मिलती रही है। इससे समाजवाद से असहमत प्रत्येक व्यक्ति/संगठन को संविधान विरोधी यानी

अपराधी कहा जा सकता है। क्या यह अलोकतांत्रिक जबरदस्ती नहीं? इस पर किसी गैर वामपंथी राजनीतिक दल का ध्यान क्यों नहीं गया है?

फिर वह कैसा मूल कानून होगा, जो स्वयं अपरिभाषित हो? जिस तरह पिछले तीन दशक से 'सोशलिज्म' और 'सेक्यूलरिज्म' संविधान के दिशा-निर्देशक होकर भी स्वयं 'अस्पष्ट' अर्थात् अरिभाषित[15] हैं, वह स्वमेव अनेक रोगों का कारण है। वोटों की खीच-तान में हर तरह की अनुत्पादक योजनाएँ, अनुदान, जिसमें अरबों रुपए हर वर्ष बरबाद किए जाते हैं, जिनका 85 प्रतिशत (स्व. राजीव गांधी के अनुसार) भ्रष्टाचार की भेंट चढ़ता है, वह सब सोशलिज्म की भावना से चलता है। उसी प्रकार इस या उस 'अल्पसंख्यक' समुदाय के हित तरह-तरह के पक्षपाती निर्णय सेक्यूलरिज्म के नाम पर होते हैं।

वैसी ही एक धारणा 'वैज्ञानिक दृष्टिकोण' भी है, जिसे भी संविधान में उसी 42वें संशोधन द्वारा घुसाया गया था। संविधान की धारा 51-ए की उप-धारा 'एच' में यह प्रत्येक नागरिक का मूल कर्तव्य बनाया गया कि वह 'वैज्ञानिक मनोवृत्ति' का विकास करे। तीन दशक पहले के बौद्धिक वातावरण में 'वैज्ञानिक दृष्टि', तथा 'मार्क्सवादी', 'प्रगतिवादी दृष्टि' लगभग समानार्थक माने जाते थे। समकालीन मार्क्सवादियों के लेख-भाषण इसकी पुष्टि करेंगे। प्रसिद्ध संविधानवेत्ता दुर्गा दास बसु ने नोट भी किया है कि हमारे संविधान में उस धारा को जोड़ा जाना अन्य बातों के अतिरिक्त हमारे संविधान को सोवियत संघ, चीन आदि देशों के संविधान के अनुरूप बनाना भी था[16]।

हम निश्चयपूर्वक कह सकते हैं कि कथित वैज्ञानिक दृष्टि विकसित करने को हमारा मूल कर्तव्य बना देना भी भारतीय चिंतन-परंपरा विरोधी था। क्योंकि भारतीय परंपरा में जीवन के प्रत्येक कार्य का ध्रुवतारा धर्म-चेतना है। आज भी यह लोक और शास्त्र दोनों में व्याप्त है। भारत के अन्यतम महाकाव्यों महाभारत, रामायण में सभी राजकीय, सामाजिक, पारिवारिक कार्यों, निर्णयों में यही एक मात्र दिशा-निर्देशक तत्त्व है कि कुछ भी करते हुए क्या धर्म है, क्या अधर्म। अपनी-मृत्यु शय्या पर भीष्म पितामह युधिष्ठिर को राज्य-धर्म समेत विभिन्न कर्तव्यों की शिक्षा, व्याख्या देते हैं।

यह जितनी बार दुहराया जाए कम होगा कि भारतीय मनीषा का 'धर्म' पश्चिमी परंपरा के 'रिलीजन' का समानार्थी नहीं है। यह देश-विदेश के सभी गंभीर विद्वान् अच्छी तरह जानते हैं। धर्म करणीय-अकरणीय का कर्तव्य बोध है। जिसका इससे कोई संबंध नहीं कि ईश्वर आध्यात्म, पंथ, मुक्ति, स्वर्ग-नरक, देवी-देवता, पैगंबर आदि के बारे में किसी व्यक्ति के विश्वास क्या हैं। धर्म का संबंध मात्र इससे है कि व्यक्ति कैसे जीता है, कैसा आचरण करता है। इसी से बना है पुत्र-धर्म, क्षात्र-धर्म, आपद्-धर्म आदि। जबकि व्यक्ति कैसा भी उचित-अनुचित आचार-व्यवहार-आचरण क्यों न रखे, उसके

ईश्वर, पैगंबर संबंधी विश्वास क्या हैं—यह 'रिलीजन' या मजहब है, जो ईसाइयत, इसलाम आदि का आधारभूत सिद्धांत है। वहाँ इससे मतलब नहीं कि कोई अपने पिता, भाई, प्रजा, मित्र, शत्रु आदि के साथ क्या व्यवहार करता है या घर-बाहर क्या करता है। उसके आचरण कैसे भी क्यों न हों, किंतु यदि व्यक्ति कुछ निश्चित बातों पर विश्वास-फेथ रखता है तो वह ईसाई या मुसलिम हुआ।

इसलिए हमारी 'धर्म' अवधारणा के लिए पश्चिमी भाषाओं में कोई शब्द नहीं। किंतु यही धर्म भारतीय जीवन का मूलाधार रहा है। अत: इस धर्म-दृष्टि के स्थान पर 'वैज्ञानिक दृष्टि' का आग्रह करना भारतीय दर्शन परंपरा के नितांत प्रतिकूल है, और इसे भी भारतीय संविधान में जबरन डाला गया।

कभी कार्ल मार्क्स ने वैज्ञानिक उन्नति के बल पर कम्युनिज्म में 'सबको उसकी इच्छा अनुसार' उपभोग-सामग्री उपलब्ध हो जाने की संभावना दिखाई थी। आज वह भूलकर 'सस्टेनेबल डेवलपमेंट' की अपील होने लगी है। जो इसकी स्वीकृति है कि वैज्ञानिक उन्नति से सबको सबकुछ नहीं मिल सकता। किंतु स्वतंत्र भारत में प्रचारित किया गया कि विज्ञान के पास सभी समस्याओं का निदान है। और भारत का अब तक का अधिकांश ज्ञान अंधविश्वास है। वैज्ञानिक दृष्टि के नाम पर धर्म, नैतिकता, रीति-रिवाज, योग, मंत्र, पारंपरिक चिकित्सा आदि सभी चीजों को थोक भाव में अंधविश्वास कहकर उनकी हँसी उड़ाई गई। ज्यादा दिन नहीं हुए, जब किसी का योगाभ्यास करना 'ऊटपटांग' माना जाता था। आज पूरी दुनिया में योग की धूम है। यहाँ तक कि योग से हिंदू धर्म को अतिरिक्त वरिष्ठता न मिल जाए, इसलिए अमेरिका में विभिन्न ईसाई संगठन 'क्रिश्चियन योगा' जैसे प्रचार में लगे हैं।

तीन दशक पहले तक हमारे देश में स्त्री-पुरुष संबंधों में नैतिक, एकनिष्ठ संबंध अथवा छात्रों, युवाओं के लिए ब्रह्मचर्य व्रत जैसे सनातनी निर्देश को दकियानूसी बताकर युवक-युवतियों से 'मॉडर्न' बनने का आग्रह होता था। संस्कृत को छोड़ अंग्रेजी की शिक्षा पर बल देने के कारण ऐसे विचारों को अतिरिक्त बढ़ावा दिया। आज पूरी दुनिया एड्स महामारी की चपेट में है और 'वैज्ञानिक दृष्टि' को पता नहीं कि अब क्या करें? ले-देकर हमारे नीतिकार यह नारा दे रहे हैं, 'कंडोम के साथ चलो'। यह कैसी गर्हित स्थिति, बल्कि नैतिक विभीषिका है कि आप जगह-जगह लिखे इस लज्जास्पद नारे को बच्चों को समझा नहीं सकते। यह दुर्गति हमारी पारंपरिक नैतिकता, शिक्षा और धर्म-चेतना छोड़ने के कारण ही हुई है। वामपंथी-नेहरूवादी प्रभाव में यूरोपियनों के व्यक्तिवाद उपभोगवाद विज्ञान और आधुनिकता की अंधाधुंध नकल से बनी है।

वैज्ञानिकता के आग्रह में धर्म, शास्त्र, योग, क्षेम ही नहीं सभी प्रकार के देशज अनुभव संचित लोक-ज्ञान को अंधविश्वास मानकर परे कर दिया गया। कहा गया

कि हमारा देश और समाज अंधविश्वासों से ग्रस्त रहा है और मात्र आधुनिक यूरोपीय विज्ञान ही इसमें पुन: प्रकाश भर सकता है। विज्ञान का सम्मोहन ऐसा था कि राजनीति, इतिहास, अर्थशास्त्र जैसे सामाजिक अध्ययन विषयों को भी 'सामाजिक विज्ञान' (सोशल साइंस) कहने का आग्रह किया गया, मानो मनुष्य भी प्रयोग की वस्तु हों, जिन्हें उपयुक्त प्रयोग आदि करके, उन्हें मुकम्मल तौर पर समझ-बूझकर, सही फॉर्मूला अपना कर एक वैज्ञानिक रूप से सुसंगत समाज बना डाला जाएगा। वह आशा कब की टूट कर चूर-चूर हो चुकी, पर 'वैज्ञानिक दृष्टि' का अंधविश्वास टूटता नहीं।

किंतु धीरे-धीरे कृषि, चिकित्सा, अर्थ-व्यवस्था समेत सभी क्षेत्रों में वह महसूस किया जाने लगा है कि जगत् को मनुष्य-केंद्रित मानने का यूरोपीय अहंकार नितांत मूर्खतापूर्ण एवं आत्मघाती है। संयम, अपरिग्रह और स्वयं को चराचर का एक सामान्य अंग मानने की हिंदू विनम्रता ही उपयुक्त मार्ग है। इस दृष्टि से भारतीय परंपरा का संचित ज्ञान व तदनुरूप व्यवहार—नदियों, पहाड़ों, विभिन्न पेड़, पशु-पक्षियों को देवस्वरूप मानना—अंधविश्वास नहीं वरन् शतियों के ज्ञानानुभव से अर्जित अनमोल संपदा है, जिनका पुनर्मूल्यांकन होना चाहिए। इसलिए नीम, हल्दी, तुलसी, गो-मूत्र, जैसे असंख्य भारतीय पारंपरिक उपचारों, पद्धतियों को विदेशियों द्वारा पेटेंट कराने की प्रतियोगिता सी चल पड़ी है।

हमारे व्रत-त्योहारों का भी गंभीरता से अध्ययन होने लगा है। तब अब जाकर यहाँ कुछ शिक्षाकर्मी, लेखक, बुद्धिजीवी यह देखने लगे हैं कि हमारे 'पारंपरिक ज्ञान' में बहुत कुछ ऐसा है, जो श्रम नहीं है। देशज ज्ञान अनुभव पर आधारित है एवं अपनी सोच एवं अपने दिमाग, शरीर एवं यहाँ की प्रकृति की अंदरूनी बनावट से ऊपजा है।[17]

लेकिन हमारे नीति-निर्माता, प्रगतिवादी प्रचारक अभी भी सचेत नहीं हुए हैं। अमेरिकी मिशनरियों की तरह इन्हें भी भय है कि किसी भी पारंपरिक ज्ञान-परंपरा को आदर देने से हिंदू वैचारिकता को अनायास आदर मिल जाएगा, जिससे वे हर हाल में बचना चाहते हैं। फलत: आज भी हमारे संविधान में ही नहीं, पुस्तकों भाषणों शिक्षा संबंधी दस्तावेजों आदि में 'वैज्ञानिक दृष्टि' की तोता-रटत दुहराई जाती है। बिना कुछ स्पष्ट किए (समाजवाद और सेक्यूलरिज्म की भाँति) कि उसका अर्थ क्या है, इस तरह हमारे इतिहासकारों, शिक्षा-शास्त्रियों की तथाकथित वैज्ञानिक-दृष्टि स्वयं कट्टर अंधविश्वास का नमूना बन चुकी है।

हमारे अपने मनीषी, श्रीअरविंद, जिन्होंने बचपन से ही संपूर्णत: शिक्षा यूरोप में पाई तथा लैटिन, फ्रेंच, जर्मन समेत अधिकांश यूरोपीय मनीषा का स्वयं अध्ययन, शोध किया था, अर्थात् जो किसी भी तरह अंधविश्वासी हिंदू नहीं कहे जा सकते थे, उन्होंने भी चेतावनी दी थी: 'आजकल हम मान लेते हैं कि हम विज्ञान सीख ले तो सबकुछ

ठीक हो जाएगा। हम पहले अपने-आप से पूछ सकते हैं कि हमारे पास जितना ज्ञान है, उसका हमने क्या उपयोग किया है? हममें से जिन लोगों ने साइंस सीखी है, उनमें से कितनों ने देश का कितना भला किया है? हम कुछ मौलिक काम करने योग्य नहीं हैं, नकल करना ही हमारा गुण है।[18] अतएव, विज्ञान के प्रति हमारे बौद्धिक वर्ग का सम्मोहन भी कुछ-कुछ समाजवाद के प्रति सम्मोहन जैसा ही था।

भारतीय चिंतन-परंपरा की तुलना में समाजवाद, सेक्यूलरवाद और वैज्ञानिक दृष्टि पर यह संक्षिप्त चर्चा यह संकेत करना चाहती है कि शतियों बाद हमें राजनीतिक स्वतंत्रता तो मिली, किंतु वैचारिक, मानसिक स्वाधीनता की ओर बढ़ने के स्थान पर हम उलटे पराधीन होते गए। आज भी दिशा वही है। यदि समय रहते हमने समीक्षा न की, और उपचार न किया तो हमारा भविष्य आशाजनक नहीं। अज्ञेय ने चेतावनी दी थी:

...'आधुनिक राष्ट्र बनने के लिए सांस्कृतिक अस्मिता और ऐतिहासिक दृष्टि खो देना न केवल अनावश्यक है, बल्कि एक प्रकार से किस्तों में आत्मघात है। अगर देश एक सांस्कृतिक इकाई नहीं है और वैसी अस्मिता का बोध उसमें नहीं है तो वह आर्थिक प्रगति के बावजूद वेध्य बना रहेगा, विघटन की प्रवृत्ति किसी भी समय उसके भीतर उभर सकेगी। और सांस्कृतिक अस्मिता नकल से नहीं बनती, विदेशी मनोवृत्तियाँ और मनोभाव आयातित करके भी नहीं बनती, अपनी ही सही पहचान से बनती है।' (अज्ञेय 1977)

अतएव यदि किन्हीं तरीकों से, किसी भी मूल्य पर हमारे देश को आर्थिक, व्यापारिक, भौतिक समृद्धि मिल भी जाती है तो वह हमारी सुरक्षा की गारंटी नहीं है। यहाँ स्मरण करें कि पिछले हजार वर्ष में भारत जब दो बार विदेशी आक्रांताओं के हाथों पराजित होकर गुलाम बना तो वह 'सोने की चिड़िया' ही कहलाता था। अर्थात् हमारी आर्थिक समृद्धि, सामाजिक-राजनीतिक स्वाधीनता की गारंटी नहीं रही है। अतः अपने अस्तित्व तक की रक्षा हेतु हमें अपनी अस्मिता, सामर्थ्य, शक्ति-संपन्नता पर आधारित होना होगा। यह मानने का कोई कारण नहीं कि बंकिमचंद्र, दयानंद, विवेकानंद, तिलक, श्री अरविंद, निराला या अज्ञेय जैसी महान् विभूतियों की समझ अनुपयुक्त थी। हजारों वर्ष से अपनी मूल्यवत्ता प्रमाणित करती भारतीय मनीषा के प्रति उन बाजारू राजनीतिक प्रचार की अहंकारी टिप्पणियों को महत्त्व देना भी बंद होना चाहिए, जिनके कोई दावे एक पीढ़ी भी यथावत नहीं टिक सके हैं।

## संदर्भ टिप्पणीयाँ

1. धर्मपाल द्वारा उद्धृत, 'स्वाधीनता से वंचित होने की चिंता', धर्मपाल, भारत का स्वधर्म, (सहयोग-रामेश्वर मिश्र 'पंकज'), बीकानेर : वाग्देवी प्रकाशन, 1994, पृ.13 टिप्पणी नेहरू की है, यह धर्मपाल ने अन्यत्र लिखा है।

2. बंकिमचंद्र और 'वंदे-मातरम्' की ऐतिहासिक भूमिका के लिए देखें, श्री अरविंद, 'ऋषि बंकिमचंद्र', बंकिम-तिलक-दयानंद, पांडिचेरी : श्री अरविंद सोसाइटी, 1994।
3. उदाहरण के लिए देखें, 'भारत माता की जय बैन्ड इन जे ऐंड के डिस्ट्रिक्ट', द पायोनियर अंग्रेजी दैनिक, नई दिल्ली, 20 जुलाई, 2006।
4. श्री अरविंद, 'उत्तरपाड़ा भाषण' (1906), कारावास की कहानी, पांडिचेरी: श्री अरविंद सोसाइटी, 1997, पृ.19।
5. परखने के लिए देखें, बी. शिवा राव व अन्य, द फेमिंग ऑफ इंडियाज कांस्टीट्यूशन,खंड-1, नई दिल्ली : द इंडियन इंस्टीच्यूट ऑफ पब्लिक एडमिनिस्ट्रेशन, 1966। इसमें सन् 1889 से 1947 तक भारत के संवैधानिक, राजनीतिक नवनिर्माण को लेकर हुई चर्चाओं, दस्तावेजों का विस्तृत विवरण है। उनमें कहीं सोशलिज्म का नाम-निशान नहीं मिलता। मैक्स वेबर, 'पॉलिटिक्स ऐज व वोकेशन', फॉम मैक्स वेबर : एसेज इन सोशियोलॉजी, सं.- एच.एच.गर्थ, सी. राइट मिल्स, लंदन : रूटलेज ऐंड क्लोन पॉल लि. 1952, पृ. 122-23।
6. एक विस्तृत मूल्यांकन के लिए देखें, सीताराम गोयल, जेनेसिस ऐंड ग्रोथ ऑफ नेहरूइज्य, खंड-1 ए, कमिटमेंट दु कसृनिज्य, नई दिल्ली : वॉयस ऑफ इंडिया, 1993।
7. श्री अरविंद, 6 अप्रैल, 1936 तथा 14 दिसंबर, 1938, सांध्य वार्त्ताएँ, पांडिचेरी : श्री अरविंद सोसाइटी, 1992, पृ. 68।
9. खुश्चेव रिपोर्ट के बाद दुनिया भर में कम्युनिस्टों के बीच कितनी गहरी उथल-पुथल मची, कितना आत्मालोकन, मंथन हुआ, इसकी एक गंभीर, प्रामाणिक प्रस्तुति के लिए देखें, हावर्ड फास्ट, द नेकेड गॉड : द राइटर एंड द कम्युनिस्ट पार्टी, न्यूयॉर्क : फेडरिक ए. प्रेजर, 1957। भारत में भी कम्यूनिस्ट कार्यकर्ताओं और बुद्धिजीवियों के बीच भारी मोहभंग हुआ था। देखें, राज थापर, ऑल दीज इयर्स, नई दिल्ली : सेमिनार पब्लिकेशंस, 1991, पृ. 140-41।
10. विस्तृत विवरण के लिए देखें, सीताराम गोयल, जेनेसिस ऐंड ग्रोथ ऑफ नेहरूइज्म, खंड 9, नई दिल्ली : वॉयस ऑफ इंडिया, 1993, पृ. 11-28।
11. घोर व्यक्ति पूजा, हर तरह के संस्थान, भवन, पथ उद्यान, विश्वविद्यालय, अकादमी, कॉलोनी, योजनाओं आदि के नाम नेहरू, इंदिरा, आदि से जोड़ कर रखते जाना भी विशुद्ध समाजवादी अनुकरण है। किसी 'बुर्जुआ' देश में ऐसा नहीं देखा जा सकता, चाहे कोई नेता कितना भी महान् या लोकप्रिय क्यों न रहा हो। उसी तरह 1970 के दशक में कांग्रेस-कम्युनिस्ट नेताओं द्वारा देश में

'कमिटेड' न्यायालय, 'कमिटेड' नौकरशाही - प्रेस - संसद-पुलिस- लेखक आदि सभी क्षेत्र में 'कमिटेड' लोगों की माँग भी सोवियत-चीनी प्रणाली से उपजी हुई ख्वाहिश ही थी। फिर, ऊपर से नीचे तक भ्रष्टाचार भी समाजवादी अर्थ-प्रणाली, मनोवृत्ति का ही परिणाम था, जिसमें इसे बड़ी बात नहीं माना जाता था। यह कहकर कि 'यह तो सब जगह है।' प्रसिद्ध ब्रिटिश कम्युनिस्ट फिलिप स्मैट ने 1993 में ही लिखा था, "भ्रष्टाचार के प्रति नेहरू की सहनशीलता मार्क्सवाद के प्रति उनकी सहानुभूतिपूर्ण भावना से जुड़ी हुई है।"

12. उदाहरण के लिए, के.नटवर सिंह, 'चेंजिंग डायमेंशंस ऑफ नेहरूइज्म नेहरू सेंटर, थिरूअनतपुरम में 19 जुलाई, 2004 को दिया गया व्याख्यान। ली क्यान यू द्वारा 29 नवंबर, 2002 को दिल्ली में दिया गया। 37वाँ जवाहरलाल नेहरू स्मृति व्याख्यान भी देखें नेहरूइज्म ऐंड इंडियाज इकोनोमिक डेवलपमेंट।
13. राज थापर ऑल दीज इयर्स, नई दिल्ली: सेमिनार पब्लिकेशंस, 1991, पृ. 28 6, 268-99।
14. बुलबुल राय मिश्रा द्वारा उद्धृत 'हूवेन कंट्री वाज अप फॉर सेल', द पायोनियर, नई दिल्ली, 4 अक्तूबर, 2005।
15. 'सोशलिज्म' को तो सर्वोच्च न्यायालय ने कुछ मुकदमों का फैसला देते हुए जैसे-तैसे समझने, समझाने का प्रयास भी किया जो नितांत अपर्याप्त है, किंतु 'सेक्युलरिज्म' के बारे में तो वहाँ से भी कोई व्यवस्था नहीं मिली है। देखें, दुर्गा दास बसु शॉर्टर कांस्टीट्यूशन ऑफ इंडिया, दसवाँ संस्करण, नई दिल्ली: प्रेंटिस हाल ऑफ इंडिया, 1986, पृ.2।
16. वही, पृ. 279।
17. एक शैक्षिक संगठन, 'सोसाइटी फॉर इंटीग्रेटेड डेवलपमेंट ऑफ हिमालय' द्वारा 3-5 अगस्त, 1998 को आयोजित एक शिक्षा-कार्यशाला की रिपोर्ट, बोधिग्राम: संजीवनी, सम्मति, संवाद सिद्धः मसूरी, 1999, पृ. 70।
18. श्रीअरविंद, भवानी-भारती पांडिचेरी: श्री अरविंद सोसाइटी, 1992, पृ. 3।

*(लेखक लब्धप्रतिष्ठित स्तंभकार हैं।)*

□

# चौथे स्तंभ से राष्ट्र की अपेक्षा

**—चंदन मित्रा**

भारतीय राष्ट्रीयता का प्रतीक राष्ट्रीय गीत 'वंदे मातरम' की औपचारिक स्वीकृत के 100 साल में होने की याद में स्कूलों में गाए जाने पर जो विवाद है, वह मीडिया के मौजूदा दृष्टिकोण का स्पष्ट रेखांकन है। जिस राजनेता ने मानव संसाधन मंत्रालय के मूल निर्देश के अनुरूप अपने बयान जारी किए कि 7 सितंबर को सभी स्कूलों में वंदे-मातरम् गाया जाना चाहिए, उन्हें मीडिया के गभींर विद्वेष का सामना करना पड़ा। टीवी रिपोर्टरों ने उन नेताओं को उद्धत राष्ट्रवाद, सांप्रदायिक घृणा फैलाने व हिंसा को उकसावा देने आदि अनेकों आरोप लगाए। उनसे यह प्रश्न जरूर आ गया, 'क्या आप मानते हैं कि सभी स्कूल, जिनमें मदरसे भी शामिल हैं, वंदे-मातरम् का गायन अनिवार्य होगा।' यदि किसी ने साहसपूर्वक अपना उत्तर हाँ में दिया, तो उससे दूसरा सवाल किया गया, 'यदि कोई गाने से इनकार कर दे, तो क्या होगा?' क्या ऐसे बच्चे को दंडित किया जाएगा? ऐसा मानकर कि केवल भाजपा ही इस विचार पर जोर दे रही है, जब नेताओं से पूछा गया, 'एनडीए पाँच साल तक शासन में रही। लेकिन उस समय तक आपके नेता कह रह थे कि वंदे-मातरम् का गायन अनिवार्य नहीं है, तो आप क्यों अपने विचार बदल रहे हैं?'

दरअसल, ये सभी सवाल अज्ञानता और पक्षपात पूर्ण हैं। यही नहीं, इस तरह के प्रश्न पूछने के पीछे पूर्व विचारित योजना है। इसका मकसद राष्ट्रवादी नेताओं, विद्वानों, लेखकों और दूसरे सामाजिक हस्तियों के लिए जाल बिछाना था कि कुछ गलती करें और जानबूझकर वंदे-मातरम् न गानेवालों को दंडात्मक काररवाई का सुझाव दें। ऐसी हालत में मीडिया खासतौर पर अंग्रेजी मीडिया की हेडलाइन कुछ इस तरह होगी, 'वंदे-मातरम् पर मुसलिम बच्चों को पीटा जाए : भाजपा।' इसके बाद तथाकथित मुसलिम धार्मिक नेता, पथनिरपेक्षवादी, वामपंथी और दूसरे भारत निंदक टीवी स्टूडियो में बुलाए जाएँगे और संघ परिवार के फासिस्ट मानसिकता की घोषणा की जाएगी। मीडिया की गेमप्लान

का अनुमान लगाना बहुत आसान है।

इसके पहले कि मैं इस तथ्य पर विचार करूँ कि देश मीडिया से क्या उम्मीद करता है, मैं संक्षेप में कहना चाहूँगा कि क्यों भारत में आज मीडिया राष्ट्रवादी शक्तियों के खिलाफ गहरे पक्षपात से ग्रसित है ? और सभी प्रकार के व्यवहार को प्रोत्साहन देती है चाहे नशीली दवाओं के सेवन की आजादी की बात हो या समलैंगिक संबंधों की यह बड़े पैमाने पर सनसनीवाद में भी संलग्न रहती है। मेरा मानना है कि इन बातों को निम्न तथ्यों से समझा जा सकता है।

- जे एन यू ब्रांड की बौद्धिकता का असाधारण प्रभाव, जो गहरा मार्क्सवादी झुकाव लिए है। सामाजिक विज्ञान के अध्यापक समुदाय में मार्क्सवादियों का पूरा दबदबा और नतीजतन इतिहास, राजनीति विज्ञान, विज्ञान, समाज शास्त्र, अंग्रेजी साहित्य आदि के विद्यार्थियों का शिक्षाकरण, जहाँ से अधिकांश मीडिया कर्मी आते हैं।
- राष्ट्रीय मीडिया स्कीम में दिल्ली का काफी ज्यादा महत्त्व है, जिसके फलस्वरूप अंग्रेजी और हिंदी की राष्ट्रीय मीडिया की भरती प्रायः दिल्ली की चहारदीवारी में सीमित रहती है। अंग्रेजी, हिंदी, और क्षेत्रीय भाषाओं के प्रकाशनों के लिए स्तंभ लिखनेवालों में वामपंथी, उदारवादी, निरपेक्ष चरमपंथियों का दबदवा और टीवी विश्लेषकों में भी इनका गहरा प्रभाव।
- स्वतंत्र पत्रकारों पर सहकर्मियों का दबाव, जिन्हें अलग-थलग रूप में काम करना पड़ता है, क्योंकि वे पत्रकार संघों, प्रेस क्लबों आदि में पंथनिरपेक्ष साथियों से त्रस्त्र रहते हैं।
- अधिकांश समाचार-पत्र और टीवी चैनेलों के मालिक व्यवसायी हैं, जो पिछली कांग्रेस सरकारों से लाभान्वित रहे हैं और वे कांगेस व वामपंथी नीतियों का विरोध करना नहीं चाहते हैं तथा वे अपने संस्थानों में राष्ट्रवादी मीडियाकर्मियों की नियुक्ति करने से साफ इनकार कर देते हैं।

ये कुछ ऐसे कारक हैं जो मीडिया को सक्रिय राष्ट्रवादी भूमिका अदा करने से रोकते हैं, जैसा कि स्वतंत्र मीडिया से अपेक्षा की जाती है। गला-काट प्रतिस्पर्धा के इस दौर में ज्यादा सर्कुलेशन व बेहतर टीवी रेटिंग्स के चक्कर में मीडिया मालिकों ने पत्रकारों पर दबाव बनाया है कि वे ग्लैमर और ऊँची सोसाइटी की खबरों पर ज्यादा जोर दें, जबकि समाज व राष्ट्र को प्रभावित करनेवाली गंभीर खबरें दब सी जाती हैं।

अपेक्षाकृत कम चर्चित घटनाएँ मसलन-वेलेंटाइन डे या आइटम नंबर कार्यक्रमों को, जिसे कम पोशाक पहनी महिलाएँ प्रस्तुत करती हैं, व्यावसायिक संभावना के कारण बहुत अधिक महत्त्व दिया जाता है और उन लोगों की जमकर आलोचना होती

है, जो भारतीय संस्कृति की असभ्यता का विरोध करते हैं। जो भी हो, यदि इस प्रवृत्ति पर प्रभावकारी रोक न लगाई गई, तो आनेवाले वर्षों में समाज का गहरा नुकसान होगा।

दूसरी व्यथित करने वाली प्रवृत्ति इस धारणा से चिपके रहने की है कि 'हिंदू हमेशा गलत हैं और अल्पसंख्यक हमेशा सही।' मीडिया की इस प्रवृत्ति ने अल्पसंख्यकों में मौजूद चरमपथियों को, अलगाववादी कारकों को आक्रामक समर्थन देने के लिए और उकसाया है, जबकि हिंदू वर्ग अपने विचारों को जोरदार तरीके से नहीं रख पा रहे हैं। ऐसा इस प्रवृत्ति के कारण भी है कि हिंदू पत्रकार व विश्लेषक मीडिया के प्रभावी निरपेक्ष चरमपंथी वर्गों से अच्छे व्यवहार का प्रमाण पत्र हासिल करना चाहते हैं। फलस्वरूप भारत धीरे-धीरे 'कमजोर राज्य' की निराशा स्थिति की ओर बढ़ रहा है। अब मैं उस बात को रेखांकित करूँगा कि भारत जैसे देश में एक स्वतंत्र मीडिया से क्या उम्मीद की जानी चाहिए।

## देशभक्ति

मेरे कहने का यह मतलब नहीं है कि मीडिया देशभक्त नहीं है। बहुत से योग्य पत्रकारों की अनुचित प्राथमिकताओं के कारण राष्ट्रीय हितों को नुकसान पहुँचानेवाली आवाजों को प्रमुखता मिलती है। उदाहरण के तौर पर दिसंबर 1999 में हुए कांधार अपहरण नाटक में मीडिया ने अपहृत विमानयात्रियों के सगे-संबंधियों के विरोध को बहुत बढ़-चढ़कर दिखाया। बाद में पता चला कि प्रदर्शनकारियो में सिर्फ यात्रियों के संबंधी ही नहीं थे, बल्कि भीड़ थी, जिसे स्थानीय कांग्रेस नेताओं ने जुटाई थी, जो वाजपेयी सरकार को बदनाम करना चाहते थे। पाकिस्तान और दूसरी विदेशी एजेंसियों ने मीडिया के इस एकतरफा कवरेज का पूरा फायदा उठाया और इस तरह पेश किया कि भारत की जनता चाहती है कि अपहृत यात्रियों के बदले आतंकवादियों को छोड़ दिया जाए। ठीक इसी तरह कश्मीर में सुरक्षाबलों की ज्यादती की रिपोर्टिंग करते समय मीडिया तथाकथित पीडितों के विचारों को प्रस्तुत करती है, जिनमें से ज़्यादातर आतंकवादियों से सहानुभूति रखते हैं।

यह महत्त्वपूर्ण है कि भारतीय मीडिया को जिम्मेदारी से काम करना चाहिए और राष्ट्रीय हितों को सबसे ऊपर रखना चाहिए। पत्रकारिता संस्थानों व मीडिया प्रशिक्षकों को नए पत्रकारों में राष्ट्र भावना का विकास जरूरी तौर पर करना चाहिए, ताकि वे अपने कार्य स्थलों पर राष्ट्रीय विचारों के पक्ष में तर्क प्रस्तुत कर सकें।

## निष्पक्षता

अकसर कहा जाता है कि निरपेक्ष सत्य यह है कि कोई निष्पक्ष सत्य है ही

नहीं। दूसरे शब्दों में, समाचार कैसे परोसा और चित्रित किया जाता है, यह बहुत कुछ पत्रकार की आत्मनिष्ठा और मीडिया स्थान की नीतियों पर निर्भर करता है। इस संदर्भ में लोकोक्ति प्रश्न 'गिलास आधा खाली है या आधा भरा हुआ' बहुत महत्त्व का है। मीडिया महाशक्ति बनने की राह में भारतीय मीडिया के निष्पक्षता को आत्मसात् करने की जरूरत है और टीका-टिप्पणी रिपोतार्ज से बचना गहिए। इस संबंध में पश्चिमी मीडिया से सीख लेने की जरूरत है, जो न केवल राष्ट्रीय हितों का खयाल रखती है (उदाहरण के तौर पर अमेरिका में हुए 11 सितंबर को हुए आतंकी हमले की सम्मानजनक रिपोर्टिंग), बल्कि सुनिश्चित भी करती है कि सत्य पक्षधरता की बलि न चढ़ जाए।

एक परिपक्व मीडिया को तथ्यों को जाँचने-परखने पर सबसे अधिक जोर देना चाहिए और हमेशा संतुलन की स्थिति बरकरार रखनी चाहिए। दुर्भाग्यवश, काफी दिनों से ऐसा नहीं हो रहा है। घटनाओं की रिपोर्टिंग ने मामले में समाचार संगठनों द्वारा 'न्यूज' को तोड़ने-मरोड़ने से केवल सुविधाजनक सत्य ही बाहर आ पाता है, जबकि असुविधाजनक तथ्य नजरअंदाज कर दिए जाते हैं। टीवी समाचार व समाचार-पत्रों से भारतीय दर्शक-पाठक बहुत तेजी ने परिपक्व हो रहे हैं। ऐसी आशा की जा सकती है कि 2020 में दर्शक और पाठक ज्यादा सतर्क होंगे और मीडिया संगठनों से उनकी पक्षधरता के लिए व्याख्या चाहेंगे। हमें इस प्रवृत्ति को बढ़ावा देना चाहिए और नागरिकों को समर्थ बनाना चाहिए, ताकि वे मीडिया से सवाल पूछ सकें।

## ईमानदारी

बिना ईमानदार मीडिया के भारत विकसित और लोकतांत्रिक देश बनने की उम्मीद नहीं कर सकता। ईमानदारी का मेरा मतलब ईमानदार मकसद का है, जिसका संबंध मीडिया मालिकों के साथ-साथ पत्रकारों से भी है। पश्चिमी देशों के मीडिया कर्मियों के विपरीत भारतीय पत्रकार बड़ी आसानी से शक्तिशाली लोगों के प्रभाव में आ जाते हैं।

जल्दी पैसा कमाने की लालच और अधिकारियों के तबादले तथा नियुक्तियाँ कराने में इनकी भूमिका ने पत्रकारों को स्पष्टवादिता के रास्ते से दूर कर दिया है, जबकि समाज पत्रकारों से स्पष्टवादी व ईमानदार होने की आशा करता है। इससे उनकी वस्तुनिष्ठता के साथ-साथ संगठन भी प्रभावित होता है, जिसमें वे काम करते हैं। बहुधा मीडिया मालिक औद्योगिक लाइसेंस, संस्था के लिए बहुत ही कम रेट पर जमीन, पद्म सरीखे अवार्ड, राज्यसभा के लिए नामांकन आदि के लिए सिफारिश चाहते हैं। इसका भी वस्तुनिष्ठता और विश्वसनीयता पर प्रभाव पड़ता है।

जब तक तीन मूलभूत गुणों देशभक्ति, निष्पक्षता और व्यक्तिगत व्यावसायिक ईमानदारी को कठोरता से पालन नहीं किया जाता, तब तक भारतीय मीडिया ऐसी आशा

नहीं रख सकती कि उसे परिपक्व मीडिया के तौर पर माना जाए। इसमें नई मीडिया, मसलन–इंटरनेट, सिटिजन्स रेडियो आदि सकारात्मक और सुधारनेवाली भूमिका निभा सकती है। वह एकाधिकारी प्रवृत्ति व भीड़ मानसिकता से लड़ने में मदद कर सकती है, जो प्राय: पत्रकारिता की विश्वसनीयता पर विपरीत असर डालती है। पिछले दो दशकों में मीडिया उस दौर में प्रवेश की है, जहाँ अभूतपूर्व तकनीकी विकास, योग्य मानव शक्ति व मीडिया में धन लगानेवालों को लाभ पहुँचा है। लेकिन प्रभाव जमाने की अंधी दौड़ में कुछ लक्ष्य ओझिल हो गए हैं। सनसनीवाद और फूहड़पन देश निर्माण और स्वस्थ समाज के लिए घातक हैं।

स्टिंग आपरेशन और खुले राजनीतिक एजेंडे सुव्यवस्थित ढंग से कुछ हितों को बढ़ाने के लिए इस्तेमाल हो रहे हैं। दर्शकों की सहज वृत्ति को तुष्ट करने के लिए इन्हें तोड़ा–मरोड़ा जाता है। परिणामस्वरूप नई पीढ़ी में समाचारों की वरीयता और उसका चयन विकृत होने लगता है। आजकल अधिकांश बच्चे समाचार–पत्रों की केवल चकाचौंध भरी खबरें ही पढ़ते हैं और एमटीवी जैसे ही चैनल देखते हैं, जो अपसंस्कृति को बढ़ावा देता है। यदि संघर्ष लंबा भी चले तो भी इस प्रवृत्ति से लड़ना ही होगा। यदि हम हार गए तो, मीडिया वाचडॉग की भूमिका खो देगी। दरअसल, हर लोकतांत्रिक व विकसित देश में यह उम्मीद की जाती है कि मीडिया वाचडॉग का काम करेगी।

*(लेखक 'द पायनियर' के संपादक व प्रबंध निदेशक तथा सांसद हैं।)*

□

# सामाजिक समरसता का अर्थ है सामाजिक सम्मान

—रमेश पतंगे

लेखक का शीर्षक 'भारतीय समाज में सामाजिक समरसता कैसे प्रबल हो' यह है। इसलिए भारतीय समाज, यानी कौन सा समाज? सामाजिक समरसता का अर्थ क्या? समरसता के पहले 'सामाजिक' शब्द ही क्यों लगाया जाए? राजनीतिक, आर्थिक समरसता क्यों नहीं, ऐसे बहुविध प्रश्न खड़े किए जा सकते हैं। मुझे एक संस्मरण याद आता है कि राष्ट्रीय स्वयंसेवक संघ के तृतीय सरसंघचालक बालासाहब देवरसजी के करकमलों द्वारा 'समरसता दर्शन' नामक पुस्तक का विमोचन पुणे में आयोजित किया गया था। महाराष्ट्र के ज्येष्ठ साहित्यिक, विद्वान् प्राध्यापक सभा की अध्यक्षता कर रहे थे। उन्होंने समरसता के विषय में ऐसे ही सवाल खड़े किए। मंच पर बैठकर मैं सब सुन रहा था। उस समय ऐसा लगा कि जिन्हें शाब्दिक वितंडावाद करने में आनंद आता है, उनमें से एक प्राध्यापक महोदय हैं। धरातल पर तो कुछ काम करना नहीं है, मंच पर से शब्दों के बुलबुले छोड़ने हैं। ऐसे लोगों के लिए ऊपर दिए हुए सवाल शायद महत्त्वपूर्ण हो सकते हैं। हमारे लिए वे अर्थहीन हैं।

अपने समाज की वास्तविकता क्या है? हिंदू समाज तीन हजार से अधिक जातियों में बँटा हुआ है। हरेक जाति एक स्वायत्त गुट होता है। विवाह-संबंध जाति के अंदर होते हैं। जन्म से लेकर मृत्यु तक के संस्कारों में भी जाति के अनुसार भेद बनते जाते हैं। जाति के अलग सामाजिक, सांस्कृतिक संगठन होते हैं। अनेक स्थानों पर उनके मंदिर भी अलग होते हैं। राम-कृष्ण-शिव को भी जाति के आधार पर बाँट दिया है। संत-महात्माओं की पहचान जन्म-जाति के आधार पर की जाती है। हिंदू समाज अनेक मंजिलों वाली जातीय रचना है। निवासी मंजिल की सीढ़ियाँ होती हैं। उनसे एक मंजिल से दूसरी मंजिल तक आदमी जा सकता है। हिंदू समाज की जातिय मंजिल में एक

मंजिल से दूसरी पर पहुँचना असंभव है, क्योंकि आवागमन के लिए कोई सीढ़ी नहीं है।

इस जाति प्रथा के और तीन क्लेशदायी अंग हैं, एक—अछूत जातियाँ, दो—घुमंतु जातियाँ, तीन—वनवासी जनजातियाँ। अछूत वर्ग देहात का ही एक हिस्सा होता है। गाँव के सीमा के बाहर उसकी बस्ती होती है, लेकिन चरितार्थ के लिए उसे गाँव पर ही निर्भर रहना पड़ता है। घुमंतु जातियों के गाँव की रचना में कोई स्थान नहीं, उन्हें जमीन नहीं, कायम निवास नहीं और उदर-भरण का शिष्टसम्मत व्यवसाय नहीं। उनकी हालत अछूतों से भी बदतर होती है। वनवासी जंगल और गिरीकंदरो में रहता है। ग्रामवासी का उसके साथ विद्वेष संबंध नहीं आता। भारतीय समाज का विचार करते समय अछूत वर्ग, घुमंतु जातियाँ और जनजातियाँ बारूद के समान हैं। वनवासियों के विद्रोह के कारण पूर्वांचल धधक रहा है। माओवादी इन्हीं को हथियार बनाकर सशस्त्र संघर्ष कर रहे हैं। अस्पृश्य, यानी दलित अधिक आक्रामक बनते जा रहे हैं। घुमंतु जनजातियाँ विद्रोह के कगार पर हैं। अब्राहम लिंकन कहते हैं—'A house divided against itself cannot stand' हमारे घर में जो विद्रोह है, उससे समाज कैसे टिकेगा?

मुसलमान समाज और ईसाइयों का भी प्रश्न है। भारतीय समाज की परिधि में ये समाज आते हैं। मुसलमान खुद को भारतीय कम और जागतिक ज्यादा समझता है। इराक, पैलेस्टाइन, लेबनान की घटनाओं की प्रतिक्रिया यहाँ का मुसलमान देता है। भारतीय ईसाई समाज को भी वेटिकन के साथ जोड़ने का प्रयास चलता है। इसके कारण मुसलमान और ईसाइयों के बारे में सर्वसाधारण हिंदू के मन में अनेक प्रकार की आशंकाएँ होती हैं। विश्वास का अभाव होता है। परस्पर विश्वास सुदृढ समाज की रीढ़ की हड्डी होती है। उसको जबरदस्त चोट पहुँची है।

ऐसे भारतीय समाज में समरसता प्रबल करना कठिन और जटिल कार्य है। यह कार्य भाषणबाजी से, लेख लिखने से, पुस्तकें छपवाने से होने वाला नहीं। उसके लिए कृति की आवश्यकता है। कृतिरूप समरसता का दर्शन कराने की आवश्यकता है। कृति के विचार समझ में आता है। कृति से भावना समझ में आती है। कृतिरूप समरसता के जो प्रयोग हम लोग कर रहे हैं, उसके बारे में यहाँ थोड़ी जानकारी देना उचित होगा।

हिंदू मंदिर सभी हिंदू बंधुओं की विरासत है। उसमें सभी को मुक्त प्रवेश होना चाहिए। जाति के कारण किसी को रोकना नहीं चाहिए। नासिक के पंचवटी में प्रभु रामचंद्रजी का निवास था। वहाँ पर प्रभु रामचंद्रजी का भव्य मंदिर खड़ा है। उसे 'काला राम मंदिर' कहते हैं। इस मंदिर में प्रवेश पाने के लिए पूज्य डॉ. बाबासाहब अंबेडकरजी को सत्याग्रह करना पड़ा। यह सत्याग्रह असफल रहा। मंदिर के दरवाजे अछूतों के लिए खोले नहीं गए। इस मंदिर के मंडप में फरवरी 2005 को समरसता यात्रा की सफलता के लिए मंदिर के प्रमुख पुजारी सुधीरदास जी महाराज ने यज्ञ किया। यज्ञयाग के लिए

जातीय परिभाषा में कहना होगा तो दो अछूत बंधु, एक घुमंतु जाति के, एक पिछड़े वर्ग के, दो उच्च वर्ग के ऐसे बंधु बैठे थे। यह एक क्रांतिकारी परिवर्तन था। समरसता का हृदयंगम दृश्य वहाँ सब देख रहे थे। पुजारीजी बाद में सभी को गर्भगृह में ले गए। प्रभु रामचंद्रजी के चरणस्पर्श का अनुभव सभी ने किया। समरसता का कृतिरूप दर्शन कैसे करना चाहिए, इसका पाठ सुधीरदासजी महाराज ने दिया। भारत के सभी मंदिर के पुजारी इसका अनुसरण करेंगे क्या?

अस्पृश्य बंधु आर्थिक दृष्टि से बहुत दुर्बल होते हैं। उनको सक्षम करना अत्यावश्यक कार्य है। महाराष्ट्र में सांगली के पास म्हैसाल नाम से एक गाँव है। इस गाँव में आज से लगभग चालीस साल पहले देवल नाम के कार्यकर्ता जाकर बसे थे। उन्होंने दलित बंधुओं की सहकारी सोसायटी गठित की और सहकारी खेती का एक प्रयोग चलाया। वह काफी मात्रा में सफल रहा। अपने दलित बंधु आर्थिक दृष्टि से आत्मनिर्भर हो गए। ऐसा ही एक प्रयोग पुणे के पास निमगाँव-म्हालुगी गाँव में चलाया गया। इस गाँव के दलित बंधु रोजगार की तलाश में गाँव छोड़कर मुंबई गए थे। इन सभी बंधुओं को फिर गाँव में लाया गया। उनको आधुनिक खेती का ज्ञान कराया गया। भूसंधारण, जल का विनियोग, फलोद्यान आदि का ज्ञान देकर प्रशिक्षित किया गया। इसके कारण खेती का उत्पादन बढ़ा और जीवन-यापन के लिए आवश्यक धन खेती से ही प्राप्त होने लगा। गिरीश प्रभुगे, श्री ग. माजगावकर आदि कार्यकर्ताओं ने इस प्रकल्प को सफल बनाने के लिए प्रयास किए। इस प्रकार हमारे दलित बंधुओं को आधुनिक तंत्रज्ञान, आधुनिक खेती ज्ञान, आधुनिक संस्थाज्ञान ठीक ढंग से दिया तो वे सक्षम बनेंगे। बच्चा पिता की उँगली पकड़कर चलता है, बड़ा बनने के बाद बेटा ही बाप के बुढ़ापे की लाठी बनता है। पारिवारिक जीवन का यह आत्मीय भाव सामाजिक जीवन में परिणत करना, इसी का नाम समरसता है। ऐसी कृति करने के लिए अपने जीवन में से समय निकालकर खड़े होना चाहिए।

भूमंडलीकरण के कारण वंचित वर्ग सबसे अधिक आहत हुआ है। सभी चीजों के दाम बढ़े हैं। पारंपरिक रोजगार के अवसर समाप्त हो रहे हैं। भूमंडलीकरण का मंत्र है—जो कमाएगा वह खाएगा, जो सक्षम है वही कमा पाएगा। सक्षमता का मतलब है आधुनिक ज्ञान की कुंजी हासिल करना। आधुनिक ज्ञान है आई.टी. क्षेत्र का, बिजनेस आउटसोर्सिंग का, मैनेजमेंट की विविध शाखाओं का ज्ञान। जिसके जेब में पूँजी है, वह यह ज्ञान प्राप्त कर सकता है। जिसके पास धन का अभाव है उसे भीख माँगनी पड़ती है। आज का प्रश्न है, वंचित वर्ग को हम सक्षम कैसे बनाएँ? इस संदर्भ में आईटी ज्ञान देने के लिए निःशुल्क या अल्प शुल्क में शिक्षा देने का प्रावधान करना चाहिए। महाराष्ट्र के औरंगाबाद शहर में इस प्रकार का एक केंद्र चलता है। मुंबई के यशवंत भवन में ऐसा

एक केंद्र चलता है, जिसमें अब तक सैंकड़ों छात्रों ने शिक्षा ग्रहण की है और रोजगार भी हासिल किया है। सरकार को क्या करना चाहिए इस पर लंबी-चौड़ी बहस होती है, भूमंडलीकरण कैसे बुरा है इस पर परिचर्चाएँ होती हैं, लेकिन वंचित वर्ग के लिए आज जो परिस्थिति निर्माण हुई है, उसे कैसे सक्षम बनाएँ इसकी योजना सामाजिक स्तर पर कम होती है। इस दिशा में संगठित प्रयास करके कम-से-कम जिला स्तर पर तो एक केंद्र बनाने की आवश्यकता है। समरसता का मतलब होता है, ज्ञान का समान बँटवारा। ज्ञान से समृद्धि और ज्ञान से दरिद्री इनके बीच विषमता की खाई होती है। ज्ञान के बँटवारे से यह खाई पाटी जा सकती है।

महाराष्ट्र के औरंगाबाद शहर में डॉ. बाबासाहब आंबेडकर वैद्यकीय प्रतिष्ठान इस नाम से एक संस्था का गठन हुआ। इस संस्था की ओर से डॉ. हेडगेवार रुग्णालय चलाया जाता है। औरंगाबाद शहर का यह सबसे बड़ा रुग्णालय है। इस रुग्णालय के माध्यम से जातिनिरपेक्ष, धर्मनिरपेक्ष रूग्णसेवा होती है। डॉ. आंबेडकर और डॉ. हेडगेवार इन दो महापुरुषों के विचारों का यह एक कृतिरूप दर्शन है। रुग्णालय में परिचारिका और अन्य सेवक वर्ग इनकी संख्या 425 है, इनमें से लगभग चालीस प्रतिशत दलित वर्ग के लोग हैं। रुग्णसेवा से समरसता यह रुग्णालय का फलित है। औरंगाबाद और आसपास के इलाके में वंचित वर्ग के बीच यह 'हमारा' रुग्णालय है, यह भावना निर्माण हो चुकी है। इस अपनेपन का दूसरा नाम समरसता है। पैसा कमाने का व्यवसाय तो सभी डॉक्टर करते हैं, लेकिन ऐसे दस डॉक्टर इकट्ठा होकर पैसे के साथ-साथ रुग्णसेवा से विश्वास उत्पन्न करने का कार्य भी कर सकते हैं। समाज में विश्वास उत्पन्न करना यह प्रधान कार्य बन गया और पैसा अर्जित करना बाई-प्रोडक्ट बन गया।

मुंबई से लगभग डेढ सौ कि.मी. की दूरी पर तलासरी नाम का गाँव है। वहाँ पर वनवासी विद्यार्थियों के लिए छात्रावास चलता है। उसे लगभग 34 साल हो चुके हैं। कल्याण नगरपालिका के अध्यक्ष माधवरावजी काणे राजनीति से निवृत्त होकर वनवासियों में जाकर बस गए और आयुष्य के अंत तक वनवासी बालक-बालिकाओं के शैक्षणिक-सांस्कृतिक और आर्थिक विकास के लिए कार्य करते रहे। इस केंद्र के कारण मुंबई, ठाणे, डोंबिवली आदि शहरों में बसे शहरवासियों को वनवासी समस्या की जानकारी मिलती रही। सैकड़ों परिवार ऐसे निकले कि जिन्होंने इन बालकों का पालन किया। नियमित रूप से धन दिया। इस केंद्र के कारण ठाणे जिले में वनवासी बंधुओं की दो शिक्षित पीढ़ियाँ खड़ी हो चुकी हैं। इस केंद्र में शिक्षा ग्रहण करनेवाले श्री चिंतामण वनगा आगे चलकर सांसद बने और श्री विष्णु सावरा विधायक हैं। समरसता का मतलब होता है नेतृत्व विकास, अपनी बागडोर अपने ही हाथों में लेने की क्षमता। इस प्रकार सभी क्षेत्रों में वंचित वर्ग से सक्षम और गुणवान लोगों को नेतृत्व करने हेतु आगे लाना चाहिए। नेता

हम रहेंगे, आपको अनुयायित्व करना है कि यह भाव समरसता भाव नहीं है। समरसता भाव दूसरे को बड़ा करने में है।

घुमंतु जनजाति की समस्याएँ सब प्रकार से अलग हैं। इनको एक जगह बसाने का एक प्रकल्प हम लोगों ने तुलजापुर के पास मगरसांगवी गाँव में किया। मुख्यत: पारधि समाज के लोगों के लिए मकान बनवाए गए। उनके हाथों को काम दिलाने के लिए बेकरी का निर्माण हुआ। इसका उद्घाटन तत्कालीन सरकार्यवाह हो वे शेषाद्रिजी के हाथों किया गया। उद्घाटन के अवसर पर सत्यनारायण भगवान् की पूजा रखी गई। सत्यनारायण की पूजा दंपती को करनी होती है, सामान्यत: ब्रह्मचारी पूजा नहीं करता है। हमने पारधि दंपतियों से पूजा करने के लिए अनुरोध किया। सभी ने इनकार किया। पुरुष वर्ग ने कहा कि स्त्री पापिणी होती है, उसे लेकर पूजा करना अधर्म है, यह हमारा जाति धर्म है, उसे हम प्राण देंगे, मगर तोड़ेंगे नहीं। मार्ग निकालने के लिए पंचायत बिठाई गई। गिरीश प्रभुणेजी ने पूजा विधि, उसके संकेत, स्त्री का अपनी संस्कृति में महत्त्व सबकुछ समझाया। पंचायत ने निर्णय दिया, जातिधर्म तोड़ा जा सकता है, किंतु दंड देना पड़ेगा और जाति धर्म भंग करने का पाप किसी को अपने सर पर लेना होगा। गिरीश प्रभुणे ने कहा कि पाप मैं अपने सर पर लेता हूँ और दंड भी भरता हूँ। समरसता का मतलब समाज के पाप का बोझ अपने मत्थे लेना है। उसका जुर्माना भी भरना है। हमारे बंधु अज्ञानी हैं, अंधश्रद्ध हैं, रूढ़िग्रस्त हैं इसका दोष किसका? उनको अज्ञान में रखनेवाले उर्वरित समाज का है। यह सामाजिक पाप है। इसे अपने मत्थे लेने की जिम्मेदारी कौन उठाएगा? एक गिरीश प्रभुणे से कैसे काम बनेगा? समस्या को देखते हुए ऐसे हजारों गिरीश प्रभुणे लगेंगे। क्या इस प्रकार से पाप सर पर लेने की हमारी तैयारी है? स्त्री को सम्मान मिले। स्त्री, यानी मातृशक्ति आदि सभी शब्द कृति बिना खोखले हैं। घुमंतु जातियों में जनमी सुवर्णा नाम की लड़की लोक विलक्षण कष्ट करके आत्यंतिक दरिद्री रहते हुए भी एम.एस-सी. की उपाधि हासिल करती है। एक विख्यात महाविद्यालय में अधिव्याख्याता इस नाते से नौकरी करने लगती है। प्रसंगवशात, उसका समरसता मंच के साथ संबंध आता है। प्रारंभ में आशंका-कुशंका-संशय रहता है। धीरे-धीरे वह कम होने लगता है। और जीवन में एक घड़ी ऐसी आ गई कि—

**'नष्टो मोहः स्मृतिर्लब्धा त्वत्प्रसादान्मयाच्युता**
**स्थितोरिम गतसंदेहः करिष्ये वचनं तवा ॥18.73॥'**

डॉक्टरेट की थीसिस के कारण अब वह डॉ. सुवर्णा राव बन गई है। यह थीसिस उसने पूज्य गुरुजी को अर्पित किया है (जिनको उसने देखा नहीं है—सुना भी नहीं है)। इतना परिवर्तन एक महिला के अंदर कैसे हुआ? जब उसने देखा कि मंच के कार्यकर्ता में स्त्री और पुरुष ऐसा भेद करने की कोई वृत्ति नहीं है, समभाव है, गुणों का आदर है,

गुणवृद्धि के लिए प्रोत्साहन है, नेतृत्व करने के लिए संधि है, विकास के लिए सब प्रकार से प्रोत्साहन है और यथोचित जिम्मेदारी देने की मानसिकता भी है, तब कोई श्रम नहीं रहता। समरसता का मतलब होता है—समभाव-गुणों का आदर और उन्हें प्रोत्साहन।

अपने समाज के वंचित वर्ग के साहित्यिकों के और लेखकों के मन में आक्रोश की एक भावना रही है। जो प्रस्थापित मंच है, उस पर कोई स्थान नहीं रहता। जो प्रस्थापित साहित्यिक है अपने ही जाति वर्ग की समस्याओं को साहित्य से उजागर करते हैं। प्रस्थापित साहित्यकारों के लेखन से दलित पीड़ा का कोई बोध नहीं होता। आज से करीब 80 साल पहले महाराष्ट्र में न्यायमूर्ति महादेव गोविंद राणाडेजी ने पहला साहित्यकारों का सम्मेलन बुलाया। उसका निमंत्रण महात्मा ज्योतिराव फूलेजी को दिया गया। उत्तर में म. फुलेजी लिखते हैं, 'राणाडेजी आपने जिन साहित्यकारों को बुलाया है, उनमें कोई शूद्र साहित्यकार नहीं है। आपकी साहित्यकारों की सूची में हमारी वेदनाओं का दर्शन नहीं होता है। यह हमारा मंच नहीं हैं।' महात्मा फूलेजी के इस पत्र का जवाब हमने 1998 में समरसता साहित्य परिषद् का गठन करके दिया। अभी तक हर साल एक इस प्रकार से नौ साहित्य सम्मेलनों का आयोजन हमने किया है। उसमें वंचित वर्ग के साहित्यकार, समीक्षक, प्राध्यापक आदि महानुभावों का सहभाग काफी मात्रा में हुआ है। समरसता साहित्य सम्मेलन यह हमारा सम्मेलन है, ऐसी भावना धीरे-धीरे वंचित वर्ग में निर्माण होती जा रही है।

समरसता का मतलब होता है—सहभागिता, सामाजिक सम्मान और दलित वेदना के साथ समरूप होना। इसका एक मार्ग साहित्य सम्मेलनों से जाता है, इसको ध्यान में रखना चाहिए। साहित्य, यानी संभ्रांत वर्ग का साहित्य इस धारणा को बदलना पड़ेगा। साहित्य, यानी समाज मन का आईना है और उसमें सभी वर्ग आते हैं।

मुसलिम, ईसाई धर्मावलंबी अपने ही बंधु हैं। हम सभी के पुरखे एक हैं। देश एक है। विरासत एक है। धर्म बदलने से जाति बदल भी नहीं हुआ। इन लोगों से भी स्नेहपूर्ण और आत्मीयतापूर्ण व्यवहार होना चाहिए। उनमें विश्वास जगाना चाहिए। एकत्व की अनुभूति का बोध उनको कराना चाहिए। भारतीय मजदूर संघ की गुजरात शाखा में एक मुसलमान व्यक्ति मजदूर संघ का नेता बना। एक साम्यवादी ने उससे पूछा कि तू मुसलमान होकर गेरुए झंडे के नीचे कैसे गया? तब उसने जवाब दिया कि संतरा ऊपर से जब हरा होता है तब खट्टा होता है, लेकिन जब गेरुआ बनता है तब मीठा होता है। समरसता यानी सामाजिक मिठास—जो मन में है वही वाणी से प्रकट होगा और जो वाणी से प्रकट होगा वही मन में रहेगा। इससे विश्वास उत्पन्न होता है। विश्वास भ्रातृभाव की जननी है।

समरसता यह कोई तत्त्व नहीं है, यह आचरण का मंत्र है। आचरण का मंत्र केवल

आचरण से ही सिद्ध होता है। उदाहरण के लिए पतंजलि योगसूत्र पढ़कर ध्यान-धारणा-समाधि का अनुभव नहीं होगा। इन सूत्रों का अभ्यास करना पड़ता है। निरंतर अभ्यास करना पड़ता है। एकाग्र चित्त से अभ्यास करना पड़ता है। समाज में समरसता लाने के लिए समरसता का अभ्यास करना पड़ेगा। वैसी कृति करनी पड़ेगी। वैसा आचरण करना पड़ेगा। मनुष्य व्यवहार के तीन स्तर होते हैं—व्यक्तिगत व्यवहार, पारिवारिक व्यवहार और सामाजिक व्यवहार। व्यक्तिशः मनुष्य-मनुष्य में मैं भेद नहीं करूँगा, जन्मजाति या वृथा अभिमान नहीं रखूँगा, ऐसा व्यवहार अपेक्षित है। अपनी कमाई का कुछ हिस्सा वंचित वर्ग के लिए खर्च करूँगा, ऐसा भी व्यवहार अपेक्षित है। पारिवारिक व्यवहार में छुआछूत का हम पालन नहीं करेंगे, अंतरजातीय विवाह अगर बेटा या बेटी करना चाहते हैं तो उसका विरोध नहीं करेंगे। विवाहादि मंगल प्रसंगों में सेवक और नौकरों को सम्मानपूर्वक सम्मिलित करना चाहिए। वंचित वर्ग के एक परिवार के साथ मित्रता करनी चाहिए। अपनी आर्थिक क्षमता है तो वंचित वर्ग के एक बेटा या बेटी को गोद लेना चाहिए। सामाजिक स्तर पर अपने-अपने प्रदेश की परिस्थिति को ध्यान में रखकर, वहाँ की आवश्यकताओं की खोज कर संस्थाएँ गठित करनी चाहिए और उनके माध्यम से काम करना चाहिए।

हम लोग ध्यान रखें कि बिना समरसता हमारे वैदिक दर्शन का कोई अर्थ नहीं। बिना समरसता प्रजातंत्र एक निष्प्राण ढाँचा है और बिना समरसता स्वतंत्रता, समता और बंधुता यह केवल तोते की रट है।

*(लेखक विवेक साप्ताहिक के संपादक हैं।)*

□

# समूचे विश्व की निगाह भारत की ओर

–जे.एस. राजपूत

संसार स्वीकार करता है कि भारत की संस्कृति पुरातन और उदार है। यह शाश्वत है तथा सभी धर्मों को अपने में समाहित किए हुए है। सच तो यह है कि यह सनातन धर्म, सभी धर्मों में सबसे अधिक विविधतापूर्ण है। ज्ञान और विवेक की सतत खोज इसके उत्कृष्ट चिंतन, विचार व प्रज्ञा को दरशाती है। 'मैं कौन हूँ' और 'यहाँ मैं क्यों आया हूँ' जैसे शाश्वत प्रश्नों की खोज लौकिक संसार के साथ उस लोक के जीवन को अर्थमय बना देती है। यह मूल्यों पर आधारित जीवन जीने, दूसरों की सेवा करने व 'वसुधैव कुटुंबकम्' को आत्मसात् करने की प्रेरणा देती है और प्रत्येक मानव की हिस्सेदारी का उम्मीद करती है—

**सभी सुखी हों, सभी रोगमुक्त हों,**
**सभी का मंगल हो, कोई दुःखी न हो**

दरअसल, मुनियों–ज्ञानियों ने सामाजिक संरचना व पारस्परिक क्रिया की एक अनोखी व्यवस्था बनाई, जिसे मानवीय कर्तव्यों व उत्तरदायित्वों से सुरक्षित की गई। वेदों में देव के प्रति, माता–पिता के प्रति और ऋषियों, गुरुजनों के प्रति तीन पवित्र उत्तरदायित्वों का उल्लेख है। लोग इसे देव ऋण, पितृ ऋण और ऋषि ऋण से भी जानते हैं। महर्षि व्यास इसमें चौथा जोड़ते हैं—मानव समाज के प्रति, यानी मानव ऋण। सार तत्त्व यह है कि यह चारों कृतज्ञता से उत्पन्न होते हैं, जो मूल्यों पर आधारित जीवन के बिना कभी भी न तो व्यक्त किए जा सकते हैं और न ही कार्य रूप में बदले जा सकते हैं। इसे विद्वान् व ज्ञानी से सीखने की जरूरत पड़ती है। यह शिक्षा के जरिए प्राप्त होती है, जो शिक्षा देता है वह पहले का 'गुरु' और आज का 'अध्यापक' है। उल्लेखनीय है कि अब गुरुकुल व्यवस्था के महत्त्व व ज्ञान के पीठ तक्षशिला व नालंदा पर काफी शोध हो चुके हैं, जिनमें इन सभी को बहुत महत्त्व दिया गया है। समय के साथ व्यवस्था बदली, लेकिन इसके

कारण गैर-शैक्षणिक थे। उदाहरण के तौर पर राष्ट्रों के उपनिवेशीकरण को लें, विदेशी शासन का गहरा आघात देशों की शिक्षा व्यवस्था व संस्कृति पर पड़ा। भारत इससे अछूता न रहा। दरअसल, जो शैक्षिक व्यवस्था प्राप्त है, वह विदेशी शिक्षा व्यवस्था की देन है।

प्राचीन उत्कृष्ट साहित्यों से भारत में शिक्षा के महत्त्व को भली-भाँति समझा जा सकता है। शिक्षा मनुष्य की विशेष अभिव्यक्ति है। उज्जैन के संत व दार्शनिक राजा भर्तृहरि न 'नीतिशतकम्' में शिक्षा के महत्त्व को दरशाने के लिए यहाँ तक कहा था कि शिक्षा के बिना मनुष्य पशु समान है। भारतीय परंपरा प्रत्येक आत्मा को दैव मानती है तथा ज्ञान, विवेक व आध्यात्मिक विकास के लिए मानव मात्र पर कोई प्रतिबंध नहीं लगाती। यह मानती है कि सभी ज्ञान मनुष्य के मस्तिष्क में है, लेकिन ढँका हुआ है। जो व्यक्ति इस परदे को नहीं हटा पाता, वह अज्ञानी बना रहता है। गुरु की सहायता से जब परदा धीरे-धीरे हटता है, तो सीखने की प्रक्रिया शुरू होती है। इसी बात को विवेकानंद ने साधारण लेकिन प्रभावशाली शब्दों में इस तरह कही, 'शिक्षा मानव में मौजूद पूर्णता की अभिव्यक्ति है।' वे कहते हैं कि सभी ज्ञान व सभी शक्तियाँ हमारे अंदर मौजूद हैं। यही नहीं, शक्ति व प्रकृति के रहस्य भी हमारे अंदर समाहित है और सभी ज्ञान मानव की आत्मा से निकलते हैं। मनुष्य इसे अंदर से ढूँढ़ता है, जो शाश्वत समय से मौजूद है और ढूँढ़कर ज्ञान की अभिव्यक्ति करता है। कोई व्यक्ति इतिहास में कहीं भी शिक्षा की इतनी विशद व गूढ़ व्याख्या, अवधारणा, व्यापक सोच और शिक्षा-शास्त्र ढूँढ़ सकता है, जो हमारे महाकाव्यों और शास्त्रों में उपलब्ध है। यह व्यक्ति को ज्ञान के ऊँचे स्तर पर ले जाती है और ईश्वरत्व की ओर बढ़ने की प्रेरणा देती है। इसका मुख्य ध्येय मानवीय प्रयासों को लोगों की सेवा अर्थात 'सर्व भूत हिते रतः' में समर्पित करना है।

अब हम शिक्षा के वर्तमान प्रसंग पर बातें करें। आजादी के समय व्यवस्था का फैलाव महत्त्वपूर्ण और जरूरी था। हालाँकि स्वामी विवेकानंद आजादी से बहुत पहले हुए, लेकिन उन्होंने ठीक ही कहा था, 'राष्ट्र उसी अनुपात में विकसित है, जिस अनुपात में वहाँ की आम जनता में शिक्षा व बुद्धिमत्ता का प्रसार है। भारत के पतन का मुख्य कारण देश की पूरी शिक्षा व बुद्धिमत्ता पर कुछ लोगों के एकाधिकार का होना है। यदि हमें फिर से आगे बढ़ना है, तो शिक्षा का आम जनता के बीच प्रसार करना होगा। निम्न वर्गों की एक मात्र सेवा उन्हें शिक्षा देना है, ताकि वे व्यक्तिगत रूप से अपना विकास कर सकें।'

छह दशक पहले, भारत को एक निर्णय लेने की जरूरत थी। हालाँकि, इसके पास सीखने, सिखाने व शिक्षा की एक गौरवशाली परंपरा थी। लोगों के सामने स्वामी विवेकानंद, श्री अरविंदो और महात्मा गांधी द्वारा प्रस्तुत इसकी अवधारणा भी समसामयिक संदर्भों में थी, साथ ही इसके पास ब्रिटिश शासकों द्वारा स्थापित व्यवस्था भी थी।

दरअसल, यह एक सुनहरा अवसर था, जब भारतीय शिक्षा को भारत से जोड़ा जाता।

इसके लिए 'विजन' और उत्कृष्ट साहस की जरूरत थी, ताकि विदेशी शिक्षा व्यवस्था की जगह स्वदेशी शिक्षा व्यवस्था लगाई जा सके। लेकिन ऐसा हो न सका, क्योंकि राजनीति और नौकरशाही उन लोगों के हाथों में थी, जो ब्रिटिश और पश्चिमी जगत् के प्रशंसक थे।

व्यवस्था के तहत विभिन्न स्तरों पर चार दशकों तक काम करने से मुझे यकीन हो गया है कि इस समय की सबसे बड़ी प्राथमिकता ढहती व्यवस्था को बचाने की है। निश्चित तौर पर समाधान शाश्वत मानव की खोज है। हर देश अपनी शिक्षा व्यवस्था को लेकर चिंतित और परेशान है। इसमें वे देश भी शामिल हैं, जिनके पास धन और कुशलता दोनों हैं। हर समय में शिक्षा व्यवस्था गतिशील होनी चाहिए। इसके लिए आसपास आ रहे बदलावों पर नजर रखते हुए दूरदर्शिता और दिव्यदृष्टि विकसित करने की जरूरत है। कोई जरूरी नहीं कि हर बदलाव से विकास होता है। केवल शिक्षा ही राष्ट्र के नीति-निर्माताओं को निर्णायक व विश्लेषणात्मक योग्यता का विकास कर सकती है, ताकि वे जाँच-परख सके कि आम लोगों और अगली पीढ़ी के लिए क्या उपयोगी व जरूरी है।

गौरतलब है कि बेरोजगारी बढ़ रही है, जो अपने आगोश में पढ़े-लिखे नौजवानों व ऐसे डिग्रीधारकों को ले रही है, जिनके पास उद्यम कुशलता की कमी है। ऐसे लोगों के लिए इस बात का क्या महत्त्व है कि भारत में अरबपतियों की संख्या बढ़ रही है। यदि कोई ध्यान से देखे-परखे तो उसे समझते देर नहीं लगेगी कि शिक्षा हासिल करने में गंभीर असमानता है। ऐसा माना जाता है कि प्राइवेट 'पब्लिक' स्कूल में प्राइवेट स्कूलों की तुलना में बेहतर शिक्षा मिलती है। भारत में तीन-चौथाई स्कूल सरकारी एजेंसियों द्वारा पब्लिक फंड से चलाए जाते हैं, जहाँ पर संसाधनों की कमी है, जिसमें अध्यापक भी शामिल हैं । वही इसके ठीक विपरीत पूरी तरह से वातानूकुलित स्कूल उन बच्चों के लिए हैं, जिनके माँ-बाप महँगी शिक्षा का खर्च उठाने के लिए समर्थ हैं।

42 हजार स्कूलों के पास कोई बिल्डिंग नहीं है और कुल दस लाख स्कूलों की दस फीसदी, यानी एक लाख स्कूलों के पास केवल एक कमरे हैं। अधिकांश विद्यालयों की इमारतें बिना मरम्मत की हैं और लापरवाही की शिकार हैं। सरकार चाहे केंद्र की हो या राज्य की, कभी इस चुनौती को स्वीकार नहीं किया कि अच्छे स्कूल मुहैया कराए जाए, जिसकी इमारतें अपेक्षाकृत बेहतर हों और वहाँ पर पर्याप्त संख्या में कुशल अध्यापक हों, जो समय पर और नियमित आएँ तथा उन कामों को पूरा करें जो उन्हें दिया गया है। सांविधानिक प्रावधानों के बावजूद 6-14 आयु वर्ग के सभी बच्चों को एक पुस्तक दिलाने में असफल रहे हैं। आखिर क्यों हम अपनी शैक्षणिक समस्याओं का हल तलाशने में असफल रहे हैं ?

शिक्षा की समस्याओं का कोई आसान हल नहीं है। आज के राजनीतिक माहौल में शैक्षिक प्रबंध व्यवस्था का आमूल-चूल परिवर्तन संभव नहीं है। इस बात से कोई फर्क

नहीं पड़ता कि सत्ता किसके पास है। आजादी के समय का एक महान् अवसर खत्म हो गया। आजाद भारत के नीति-निर्माताओं के पास बेसिक शिक्षा की अवधारणा मौजूद थी।

यह वह अवसर था, जब विदेशी व्यवस्था हटाकर स्वदेशी स्वस्था लाई जाती, जो अपनी संस्कृति से जुड़ी रहती और विकास के प्रति समर्पित भी। हालाँकि कोठारी आयोग (1964-66) के सुझाव, जिसके नतीजों पर 1968 की राष्ट्रीय शिक्षा नीति बनी थी, असमानता को कम कर सकते थे, लेकिन यह अवसर नौकरशाही 'एप्रोच' व राजनीतिक स्तर पर अपर्याप्त समझ के कारण खो गया। उदाहरण के लिए 'एक समान स्कूली शिक्षा' बनाने के सुझाव का नाम लिया जा सकता है। यदि इसे ईमानदारी से लागू किया गया होता, तो आज भारत की शिक्षा व्यवस्था की तसवीर कुछ अलग दिखाई देती। इससे सामाजिक समसरता व राष्ट्रीय एकता को बढ़ावा मिलता और लोगों के बीच की दूरियाँ घटतीं तथा भारत के स्कूल ज्यादा बेहतर अवस्था में रहते और व्यावसायिक झुकाव वाले इन 'पब्लिक स्कूलों' में दाखिले के लिए इतनी भीड़ न जुटती। सच तो यह है कि कभी भी शिक्षा नीति ऐसी नहीं होनी चाहिए, जो सामाजिक अलगाव का एक और कारण बने। आज जो कुछ हो रहा है, वह एक समान स्कूली शिक्षा की अवधारणा को नकारने का नतीजा है।

सामाजिक जुड़ाव, दूसरों का सम्मान और धार्मिक समानता ऐसे कारक हैं जो देश के हालात बयान करते हैं। भारत को इन मुद्दों पर गंभीरता से ध्यान देना चाहिए। ऐसा लगता है कि देश में धर्मनिरपेक्षता की व्याख्या पर काफी व जानबूझकर भ्रांतियाँ फैली हैं। मामला सर्वोच्च न्यायालय के सामने आरोप के रूप में लाया गया कि स्कूली शिक्षा के पाठ्यक्रम का सांप्रदायिक व भगवाकरण हुआ है, जिसे मेरी प्रबंध व्यवस्था के तहत तैयार किया गया था और 2000 में राष्ट्र के सामने प्रस्तुत किया गया। इसका सुझाव है कि बच्चों को भारत के सभी धर्मों की मुख्य बातों से जरूर परिचित होना चाहिए। उन्हें समानता की बातों को जानना चाहिए और जो कुछ भी असमानता है, उनका सम्मान करना चाहिए। इसमें स्पष्ट है कि धर्म की मुख्य बातों को जानने की जरूरत है, न कि धार्मिक शिक्षा की। मानव मूल्यों के ह्रास के दौर में यह जरूरी है कि सत्य, अहिंसा व शांति जैसे शाश्वत मूल्यों, उचित आचरण और प्रेम, सीखने व सिखाने की व्यवस्था के आवश्यक अंग हों। सर्वोच्च न्यायालय ने इन सुझावों को जाँचा-परखा और इसे न सिर्फ जोरदार ढंग से अनुमोदित किया, बल्कि पाठ्यक्रम फ्रेमवर्क के प्रस्ताव पर भी जोर दिया।

दरअसल, यहाँ इस बात पर जोर था कि शिक्षा का योगदान सामाजिक सद्भाव बढ़ाने और मिल-जुलकर रहने में भी हो। दुर्भाग्यवश एक छोटे से वर्ग के कहने पर इसका बलिदान कर दिया गया, जो शिक्षा के जरिए राजनीतिक विचारधारा फैलाने का प्रयास करता है। यह स्पष्ट है कि किस तरह भारतीय शिक्षा व्यवस्था शुद्ध गैर शैक्षणिक कारणों से प्रभावित होती है। आज की शिक्षा व्यवस्था अस्थिर, अनैतिक और ह्रासोन्मुख

है। हालाँकि, सामाजिक न्याय और शैक्षिक संस्थाओं में आरक्षण का सिद्धांत जरूरी और स्वीकार योग्य है, लेकिन उस तरह नहीं जिस तरह हाल ही में इसे प्रायोजित और संचालित किया गया है। इस मुद्दे पर न केवल राष्ट्र में गहरा विभाजन है, बल्कि सरकार में भी मतभेद हैं।

समाज और भी मुद्दों पर विभाजित है, मसलन—अल्पसंख्यक संस्थाएँ, उनके लिए राष्ट्रीय आयोग की स्थापना तथा शर्त यह भी कि ये संस्थाएँ आरक्षण प्रावधानों से बाहर रहेंगी।

सरकार लोगों को समझाने में पूरी तरह से विफल रही कि इन कार्यों में कोई राजनीतिक या गैर शैक्षणिक एजेंडा नहीं था। अल्पसंख्यक शैक्षिक संस्थाओं के लिए राष्ट्रीय आयोग की स्थापना यूजीसी, एआईसीटीई, एमसीआई और दूसरी राष्ट्रीय संस्थाओं के लिए कलंक है, क्योंकि ये संस्थाएँ अल्पसंख्यक हितों की देखभाल नहीं कर सकी, इसलिए नए आयोग की जरूरत है।

राजनीतिक व्यवस्था के कारण शैक्षणिक व्यवस्था असफल है, क्योंकि शैक्षिक संस्थाएँ संसाधनों की कमी से सतत जूझ रही है और इन्हें कारगर व कुशल बनाने के लिए जरूरी राजनीतिक इच्छा शक्ति की कमी है। प्राइवेट 'पब्लिक' स्कूल उन सभी नियमों का उल्लंघन करती हैं, जो उनके लक्ष्य व उद्देश्यों से मेल नहीं खाती। शिक्षक प्रशिक्षण संस्थान एक आकर्षक व्यवसाय है, यही वजह है कि कुछ विश्वविद्यालय महज दो-तीन सालों में ही इस तरह के 50-60 संस्थाओं को मान्यता दी है। यहाँ पर इस बात का उल्लेख जरूरी है कि पत्राचार माध्यम से बीएड की डिग्री प्राप्त करने में राजस्व उगाही पर ज्यादा जोर दिया गया है और गुणवत्ता की अनदेखी की गई है।

इन पर प्रतिबंध लगाने की जोरदार माँग थी। इन्हें 'टीचर एजूकेशन एक्ट, 1993' से नियंत्रित किया जा सकता था। इसमें कोई शक नहीं कि धन उगाहनेवाले विश्वविद्यालयों और विश्वविद्यालय व्यवस्था के तहत फायदेमंद संस्थानों ने जमकर विरोध किया। नियमित प्रशिक्षण कॉलेजों के विस्तार से सबकुछ बरबाद हो गया और इनका निष्पादन का स्तर भी लोगों से छिपा नहीं है। नियामक संस्थाएँ भी अपनी विश्वसनियता तेजी से खो रही हैं। खुली शिक्षा के राष्ट्रीय संस्थान, एनआई ओएस आदि घटती विश्वसनियता व व्यावसायिकता की कमी के ज्वलंत उदाहरण हैं। हालाँकि ऊँचे अधिकारी बड़े गर्व से संख्याओं को गिना सकते हैं, लेकिन उनके उत्पाद, यानी डिग्रीधारी को असल में नुकसान होता है और वे दुर्दशा के शिकार होते हैं। पाठ्य सामग्री निम्न स्तर की होती है। एनसीईआरटी की हिंदी व इतिहास पुस्तकों व मनु की इतिहास सामग्री में गंभीर अनियमितता से उठा विवाद इस बात का सबूत है कि अध्यवसाय में कमी है और इन संस्थाओं के अधिकारी संवेदनहीनता के शिकार हैं।

लोगों की आशा व इच्छाएँ शिक्षा व्यवस्था में जरूर दिखनी चाहिए। इनका स्पष्ट दर्शन संरचना, विषय, पाठ्यक्रम और शैक्षिक प्रबंध में होना चाहिए। यह सब समय के बदलाव के साथ बदलना चाहिए। सच तो यह है कि पिछले साठ सालों से भारतीय शिक्षा व्यवस्था का मूल स्वरूप जस का तस है। यही कारण है कि सभी के लिए प्राथमिक शिक्षा का लक्ष्य हासिल न हो सका साथ ही बेहतर शिक्षा और शिक्षा का मकसद प्राप्त नहीं किया जा सका। हर बच्चा अच्छी प्राथमिक शिक्षा पाने का अधिकारी है। सन् 1992 में मोहनी जैन मामले में सर्वोच्च न्यायालय ने व्याख्या दी कि शिक्षा मौलिक अधिकार होना चाहिए और राज्य को इसके लिए आगे आना चाहिए।

भारतीय सभ्यता शिक्षा को समाज का एक पवित्र दायित्व मानती है। शिक्षा संस्थानों की स्थापना और उन्हें चलाना धार्मिक व परोपकारी कार्य माना जाता है। इस देश में कभी भी शिक्षा बेचने की वस्तु नहीं मानी गई।

यह भारतीय शिक्षा व्यवस्था के सामने सबसे बड़ी चुनौती है। सिर्फ समाज ही समर्पित और निष्ठावान लोगों को प्रेरित कर सकता है कि वे आगे आएँ और ऐसी व्यवस्था बनाएँ जो आर्थिक, सामाजिक व धार्मिक भेदभाव के बिना सभी को शिक्षा दे सके। तभी भारतीय शिक्षा जीवित हो सकती है और सारा विश्व शिक्षा के लिए भारत की ओर आशा भरी नजरों से देखेगा, जो नौजवान को श्रद्धा के साथ ज्ञान व विवेक प्राप्त करने के लिए तैयार करती है।

साथ ही उचित आचरण, यानी धर्म के साथ कमाने के लिए कहती है तथा यह बताती है कि प्रसन्नता भौतिक वस्तुओं को हासिल करने में नहीं है। शिक्षा व्यवस्था एक बार जब इन मूल्यों को आत्मसात् कर लेगी, तो भारत के लोग ज्ञानवान समाज में काफी आगे जा सकते हैं और यह शाश्वत मानवीय मूल्यों के जरिए हर एक को बिना किसी धार्मिक भेदभाव के सामाजिक न्याय, समानता, प्रसन्नता और आध्यात्मिक विकास पर जोर देती है।

शिक्षा का यही एक मात्र रास्ता है, जिसके जरिए सामाजिक जुड़ाव और मिलजुलकर रहने की भावना विकसित होगी और भारत का विकास सुनिश्चित होगा।

*(लेखक एनसीईआरटी के पूर्व अध्यक्ष हैं।)*

# देर हुई तो नतीजे भयावह होंगे

—डॉ. ज्ञान प्रकाश पिलानिया

आज भारत की आंतरिक सुरक्षा को सबसे भयावह खतरा, नक्सलवादी हिंसा (वामपंथी अतिवाद) का गहराता साया है। देश के 14 राज्यों को नक्सलवाद के नागपाश ने अपने कुंडल में जकड़ रखा है। 13 अप्रैल, 2006 को नक्सल हिंसा द्वारा अति प्रभावित 6 राज्यों के मुख्यमंत्रियों की बैठक में प्रधानमंत्री डॉ. मनमोहन सिंह ने नक्सलवाद को देश की आंतरिक सुरक्षा के लिए सबसे बड़ी चुनौती माना और इससे निपटने के लिए 'संयुक्त एकीकृत' गठित करने का सुझाव दिया। प्रधानमंत्री का यह कथन कि देश के कई क्षेत्रों में नक्सलियों की 'समानांतर सरकार' चल रही है, स्थिति की गंभीरता को रेखांकित करता है। नक्सलवाद किसी एक राज्य की समस्या नहीं है, बल्कि यह देश के बहुत बड़े भू-भाग में अपने पाँव पसार चुका है। आंतरिक सुरक्षा के लिए ही नहीं, बल्कि राष्ट्र की अखंडता, एकता और संप्रभुता के लिए, सबसे बड़ा खतरा, नक्सली हिंसा का गहराता साया है। भारत के गृह मंत्रालय की आधिकारिक रिपोर्ट के अनुसार आंध्र प्रदेश, बिहार, झारखंड, उड़ीसा, असम, मध्य प्रदेश, महाराष्ट्र, छत्तीसगढ़, उत्तर प्रदेश तथा पश्चिम बंगाल नक्सल प्रभावित राज्यों के अलावा नक्सलवाद कुछ अन्य राज्यों जैसे कर्नाटक, तमिलनाडु, केरल और उत्तराखंड में भी फैलता जा रहा है। 22 फरवरी, 2006 को राज्यसभा में गृह मंत्रालय ने बताया कि वर्ष 2005 में 12 राज्यों के 506 पुलिस स्टेशन नक्सली हिंसा से प्रभावित रहे हैं। 9 राज्यों के 76 जिले 'अतित्रस्त' हैं, जिनमें नक्सलवाद का 'आतंक-राज' अबाध गति से चल रहा है। दिल्ली की एक संस्था, 'इंस्टीटयूट फॉर कांफिलक्ट मैनेजमेंट' के अनुसार वर्ष 2003 में व राज्यों के 55 जिले नक्सली समस्या से ग्रस्त थे। 2004 में 13 राज्यों के 167 जिले इनकी चपेट में आ गए। 12 राज्यों के 55 जिलों में तो नक्सलियों की समानांतर सरकार चल रही है। सुविज्ञ सूत्रों के अनुसार, आज 'वाम-अतिवादी' देश के लिए कश्मीर के मुसलिम आतंकवादियों

और उत्तर-पूर्व के पृथकतावादी आंदोलनकारियों से भी ज्यादा बड़ा खतरा है।

गृह मंत्रालय के आँकड़ों के अनुसार दिन-ब-दिन नक्सलवादी हिंसा में लगातार बढ़ोतरी हो रही है। नक्सली संगठनों ने एक बार फिर हिंसक वारदातें तेज कर दी हैं, जिससे लगता है कि उन्होंने नेपाल के माओवादियों की तर्ज पर भारत में भी सत्ता-शासन के खिलाफ अपनी रणनीति बनाने की तैयारी शुरू कर दी है। पिछले दिनों उन्होंने झारखंड में ट्रेन को अगवा कर लिया, तो उड़ीसा में बिहार की जहानाबाद जेल की तरह उदयगिरी जेल पर हमला बोल दिया। चिंता की बात यह है कि नक्सली संगठन न केवल सुरक्षा बलों पर अचानक हमले बोल रहे हैं, बल्कि उनका सामना करने तक का दुस्साहस भी दिखा रहे हैं, और प्रशासन उनके सामने असहाय नजर आ रहा है। हाल ही में कुछ घटनाएँ ऐसी हुई हैं, जिनमें बीएसएफ, सीआरपीएफ और सीआईएसएफ के जवानों पर हमला करने में नक्सली गिरोह कामयाब रहे हैं। छत्तीसगढ़ में नक्सलियों का सुरक्षा कर्मियों का निशाना बनाने का सिलसिला जारी है। बीजापुर से 13 किलोमीटर दूर मुरकीनार गाँव में 16 अप्रैल, 2006 के सुबह नक्सलियों के पुलिस शिविर पर हमले में पुलिस विभाग के 11 सुरक्षाकर्मी शहीद हो गए और चार अन्य गंभीर रूप से घायल हो गए। हमले के बाद नक्सली सुरक्षा कर्मियों के कब्जे से एके-47 समेत 40 से अधिक राइफलें और सैकड़ों कारतूस लूटकर फरार हो गए।

इससे पूर्व 10 फरवरी, 2006 को एक सनसनीखेज वारदात को अंजाम देते हुए छत्तीसगढ़ के दांतेवाड़ जिले में नेशनल मिनरल डेवलपमेंट कारपोरेशन के एक विस्फोटक डिपो पर सैकड़ों नक्सलियों (भाकपा-माओवादी) ने धावा बोला और गोलाबारी की, जिसमें सीआईएसएफ के आठ जवान मारे गए और नौ अन्य घायल हो गए। माओवादी वहाँ से 14 सेल्फ लोडिंग राईफलें, एक नौ एमएम पिस्टल और 50 टन विस्फोटक भी लूटकर ले गए। गौरतलब है कि राज्य में इस वर्ष का यह चौथा बड़ा हमला था। ध्यातव्य है कि चार दिन पूर्व ही 6 फरवरी, 2006 को नक्सलियों ने अपने हमले में तेजी लाते हुए छत्तीसगढ़ के सरगूजा जिले में बारुदी सुरंग विस्फोट कर व एक पुलिस पोस्ट पर हमला कर 11 सुरक्षाकर्मियों की हत्या कर दी। हमले में 17 अन्य घायल हुए। राज्य में नक्सलियों ने विस्फोट कर एक संचार टॉवर को भी ध्वस्त कर दिया। झारखंड में नक्सलियों ने स्टेशन को आंशिक रूप से क्षतिग्रस्त कर दिया। छत्तीसगढ़ के नक्सल प्रभावित दांतेवाड़ा जिले में नक्सलियों द्वारा बारुदी सुरंग की चपेट में आने से नगा बटालियन के नौ जवान मारे गए और उतने ही घायल हो गए। कोट्टाचेउर इलाके में जवानों को ले जा रहे वाहन को नक्सलियों ने बारुदी सुरंग विस्फोट कर उड़ा दिया। नक्सलियों ने जशपुर जिले में एक पुलिस पोस्ट पर हमला कर दो पुलिसकर्मियों की हत्या कर दी।

25 जनवरी, 2006 को गणतंत्र दिवस की संध्या पर नक्सलियों ने रात को बिहार

में एक रेल पुल को उड़ा दिया, जिससे देश के पूर्वी क्षेत्र का रेल यातायात ठप्प पड़ गया। नक्सलियों ने एक थाने पर भी हमला किया तथा कई जगहों से बम भी बरामद हुए हैं। बाँका जिले के बेलहर ब्लॉक में एमसीसी नक्सलियों ने एक जगह थाना उड़ा दिया और पुलिस के हथियार लूट लिये। दूसरी जगह नक्सलियों ने थाने को घेरा और गोलीबारी की। 26 जनवरी, 2006 को छत्तीसगढ़ के बीजपुर जिले में एक सरकारी राहत शिविर पर माओवादी नक्सलियों के हमले में आठ ग्रामीण मारे गए। पुलिस की जवाबी काररवाई में तीन नक्सली मारे गए। करीब तीन सौ हथियारबंद नक्सलियों ने गंगापुर कैंप पर हमला किया, जहाँ करीब पाँच हजार लोगों ने शरण ले रखी थी। हमले के बाद वहाँ उपद्रव चलता रहा जिसमें चार ग्रामीणों की मौत हो गई। गोलियों की आवाज सुनकर सुरक्षाबल के जवान घटनास्थल पर पहुँचे, जिन पर नक्सलियों ने फायरिंग कर दी। 25 दिसंबर, 2005 को दर्जनभर सशस्त्र नक्सलियों द्वारा कोनेरू रेलवे स्टेशन पर रूकी विजयवाड़ा-रायगढ़ पैसेंजर ट्रेन पर हुए हमले में 5 व्यक्ति हताहत हुए, जिसमें एक सहायक उप निरीक्षक भी था। नक्सली करीब 50 लाख रुपए का कैश-बॉक्स ले भागे, जो धनराशि उड़ीसा स्थित रायगढ़ को वेतन बाँटने के लिए आरपीएफ के एक सहायक उप निरीक्षक सात जवानों के साथ इस ट्रेन से ले जा रहे थे। 6 अन्य यात्री भी घायल हो गए। नक्सली एक पिस्तौल, आठ बंदूकें तथा कारतूस भी लूट ले गए। 13 नवंबर, 2005 की रात जहानाबाद (बिहार) में जेल पर 500 नक्सलियों ने धावा बोला, जिसमें 386 कैदी फरार हो गए, जिनमें 250 नक्सली थे।

हिंसक घटनाओं का सिलसिला अंतहीन है। ज्ञातव्य है कि 5 जनवरी, 2005 को बिहार के मुंगेर जिला मुख्यालय से 20 किलोमीटर दूर नक्सली उग्रवादियों ने बारूदी सुरंग से विस्फोट करके एसपी सहित कुछ पुलिसकर्मियों की हत्या कर दी। दस.पी.के.सी. सुरेंद्र बाबू शहर से बीस किलोमीटर दूर भीम बोध में नक्सलियों की धरपकड़ के लिए पुलिस दस्ते के साथ गए थे। इस निर्मम हत्या की स्याही सूख ही नहीं पाई थी कि 16 जनवरी, 2005 को झारखंड के उग्रवाद प्रभावित गिरीडीह जिले में नक्सलियों ने भारतीय कम्युनिस्ट पार्टी (मार्क्सवादी लेनिनवाद) के विधायक महेंद्र प्रताप सिंह की गोली मारकर हत्या कर दी।

हाल ही में 17 जुलाई, 2006 को छत्तीसगढ़ के दांतेवाड़ा जिले में एक बार फिर नक्सलियों ने खून की होली खेली। छत्तीसगढ़ की राजधानी रायुपर से 550 किलोमीटर दूर दांतेवाड़ा जिले में लगभग 800 नक्सलियों ने तड़के एक बजे एर्राबोर स्थित सीआरपीएफ की चौकी और सरकार द्वारा संचालित राहत शिविर (जिसमें नक्सलियों के डर से करीब 4000 आदिवासियों ने शरण ले रखी थी) पर हमला कर दिया, जिसमें 39 ग्रामीण मारे गए, जबकि 20 घायल हो गए नक्सलवादियों ने एक महिला विशेष पुलिस अधिकारी

सहित 20 से अधिक लोगों को अगवा कर लिया। थाने के पास 'सलवा जुडूम' के राहत शिविर में नक्सलियों ने जबरदस्त कहर बरपाया। उन्होंने बेस कैंप को घेरकर अंधाधुंध गोलियाँ बरसाईं और शिविरार्थियों के 300 तंबुओं में आग लगा दी। नक्सलियों की क्रूरता का आलम यह था कि उन्होंने 20 लोगों के गले रेते, दो को गोलियों से भूना व तीन जनों को जिंदा जला डाला। हमलावरों ने एर्राबोर को जोड़नेवाले सभी मार्गों को अवरूद्ध कर चारों ओर से सीआरपीएफ चौकी पर अंधाधुंध गोलियाँ बरसाईं, ताकि सुरक्षा बलों का ध्यान हटाया जा सके। और उसी वक्त शेष नक्सलियों ने राहत शिविर पर हमला किया। हमला पूरी तरह योजनाबद्ध था, जिसके अंतर्गत पहले कुछ ही सीआरपीएफ के शिविर पर हमला कर वहाँ सुरक्षा कर्मियों को उसी में उलझाए रखा गया, जिसके कारण ही वहाँ के सुरक्षाकर्मी आदिवासियों के शिविर तक सहायता के लिए नहीं पहुँच पाए।

उल्लेखनीय है कि छत्तीसगढ़ सरकार ने दक्षिण बस्तर क्षेत्र में 'सलवा जुडूम' अभियान के तहत राहत शिविर स्थापित किए हैं, जहाँ नक्सलियों के भय से अपने गाँव छोड़ आए लगभग 900 गाँवों के 65 हजार लोग रह रहे हैं। 'सलवा जुडूम' स्थानीय भाषा का शब्द है, जिसका अर्थ है 'शांति अभियान'। नक्सलियों के खिलाफ सरकार आदिवासियों के सहयोग से यह अभियान चला रही है। वर्ष 2005 के जून में सरकार ने ग्रामीणों के सहयोग से शांति अभियान (सलवा जुडूम) शुरू किया था। इस अभियान के तहत सुरक्षा बलों के हाथों कुछ नक्सली मारे गए थे। नक्सलियों ने इसके विरोध में अब तक 300 से अधिक ग्रामीणों की हत्या कर दी हैं। ध्यातव्य है कि आदिवासियों की आबादी इस अभियान से व्यापक से जुड़ रही थी। नक्सलियों को लगा कि अगर सरकार का यह अभियान सफल रहा तो वे इस इलाके के लिए अपनी योजनाओं को भी अंजाम नहीं दे पाएँगे। इसलिए पिछले एक साल में इन नक्सलवादियों ने उन गाँवों पर लगातार हमले किए, जहाँ सलवा जुडूम अभियान गति पकड़ रहा था। इन हमलों से परेशान आदिवासियों को अपने गाँव छोड़ने को मजबूर होना पड़ा। ऐसे प्रभावित आदिवासियों के लिए सरकार ने आदिवासी बहुल बस्तर तथा आसपास के जिलों में सहायता शिविर बनाए हैं। 17 जुलाई, 2006 का हमला ऐसे ही एक शिविर पर किया गया था। नक्सलवादी संगठन यह मानते हैं कि आदिवासी पुलिस और प्रशासन के लिए इंफार्मर का काम करते हैं तथा इन हमलों का उद्देश्य ऐसे पुलिस के इंफार्मरों को सबक सिखाना है। लेकिन यदि माओवादियों का दुस्साहस यूँ ही जारी रहा तो ग्रामीणों का सुरक्षा एजेंसियों से भरोसा टूटते समय नहीं लगेगा। ये हालात बहुत ही भयावह हैं। इसलिए अब तो सुरक्षा बलों व जनता के सहयोग से चलाए गए 'सलवा जुडुम' की सार्थकता पर भी सवाल खड़े हो रहे हैं। केंद्रीय सरकार को समय रहते चेतना चाहिए।

यह ज्ञातव्य है कि 17 जुलाई को छत्तीसगढ़ के दांतेवाड़ा जिले के एर्राबोर गाँव

में घटित उपर्युक्त नरसंहार कोई एकाकी त्रासदी नहीं है। इससे पूर्व सन् 2006 में ही घटित ऐसे हादसों की एक श्रृंखला है। 6 मार्च को दांतेवाड़ा जिले के बीजापुर क्षेत्र में छ: ग्रामीणों की हत्या, 33 घायल, पाँच अगवा हुए। 24 मार्च को उड़ीसा की उदयगिरी जेल पर हमला कर 35 साथियों को छुड़ाया। 25 मार्च को छत्तीसगढ़ के कांकेर जिले में बारूदी सुरंग से वाहन को उड़ाया, 13 मरे। 16 अप्रैल को दांतेवाड़ा जिले में मुरकीपार थाने पर हमला कर 11 लोगों को मार डाला। 29 अप्रैल को दांतेवाड़ा जिले में 50 लोग अगवा कर 35 को छोड़ा, 15 के शव बरामद। 16 मई को छत्तीसगढ़ की सीमा से लगे महाराष्ट्र के गढ़चिरोली जिले में बारूदी सुरंग विस्फोट में 12 मरे। आखिर, गरीबों के हक के नाम पर यह खून-खराबा कब तक चलेगा ? आज छत्तीसगढ़ राज्य में नक्सलवादी हिंसा चरम पर है। जून 2006 के अंत तक देश में हुई कुल नक्सली हिंसा की घटनाओं का 44 प्रतिशत और कुल हत्याओं का 62 प्रतिशत केवल छत्तीसगढ़ में ही हुआ है।

निस्संदेह नक्सली हिंसा के आँकड़े भयावह हैं। वर्ष 2004 की तुलना में वर्ष 2005 में नक्सली हिंसा की मात्रा 38 प्रतिशत और हताहत लोगों की संख्या में 18 प्रतिशत की वृद्धि हुई। वर्ष 2004 की 1533 घटनाओं की अपेक्षा वर्ष 2002 में 1564 घटनाएँ हुईं। इसी प्रकार वर्ष 2004 में कुल हताहत 566 हुए (466 नागरिक, पुलिस कर्मी) जो वर्ष 2002 में बढ़कर 669 (596 नागरिक, 953 पुलिस कर्मी) मारे गए। प्रति हिंसा में वर्ष 2004 में 87 नक्सली मारे गए, जिनका आँकड़ा वर्ष 2005 में बढ़कर 223 हो गया। आंध प्रदेश में वर्ष 2004 में नक्सली हिंसा की वारदातें 74 थीं, जो 2005 में बढ़कर तीन गुणा 206 हो गई। इसी प्रकार छत्तीसगढ़ में नक्सली हिंसा की घटनाएँ वर्ष 2004 की 83 से वर्ष 2005 में दो गुणा बढ़कर 165 हो गई। महाराष्ट्र में नक्सली हिंसा से हताहत होनेवालों की संख्या वर्ष 2004 में 15 उछलकर वर्ष 2005 में 53 हो गई। आँकड़ों के मुताबिक 2006 के पहले तीन महीनों में ही 157 लोग नक्सली हिंसा के शिकार हो गए।

उपरोक्त घटनाएँ तो टिप-ऑफ-दी-आइसबर्ग हैं। हिंसक घटनाओं का सिलसिला अंतहीन है। नक्सली हिंसा द्वारा यह मौत का खूनी खेल लगातार चालू है। आज बंदूक की नोक पर सत्ता परिवर्तन का राग अलापनेवाले माओवादी गोली की ताकत से सत्ता हथियाने का मंत्र फूँकनेवाले नक्सलवाद ने देश भर में पाँव पसार लिये हैं। उत्तर बंगाल के गुमनाम नक्सलवाड़ी में चारू मजूमदार द्वारा 1966-67 में शुरू की गई हिंसात्मक छापामारी आज एक महामारी में बदल गई है, जिसका अबाध अलिखित राज भारत के 14 राज्यों में चलता है, जो पूरे दक्षिण, मध्य एवं पूर्वी आचल में फैले हुए हैं। इन राज्यों में पीपुल्स वार ग्रुप और भूमिगत माओवादी कम्युनिस्ट सेंटर (एमसीसी) के आपस में हाथ मिलाकर 'भाकपा-माओवादी' नाम से गठित नई पार्टी का हुक्मनामा चलता है और नक्सलवादी हिंसा का तांडव नाच होता ही रहता है। यह आशंका अब सच साबित

होती है कि नक्सलवादियों ने काठमांडू से कोच्ची तक अपनी कारगुजारियों के लिए गलियारा (इरड-कोरिडोर) तैयार कर लिया है। अब तो उत्तर प्रदेश और उत्तराखंड में भी नक्सलियों ने पाँव पसार लिये हैं। विंध्य-कैमूर क्षेत्र नौगढ़, सोनभद्र, मिर्जापुर और चेदोलो में नक्सलवादियों ने अपने संगठन का विस्तार कर लिया है। वे बनारस सहित गोरखपुर तक पाँव फैलाने की चेष्टा में हैं, ताकि नेपाल के माओवादियों से संपर्क बराबर बना रहे। यह सुप्रमाणित एवं सुस्पष्ट है कि नक्सलवादियों के नेपाल के माओवादियों से निकट संबंध हैं तथा वे एक-दूसरे का सहयोग भी कर रहे हैं, जिसके अंतर्गत एक लाल गलियारा (इरड कारिडोर) के लक्ष्य को प्राप्त करना है। इसका नाम पशुपति (नेपाल) से तिरूपति (आंध्र प्रदेश) दिया गया है। यह गलियारा छत्तीसगढ़, मध्य प्रदेश, झारखंड और उड़ीसा होता हुआ आंध्र प्रदेश को जोड़ेगा। आंध्र प्रदेश के बाद छत्तीसगढ़ ऐसा राज्य है, जहाँ ये हथियारबंद संगठन सबसे ज्यादा संगठित और सक्रिय हैं। ये सब इलाके घने जंगलों वाले हैं तथा यहाँ की अधिकांश आबादी भी आदिवासियों की ही है। वे इन इलाकों में अपनी समानांतर सरकार बनाने में जुटे हैं। जो इनका विरोध करता है, उसे वे रास्ते से हटाने से नहीं हिचकिचाते। वे आदिवासियों को भयाक्रांत कर उनके मसीहा बनने में लगे हैं। यह घोर चिंतनीय है कि गत दो दशकों में आंध्र से लेकर बिहार, छत्तीसगढ़, झारखंड आदि राज्यों में कोई छह हजार लोग नक्सलियों के हमलों में मारे जा चुके हैं। करीब दस हजार माओवादी नक्सलवादी इस समय विभिन्न राज्यों में सक्रिय हैं, जो आंध्र प्रदेश, महाराष्ट्र, उड़ीसा, बिहार, छत्तीसगढ़, झारखंड के आदिवासी इलाकों को मिलाकर पृथक् प्रदेश की माँग भी कर रहे हैं। आदिवासी इलाकों में नक्सली-माओवादियों का कहर थम नहीं रहा है। आज सशस्त्र नक्सली संवर्ग की वर्तमान संख्या 10000 है, जो अत्याधुनिक हथियार, गोला-बारूद, बम-लैंड-माइन्स और विस्फोटकों से लैस और चाहे जहाँ वारदात को अंजाम देने में सक्षम है। गृह मंत्रालय के सूत्रों के अनुसार भारत में भूमिगत सशस्त्र माओवादियों के पास बीस हजार से भी अधिक परिष्कृत हथियार हैं। इनमें सुरक्षा बलों से लूटी गई स्वचालित राईफलों के अलावा देश में ही बने हथियार भी शामिल हैं। नक्सलियों की कुल अनुमानित संख्या पैंतालीस हजार के करीब है। नक्सली स्वचालित हथियारों से लैस हैं। उनसे निपटने के लिए एंटी लैंड माइन वाहन भी बेकार साबित हुए हैं।

नक्सलवाद से निबटने के लिए जरूरी है कि समस्या के सही स्वरूप को स्वीकार किया जाए। यह समस्या गृहयुद्ध और देश विरुद्ध बगावत को कुचलने की समस्या है। माओवादी गृहयुद्ध लड़ रहे हैं। यह सामान्य रूप से कानून व प्रशासन की समस्या नहीं है। इसे राष्ट्रीय समस्या के रूप में स्वीकारना होगा। राज्य एवं केंद्र को मिलकर एक योजना के आधार पर माओवादियों को कुचलने की रणनीति तैयार करनी होगी। यह

नीति उसी तरह होनी चाहिए, जिस तरह गृहयुद्ध या विद्रोह को कुचलने के लिए रणनीति बनाई जाती है। इसके लिए एकीकृत फौजी कमान का गठन करना होगा। पुलिस एवं अर्द्धसैन्य बल को आधुनिक शस्त्रों से सुसज्जित एवं माओवादी गोरिल्ला युद्ध से लड़ने के लिए विशेष प्रशिक्षण देना होगा। नक्सलवाद प्रभावित क्षेत्रों को विशेष क्षेत्र के रूप में चिन्हित कर वहाँ वे सभी विशेष कानून लागू करने होंगे, जो अशांत या गृहयुद्ध की परिस्थितियों में वांछित हों।

सुविचारित राजनीति के तहत माओवादी पिछड़े एवं दुर्गम इलाकों का चयन कर रहे हैं। माओ के मशहूर कथन 'राजसत्ता का जन्म बंदूक की नाल से होता है' का हवाला देकर माओवादियों का कहना है कि पिछड़े देहाती इलाकों में समानांतर सत्ता या लाल आधार इलाका बनाकर गाँवों से शहरों को घेरते हुए, वे देश की सत्ता पर कब्जा करेंगे। नक्सली आतंक दिन-ब-दिन बढ़ रहा है। नक्सलवाद एक कानून और व्यवस्था संबंधी समस्या ही नहीं है, बल्कि आतंककारी हिंसा, देश की सामाजिक समरसता, राजनीतिक स्थायित्व, आर्थिक सुदृढता, एकता, अखंडता और आंतरिक सुरक्षा के लिए भयावह आसन्न खतरा है। नक्सलवाद आनेवाले दिनों में देश की संप्रभुता के लिए बड़ी चुनौती साबित हो सकता है। यह घोर विडंबना है कि केंद्र ने राष्ट्र की संप्रभुता को, चुनौती देनेवाली समस्या को महज डाकू समस्या की तरह सिर्फ कानून-व्यवस्था का मामला मानकर राज्यों के खाते में डाल दिया है। पानी नाक तक आ चुका है, यदि समय रहते नहीं चेते तो सिर पर से गुजर जाएगा।

ऐसा लगता है केंद्र व सरकारें नक्सलवाद की गंभीर समस्या से निबटने के लिए किसी कारगर रणनीति पर अमल नहीं कर पा रही हैं। यह आवश्यकता है कि इस हिंसक आंदोलन पर काबू पाने के लिए सभी राज्य पहल करें और केंद्र एवं राज्य समन्वित सामूहिक रणनीति बनाएँ। समस्या का सामना करने के लिए एक सुविचारित नीति होनी चाहिए। नक्सलवाद को केवल कानून व्यवस्था की समस्या के बतौर नहीं लिया जा सकता है। इसके सामाजिक, आर्थिक, पहलुओं पर बारीकी से गौर किया जाए। प्राथमिकता भूमि सुधारों को दी जाए, जिससे आदिवासी अपने जमीन जंगल से बेदखल न हों। जिन इलाकों में नक्सली सक्रिय हैं, वहाँ अधिकतर युवाओं को रोजगार देना जरूरी है। भोले-भाले आदिवासियों को सरकारी अमले और गाँव- गाँव में बैठे सेठों-साहूकारों के शोषण से बचाया जाए। नक्सलियों की कमर तोड़ने के लिए उनके आर्थिक स्रोतों को बंद करना बेहद जरूरी है। तमिलनाडु, कर्नाटक, मध्य प्रदेश, छत्तीसगढ़ में नक्सली संगठनों की आमदनी का मुख्य जरिया जंगल है। वे चंदन की लकड़ी, इमारती लकड़ी, तेंदू पत्ता जैसे वन उत्पादों की तस्करी से भारी रकम कमाते हैं। इसके अलावा वन, राजस्व विभागों के अफसरों, ठेकेदारों से जमकर चौथवसूली होती है। नक्सलियों की

आय के साधनों पर रोक लगती है तो उनका तंत्र कमजोर हो जाएगा। इसके वास्ते केंद्र व प्रभावित राज्यों को समन्वित कार्ययोजना पर काम करना होगा। वैसे नक्सल प्रभावित राज्यों के बीच तालमेल की बात अकसर होती है। केंद्र सरकार की अगुवाई में राज्यों के अधिकारियों की बैठकें समय-समय पर बुलाई गई हैं, लेकिन मैदान में इसके नतीजे दिखाई नहीं पड़ते हैं। नक्सलवाद के प्रभाव क्षेत्र का विस्तार रोकने के लिए सभी राज्यों को कमर कसनी होगी। नक्सलवाद प्रभावित क्षेत्रों में सुशासन सुनिश्चित करना होगा। साथ-साथ विद्रोह के प्रति सख्ती से पेश आना होगा। क्योंकि आतंकवादी हिंसा देश की 'सामाजिक समरसता, राजनीतिक स्थायित्व, आर्थिक सुदृढता, अखंडता और आतंरिक सुरक्षा के लिए भयावह आसन्न खतरा है और नक्सलवाद आनेवाले दिनों में देश की संप्रभुता के लिए बड़ी चुनौती साबित हो सकता है। इसीलिए 14 अगस्त, 2006 को स्वतंत्रता की पूर्व संध्या पर राष्ट्र को संबोधित करते हुए राष्ट्रपति अब्दुल कलाम ने कहा कि आतंकवाद के खात्मे के लिए 'एक मिशनोन्तुख संगठित ढाँचे वाला आक्रामक राष्ट्रीय अभियान' शुरू करना होगा।

आज नक्सलवाद नासूर बन गया है। राष्ट्र में नक्सली हिंसा का कहर बरपा हो रहा है। अब तो केंद्रीय सरकार को इस समस्या पर कागजी काररवाई या सेमिनारों के आयोजनों को छोड़ प्रभावी कदम उठाने की तैयारी तेजी से करनी होगी। इसके तहत गरीबों के उत्थान के कार्यक्रम तथा विकास योजनाएँ बनें साथ ही हिंसा पर अंकुश की पुख्ता व्यवस्था हो। नक्सलवाद किसी एक राज्य की समस्या नहीं है, बल्कि यह देश के बहुत बड़े भू-भाग में अपने पाँव पसार चुका है। आंतरिक सुरक्षा के लिए ही नहीं, बल्कि राष्ट्र की अखंडता, एकता और संप्रभुता के लिए भी सबसे भयावह खतरा नक्सली हिंसा का गहराता साया है। समस्या के विकराल रूप को देखते हुए नहीं लगता कि राज्य सरकारें अपने बलबूते पर इसका सामना कर पाएँगी। जरूरत इस बात की है कि इतनी बड़ी समस्या जो राज्यों में फैली हुई है, से निपटने के लिए केंद्रीय स्तर पर कोई योजना तैयार की जाए, जिसमें प्रभावित राज्यों की सक्रिय भूमिका भी हो। केंद्रीय सरकार को अब तो लगना चाहिए कि गफलत और देरी के भयावह नतीजे होंगे।

*(लेखक राज्यसभा के सांसद हैं।)*

□

# सबसे बेहतर संसदीय प्रणाली

**—डॉ. एम. रामा जॉयस**

हम भारत के लोग इस आशय के साथ भारतीय संविधान को अधिनियमित और अपने को आत्मार्पित करते हैं कि हम सभी लोकतांत्रिक व्यवस्था से शासित होंगे, जो पंथनिरपेक्ष प्रकृति की सामाजिक, आर्थिक और राजनीतिक न्याय सुनिश्चित करनेवाली विचार, अभिव्यक्ति, विश्वास, धर्म और उपासना की स्वतंत्रता सभी के लिए प्रतिष्ठा व अवसर की समानता और उनमें व्यक्ति की गरिमा, राष्ट्र की एकता, अखंडता बढ़ानेवाली बंधुता होगी, जैसा कि संविधान की प्रस्तावना में कहा गया है। दरअसल, संविधान की मूल प्रस्तावना में मूलभूत सिद्धांतों का उल्लेख है, जो संविधान की आत्मा है, जिसे सुप्रीम कोर्ट ने भी केशवानंद भारती मामले के ऐतिहासिक फैसले में संविधान का आधारभूत तत्त्व कहा है।

संविधान के निर्माताओं ने माना कि हमारे देश की लोकतांत्रिक व्यवस्था के लिए आवश्यक नियंत्रण और संतुलन के साथ संसदीय प्रणाली सबसे उपयुक्त है। साथ ही, उन लोगों ने स्वतंत्रता प्राप्ति के पहले तमाम राज्यों के अस्तित्व को देखते हुए संघीय संरचना को उचित ठहराया। चूँकि संविधान के तहत शक्ति का बँटवारा, संस्थाओं की संरचना और आवर्ती चुनाव उपबंध बहुचर्चित हैं, इसलिए इन पर विवेचना नहीं करूँगा, ताकि लेख संक्षिप्त और सारगर्भित बन सके।

संविधान की कार्यप्रणाली के तहत प्राप्त अनुभवों के आधार पर संविधान के कार्य संचालन में निम्नलिखित कुछ कमियाँ हैं :

1. राष्ट्रपति के पास शक्ति नहीं है। जब उसे महसूस होता है कि संसद् द्वारा पारित कोई कानून असंवैधानिक है या कार्यपालिका का कोई कार्य देशहित में नहीं है तो उसे मूक दर्शक या शक्तिहीन व्यक्ति की तरह खामोश रहना पड़ता है और उसे सहमति देनी पड़ती है। लाभ का पद विधेयक इसका ताजा उदाहरण है।

2. मंत्रिपरिषद् की सलाह के अनुसार उसे राज्यपाल को हटाना पड़ता है।

3. उसे मंत्रिपरिषद् की राय पर लोकसभा या किसी राज्य की विधानसभा को भंग करना पड़ता है।

4. राष्ट्रपति या राज्यपाल को यह शक्ति है कि वह किसी ऐसे व्यक्ति को भी प्रधानमंत्री या मुख्यमंत्री बना सकता है, जो विधायिका का सदस्य नहीं है और न ही उसके पास बहुमत है। नियुक्ति करने के बाद उसे बहुमत सिद्ध करने के लिए समय दिया जाता है, जो बहुधा अटकलबाजी राजनीति को जन्म देती है, जो लोकतंत्र के लिए हानिकारक है।

संविधान लागू होने के तीन दशक के अंदर जो समस्याएँ पैदा हुई हैं, उनको ध्यान में रखते हुए देश में कुछ समय पहले एक बहस कि क्या संविधान द्वारा स्वीकृत संसदीय प्रणाली की जगह अध्यक्षात्मक शासन प्रणाली ले सकती है, जैसा कि संयुक्त राज्य अमेरिका के संविधान में वर्णित है, जहाँ राष्ट्रपति में कार्यपालिका की असीम शक्ति निहित है, मसलन-राज्य प्रशासन का संचालन, अपने सचिवों का चयन आदि।

दोनों प्रणालियों के पक्ष-विपक्ष में देश के प्रमुख व्यक्तियों ने अपनी-अपनी राय जाहिर की। इसलिए यह विचार करना जरूरी है कि देश जिन समस्याओं से ग्रस्त है, वाकई क्या उनका संबंध केवल संसदीय प्रणाली अपनाने से है और वे समस्याएँ अध्यक्षात्मक व्यवस्था लाने से दूर हो जाएँगी?

सर्वसम्मति राय है कि लोकतंत्र लोगों का, लोगों द्वारा और लोगों के लिए है। यदि यह सिद्धांत आत्मसात् किया जाता है तो लोगों को अधिकार है कि वे सही प्रतिनिधि चुन सकें। यदि जीते हुए प्रतिनिधि अपनी वचनबद्धता व कार्यों को पूरा करते हैं, जो सुशासन स्थापित कर लोकतंत्र के उद्देश्यों को पूरा करती है, तो संशोधन या बिना संशोधन के संसदीय या अध्यक्षात्मक प्रणाली दोनों ही उपयुक्त हैं।

यही बात महाभारत में भी है, जो राजनीति के सभी संदर्भों सहित ज्ञान का अनंत भंडार है:

**कालो या कारणं राक्षो राजा वा कालकारणम्।**
**इति ते संबायो माआजा कालख्य कारणम्।**

क्या राजा काल का निर्माण करता है या काल राजा को निर्मित करता है। इस प्रश्न पर जरा भी संशय नहीं है। निश्चित तौर पर राजा ही काल का निर्माण करता है। (महाभारत-शांतिपर्व अध्याय 69-79)

दरअसल, जहाँ तक इस प्रश्न की बात है कि लोकतंत्र के लिए संसदीय प्रणाली उचित है या अध्यक्षात्मक व्यवस्था? मेरा मानना है कि दोनों व्यवस्था अच्छी हैं, यदि शासन की बागडोर अच्छे हाथों में है और शासन संविधान के तहत चल रहा है। चूँकि सभी संविधान

निर्माता विद्धान लोग थे और: उन लोगों ने देश के लिए संसदीय शासन प्रणाली चुनी। उल्लेखनीय है कि यह प्रणाली पिछले पाँच दशकों से विश्व के सबसे बड़े लोकतंत्र, यानी इस देश में काफी हद तक संतोषजनक ढंग से काम कर रही है, इसलिए इसकी जगह अध्यक्षात्मक प्रणाली लाने की कोई जरूरत नहीं है। हालाँकि लेख के शुरुआत में ही मैं संविधान की कुछ कमजोरियों का उल्लेख कर चुका हूँ, जिसे समाप्त करना जरूरी है, ताकि हमारा लोकतंत्र और असरकारी बन सके। इसलिए जरूरी नहीं कि संसदीय प्रणाली को अध्यक्षात्मक शासन व्यवस्था में बदला जाए। दरअसल, इसकी कमियों को दूर करने की आवश्यकता है, ताकि लोकतंत्र का स्थायित्व सुनिश्चित हो सके और देश का समय, देश की ऊर्जा और देश के संसाधनों को बचाया जा सके। मेरी राय मैं लोकतंत्र को मजबूत बनाने के लिए कम-से-कम, हालाँकि अन्य भी हो सकते हैं, निम्न सुधारों की जरूरत है—

## राष्ट्रपति को और अधिकार

संविधान में इस उपबंध के साथ संशोधन किया जाए कि राष्ट्रपति के पास जब संसद् द्वारा पारित कोई विधेयक, राज्यपाल द्वारा राष्ट्रपति की मंजूरी के लिए भेजा गया ऐसा विधेयक, जिसे विधान मंडल स्वीकृत दे चुका हो, मंजूरी के लिए आता है, तो उसे नकारने का विकल्प हो और इस शर्त के साथ कि उस मामले पर सुप्रीम कोर्ट की राय जानने के लिए उसे सौंप दिया जाए।

तत्पश्चात् सुप्रीम कोर्ट की राय के अनुसार कारवाई की जाए। चूँकि सुप्रीम कोर्ट के न्यायाधीश संविधान के ज्ञाता होते हैं और वे चुनावी उठापटक व लोकलुभावन वादों से दूर रहते हैं, इसलिए वे इस स्थिति में रहते हैं कि वे उचित राय दे सकें। साथ ही, उसकी राय राष्ट्रपति, ससंद व संबंधित राज्य सभी के लिए बाध्यकारी हो। गौरतलब है कि ऐसे मामलों को सर्वोच्च न्यायालय के कम-से-कम 9 सबसे वरिष्ठ न्यायाधीशों द्वारा सुना जाना चाहिए।

## राज्यपाल की अवधि

राज्यपाल की अवधि, जो पाँच साल की है, केंद्रीय कार्यकारिणी की सनक पर निर्भर नहीं होनी चाहिए। इनकी अवधि निश्चित हो और राज्यपाल समय से पहले तभी हटाए जाएँ, जब लोकसभा हटाने के कारणों का उल्लेख करते हुए बहुमत के साथ मंजूरी दे। दरअसल, ऐसे संशोधन राज्यपाल पद के राजनीतीकरण की बुराई से रोकेंगे और केंद्र सरकार अपनी इच्छाओं को लागू करवाने के लिए राज्यपाल का इस्तेमाल एजेंट के रूप में नहीं कर पाएगी। उल्लेखनीय है कि केंद्र सरकार के एजेंट के रूप में राज्यपाल लोकतांत्रिक ढाँचे का काफी नुकसान कर चुके हैं।

## संसद् व विधानसभा की स्थायी अवधि

संप्रभु जनता द्वारा जब एक बार लोकसभा व विधानसभा का चुनाव पाँच सालों के लिए हो जाता है, तो यह अपनी पूरी अवधि तक चले। इसलिए संविधान में यह उपबंध हो कि लोकसभा व विधानसभा समय से पहले भंग न हों। शासक दल को हालाँकि जिसे बहुमत हासिल है, यह अधिकार नहीं मिलने चाहिए कि अपनी सुविधा के अनुसार सदन को भंग कर सके।

जहाँ तक राज्यों की बात है, अनुच्छेद 356 में सुधार होने चाहिए। राज्य सरकार तभी बर्खास्त हो, जब उसे हटाने के पर्याप्त कारण मौजूद हों, न कि विधानसभा भंग हो और विधानसभा मुख्यमंत्री को हटाने की बजाय नया मुख्यमंत्री चुने। यही नहीं, राष्ट्रपति के अध्यादेश को केवल लोकसभा मंजूरी दे। दरअसल, राज्यसभा पिछले आमचुनावों द्वारा चुने गए प्रतिनिधियों की शक्ति को प्रदर्शित करती है, वहीं लोकसभा नए जनादेश का प्रतिनिधित्व करती है। इसलिए राज्यसभा को लोकसभा द्वारा पारित प्रस्ताव को रद्द करने का अधिकार नहीं मिलना चाहिए।

## प्रधानमंत्री व मुख्यमंत्री की नियुक्ति

केवल उसी व्यक्ति को प्रधानमंत्री और मुख्यमंत्री नियुक्त किया जाना चाहिए, जो क्रमश: लोकसभा व विधानसभा का निर्वाचित सदस्य हो। सबसे पहले लोकसभा या विधानसभा द्वारा नेता चुना जाना चाहिए, तत्पश्चात् राष्ट्रपति द्वारा प्रधानमंत्री व राज्यपाल द्वारा मुख्यमंत्री के रूप में नियुक्ति की जानी चाहिए। यदि किसी दल के पास बहुमत नहीं है, तो सदन के नेता का चुनाव एक उपबंध के तहत हो। दरअसल, इनका चुनाव गुप्त मतदान से हो तथा चुनाव आनुपातिक प्रतिनिधित्व प्रणाली के तहत एकल संक्रमणीय मत व विलोपन प्रक्रिया के आधार पर हो, ताकि वही व्यक्ति नियुक्ति हो सके, जिसे विधायिका की पूरी संख्या का कम-से-कम 51 फीसदी मत हासिल हो।

## लोकसभा और विधानसभा का चुनाव एक साथ

राष्ट्र व चुनाव लड़नेवाले उम्मीदवारों के हित में लोकसभा व विधानसभा के चुनाव एक साथ होने चाहिए। इससे चुनाव खर्च कम होगा और देश के संसाधनों की बरबादी भी कम होगी।

## चुनाव नियत समय पर हों

लोकसभा और विधानसभा के असमय भंग होने के कारण चुनाव अलग-अलग समय पर होते हैं। अत्यधिक जाड़े व भयंकर गरमी की वजह से पार्टी नेताओं,

कार्यकर्ताओं, उम्मीदवारों व मतदाताओं को काफी कठिनाई उठानी पड़ती है। वास्तव में संविधान लागू होने के बाद पिछले पचास सालों में 13 आम चुनाव हो चुके हैं, जो 65 सालों के दौरान होने चाहिए थे। इसकी वजह से चुनाव के पहले और चुनाव बाद कुछ महीने के लिए प्रशासनिक हेर-फेर तो होता ही है, साथ ही राजनीतिक अस्थिरता आती है। जनता का धन बरबाद होता है और गैरजरूरी तनाव पैदा होता है। इसलिए संविधान का संशोधन होना चाहिए, ताकि न केवल विधानसभा और लोकसभा का चुनाव एक साथ हो, बल्कि चुनाव का समय भी निर्धारित हो, जिसका हेर-फेर राजनीतिक दलों की सनक व चुनाव आयोग की इच्छा के अनुरूप न हो। इसलिए जिन महीनों के दौरान चुनाव हों, वह संविधान द्वारा नियत होना चाहिए, जिसका समय प्रत्येक पाँच साल में फरवरी और मार्च महीने के बीच होना चाहिए, क्योंकि इन महीनों के दौरान पूरे देश का मौसम सुविधाजनक रहता है।

## जाति प्रथा का अंत

जातिवाद हमारे लोकतंत्र का विष है व बंधुता का नाशक है। जैसा कि प्रस्तावना में वर्णित है, बंधुता संविधान का मूलभूत लक्षण है। जाति के आधार पर आरक्षण केवल अनुसूचित जाति एवं अनुसूचित जनजाति को ही दिया गया है और शेष आरक्षण पिछड़ी जातियों के लिए है। अनुच्छेद 17 में छुआछूत की समाप्ति की तरह एक और अनुच्छेद 17 (ए) को इन बातों के साथ जोड़ा जाना चाहिए।

## 17 (ए) वर्ण और जाति की समाप्ति

वर्ण और जाति व्यवस्था समाप्त की जाती है। जाति या वर्ण व्यवस्था के आधार पर किसी नागरिक का हनन एक दंडनीय अपराध होगा, जो कानून के मुताबिक तय किया जाएगा। अनुसूचित जाति, अनुसूचित जनजाति का उल्लेख सिर्फ आरक्षण प्राप्ति के लिए किया जाएगा। इसके अलावा किसी भी अवस्था में किसी भी नागरिक द्वारा किसी भी उद्‌देश्य की प्राप्ति के लिए जाति या वर्ण का उल्लेख नहीं होगा, यहाँ तक कि राज्य के मामलों में राज्य की नौकरियाँ प्राप्त करते वक्त भी।

## राष्ट्रीय गान

देश की एकता और अखंडता के लिए दोनों गीत 'जन गण मन', जिसे राष्ट्रीय गति का दर्जा प्राप्त है और 'वंदे मातरम्', जिसे संविधान सभा ने राष्ट्रीय गान के समकक्ष माना है, को संविधान की अनुसूचियों, खासतौर पर प्रथम अनुसूची में शामिल करना चाहिए और अन्य सभी अनुसूचियों को पुनः क्रमबद्ध करना चाहिए। संविधान के संशोधन के

संबंध में मेरा विचार, जैसा कि इस लेख में वर्णित है और दूसरे संशोधन जो जरूरी हों, के द्वारा लोकतंत्र मजबूत होगा और राष्ट्रीय हित पूरे होंगे। दरअसल, मुझे कोई कारण दिखाई नहीं पड़ता कि संसदीय प्रणाली को अध्यक्षात्मक व्यवस्था में बदला जाए।

*(लेखक पंजाब और हरियाणा के पूर्व मुख्य न्यायाधीश और झारखंड व बिहार के पूर्व राज्यपाल हैं।)*

□

# वंदेमातरम् : भारतीय राष्ट्रीयता की पहचान

—स्वपन दासगुप्ता

पिछले सप्ताह देश ने शहनाई उस्ताद बिस्मिल्लाह खान की वाराणसी में मृत्यु का शोक मनाया गया। देश में कोने-कोने से उस्ताद की शान में कसीदे काढ़े गए, खासकर जिस ढंग से उन्होंने देवी सरस्वती के प्रति अपनी उपासना को अपने धर्म के साथ जोड़ा, वह अविस्मरणीय ही नहीं, अनुकरणीय भी है। लोगों ने काशी विश्वनाथ मंदिर और दूसरे हिंदू मंदिरों में अनेक बार उनकी शहनाई की गूँज को याद किया और उन्हें गंगा-जमुना तहजीब के महान् प्रतीक की संज्ञा दी। शायद ही कोई इससे असहमत होगा कि उस्ताद के अंदर भारत के अप्रतिम नागरिक मूल्यों का निचोड़ निहित था। इस महान् संगीतकार के प्रति श्रद्धांजलि की अभी बारिश हो ही रही थी कि मुसलिम समुदाय के कुछ सर्वाधिक मुखर व्यक्तियों ने वंदेमातरम् के गायन को लेकर तीक्ष्ण विवाद उत्पन्न कर दिया। उनका विरोध उस राष्ट्रीय गीत के प्रति है जो हमारे स्वतंत्रता आंदोलन का आधार था और जिसमें देशप्रेम का वह जज्बा छिपा था कि क्रांतिकारियों ने गुलामी की जंजीरों को तोड़ने के लिए अपने प्राणों की भी आहूति दे दी।

मुसलिमों का आक्रोश उस पहल पर है, जिसके तहत सात सितंबर (अर्थात् जिस दिन 1905 में वाराणसी में कांग्रेस के अधिवेशन में बंकिम चंद्र चटर्जी द्वारा लिखे गए वंदेमातरम् गीत को राष्ट्रीय गीत के रूप में उद्घोषित किया गया था) को पूर्वाह्न 11 बजे सभी शिक्षण संस्थानों में वंदेमातरम् के अनिवार्य गायन की बात कही गई थी। मुसलिम धर्मगुरुओं का एक तबका इस पहल पर भड़क गया। दिल्ली की जामा मसजिद के शाही इमाम, जो कि अब उत्तर प्रदेश में अपने लिए बड़ी राजनीतिक भूमिका की तलाश में हैं, ने यह ऐलान कर दिया कि वंदेमातरम् का गायन इसलाम के धार्मिक विश्वासों के खिलाफ है। उनके सुर-में-सुर मिलाते हुए ऑल इंडिया मुसलिम पर्सनल लॉ बोर्ड के प्रवक्ता

एसक्यूआर इलियास ने भी यह घोषणा करने में देर नहीं की कि मुसलिम इस गीत को नहीं गा सकते, उनका तर्क था, 'हम देश को प्यार करते हैं, लेकिन इसकी पूजा नहीं कर सकते।' कितना विपरीत है मुसलिमों का यह रवैया और उस्ताद बिस्मिल्लाह खान का चिंतन, उनकी मान्यताएँ और उनका जीवन-दर्शन। उस्ताद यह सोचते थे कि वे अल्लाह की इबादत राग भैरव में कर सकते हैं, तो धार्मिक कट्टरता के शिकार ये लोग इस पर अड़े हुए हैं कि देश को माता के रूप में पूजा नहीं जा सकता। उस्ताद ने देवी सरस्वती की उपस्थिति से खुद को अभिभूत महसूस किया, तो यह लोग मूर्ति पूजा की निंदा करने में किसी भी हद तक जाने के लिए तैयार हैं। यदि वंदेमातरम् के प्रति मुसलिम विरोध के इतिहास को खँगाला जाए तो हम पाएँगे कि एक राष्ट्रीय प्रतीक पर आपत्ति उठानेवाले शाही इमाम और एसक्यूआर इलियास कोई पहले व्यक्ति नहीं हैं। सच तो यह है कि 1905 में जब से यह गीत भारतीय राष्ट्रीयता की पहचान बना, तभी से मुसलिम विचारधारा का एक वर्ग इसके विरोध में उठ खड़ा हुआ। सव्यसाची मुखर्जी ने लिखा है, "वंदेमातरम् पर मुसलिम आपति की शुरुआत बंगाल के विभाजन के खिलाफ आंदोलन के दौरान हो गई। यह आपति 1920 के दशक में और मुखरित हुई और यह चरम पर तब पहुँची, जब 1937 में कांग्रेस के नेतृत्व वाली प्रांतीय सरकारों ने कामकाज सँभाला।" 1938 में जंवाहरलाल नेहरू के साथ बातचीत के लिए मोहम्मद अली जिन्ना ने जो हस्तलिखित एजेंडा तैयार किया था, उसमें तीन बिंदु थे—(1) मुसलिमों के साथ सामूहिक संपर्क बंद हो, (2) वंदेमातरम् हटाया जाए और (3) राष्ट्रीय ध्वज हटाया जाए।

पहली माँग के जरिए जिन्ना राजनीतिक वर्ग को यह संकेत देना चाहते हैं कि वे भारत में मुसलिमों के एकमात्र प्रवक्ता के रूप में अपनी स्थिति को दी जानेवाली किसी चुनौती को बरदाश्त नहीं करेंगे, वहीं उनकी बाद की दोनों माँगें यह रेखांकित करने के लिए थीं कि वे भारत के बहुसंख्यक समाज के साथ तादात्म बिठाने के लिए तैयार नहीं। जिन्ना जानते थे कि राष्ट्रीय आंदोलन के दो सर्वाधिक महत्त्वपूर्ण प्रतीक चिन्हों—वंदेमातरम् और राष्ट्रीय ध्वज का विरोध कर वे हिंदू बहुल भारत को मुसलिमों के साथ असंगत ठहरा देंगे।

जवाहरलाल नेहरू हमेशा वंदेमातरम् के साथ असहज रहे, क्योंकि इसमें बहुत अधिक कठिन शब्द थे। उन्होंने मुसिलम पृथकता को आधी शह तो दी ही। उनकी पहल पर कांग्रेस कार्यसमिति ने अक्तूबर 1937 में इस गीत के कुछ भागों पर मुसलिमों द्वारा उठाई गई आपत्ति को सही मान लिया और इसकी सार्वजनिक प्रस्तुति को दो प्रारंभिक छंदों तक सीमित कर दिया। यह कदम भी मुसलिम लीग को पूरी तरह संतुष्ट नहीं कर सका। इसके फलस्वरूप 1939 में कांग्रेस कार्यसमिति में किए गए विचार-विमर्श और महात्मा गांधी की इस सलाह की मिश्रित सभा में वंदेमातरम् के गायन से विवाद का खतरा नहीं उत्पन्न किया जाना चाहिए, कांग्रेस ने यह रूख अपना लिया कि इस राष्ट्रीय

गीत का गायन बाध्यकारी नहीं होगा। वंदेमातरम् का विवाद अंततः 24 जनवरी, 1950 को संविधान सभा के अंतिम दिन तब समाप्त हुआ, जब सभा के अध्यक्ष राजेंद्र प्रसाद ने पीठ से यह निर्णय दिया कि जन गण मन राष्ट्रीय गीत होगा और वंदेमातरम् को इसके बराबर सम्मान तथा दर्जा दिया जाएगा।

यहाँ यह जानना महत्त्वपूर्ण है कि इस मसले पर न तो कोई अर्थपूर्ण विचार-विमर्श हुआ और न ही मतदान। यह मसला एक प्रकार के मोल-तोल के जरिए हल किया गया, जिसके बारे में देश को बहुत कम जानकारी है। इससे इस धारणा को भी बल प्राप्त होता है कि यदि इस मसले पर स्वतंत्र मतदान कराया गया होता तो हमारे देश के संस्थापकों ने वंदेमातरम् को राष्ट्रगीत के रूप में स्वीकार किया होता। 1950 में राजनीतिक वातावरण मुसलिम पृथकता की किसी अभिव्यक्ति के प्रति बेहद प्रतिकूल था। इस तरह के माहौल में मुसलिम मतदाताओं का एक बहुत बड़ा वर्ग मुसलिम लीग से खिसककर कांग्रेस के खेमे में आ गया और इस तरह 1947 के पूर्व का विभाजनकारी एजेंडा सतह के नीचे चला गया। पिछले दिनों एआईएमपीएलबी और शाही इमाम ने वंदेमातरम् के विरोध में जो आवाज उठाई वह उस मुद्दे को पुनर्जीवित करनेवाला कदम है, जिसे 1950 में हल मान लिया गया था। यह बेहद खेद का विषय है कि भारत सरकार ने वंदेमातरम् के गायन पर उठाई गई आपत्ति पर उसी प्रकार की कातर प्रतिक्रिया व्यक्त की, जैसी कांग्रेस ने 1937 से 1939 के बीच दिखाई थी। मानव संसाधन विकास मंत्री अर्जुन सिंह ने वंदेमातरम् के गायन को ऐच्छिक घोषित कर उन आशंकाओं को एक तरह से बल प्रदान किया कि देश का प्रत्येक विद्यार्थी राष्ट्रीय प्रतीकों के प्रति अपनी-अपनी अलग राय रखेगा। वस्तुतः अर्जुन सिंह संविधान में संजोए गए एक राष्ट्रीय प्रतीक के सम्मान के संदर्भ में यह विकल्प दे रहे हैं कि लोग चाहें तो उसका सम्मान करें और न चाहें तो न करें। चूँकि राष्ट्रीय ध्वज, राष्ट्रगीत और राष्ट्रीय गान समान रूप से सम्मानित हैं इसलिए ऑल इंडिया मुसलिम पर्सनल लॉ बोर्ड द्वारा राष्ट्रीय गान वंदेमातरम् के बहिष्कार की औपचारिक घोषणा राष्ट्रीय ध्वज जलाने के समान है। इस प्रकरण में जो सबसे अशुभ बात है, वह यह कि वंदेमातरम् के प्रति आपत्ति को धार्मिक कर्तव्य का रूप दे दिया गया है। दूसरे शब्दों में कहें तो स्वतंत्रता संघर्ष के सर्वाधिक गुंजायमान प्रतीक और समकालीन राष्ट्रवाद के केंद्र-स्तंभ को एक धर्म के साथ असंगत ठहरा दिया गया है। वंदेमातरम् के बहिष्कार के दुष्परिणामों के प्रति हमें आगाह हो जाना चाहिए। दुर्भाग्य से इस प्रकरण को भी एक और रूटीन सेकुलरिस्ट बनाम भगवा समूह के बीच टकराव के रूप में देखा जा रहा है। वंदेमातरम् के विरोध में बहुत कुछ छिपा है, इसकी अनदेखी के घातक परिणाम होंगे।

*(लेखक प्रसिद्ध स्तंभकार हैं।)*

□

# धर्मांतरण पर प्रतिबंध ही एकमात्र समाधान

—ए. सूर्यप्रकाश

पिछले 15 वर्षों में भारत की धार्मिक जनसांख्यिकी में आए परिवर्तनों के साथ-साथ लोकतांत्रिक परंपराओं ने इटली में जनमी रोमन कैथोलिक सोनिया गांधी को राजनीतिक सत्ता के शिखर तक पहुँचा दिया, जिससे ईसाई समुदाय को देश के अंदर और बाहर भारत में धर्मांतरित कराने की दिशा में नया बल मिला है।

हालाँकि ईसाई समुदाय राष्ट्र की मुख्यधारा के साथ पूरी तरह से एकीकृत हो चुका है, फिर भी केंद्र सरकार को चलाने वाली यूपीए गठबंधन में कांग्रेस पार्टी मुख्य पार्टी है और उसके नेतृत्व में सोनिया गांधी ने ईसाई संप्रदायवादियों तथा धर्मांतरणवादियों ने बड़े भद्दे ढंग से हिंदुओं के खिलाफ प्रचार कर तनाव बढ़ाना शुरू कर दिया है और बहुत से राज्यों में इन्होंने धर्मांतरण विरोधी कानूनों को अवरुद्ध करने का प्रयास किया है। इस प्रयास में स्वयं सोनिया गांधी और रोमन कैथोलिक चर्च के मुखिया पोप बेनेडिक्ट सहित विदेश में उनके समर्थकों ने मदद की है। इन ईसाई संप्रदायवादियों का आक्रोश और सोनिया गांधी द्वारा धर्मांतरण-विरोधी कानूनों के प्रति आपत्ति के रूप में यह नया हमला शुरू हुआ है, इतना ही नहीं, पोप तक ने भी अपनी शालीनता तोड़ते हुए यहाँ तक कह दिया है कि भारत  में सेक्युलर, लोकतांत्रिक व्यवस्था के रूप में काम नहीं हो रहा है।

उनके हमले की पराकाष्ठा को देखकर हमें उन ईसाई विद्वानों, ब्यूरोक्रेट और मिशनरियों की याद आने लगती है, जिन्होंने औपनिवेशिक भारत में अंग्रेजों के शासन काल में हिंदू धर्म की अवमानना की थी। ईस्ट इंडिया कंपनी के साथ आनेवाले इन मिशनरियों का एकमात्र उद्देश्य ब्रिटिश साम्राज्यवादी इरादों की मदद देना और शह देना था। ईसाई संप्रदायवादियों की अकड़ और पोप बेनेडिक्ट की गैर-शालीन कथनों से हमें आज सोनिया गांधी के संरक्षण में नव-उपनिवेशवाद की झलक ही दिखाई पड़ती

है। इसलिए हिंदू धर्म पर हमला कोई नई बात नहीं है। इस प्रवृत्ति के परिणाम समझने के लिए हमें भारत में धर्मांतरण के इतिहास पर जरा जल्दी से नजर डालनी होगी। ईस्ट इंडिया कंपनी ने गरीब लोगों का शोषण किया और उन्हें इंग्लैंड में कच्चे माल की तरह वहाँ की फैक्ट्रियों में निर्यात किया और मिशनरियों ने इन गरीब लोगों की फसल को काटने का काम किया। क्योंकि इन मिशनरियों ने ईसाई धर्म को मानवजाति का सबसे गौरवपूर्ण धर्म माना और क्योंकि वे यह समझते थे कि हिंदू तो बेवकूफ बहुलवादी हैं तो उन्होंने हिंदुओं के प्रति नफरत भरी निगाह रखी और महसूस किया कि वे इन गरीब लोगों को ईसाई धर्म में धर्मांतरित कर उनका कल्याण करेंगे। इस प्रकार मिशनरी लोग सक्रिय हो गए और इस अपराध में ब्रिटिश साम्राज्यवादी इरादे सहयोगी बने। इस प्रयास में मैकाले जैसे लोग तथा शिक्षा विभाग के ब्यूरोक्रेट ने भारतीयों को अंग्रेजी की शिक्षा देकर उन्हें सभ्य बनाने की सोची, उन्हें पश्चिमी तौर-तरीके सिखाए और अंतत: इन गरीब लोगों को अपने धर्म—हिंदू धर्म के खिलाफ कर दिया।

इन सब बातों में बड़ी संख्या में निर्धनता और अनभिज्ञता में दबे लोग लाचार से बने रह गए, परंतु बहुत से भारतीय नेताओं ने इस षड्यंत्र को समझा।

इनमें से एक स्वामी विवेकानंद थे। अमेरिका के अपने ऐतिहासिक दौरे में उन्होंने पश्चिमी देशों की पुस्तकों में हिंदुओं को दिए गए अपशब्दों पर बोलते हुए कहा, 'हिंदुओं ने ईसा के इन अनुयायियों का क्या किया, जो हर ईसाई बच्चे को पढ़ाते हैं कि हिंदू तो निकम्मे और दुष्ट हैं और उन्हें दुनिया का शैतान बताते हैं? यहाँ रविवार के दिन बच्चों को स्कूल की शिक्षा में प्रत्येक बच्चे को यही पढ़ाया जाता है कि उनसे नफरत करो जो ईसाई नहीं हैं, विशेष रूप से हिंदुओं को…'

महात्मा गांधी ने भी दूसरे धर्म के लोगों का धर्मांतरण करने की बात को समझा। अरुण शौरी ने अपनी पुस्तक 'मिशनरीज इन इंडिया' में धर्मांतरण के बारे में चर्च द्वारा किए जा रहे निरंतर प्रयासों को यहाँ उद्धृत करने मात्र से धर्मांतरण पर महात्मा गांधी के विचारों को समझने के लिए काफी है। एक बार तो गांधी ने कहा, 'यदि मेरे पास शक्ति होती और कानून बना सकता तो निश्चित ही मैं सभी धर्मांतरणों पर रोक लगा देता।' एक और अवसर पर उन्होंने कहा कि ईसाई मिशनरियों को पूरी तरह से धार्मिक धर्मांतरण बंद कर देने चाहिए, क्योंकि यह सबसे भयंकर विष है।

बाद के वर्षों में अन्य अनेक महान् विभूतियों ने धर्म, भाषा और संस्कृति के बारे में अंग्रेजों के इस दंभ का उपहास उड़ाया। उनमें एक थे—महान् चिंतक, राजनीतिज्ञ, जिनकी विद्वत्ता ने ब्रिटिश दार्शनिकों को मजबूर कर दिया कि वे फिर से भारतीय जीवन-शैली के बारे में तथा हिंदू धर्म और बौद्ध धर्म जैसे पूर्वी धर्मों पर विचार करें। राधाकृष्णन ने मिशनरियों को भी आईना दिखा दिया कि ब्रिटिश

साम्राज्यवादियों के प्रवर्तक मात्र हैं। ऑक्सफोर्ड तथा कैंब्रिज में दर्शकों से ठसाठस भरे जनसमूह के सामने उनके तर्कों ने मजबूर कर दिया कि राजनीतिज्ञों और विद्वानों ने उनकी भरपूर प्रशंसा की। डॉ. राधाकृष्णन ने मानव जाति की एकता की वकालत करते हुए महसूस किया कि धर्म में 'वसुधैव कुटुंबकम' की अवधारणा रहनी चाहिए। उन्होंने ईसाई धर्म को दुनिया का सर्वश्रेष्ठ धर्म मानने को निरर्थक बताया। उन्होंने धर्मांतरण के खिलाफ भी अपनी आवाज उठाई और ईसाई गिरजाघरों को एक आयोजित, कठोर तथा उग्र राष्ट्रवादी संस्थाओं का प्रतीक बताया। उनके जीवन वृत्त में लेखक गोपाल का कहना है कि राधाकृष्णन ने विशेष रूप से भारत में मिशनरियों की आलोचना करते हुए एंग्लीकन चर्च को ब्रिटिश साम्राज्यवाद से जोड़कर देखने में जरा भी संकोच नहीं किया। उन्होंने निश्चित ही धर्मांतरण को पसंद नहीं किया। डॉ. गोपाल ने 1930 में कैम्ब्रिज में दिए भाषण में दर्शकों से पूछा कि क्या कोई बुद्ध की गरिमापूर्ण और चुंबकीय व्यक्तित्व का मुकाबला 'ओल्ड टेस्टामेंट' से कर सकता है? इस भाषण से बहुत पहले मैसूर विश्वविद्यालय की पत्रिका में उन्होंने लिखा था, 'आज मानवता को किसी एक धर्म में परिवर्तन करने की जरूरत नहीं है, बल्कि सभी धर्मों के बीच सिद्धांतों की एकता को और गहराई से समझने की जरूरत है। लगभग सभी धार्मिक गलतफहमियों का कारण यह मिथ्या धारणा है कि एक ही धर्म में सत्य है।

डॉ. गोपाल के अनुसार (क्योंकि मिशनरियाँ सत्तारूढ़ समुदाय का हिस्सा हैं और सरकार से उन्हें मतभिन्नता है, इसलिए ये मिशनरियाँ समाज को नियंत्रित करने का प्रमुख कार्य करती हैं। उदाहरण के लिए दक्षिण भारत में 19वीं शताब्दी की आखिरी तिमाही में ईसाई धर्म में परिवर्तित लोगों की संख्या तिगुनी से ज्यादा हो गई है तो इस पर गर्व किया गया कि इन मिशनों ने ब्रिटिश साम्राज्य की स्थिरता में प्रमुखता से हिस्सा लिया है।

21वीं शताब्दी में यही प्रवृत्ति जारी है। अरुण शौरी की पुस्तक 'मिशन इन इंडिया…' और पाथस ऑफ मिशन इंडिया…' को सीबीसीआई की 50वीं जयंती के समारोहों में 1994 में वितरित किया गया था। इन दोनों दस्तावेजों में विस्तार से ईसाई धर्म में परिवर्तित लोगों की चर्चा की गई है। भारत के विभिन्न भागों में धार्मिक जनसांख्यिकी प्रवृत्तियों तथा धर्मांतरित लोगों की कुल संख्या देखने से इसी निष्कर्ष पर पहुँचने पर बाध्य होना पड़ता है कि चर्च के नेताओं की सफलता का अर्थ ही 'संख्या' से होता है। इनमें से 1971 से 1991 एक दस्तावेज में इस बात पर दुःख व्यक्त किया गया है कि 1961-1971 तक लगभग 100 वर्षों में संख्या के लिहाज से धर्मांतरण में नियमित रूप से वृद्धि होती रही, परंतु 1971-1991 के काल में धर्मांतरण और बेप्टिज्म में निरंतर गिरावट आती गई।'

धर्मांतरण में इस गिरावट का कारण चाहे जो रहा हो, 1991 से ईसाई धर्म में परिवर्तन की वृद्धि देखने को मिलती है। सेंटर फॉर पॉलिसी स्टडीज, चेन्नई ने ए.पी. जोशी, एम.डी. श्रीनिवास तथा जे .के. बजाज के नए अध्ययनों में 'क्रिश्चियनिटी इन इंडिया' पर लिखे हाल के पेपर्स में 2001 की जनगणना के कुछ महत्त्वपूर्ण आँकड़े दिखाकर 1991-2001 के बीच भारत में अचानक ही इस दशक में वृद्धि के संकेत दिए हैं। इससे पहले के दशक में ईसाइयों की वृद्धि दर 17 से 18 प्रतिशत रही थी, वह 1991-2001 में 23 प्रतिशत तक जा पहुँची।

कुछ राज्यों में खास तौर पर हुई वृद्धि उल्लेखनीय रही है, जहाँ ईसाइयों की संख्या लगभग नगण्य थी। उदाहरण के लिए हिमाचल प्रदेश और हरियाणा जैसे राज्यों में ईसाई जनसंख्या 75 प्रतिशत तक बढ़ी। गुजरात और राजस्थान में भी 50 प्रतिशत बढ़ी। बिहार तथा पश्चिमी बंगाल में क्रमशः 72 प्रतिशत तथा 34 प्रतिशत तक का इजाफा हुआ। झारखंड, छत्तीसगढ़ और उड़ीसा जैसे राज्यों में ईसाइयों की इस दशक में वृद्धि 30 प्रतिशत से ज्यादा रही, जो राष्ट्रीय औसत से अधिक है। परंतु पूर्वोत्तर क्षेत्रों में तो इससे भी बड़ी कहानी है। डॉ. बजाज तथा उसके साथियों ने बताया है कि इन राज्यों में ईसाइयों की जनसंख्या डगमगाती रही है। इस दशक में ईसाइयों की वृद्धि दर और राज्य का ब्योरा इस प्रकार है: त्रिपुरा (121 प्रतिशत), मणिपुर (37 प्रतिशत), नागालैंड (62 प्रतिशत), मेघालय (42 प्रतिशत), असम (33 प्रतिशत) और मिजोरम (31 प्रतिशत)। अरुणाचल प्रदेश की कहानी तो और भी असाधारण हैं। इसमें कहा है 'अरुणाचल प्रदेश में ईसाइयों की संख्या 1971 में 81 प्रतिशत तक बढ़ी और 1981-91 में 226 प्रतिशत बढ़ी। पिछले दशक में 131 प्रतिशत तक बढ़ी, जबकि भारतीय धार्मिकों की वृद्धि लगभग केवल 14 प्रतिशत रही।' इन बढ़ी हुई दरों के निहितार्थ तब और अधिक समझ में आने लगते हैं, जब हम देखते हैं कि इस दशक में भारत में हिंदुओं की वृद्धि दर मात्र 22.5 प्रतिशत रही है। पिछले 100 वर्षों में पूर्वोत्तर राज्यों में ईसाइयों का अनुपात 2 प्रतिशत से 40 प्रतिशत तक बढ़ा है।

ये आँकड़े स्वतः स्पष्ट हैं। इसके बावजूद भी जब पोप से 'सेक्यूलरिज्म' का लेक्चर सुनते हैं तो 'गायत्री मंत्र' गाने का मन करता है, ताकि हम अपना मन शांत रख सकें और ईसाई संप्रदायवादियों के मुँह से जिस प्रकार का निशाचरी झूठ प्रकट होता है, उसका निराकरण किया जा सके।

जैसे कि पहले कहा जा चुका है कि भारत में लोकतंत्र तथा सेक्युलरिज्म पोप बेनेडिक्ट ने वेटिकन में हमारे नए राजदूत का स्वागत करते हुए जो टिप्पणी की थी, वह सचमुच सच्चाई से परे और गलत परामर्श के आधार पर की गई थी और निश्चित ही यह हमारे आंतरिक मामलों में उनका सीधा हस्तक्षेप था। पोप का कहना था कि

भारत का लोकतंत्र उसके नागरिकों की धार्मिक स्वतंत्रता पर टिका है और 'भारत को सुनिश्चित करना चाहिए कि किसी भी नागरिक को किसी भी कारण से भेदभाव महसूस नहीं होना चाहिए, विशेष रूप से जातीय या धार्मिक पृष्ठभूमि या सामाजिक स्थिति के आधार पर उसे यह भेदभाव महसूस न हो।' मालूम नहीं कि पोप किस भेदभाव की बात कर रहे हैं ? क्या उन्हें हाल के वर्षों में भारत के अनेक राज्यों में ईसाइयों की बुरी तरह से बढ़ रही जनसंख्या के बारे में कुछ भी पता है ? क्या उन्हें हमारे सेक्युलर, लोकतांत्रिक संविधान के सिद्धांतों के मूल का जरा भी ज्ञान है ? क्या उन्हें भारत में राजनीतिक जमीनी सच्चाई का पता है ? क्या वह इस तथ्य से अनभिज्ञ है कि राजनीतिक सत्ता इटली में जन्मी रोमन कैथोलिक के हाथों में है ? भारत और भारतीयों को इस तरह की सलाह किसी को देने का अधिकार नहीं है, कम-से-कम उस व्यक्ति को तो नहीं है, जो एक देश का अध्यक्ष और एक धर्म का अध्यक्ष भी हो। हालाँकि इस देश की 80 प्रतिशत आबादी हिंदू है, फिर भी भारत में मुसलिम राष्ट्रपति है, एक सिख प्रधानमंत्री है और इटली में जन्मी रोमन कैथोलिक सुपर प्रधानमंत्री है। हिंदू बहुसंख्यक देश में सेक्युलर, लोकतांत्रिक पहचान का इससे बड़ा और क्या प्रमाण हो सकता है ?

हमारे राजदूत का स्वागत करते हुए पोप ने जिन अन्य बातों का उल्लेख किया था, उसमें कहा था कि भारत में कुछ क्षेत्रों में धार्मिक असहिष्णुता के विक्षोभकारी संकेत मिलते हैं, जिनमें धार्मिक स्वतंत्रता के मूलभूत अधिकारों के बारे में स्पष्ट ही भेदभावपूर्ण प्रतिबंध लगाने के कानून बनाने का निंदनीय प्रयास भी शामिल है। उन्होंने कहा कि इस प्रकार के प्रयासों को निश्चित ही असंवैधानिक मानकर न केवल खारिज करना चाहिए, बल्कि इन्हें भारत के मूल संस्थापकों के उच्चतम आदर्शों के प्रतिकूल भी माना जाना चाहिए। इस प्रकार की टिप्पणियों का विरोध किया ही जाना चाहिए। स्पष्ट ही पोप को कुछ राज्यों में कपटपूर्ण, जबरदस्ती अथवा लालच देकर किए जा रहे धार्मिक धर्मांतरणों के बारे में बनाए गए कानूनों से कष्ट पहुँच रहा है। राजस्थान विधानसभा में हाल ही में ऐसा बिल पास हुआ है परंतु पोप के लिए यह मानना गलत है कि यह हाल की प्रवृत्ति है। मध्य प्रदेश तथा उड़ीसा ने लगभग चार दशक से बहुत पहले अवैध माध्यमों से धार्मिक परिवर्तन करने का निषेध किया था और इस प्रकार के कानून बनाना कोई 'निंदनीय' कार्य नहीं है, क्योंकि सुप्रीम कोर्ट ने इस निर्णय को स्वीकार किया है। स्टेनसिलाज बनाम मध्य प्रदेश मामले में कोर्ट की पाँच सदस्यों की पीठ ने कहा था कि इन दो राज्यों द्वारा बनाए गए कानून किसी समुदाय की चेतना के लिए निंदनीय ढंग से एक धर्म से दूसरे धर्म में परिवर्तन का निषेध करके सार्वजनिक व्यवस्था में अशांति से बचने के लिए बनाए गए हैं। इन कानूनों की वैधता को चुनौती देने के अलावा स्टेनीसलाज का कहना था कि अपने धर्म का प्रचार करने का अधिकार

संविधान के अनुच्छेद 25 (1) में गारंटीकृत है, जिसमें किसी व्यक्ति के अपने धर्म को दूसरे धर्म में परिवर्तित करने का अधिकार मिलता है। इसलिए धर्मांतरण मूल अधिकार है। न्यायालय को इस तर्क में कोई मेरिट दिखाई नहीं पड़ा।

पोप ने भारत के संस्थापकों का उल्लेख भी किया है और कहा है कि भारत को संविधान निर्माताओं के उच्चतम आदर्शों के विपरीत कुछ नहीं करना चाहिए। पोप को शायद मालूम नहीं है कि प्रत्येक राज्य में धर्मांतरण विरोधी कानून बनाने में वे संविधान निर्माता की राय के साथ थे। उन्हें नहीं मालूम है कि संविधान सभा में सहमति व्यक्त की गई थी कि राज्य कपटपूर्ण, जबरदस्ती और लालच के द्वारा धार्मिक परिवर्तन निषेध करने के लिए कानून बनाएँगे। संविधान सभा में अनुच्छेद 25 की शब्दावली पर गहन रूप से बहस हुई थी। जहाँ ईसाई प्रतिनिधियों ने सभी नागरिकों को 'धर्म मानने, आचरण और प्रचार करने' को मूलभूत अधिकारों में शामिल करना चाहा था, वहीं बहुत से सदस्यों ने 'प्रचार' शब्द को समाप्त करने की बात कही थी। वैकल्पिक रूप से उन्होंने एक खंड डालने पर जोर दिया था कि धार्मिक परिवर्तन का निषेध किया जाए। सरदार पटेल ने सभा को बताया था कि धर्मांतरण पर प्रतिबंध लगाना संविधान के विशिष्ट प्रावधानों में आवश्यक नहीं है, क्योंकि यह जबरदस्ती तथा अनावश्यक प्रभाव के माध्यम से धर्मांतरण वर्तमान कानून में अवैध है और किसी भी समय तक यह अवैध बना रहेगा। ड्राफ्ट तैयार करने में कुछ कठिनाइयों के कारण डॉ. अंबेडकर, जो संविधान समिति के अध्यक्ष थे, कहा कि धर्मांतरण को नियमित करने के लिए इसे विधानसभाओं पर छोड़ दिया जाए। अनुच्छेद 25 की शब्दावली पर गहन बहस इस प्रकार समाप्त हुई। आम सहमति यह थी, जैसा कि डॉ. अंबेडकर का सुझाव था, धर्मांतरण-विरोधी कानून राज्यों पर ही छोड़ दिया जाए।

हमें लगता है कि स्वयं वेटिकन को इस बिन माँगी बात पर विचार करना चाहिए, जो होली फादर ने हमें दी है। स्टेट ऑफ वेटिकन सिटी के पोप का भौगोलिक क्षेत्र लगभग 106 एकड़ है। यह वह स्टेट है, जो 'धर्म' का पर्याय है। इसकी प्रतिबद्धता रोमन कैथोलिक चर्च की प्रगति करना है और इसने सभी समझौते चर्च मामलों के विनियमन करने के लिए सरकारों से साथ किए हैं। पिछली गणना में 932 निवासियों में से केवल 532 नागरिक थे। सभी नागरिक रोमन कैथोलिक थे। भारत में 1100 मिलियन नागरिक हैं (दो मिलियन नागरिकों के बराबर वेटिकन में प्रत्येक नागरिक बैठता है) और हमारे नागरिक विश्व के सभी प्रमुख धर्मों के लोग हैं। विश्व का सबसे छोटा देश और वह भी धार्मिक देश विश्व के सबसे बड़े सेक्युलर लोकतंत्र को लेक्चर दे रहा है। हमें इस प्रकार की बातों की जरूरत नहीं है।

अंत में, खबर है कि सोनिया गांधी कुछ राज्यों द्वारा बनाए धर्मांतरण-विरोधी

कानून के खिलाफ हैं। माना जाता है कि उन्होंने इन कानूनों का विरोध कुछ समय पहले ईसाई संप्रदायवादियों को लिखे अपने पत्र में किया था। सोनिया गांधी द्वारा भारत में ईसाइयों के हितों की साधना तो समझ में आती है, परंतु हमें उनकी टिप्पणी को नजरअंदाज करना होगा और यदि हमें अपने सेक्युलर, लोकतांत्रिक व्यवस्था और सामुदायिक समरसता को बनाए रखना है तो हमें डॉ. अंबेडकर के आश्वासनों पर टिके रहना होगा।

*(लेखक प्रख्यात स्तंभकार हैं।)*

□

# बाजार हावी, संपादक गायब

**–तरुण विजय**

हाल ही के लंदन इकोनॉमिस्ट की आवरण कथा है 'समाचार-पत्र की हत्या किसने की।' इसके अग्रलेख में आर्थर मिलर के 1961 में कहे गए वाक्य को उद्धृत किया गया है, जिसमें उन्होंने कहा था, 'मैं समझता हूँ कि एक अच्छे समाचार-पत्र का अर्थ है मानों देश स्वयं से बात कर रहा हो। 'पर क्या वास्तव में समाचार-पत्र आज ऐसे रह गए हैं कि जिनको पढ़कर लगता हो कि देश और समाज स्वयं से बात करने में तल्लीन हैं ?' यह लेख लिखते-लिखते कोलकाता से एक मित्र का फोन आया और बातों-ही-बातों में उनके मुँह से निकला कि मैं तो आजकल अखबार पढ़ना ही बंद कर दिया हूँ। सुबह के अखबार पढ़ लें तो सारा दिन ही खराब बीतता है। हत्या, लूटपाट, बलात्कार, घोटाले, इसके सिवा कुछ होता भी है तो सिर्फ फिल्मी दावतों और चरित्र हनन की रपटें। ऐसे संवाददाताओं और संपादकों की संख्या बढ़ती ही गई है, जिनके आलेख पर उनकी बाइलाइन देख लें तो फिर बाकी आलेख पढ़ने की आवश्यकता ही नहीं होती। क्योंकि पता चल जाता है कि उन्होंने क्या लिखा होगा। ऐसे पत्रकार हैं, जो स्वयं को निष्पक्ष और वस्तुपरक कहते हुए विभिन्न संगठनों के पदाधिकारी भी बनते हैं, लेकिन उनका सारा जीवन केवल एक ही पक्ष की बुराई, उस पर आक्रमण और नफरत से भरे पुलिंदे लिखने में ही बीत जाता है। समाचार-पत्र का घर में आना अमंगलकारी होता जा रहा है। रही-सही कसर इलेक्ट्रॉनिक चैनलों ने पूरी की है, जिनके द्वारा समाज के केवल अँधेरे पहलुओं का ही उल्लेख करना उन्माद की हद तक बढ़ गया है। आत्म प्रेरित आचार संहिता बनाने की बात करें, अश्लीलता और कामुकता के बारे में आत्म संयम बरतने की बात करें, 'केवल हिंदू पक्ष को ही तर्कहीन आघात का निशाना बनाना वस्तुपरक पत्रकारिता नहीं है, ऐसा कहें तो कलम के मुखर सेक्युलर तालिबान आप पर आरोप लगाना शुरू कर देते हैं कि 'ये सारे सलाह-मशविरे नैतिक पुलिसियापन है और हिंदुत्वनिष्ठ लोग पत्रकारिता की स्वतंत्रता का गला घोंटने की कोशिश कर रहे हैं।'

एक समय था, जब वाशिंगटन पोस्ट के आलेखों ने राष्ट्रपति निक्सन को लुढ़का दिया था तो भारत में बोफर्स कांड उछाल कर मीडिया ने तहलका मचा दिया था। और तब प्रिंट मीडिया का स्तर आसमान छूने लगा था। समाचार-पत्र सरकार और राजनेताओं का लेखा-जोखा निशाने पर रखते हैं और वे बाकी मीडिया के लिए एजेंडा तय करते हैं। लेकिन अब इंटरनेट और विज्ञापन एजेंसियों का अधिकांश पैसा इलेक्ट्रॉनिक चैनलों में जाने के कारण प्रिंट मीडिया इस जद्दोजहद में ज्यादा लग गया है कि वह अपनी आय कैसे बनाए रखे, सिर्फ बनाए ही न रखे, बल्कि उसे बढ़ाता भी रहे और उसके संस्करणों का अधिकतम विस्तार इतना हो कि वह लघुतम स्थानीय इकाई तक छापने लगे।

भारत में प्रिंट मीडिया पश्चिम की तरह कोई खतरा महसूस नहीं कर रहा है, बल्कि उसका विस्तार बढ़ ही रहा है। हाँ, बाजार की दौड़ में आय बढ़ाने की ललक ने उसे खबर और विचार की बजाय विस्तार और बाजार की तरफ मोड़ दिया है। 80 के दशक में कहा जाता था कि समाचार-पत्र संस्थानों में संपादक मंद विष का शिकार हो रहे हैं। पर अब सीधे-सीधे इस दौड़ में संपादक हत्या का शिकार हो रहे हैं। रघुवीर सहाय की एक प्रसिद्ध कविता की पंक्तियाँ हैं—

**'उसे बता यह दिया गया था कि उसकी हत्या होगी'**

भारतीय समाचार-पत्र संस्थान जगत् में भी संपादक को बता दिया गया है कि उसकी हत्या होगी और अधिकांश संस्थानों में संपादक ने अपनी गरदन आगे बढ़ा दी। एक प्रसिद्ध अंग्रेजी दैनिक में मालिक ने जब संपादक को खत्म कर वाणिज्यिक प्रबंधक को निर्णय के सब अधिकार दे दिए तो समाचार-पत्र उसी तरह देखते रहे जैसे दिल्ली की सड़क पर किसी का एक्सीडेंट हो जाए तो तमाशा देखनेवाले लोग ही ज्यादा मिलते हैं।

बाजार की दौड़ में अब बहुत से पत्र ऐसे भी हैं, जिनमें समाचार बिकने लगे हैं प्रति कॉलम सेंमी. के हिसाब से या किसी दूसरे 'रास्ते' से। खबर खबर नहीं बल्कि पेज 3 की छाया होती जा रही है या राजनीतिक पूर्णग्रह वाले संवाददाताओं और रिपोर्टरों की संपादकीय टिप्पणी के अंश खबर की जगह पहले पन्ने पर छाप दिए जाते हैं। यह स्थिति बाजार के दबाव में ही बनी है। किसी खबर से किसको क्या निशाना साधना है यह महत्त्वपूर्ण हो गया है, न कि खबर का वास्तविक रूप। समाचार-पत्रों के स्थानीयकरण ने भी एक समस्या पैदा की है। अब शायद ही देश में कोई ऐसा समाचार-पत्र होगा, जिसे सही अर्थों में राष्ट्रीय कहा जा सके। स्थिति यहाँ तक पहुँच गई है कि एक शहर के अखबार का स्थानीय संस्करण प्रांत के दूसरे क्षेत्र के समाचार भी नहीं छापता।

दिल्ली के जो समाचार-पत्र स्वयं को राष्ट्रीय कहते हैं, वे सिर्फ इसलिए कहते हैं क्योंकि वे दिल्ली से छपते हैं और दिल्ली देश की राजधानी है। वरना उनकी खबरें और ताने-बाने का व्यास कनाट प्लेस से नोएडा तक ही रह गया है। बहुत ही कुछ हुआ

तो गुड़गाँव को भी शामिल कर लेते हैं। ऐसे समाचार-पत्र, जिनमें कोलकाता, इंफाल, इटानगर या अहमदाबाद से आगे डांग अथवा दक्षिण भारतीय क्षेत्रों के समाचार भी मिलें या जिनमें विदेश नीति और पड़ोसी देशों के बारे में भी नियमित पढ़ने को मिले, अब दुर्लभ हो गए हैं। यदि आपको पूर्वांचलीय भारत के बारे में जानना है तो आपको गुवाहाटी या कोहिमा के अखबार मँगवाने होंगे, दिल्ली के अखबार की उसमें केवल तभी दिलचस्पी हो सकती है, जब वहाँ कोई भयानक दुर्घटना घटी हो। इसका परिणाम हमारे जनमानस की अखिल भारतीय दृष्टि के संकुचन में भी हुआ है।

यह ठीक है कि समाचार-पत्र केवल नैतिकता या धर्मोपदेश का प्रचार माध्यम नहीं हो सकते, उन्हें तो समाज में व्याप्त सभी रंगों और अच्छी-बुरी घटनाओं की सम्यक् जानकारी देनी ही होगी। पर यह जानकारी कैसी हो, कौन सी हो, इसका विवेक तो रखना होगा। सुबह के समाचार-पत्र घर में सब पढ़ते हैं। माता-पिता, भाई-बहन, बेटी-बेटा। अगर उसमें सुबह ही अर्धनग्न कामुक चित्र पहले पन्ने पर छपे हों या पहले पन्ने की शुरुआत ही घृणित अपराधों और राजनीति की अर्थहीन, संवादहीन और जन सरोकार से कटी हुई किसी बहस के माध्यम से हो तो क्या सूचना देने का उद्‌देश्य सही प्रकार से पूरा होता है? सूचनाएँ तो गटर की भी होती हैं और मंदिर की भी। यह तो संपादक को सोचना है कि वह पाठक के दिन की शुरुआत गटर से करे या किसी आशादायक सकारात्मक समाचार से। जब राष्ट्रपति डॉ. अब्दुल कलाम इजरायल गए थे तो उन्होंने वहाँ यह देखकर अपनी पुस्तक में लिखा भी था कि वहाँ के समाचार-पत्रों में साहित्य, संगीत, कला एवं खेल के समाचारों से पहले पन्ने भरे रहते हैं और जब तक कि कोई बहुत ही राष्ट्रीय महत्त्व की खबर न हो, प्रायः राजनीतिक और आपराधिक समाचार भीतर के पन्नों पर दिए जाते हैं।

पिछले दिनों दिल्ली में तीन मॉडल वेश्यावृत्ति करती हुई पकड़ी गई थीं। उन्होंने पुलिस को बयान दिया कि उनके ग्राहक दिल्ली के दो प्रसिद्ध अंग्रेजी समाचार-पत्र में छपनेवाले उनके विज्ञापनों के माध्यम से उनके संपर्क में आते हैं। परंतु आज स्थिति यह हो गई है कि इस विषय पर चर्चा करते ही एक कथित सेक्युलर शोर उमड़ने लगता है, जो कहता है कि अब ये हिंदू संस्कृति वाले नैतिक पुलिस बना रहे हैं, प्रेस पर पाबंदी लगाने की कोशिश हो रही है, अभिव्यक्ति की स्वतंत्रता का हनन किया जा रहा है। वे कहते हैं, जनता जो चाहती है हम तो वही परोसते हैं। जो यह सब नहीं देखना, पढ़ना चाहते हैं, वे हमारा अखबार लेना बंद कर सकते हैं।

अभिव्यक्ति की स्वतंत्रता का दमन या नैतिक पुलिसियापन कोई नहीं करना चाहता। पर अभिव्यक्ति उल्टी के रूप में हो रही है या वस्तुपरक सूचना-समाचार के रूप में, इस पर तो चर्चा करनी जरूरी ही है। दूसरी बात, लोग समाचार-पत्र केवल समाचार पढ़ने

के लिए ही नहीं वरन् उसमें छपने वाली अन्य सामग्री के लिए भी खरीदते हैं। वैसे भी आज लगभग सभी प्रमुख समाचार संस्थानों में संपादक की 'हत्या' हो चुकी है और वे लोग भी जो बहुत बड़े-बड़े आदर्शों तथा जीवन मूल्यों की बात करते हुए भाषण देते हैं, वास्तव में बाजार को ही महत्त्व देने लगे हैं। ऐसी स्थिति में आज शायद ऐसे बहुत कम समाचार-पत्र रह गए हैं, जो केवल अपनी संपादकीय सामग्री संपादन की श्रेष्ठता और गुणवत्ता की ताकत के आधार पर बाजार में टिक पा रहे हैं।

ज़्यादातर समाचार-पत्रों को साबुन, कार या मोबाइल फोन की तरह उत्पादन माना गया है, जिसको बेचा जाना या उसकी प्रसार संख्या का बढ़ना इस बात पर निर्भर हो गया है कि उसका चंदा भरने पर कितने का उपहार मिलता है या किसी चौराहे पर आपकी गाड़ी में रखा या पड़ा हो तो फ्रिज या टीवी मिल जाएगा। ऐसी स्थिति में हर रोज साढ़े पाँच-छह बजे घरों में आ घुसनेवाले तमस के प्रति कैसे सँभला जाए?

इस संदर्भ में प्रसिद्ध जैन मुनि आचार्य विजय रत्नसुंदरसूरि की पुस्तक 'पवन! तू अपनी दिशा बदल ले' पत्रकारों के लिए विशेष व सर्वसामान्य के लिए भी पठनीय है। इस पुस्तक के कुछ अंश यहाँ देने के लोभ संवरण नहीं कर पा रहा हूँ। वैसे तो पत्रकार यही मानते हैं कि उन्हें सबको दिशा देना, समझाना और सही-गलत का निर्णय देने का 'दैवी' अधिकार है। उनको इस संदर्भ में अगर कोई बताना चाहे तो परेशानी होती है। यह पुस्तक उस परेशानी को थोड़ा कम ही करेगी, यह विश्वास है। इस पुस्तक में एक क्रांतिधर्मा, रचनाधर्मी संत ने जो कहा है वह मन और कर्म के आरोग्य के लिए बहुत उपयोगी है।

## पुस्तक अंश

*पवन अर्थात्*
*समाबार माध्यम। प्रचार माध्यम।*
*प्रचार माध्यम का मूल स्वरूप 'पवन' का है।*
*और इस पवन ने मानो प्रतिज्ञा कर ली है कि*
*पुष्पों की महक को कहीं फैलने देना नहीं है और*
*नदी नालियों की दुर्गंध को सर्वत्र फैलाए बिना रहना नहीं है।*
*हाल ही में इस पवन द्वारा किए गए एक पराक्रम की*
*बात तुम्हें बताऊँ?*
*एक जाने-माने फिल्मी अभिनेता ने कहीं पर*
*यह वक्तव्य दिया—*
*'मेरा विवाह योग्य बेटा लड़की*
*पसंद करने में*

*जितनी देर लगाता है उतनी मुझे*
*अधिक खुशी होती है,*
*क्योंकि उस बहाने मुझे नित नई सुंदर युवतियों को*
*देखने का मौका मिलता है।'*
*तुम इस अभिनेता की मानसिकता की*
*कल्पना करके देखना। ऐसी मानसिकता से*
*ग्रस्त अभिनेता के इस शानदार वक्तव्य को*
*सर्वत्र प्रचारित-प्रसारित करने में प्रचार माध्यमों ने कोई कसर नहीं रखी।*
*कुछ अखबारों ने तो मुखपृष्ठ पर*
*और वह भी सुर्खियों में,*
*इस समाचार को प्रकाशित किया।*
*एक सौ दस करोड़ की आबादी वाले इस देश की*
*जनता को ऐसे बेहूदे समाचार देकर*
*अखबारवाले क्या संदेश देना चाहते होंगे,*
*यह आज तक मेरी समझ में नहीं आया।*

राजनीति और नैतिकता के संबंध और इस परिदृश्य में नवजात 'स्खलन भेदी' पत्रकारिता समय-समय पर 'विस्फोटक चर्चा' का विषय बनती है। पर यह स्थिति नए संदर्भों में पुरानी बात ही लगती है। महाभारत काल से राजनीति के चक्रव्यूह में नैतिकता संघर्षरत रही है और अपने राजनीतिक शत्रुओं पर वार करने एवं उन्हें षड्यंत्रपूर्वक स्थगित करने के लिए भी विषकन्याओं का उपयोग कथा, कहानियों तथा मुहावरों तक में स्थान पा चुका है। फर्क सिर्फ इतना है कि प्राय: दुशासन और दुर्योधन के समय कृष्ण मिल जाते थे और राज षड्यंत्रों के पीछे तब वे चेहरे नहीं दिखते थे जो ऋषि कर्म के पथिक कहे जा सकते हैं, लेकिन प्रबोधनकारी वाक्यों से कलम का दम प्रकट करनेवाले पत्रकार कब किस राजनीतिक दल और सत्ता खेल के मोहरे बन जाते हैं, यह कहना भी आज कठिन हो गया है। यानी स्खलन भेदी पत्रकारिता स्वयं कब स्खलित पत्रकारिता में रूपांतरित होती है, यह फर्क आज धूमिल हो रहा है। जबकि सत्य तो यह है कि राजबल और शब्दबल मिलकर राष्ट्र का भविष्य सृजित करते हैं, किंवा राष्ट्र बल बनते हैं। ऐसा कोई भी काम नहीं जो शब्द बल से समृद्ध कलम के ऋषि न कर पाएँ। केवल आवश्यकता है उस आह्वान और जागरण की, जिसने मारुति नंदन की सुप्त शक्ति को जागृत कर राक्षसी प्रवृत्तियों को पराभूत किया। वही सात्विक शक्तियाँ आज जागृत होने की प्रतीक्षा में हैं। कांग्रेस, कम्युनिस्ट या स्टिंग पत्रकारिता वालों को दोष देने से बात

नहीं बनेगी। बात तो कलम के धर्म और ऋषि पत्रकारिता की ही होनी चाहिए। जितनी यह बात बढ़ेगी उतनी ही नकारात्मक शक्तियाँ आभहिन हो जाएगी। यह होगा ही, यही विश्वास गणतंत्र दिवस का उत्सवी आधार है। आशा सूर्य अस्त नहीं हुआ है।

अंततः शरण तो तुलसी बाबा की ही लेनी पड़ेगी। 'कवन सो काज कठिन जग माही'! हनुमानजी से जामवंत ने जब कहा कि जगत् में कौन सा ऐसा कठिन काम है जो हे तात तुमसे न हो सके क्योंकि, 'राम काज लगि तव अवतारा'—रामजी के काम के लिए ही तो आपका आविर्भाव हुआ है। तब जाकर चुप और निष्क्रिय बैठे हनुमंत अपनी शक्ति से परिचित हुए और 'सिंहनाद करि बारहि बारा, ललिहि नाधउं जलनिधि खारा' का घोष हुआ। सुप्त शक्ति सिंह समान जाग्रत् हो गई। इस क्षण तक हनुमानजी चुप थे, शांत और अपनी ही भक्ति साधना में लीन। उनमें बल, विद्या, प्रभाव सभी कुछ था। वे ज्ञान और विज्ञान के आगार थे। परंतु वे चुप थे इसलिए जामवंतजी ने उनसे कहा था, 'का चुप साधि रहा बलवाना।' हे बलवान इतना सब अन्याय, अनाचार और गलत शक्तियों के बढ़ रहे असर को देखते हुए भी तुम्हारे जैसा ज्ञानी और बलवान चुप क्यों है?

यह प्रश्न आज राजबल तथा शब्दबल से युक्त लोगों के सामने अनुत्तरित खड़ा है। राजबली ध्वस्त हो रहे हैं और शब्दबली वण्गिन विलास में डूबे हैं। ऐसी स्थिति में माफिया के शिकंजे में जकड़ा देश सिर्फ शोर सुन रहा है। क्वात्रोकी के मामले ने यह समझने में आसानी कर दी। इतनी निर्भीक दबंगता से लाखों अमरीकी डॉलर क्वात्रोकी के खाते से मुक्त कर दिए गए मानो सौ करोड़ लोग तो सिर्फ भेड़े हैं। सर्वोच्च न्यायालय ने फैसला भी दे दिया कि क्वात्रोकी का बैंक खाता निर्मुक्त करने की कोई आवश्यकता नहीं और सरकार वह पैसा बचाने की कोशिश करे। लेकिन जब तक वह फैसला आया तब तक क्या क्यात्रोकी ने लंदन के अपने बैंक खाते में वे अमरीकी डॉलर बचाए रखे होंगे?

अब समझ में आता है मुट्‌ठी भर अंग्रेज आसानी से देश को कैसे गुलाम बना पाए और किस तरह भारत के नामी गिरामी वकील और सूबेदार, बुद्धिजीवी और दुकानदार सब इस जुगत में थे कि किस तरह गोरे साहबों की जूतियाँ चमकाने का मौका मिल जाए तो एक ठौ राय बहादुरी या राय सहाबियत का टुकड़ा उनके कटोरे में भी आ जाएगा। घर-आँगन रोशन हो जाएगा, बच्चे अमीरी में पढेंगे, सुल्तान की सही दृष्टि रहेगी तो दारोगा भी हमसे इज्जत से बात करेगा। दो पल की जिंदगी है कट जाएगी। जो ऊपर का पैसा होगा तो गाँव के किनारे पर एक मंदिर बना देंगे, एक धर्मशाला और परलोक सुधारने के लिए गोशाला।

यह सब लोग बड़े धार्मिक हुआ करते थे और बहुत प्रसिद्ध समाजसेवी भी। समाज की सेवा में पैसा लगाते थे। धर्म की सेवा में जीवन अर्पित करते थे और कंपनी बहादुर के जूते उठाकर बाजार में अकड़कर चलते थे। सिर्फ यह दिखाने के लिए कि वे साहब की सूची में शामिल हैं। पर वे भी थे, जिनकी शहादत की याद में आज स्मारिकाएँ छापी

जाती हैं और मेले लगते हैं, उन्हें भगत सिंह, चंद्रशेखर और अशफाक उल्ला के नाम से भी जाना जाता था या वे जो गणेश शंकर विद्यार्थी, माधव राव सप्रे कहे जाते हैं, उन्होंने सत्ता की जूतियाँ नहीं उठाई। आमने-सामने लड़े, कुछ फाँसी पर चढ़े, कुछ कंगाली में लिख-लिखकर मर गए। उन्होंने अक्षर को बेचा नहीं। आज की तो कलम और चैनल उनके नाम लेते हुए भी सकुचाते हैं।

जिन्हें एक विचारधारा के शिविरों में बैठे लोगों पर तोप चलाने में अपना रणबाकुरापन दिखता है वे देश के असली सत्ता केंद्र से इतने भयाक्रांत हैं कि सर्वोच्च न्यायालय से लेकर जन न्यायालय तक छाई प्रतिकूल टिप्पणियों को नजरअंदाज करते हुए राय बहादुरी की लाइन में इस कदर बिछे जाते हैं कि उनमें सोनिया के कार्टून तक छापने की हिम्मत नहीं होती। उनसे सच जानने की उम्मीद करेंगे आप?

एक उदाहरण न्यायालय का है। सर्वोच्च न्यायालय की इतनी दुर्गति शायद ही किसी सरकार ने की हो जितनी संतों की यह सरकार कर रही है। मानव संसाधन मंत्रालय को सम्मन पर सम्मन मिलते हैं, लेकिन उनका जवाब तक नहीं दिया जाता। झारखंड से लेकर बिहार तक सरकार के हर फैसले को सर्वोच्च न्यायालय ने अवैध और असंगत करार दिया। उसके बाद ही झारखंड के राज्यपाल रिजवी कायदे से बोले और बिहार विधानसभा भंग करना असंवैधानिक होते हुए भी चुनाव हुए, सत्ता पलटी। उधर अलीगढ़ विश्वविद्यालय को अल्पसंख्यक दर्जा देने और आंध प्रदेश में मुसलमानों को आरक्षण देने के सवाल पर भी देश के कानून और संविधान के साथ-साथ सांप्रदायिक सौहार्द को पलीता लगाते हुए सरकार ने जो फैसला किया उसको इलाहाबाद और आंध्र प्रदेश के उच्च न्यायालय से लेकर सर्वोच्च न्यायालय तक ने असंवैधानिक करार दिया। लेकिन 100 करोड़ लोगों को भेड़ माननेवाले राज का दुस्साहस देखिए कि वे अकड़कर छाती फैलाकर कहते हैं कि सर्वोच्च न्यायालय ने फैसला दे दिया तो क्या हुआ? हम कानून बनाकर, अध्यादेश लाकर किसी तरह से भी अलीगढ़ विश्वविद्यालय को अल्पसंख्यक दर्जा देकर ही रहेंगे।

ऐसी हालत में निराशा और हताशा क्यों न फैले? किस कोने का सहारा लेकर भारत के 100 करोड़ जन 100 करोड़ शेर बने? राजबल और शब्दबल मिलकर देश के राजनीतिक अधिष्ठान को सुदृढ भी कर सकते हैं और उसे पतित भी। सकारात्मक शक्ति के जागरण का स्वर उठे तो बात बन सकती है। देश को पहले से भी कहीं अधिक आज एक ऐसे गैर राजनीतिक नेतृत्व की प्रतीक्षा है जो भारत का स्वर बन सके। यह नेतृत्व प्रोत्साहित करना भी पत्रकारिता का धर्म है। शब्द बली जगे तो आशाएँ बलवती होगी।

जागो हे महाबली! कवन सो काज कठिन जग माहीं।।

*(लेखक पाञ्चजन्य के संपादक हैं।)*

□

# भारतीय सार्वजनिक जीवन की पहचान है हिंदुत्व

**–संध्या जैन**

लगभग दो दशक पूर्व रामजन्मभूमि मुक्ति आंदोलन के साथ हिंदुत्व शब्द हमारी आज की राजनीतिक शब्दावली में आया है। तबसे यह एक बोझिल अवधारणा का रूप बन गया है, जिसे हमारे विरोधियों ने नकारात्मक अर्थ प्रदान कर दिया है, जिन्हें इसके अर्थ की सराहना करने की बजाय वे इसका अर्थ समझा ही नहीं पाए हैं, परंतु जैसे उन्होंने अस्पष्ट रूप से इसे एक प्रकार का बहुसंख्यक अत्याचार से संबंधित बना दिया है। इससे बड़ा झूठ कुछ और हो ही नहीं सकता है।

बहुत प्राचीन रूप में हिंदुत्व का अर्थ मात्र हिंदू-पन अर्थात् हिंदू होने का मूल तत्त्व कहा जा सकता है। हाँ, यह बात और है कि सार्वजनिक क्षेत्र में हिंदू, शब्द ने इसे राजनीतिक आयाम प्रदान कर दिया है, जिसे विरोधियों ने इसे समझने की बजाय इसका दुरुपयोग ही किया है। इसलिए मैं स्पष्ट रूप से कहना चाहूँगी कि सार्वजनिक रूप से हिंदुत्व का अर्थ हिंदू-केंद्रीभूत राज-व्यवस्था है जो राष्ट्र के हिंदू-बाहुल्य स्वरूप का द्योतक है। मेरे विचार में इस अर्थ से हिंदू राष्ट्र की अवधारणा का जो गलत अर्थ समझा जाता है, उसे भी समुचित अर्थ में लिया जा सकेगा।

हर राष्ट्र की अपनी मूल संस्कृति और पहचान होती है जो अपनी परंपराओं तथा बहुसंख्यक समुदाय के धर्म के आसपास केंद्रित रहती है और सभी समूहों को इस मूल के साथ स्वयं को ढालना होता है। इसका यह मतलब कदापि नहीं है कि अल्पसंख्यक द्वितीय श्रेणी के नागरिक बन जाते हैं, परंतु किसी भी सामाजिक अथवा राजनीतिक व्यवस्था में अल्पसंख्यक राष्ट्र की पहचान और लोकाचारों की पहचान नहीं दे सकते हैं। यदि कोई राजव्यवस्था अल्पसंख्यक हितों से जुड़ी रहती है तो वह एक बीमार

राजव्यवस्था ही कहलाएगी। ऐसी राजव्यवस्था का या तो इलाज होना चाहिए या इसे समाप्त हो जाना चाहिए।

भारत की सभ्यतामूलक पहचान और लोकाचार धर्म की अपनी अवधारणा अर्थात् सनातन धर्म पर टिकी है। इस प्राचीन हिंदू धर्म की संहिता उस ढंग की नहीं है जैसी कि हमें अद्वैतवाद धर्म में मिलती है। यह धर्म और जीवित सभ्यता दोनों ही है, जो आध्यात्मिकता तथा व्यावहारिकता का अद्‌भुत मिश्रण है जो मानव तथा अन्य प्राणियों दोनों के सार्वभौमिक कल्याण के आदर्श से प्रेरित हैं। धर्म एक प्राकृतिक नियम है। इसका अपना औपचारिक आकार, पंथ और कर्मकांड रहता है, परंतु वह परमात्मवाद की गिरफ्त में नहीं रहता है। भारतीय परंपराओं में तो नास्तिक को भी प्रतीक रूप में वैध माना जाता है और उसे धार्मिक अध्यात्म रूप से अलग नहीं कर दिया जाता है। कारण यह है कि सनातन धर्म सबको साथ लेकर चलता है। यह तो धर्मपरायण, कर्तव्यनिष्ठ और शाश्वत नियम है जो (काल और स्थान में) नियम नहीं है, बल्कि जो समय के साथ सदैव बदलता रहता है और मुक्ति के उतने द्वार खोलता चला जाता है—धर्म कोई एक निश्चल भाव नहीं है जो काल और स्थल में नियत हो, बल्कि गीत और परिवर्तन के साथ बदलता रहता है। हिंदू धर्म नदियों के तटों पर पनपता रहा, जहाँ जल-प्रवाह अविरल और पावन रहा है। जल का प्रवाह नदियों के तटों के कारण होता है, तटों के बिना जल गंदा हो जाएगा। अध्यात्म ब्रह्मांड में तट हमारी मर्यादाएँ हैं। परंतु धर्म चेतना पैदा करता है, इसीलिए हमारे संस्कार हर युग के साथ बदलते रहते हैं। धर्म बदलता है, क्योंकि मानवता साध्य है, साधन नहीं।

धर्म सभी मजहबों का आदर करता है, यह मानता है कि हर व्यक्ति की आत्मा को स्वयं अपना मार्ग बनाना चाहिए और किसी भी मानव को पूरी मानव जाति के लिए अंतिम सच्चाई तय करने का हक नहीं है। हिंदू मानते हैं कि वेद 'उद्‌घाटित' सत्य हैं, जिन्हें हमारे वैदिक ऋषियों ने सुना था (श्रुति)। फिर भी उन्हें मानव द्वारा विश्व पर लादा नहीं गया है। अत: यह मानते हुए भी कि वह एक परमात्मा परब्रह्म है, फिर भी गैर-अद्वैतवादिता हमारी परंपरा की विशेषता है। पश्चिमी निरपेक्षवादिता हमारी आध्यात्मिक समझ की गहराई तक पहुँच ही नहीं सकती और इसका कारण भी है कि हमारी सभ्यता जिस गहन सच्चाई तक पहुँची है, वह पूरे विश्व पर लागू होती है, जिसे हमारे ऋषियों ने सार्वभौमिक हिंदू धर्म का नाम दिया है।

प्राचीन भारत की राजव्यवस्था और निरपेक्षतावाद इन्हीं प्राकृतिक मान्यताओं से उपजा है और इसमें कोई आश्चर्य नहीं कि शताब्दियों पूर्व अरस्तू ने महसूस किया कि हिंदू ही विश्व में एकमात्र ऐसे लोग हैं, जिन्होंने धर्म को अपने सार्वजनिक जीवन (राजनीति) का सफलतापूर्वक आधार बनाया है। इस प्रकार सार्वजनिक जीवन की

धार्मिक व्यवस्था ही हिंदू राष्ट्र है और हिंदुत्व का सही अर्थ है।

स्वाभाविक है कि सनातन धर्म नहीं मानता है कि कोई भी मजहब हमारे लिए खतरा पैदा करता है या वह हमें स्वीकार नहीं है। जब फारसी समुदाय फारस से आए तो गुजरात में स्थानीय हिंदू शासकों ने उन्हें शरण दी और उन्होंने उन्हें विशेष रूप से अपनी पूजा-अर्चना के लिए 'फायर टेंपल' बनाने के लिए कहा ताकि वे अपनी संस्कृति को आनेवाली पीढ़ियों तक ले जा सकें। इसी प्रकार की सौजन्यता दलाई लामा और उनके अनुयायियों को भी दी गई, जब वे यहाँ कुछ दशक पूर्व आए थे और आज भारत में तिब्बती शरणार्थियों की एक खासी बड़ी संख्या है। बाद में, जब बहाई समुदाय के लोग इरान के अत्याचारों से पीड़ित होकर भागे, भारत ने फिर उनके लिए अपने दरवाजे खोल दिए और नई दिल्ली में उनका विख्यात 'लोटस टेंपल' भारत की इस बृहत् परिकल्पना और इसकी मान्यता के प्रति साक्षात उदाहरण प्रस्तुत करता है। आज भारत में सबसे समृद्ध बौद्ध मंदिर तिब्बती कर्म काग्यु के हाथों में है, जिनके कर्मप्पा विचित्र ढंग से अपना देश छोड़कर कुछ वर्ष पहले यहाँ आए थे।

ईसाई और मुसलिम समुदाय के लोग भी अनेक शताब्दियों वर्ष पूर्व अत्याचार से पीड़ित होकर भारत में आ बसे और यही हाल यहूदियों का भी रहा। हिंदुओं के लोकाचार में धार्मिक रूप से लोगों को सताना आता ही नहीं है। स्वामी विवेकानंद की प्रसिद्ध उक्ति है कि धर्मांध हिंदू भी भले ही स्वयं को चिता में जला ले, परंतु वह किसी मानव प्राणी को अग्नि में नहीं जलाता है। यदि हाल के वर्षों में इस ऐतिहासिक यथार्थ में कुछ परिवर्तन आया है तो हमें सोचना पड़ेगा कि हमारे शांत हिंदू लोगों को इस हद तक बढ़ाने में कितनी उत्तेजना दी गई है।

हमारी राजनीतिक संस्कृति सदैव इतनी संवेदनशील रही है कि उसने देश में रहनेवाले सभी समूहों की आवश्यकताओं का ध्यान रखा है। आज भी विभाजन के जख्म हरे हैं और खून बह रहा है और दो सीमाओं से शरणार्थी आते रहे हैं। स्वतंत्र भारत में तो उसकी पहली कैबिनेट में ही मौलाना आजाद को शामिल कर लिया गया। हिंदू समाज में हरिजनों के प्रतिनिधि के रूप में डॉ. बी.आर. अंबेडकर को शामिल किया गया। जब हम देखते हैं कि अमेरिका को भी राष्ट्रपति के सहयोगी (उपराष्ट्रपति) के रूप में एक यहूदी को शामिल करने में 200 वर्ष लग गए थे तो मुझे लगता है कि यह कोई छोटी-मोटी उपलब्धि नहीं है।

धर्म या हिंदू सभ्यता की अत्यधिक पुरानी तथा प्रतिष्ठित विशेषता देश की शुचिता के भाव को सबसे ऊँचा माना गया है। इस भाव के अंतर्गत स्थानीय, क्षेत्रीय और सर्व-भारतीय लोकाचार माँगनेवाले अधिकाधिक समूहों के लोग इस सामाजिक-सांस्कृतिक गंगा में समा गए, जो इस विशाल सभ्यता के समुद्र में मिलकर भारतीय सभ्यता की

एकता और सातत्यता प्रदान करेगी। औपनिवेशिक युग में इसी कारण भारतीयों ने आर्यों के हमले की परिकल्पना को खारिज किया और कहा कि प्राचीन काल से ही भारत के लोगों के मन में अपने अलग अस्तित्व का विचार निहित था। वैदिक कवियों ने देश की धरती के प्रति गहरा लगाव दिखाया, जो आर्य संस्कृति के गौरव से जुड़ी थी। राजनीतिक विजय की अपेक्षा आध्यात्मिक- सांस्कृतिक संबंधों तथा पूजा-अर्चना में साझेदारी के माध्यम से इस संस्कृति के विस्तार ने राष्ट्र के विचार को जन्म दिया।

हमारा भूगोल आध्यात्मिकता से परिपूर्ण है और इसने सभी समूहों, यहाँ तक कि उन अप्रवासियों को भी गले लगाया, जिन्होंने इस आध्यात्मिक एकता को अपनाया। क्योंकि यह संस्कृति थी, जिसमें जातीयता या भाषा की बात नहीं थी, जिसके कारण सामाजिक एकता पैदा हुई, जिससे सामूहिक चेतना का जन्म हुआ और जिसमें सभी यूनिटें समा गईं। इसी प्रसंग में एक मजहबी अल्पसंख्यक समुदाय द्वारा वंदेमातरम् के शताब्दी वर्ष में गाने से मना करने पर हिंदू लोगों के मन में गहरी पीड़ा हुई है।

फिर भी भारत की अद्वितीय सभ्यतामूलक लोकाचारों ने उन जातीय, वंशीय तथा धार्मिक समूहों के साथ भी मेल बिठाने की कोशिश की है, जो हमारी इस प्रमुख संस्कृति के साथ विलय नहीं करना चाहते हैं, बल्कि वे अपनी अलग संस्कृति की रक्षा के तर्क पर समाज में अलग पहचान बनाकर राजनीतिक स्थान बनाए रखने की बात करते हैं। यह ऐसी स्थिति है, जहाँ पश्चिम देशों के लोग अपने मनचाहे मूल्यों को चुनौती देनेवाले समूहों के दबाव में समझने की कोशिश कर रहे हैं।

द्वितीय विश्व युद्ध की समाप्ति के बाद पश्चिमी लोकतांत्रिक देशों में 'सांस्कृतिक बहुवाद' या 'बहु-सांस्कृतिकवाद' की अवधारणा का प्रभाव बढ़ रहा है। यह कनाडा और आस्ट्रेलिया की अप्रवासी संस्कृतियों से उभरी है, परंतु युनाइटेड स्टेट्स में इसकी प्रविष्टि के बाद यह एक अंतरराष्ट्रीय बौद्धिक फैशन बन गई है। बहुत से भारतीय भी इस समतावाद के धोखे में आ गए हैं। हालाँकि वास्तव में यह बनावटी है, जिसका उद्देश्य दूसरे समाजों में पश्चिमी विचारों को थोपना है।

किंतु आज सेक्यूलर, बहु-सांस्कृतिक यूरोप को अपने से अलग रहनेवाले मुसलिम जनसंख्या के कारण दबाव झेलना पड़ रहा है। यूरोप को अहसास होने लगा है कि यूरोप मुसलिम समुदाय द्वारा अपनाए जा रहे हठ के कारण उनके साथ मिलकर नहीं रह सकता है। इसलिए डेनमार्क की क्वीन मारग्रेट (14 अप्रैल, 2005, रायटर) को बाध्य होकर कहना पड़ा है कि मुसलिम अप्रवासियों को डेनमार्क में रहने के लिए डेनिश सीखनी चाहिए। अपने औपचारिक जीवन वृतांत्त के वक्तव्य में क्वीन ने यहाँ तक कहा कि समाज को कट्टरवादी इसलाम के प्रति सीमित हद तक ही सहिष्णुता दिखानी होगी। इन दिनों इसलाम ने हमें चुनौती दी हुई है। यह चुनौती विश्व भर तथा स्थानीय रूप में है। हमें इस

चुनौती को गंभीरता से लेना होगा। हमने बहुत समय तक इसको केवल इसलिए सहा है, क्योंकि हम सहिष्णु और निष्क्रिय बने रहे। क्वीन ने आगे कहा है कि हमें एक-दूसरे के भरोसे रहकर नहीं जीना है। हमें एकजुट होकर रहना होगा। इससे स्पष्ट पता चलता है कि वहाँ अभी तक उस समरस समाज के नए आगंतुकों के अप्रवासियों पर असहजता महसूस हो रही है, जो लोग अब पुराने और प्रभुत्वशील समुदाय के लोकाचारों के साथ अब अनुकूल नहीं बैठ रहे हैं।

विश्व में हर बहुसंख्यक समुदाय के लिए स्वाभाविक है कि ऐसा सामाजिक-राजनीतिक वातावरण तैयार करें, जो उसके अपने हितों के अनुकूल हो, जिसमें उनकी अपनी स्वाभाविक आकांक्षाएँ अल्पसंख्यकों के वीटो से विकृत नहीं होनी चाहिए। किंतु, भारत में कायरतापूर्ण वोट बैंक राजनीति ने पड़ोसी देश बांग्लादेश से आए अवैध अल्पसंख्यक घुसपैठियों को ऐसी सुविधाएँ प्रदान की हैं, जो राष्ट्रीय जनसंख्या के लिए हानिकारक प्रभाव छोड़ेंगी। जनगणना आयुक्त जे.के. बाथिया ने सितंबर 2004 में धार्मिक जनसांख्यिक आँकड़े देने का जो निर्णय लिया, उस मुद्‌दे पर पूरे देश में आक्रोश छा गया, जिसके कारण अवैध घुसपैठियों और इनकी बढ़ती संख्या से मुसलिम प्रभुता का डर हिंदुओं में छा गया है। जनगणना से पता चलता है कि भारतीय धार्मिक समूहों की जनसंख्या धीरे-धीरे 1881-1991 तक प्रतिशत रूप से घटती जा रही है, यह संख्या विभाजन के बाद तेज हो गई है। 1951 में हिंदुओं की जनसंख्या 85 प्रतिशत थी, 2001 में यह मात्र 80.5 प्रतिशत रह गई। इसके विपरीत 1951 में मुसलिम 9.7 प्रतिशत थे, जो 2001 में बढ़कर 13.4 प्रतिशत हो गए।

भारत के पड़ोसी देशों के प्रसंग में भारत में हिंदुओं की बढ़ती राजनीतिक असुरक्षा को समझना जरूरी है। 1951 में हिंदू और सिख मिलकर आज के पाकिस्तान का 19 प्रतिशत थे, 2001 तक के एक प्रतिशत रह गए। 1941 में आज के बांग्लादेश का 29 प्रतिशत थे, 1991 में वे 10 प्रतिशत रह गए। पिछले कुछ वर्षों में ढाका की निरंतर जातीय सफाई में यह रूख तेज होता गया है। हमारे धर्म का इसलामीकरण हो रहा है और स्पष्ट ही इससे राष्ट्रीय पहचान और सुरक्षा पर प्रभाव पड़ता है। भूतपूर्व गृहसचिव माधव गोडबोले के अनुसार अवैध विदेशियों की संख्या अनुमानतः 1.5 करोड़ है। रोचक बात यह है कि बांग्लादेश जनगणना चीफ शरीफा बेगम ने पता लगाया है कि उनके देश में 'गुमशुदा' लोगों की जनसंख्या 1.4 करोड़ बैठती है, जिससे भारत में घुसपैठियों का अनुमान सही लगता है।

इस प्रकार स्वाभाविक है कि हिंदुत्व को हिंदू लोगों के लिए भारत देश में सुरक्षा और संरक्षण की आवश्यकता है, जो इस देश के आदिम निवासी हैं। वर्तमान वातावरण में हिंदू लोगों के लिए हिंदुत्व की चिंता विशिष्ट बन जाती है फिर भी इस बात से

इनकार नहीं किया जा सकता है कि भारत की सभ्यता के बारे में इस महान् सच्चाई और संस्थापित लोकाचारों का सार्वभौमिक प्रभाव है और दूसरी सभ्यताएँ तथा संस्कृतियाँ भी अपनी विशिष्ट आवश्यकताओं के अनुसार इनका लाभ उठा सकती हैं। किंतु यह मुद्दा तो हिंदुओं के प्रचार का विषय न होकर उनके द्वारा लिया जाना है।

*(लेखिका सुप्रसिद्ध स्तंभकार हैं।)*

□

# भ्रष्टाचार से निपटने के लिए दृढ़संकल्प की आवश्यकता

**—जोगिंदर सिंह**

दु:ख की बात है कि पिछले कुछ दशकों से बड़े पदों पर भ्रष्टाचार आम बात हो गई है। अधिकांश भारतीय राजनीतिज्ञों के लिए यह एक ट्रेडमार्क सा बन गया है। समय-समय पर हमारे सामने जो घोटाले दिखाई पड़े हैं, उनमें रक्षा सौदों से संबंधित घोटाले भी शामिल हैं, जैसे बोफोर्स तोप और एच.डी.डब्ल्यू. पनडुब्बी। इसके अलावा भी कई भ्रष्टाचार के मामले हुए हैं, जैसे हर्षद मेहता शेयर घोटाला (1992), जैन हवाला मामला (1995), एनएफएल/कर्सन द्वारा यूरिया आयात (1995), जेएमएम सांसद संबंधी घूस मामला (1996), सुखराम का दूर-संचार मामला (1996), बिहार का पशु चारा घोटाला (1996), अनेक मुख्यमंत्रियों के खिलाफ भ्रष्टाचार के मामले—जिनमें बादल, जयललिता, ओम प्रकाश चौटाला और मायावती शामिल रहे हैं। यही नहीं, आजकल भी पूर्व विदेश मंत्री नटवर सिंह के खिलाफ वोल्कर रिपोर्ट की जाँच चल रही है। यह बात मान भी लें कि इनमें से कुछ आरोप राजनीति विरोधियों द्वारा यूँ ही लगा दिए गए हों, फिर भी अधिकांश मामलों में इस तरह की बात नहीं कही जा सकती है।

कुछ राजनीतिज्ञों के द्वारा जितनी अपार धन और संपदा इकट्ठी की गई है, वह लोगों की उम्मीद से कहीं अधिक है। फिर भी इन घोटालों के बावजूद भी कुछ राजनीतिक पार्टियाँ इन्हीं घोटालेबाजों के हाथों में रहकर सत्ता में आ गई हैं और या तो वे सत्ता में रह चुकी हैं या फिर अब भी कुछ राज्यों में उनका शासन है।

सभी राजनीतिक दल चुनाव के समय धरती पर चाँद लाने का वायदा करते हैं। परंतु जब वे ऐसे नारों पर सत्ता में आ जाते हैं, जो इनसे बिल्कुल भिन्न होते हैं, तो

उनका आचरण पिछली सरकारों जैसा हो जाता है या उनसे विपरीत नहीं रहता है। मार्क टुली ने कहा है, 'भारत में जो ऊपर चढ़ जाता है, उसका पतन भी उतनी ही तेजी से होता है···प्रशासन में सुधार होने की बात तो बड़ी दूर रह जाती है, क्योंकि हमारे प्रशासन की चूलें बड़ी ढीली हैं।'

हम बड़े उदार हैं, अपराधियों का साथ देनेवाले हैं, अभियुक्तों का साथ देते रहते हैं, हमारी अपराध व्यवस्था प्रणाली मामलों से भरी पड़ी है। हमारी अनेक अदालतों में जिस तरह निम्नलिखित मामले लटके पड़े हैं, उनसे पता चलता है कि बड़े पदों पर भ्रष्टाचार के मामले क्यों वर्षों तक अदालतों में खिंचते रहते हैं:

*फरवरी में बैकलॉग मामलों की संख्या—2,72,006*

*उच्चतम न्यायालय में—33,635*

*उच्च न्यायालय में—33,41,040*

*नीचे की अदालतों में—2,53,06,458*

उपर्युक्त स्थिति और भी जटिल बन जाती है, जब हम देश की अदालतों की अपर्याप्त संख्या और भारी रिक्तियों पर नजर डालते हैं, जो इस प्रकार हैं:

कुल पदों की संख्या

**उच्चतम न्यायालय—**

*स्वीकृत 26*

*वास्तव में - 23*

**उच्च न्यायालय—**

*स्वीकृत 670*

*वास्तव में - 539*

**नीचे की अदालतों में—**

*स्वीकृत 13,204*

*वास्तव में - 12,360*

अदालती मामलों में विलंब, जो बड़े-बड़े नेताओं को उतना ही लाभ दिलाते हैं के दो कारण हैं—पहला, पुरानी प्रक्रियाएँ तथा दूसरा, जजों की निराशाजनक कमी। जैसा कि भारत के पूर्व चीफ जस्टिस श्री भरूचा ने अपनी एक टिप्पणी में कहा भी था कि न्यायपालिका भी भ्रष्टाचार से अछूती नहीं रह गई है और उनका कहना है कि कम-से-कम 20 प्रतिशत जज भ्रष्टाचारी हैं।

एक प्रश्न बार-बार सेमिनारों, बहस-मुबाहिसों और सामाजिक पार्टियों में

उठाया जाता है कि ऐसा कैसे होता है कि बड़ी मछलियाँ बच निकलती हैं और यदि पकड़ी भी जाती हैं तो भी उनके साथ नरमी बरती जाती है। एक बात बहुत साफ है कि कार्यपालिका जो निर्वाचित प्रतिनिधियों के अंतर्गत काम करती है, वह स्वतंत्र नहीं है। स्वाभाविक है कि अधिकारी लोग कार्यवाही करने से पहले दाएँ, बाएँ और बीच सभी तरफ देखते हैं। 11 मार्च, 2006 को मुख्यमंत्रियों और उच्च न्यायालयों के चीफ जस्टिसों के सम्मेलन को संबोधित करने के समय इस मामले में बड़े पते की बात कहीं थी, जब उन्होंने कहा था कि देश कीं न्याय-प्रणाली व्यवस्था ध्वस्त होने की कगार पर है···जाँच-पड़ताल और अभियोजन तंत्र को सुधारने के लिए कुछ नहीं किया गया है। कानून-व्यवस्था की ड्यूटियों को इंवेस्टिव विंग से अलग करने और साक्ष्यों के नियमों में बदलाव लाने पर अभी तक कोई ध्यान नहीं दिया जा रहा है···कुछ बड़े-बड़े पदों पर बैठे व्यक्तियों के मुकदमों पर आपराधिक न्याय व्यवस्था की विफलता पर लोगों के आक्रोश पर हम सबको हिल जाना चाहिए और यह स्वीकार कराने में संकोच नहीं होना चाहिए कि इस पूरी प्रक्रिया को सुधारने के लिए हमें एक ही झटके में सुधार लाने के लिए कुछ-न-कुछ अवश्य करना होगा, क्योंकि हमें याद रखना होगा कि कानून लागू करना एक गंभीर विषय है।

सच्चाई यह है कि संपूर्ण आपराधिक व्यवस्था इस बात पर आधारित है कि साक्ष्य देने में लोगों को शपथ लेकर अदालत में सच कहना होता है और उन्हें अपनी सुरक्षा या होनेवाले व्यक्तिगत खर्च या समय की परवाह भी नहीं करनी होती है। इसके अलावा भी गवाहों को बचाव पक्ष की परेशानी भी होती है। मैं अपना एक व्यक्तिगत उदाहरण देता हूँ कि एक बार मैंने अपनी पत्नी से कहा कि मुझे नजदीक के टैक्सी स्टैंड तक छोड़ दो, क्योंकि सरकारी स्टाफ कार मुझे कलकत्ता के विमान अड्डे तक पहुँचाने के लिए समय पर नहीं आई थी। कर्जन रोड अपार्टमेंट के लिए वापस लौटते समय मेरी पत्नी द्वारा तेज रफ्तार से लापरवाही से चलाई जा रही कार एक बस से टकरा गई। क्योंकि मैं कलकत्ता में बहुत दूर था, इसलिए मैंने पत्नी से कहा कि वह तुरंत पुलिस को इस मामले की रिपोर्ट कर दे।

यह बात 1979 की है। यह मुकदमा 16 वर्ष बाद सुनवाई के लिए आया। अभियुक्त के बचाव वकील ने मेरी पत्नी से पूछा कि क्या उनकी आँखें ठीक हैं और क्या वे वास्तव में ड्राइविंग जानती हैं (हालाँकि मेरी पत्नी दस साल से गाड़ी चला रही थी) और उन्होंने उनकी कार को टक्कर लगानेवाली बस से बचने के लिए निवारक उपाय क्यों नहीं किए। इस सारे मामले में उनके पास प्रोसिक्कर की ओर से हस्तक्षेप या कोई मदद नहीं की गई। उन्होंने मुझे बताया कि मुकदमे में मुझे

लगा कि जैसे मैं कोई स्टेट विटनेस न होकर अभियुक्त हूँ। यही कारण है कि कोई भी व्यक्ति पुलिस या आपराधिक न्याय व्यवस्था में पड़ना नहीं चाहता है, क्योंकि कोर्ट गवाह के रूप में, दुर्भाग्य से बड़ी परेशानी का सामना करना पड़ता है। इस प्रकार के पीड़ादायक और अपमानपूर्ण अनुभव के बाद गवाह को उसके अपने पूरे दिन की जीविका की क्षति का मुआवजा तक नहीं मिल पाता है। यहाँ तक, उसकी जेब से होनेवाले खर्च की भी शायद ही कभी पूर्ति हो पाती हो।

कोई आश्चर्य नहीं कि ऐसे में कोई भी व्यक्ति पुलिस की मदद करने के लिए आए और केवल ऐसे ही कितने व्यक्ति पुलिस की मदद को आते हैं जिन्हें बदला लेने की हवस होती है।

सभी गवाहों की समस्या यही होती है कि क्योंकि यह उनका दुर्भाग्य होता है कि अपराध-स्थल पर, मौके पर मौजूद होते हैं और साथ ही यह उनकी 'लापरवाही' रहती है कि वे पुलिस के आने तक वहीं पर बने रहते हैं और इससे भी बड़ी उनकी मूर्खता यह होती है कि उन्हें गवाह बनना पड़ता है।

कभी-कभी तो गवाहों को कट्टर अपराधियों का गुस्सा सहना पड़ता है और उन्हें अपनी जान या फिर अपने किसी अंग से हाथ धोना पड़ जाता है। सच यह है कि जितना अधिक बड़ा मामला होगा, उतना अधिक गवाहों की परेशानी के अवसर बन जाएँगे, क्योंकि इन बड़े लोगों के लिए पैसा खर्च करना कोई बड़ी समस्या नहीं है। बड़े-बड़े वकील मुकदमों की कड़ियों में कोमा-फुलस्टॉप ढूँढ़ निकालने में माहिर होते हैं और कानून में तो उन्हें बस लूप होल ढूँढ़ निकालने होते हैं और इतना साबित करना होता है कि मामला शक से परे नहीं है।

गवाह के रूप में लोगों की हिचकिचाहट के कारण न्याय न मिल पाने की बहुत अधिक संभावना बनी रहती है। बड़े पदों पर बैठे लोगों के लिए ऐसा होता है, जहाँ अपराध करनेवाला व्यक्ति धन, बल या बाहुबल अथवा डराने-धमकाने या गुंडे लोगों का इस्तेमाल करके छूट ही जाता है, क्योंकि उनके लिए ऐसा करना कोई बड़ी समस्या नहीं है। इसके अलावा किसी भी पार्टी के राजनीतिक वर्ग की एक बिरादरी होती है, जो हर तरह से उनकी सुरक्षा करती ही करती है। उत्तर प्रदेश में एक मंत्री या एक विधायक को कैमरा में घूस लेते पकड़ लिया गया। हंगामा हो गया, इसलिए नहीं कि उसने भ्रष्ट आचरण क्यों किया, बल्कि इसलिए कि उसके खिलाफ यह स्टिंग ऑपरेशन क्यों किया गया। पंजाब में जब छापा पड़ा और एक भ्रष्ट अधिकारी को पकड़ लिया गया तो मंत्री ने विरोध जताया कि छापा डालने के लिए उनकी इजाजत क्यों नहीं ली गई, जबकि मंत्री को भ्रष्ट अधिकारी को पकड़ने

के लिए इस छापे पड़ने की प्रशंसा करनी चाहिए थी।

मेघालय के मुख्यमंत्री ने सामुदायिक और ग्रामीण विकास मंत्री 'बेकस्टार के संगमा' को कैबिनेट से निकाल दिया, क्योंकि यह मंत्री गारो हिल्स में केंद्रीय कोष से लाखों रुपए के गबन का अभियुक्त था। भ्रष्टाचार में लिप्त राजनेताओं की सूची 'वेबस्टर' जैसी डिक्शनरी में दिए गए शब्दों से भारी रहती है। राजनेताओं को अपने पद से सभी 'पर्क' मिलते रहे। सजा पाने के बाद पश्चिम बंगाल में पुरुलिया से चुने गए फारवर्ड ब्लॉक के सांसद बीर सिंह महतो ने संसद् में चल रहे सत्र में उपस्थित होने के लिए बलात्कार में मिली 10 वर्ष की कड़ी सजा को निलंबित होने की कोशिश की, हालाँकि सुप्रीम कोर्ट ने इसे खारिज कर दिया।

अनेक कमीशनों और कमेटियों द्वारा सिफारिश किए जाने के बावजूद भी सरकार ने अभी तक कोई उपाए नहीं किए हैं कि वह गवाहों की सुरक्षा के लिए प्रावधान करे या ऐसे मामलों में जहाँ किसी अभियुक्त व्यक्ति को सच में अपराध स्वीकार करने के बाद उसे कम सजा मिलती है तो वहाँ नया प्रावधान बनाए। 2300 वर्ष से भी बहुत पहले अरस्तु ने कहा था कि आदमी का सामान्य स्वभाव है कि वह सम्मान की अपेक्षा भय से कहीं अधिक घबराता है।

अब समय आ गया है कि कम-से-कम अब 21वीं शताब्दी में आकर हमें सुशासन की तरफ बढ़ना ही चाहिए। लोगों पर शासकों के ज्यादा अधिकार रहने और राजनेताओं द्वारा ब्यूरोक्रेट्स पर निरंतर हस्तक्षेप करते रहने से वर्तमान में चल रहे भ्रष्टाचार और अकुशलता में बढ़ावा होना स्वाभाविक है। सूचना के अधिकार के अंतर्गत सतर्क लोगों द्वारा अपनी शक्ति का इस्तेमाल करने से इस स्थिति को सुधारने में बेहद मदद मिल सकती है।

प्रशासन की कसौटी यही है कि इसमें लोगों के लिए ऐसा वातावरण तैयार किया जाए, जिससे लोगों का अधिक-से-अधिक कल्याण हो, इस वातावरण में शांति और व्यवस्था कायम रहे। समाज के किसी भी क्षेत्र में नरम पड़ने का सवाल ही नहीं रहना चाहिए। सरकार को कानून के लिए अपनी पूरी ताकत लगा देनी चाहिए और इस काम में निरंतर लगे रहना चाहिए और इस पर तब तक काम चलते रहना चाहिए, जब तक कि इसको समाप्त नहीं कर दिया जाता। अंतिम विश्लेषण यही है कि आज आमूलचूल तथा नूतन परिवर्तन तथा दृष्टिकोण अपनाने की जरूरत है।

भ्रष्टाचार से निपटने के लिए दबाव बढ़ाते रहना, बार-बार सक्रिय होने की तात्कालिकता की बात करते रहने से काम नहीं चलेगा। केंद्रीय सरकार के लिए जरूरी है कि केवल वक्तव्य न देकर दृढ संकल्प लिया जाए। हमारी आधारभूत लाइन

स्पष्ट है कि सरकार देश को किस तरह का शासन देना चाहती है। उसे पुलिस बल को कारगर ढंग से आधुनिक बनाना होगा। बदलती परिस्थितियों के साथ कानून में परिवर्तन करना होगा, ताकि दोषी लोग अव्यावहारिक और पुराने पड़ गए कानूनों की आड़ में बचकर निकल न पाएँ।

'शेक्सपीयर ने कहा था कि जब अपराध है तो उस पर तलवार गिरनी ही चाहिए।'

तभी हम दृढ संकल्प से खड़े हो सकते हैं और रविंद्रनाथ टैगोर के उन विचारों को देश के अनुरूप बना सकते हैं, जहाँ भय का कोई स्थान नहीं रहेगा और हमारा सिर गौरव से ऊँचा उठ सकेगा।

*(लेखक सीबीआई के पूर्व निदेशक हैं।)*

□

# निर्धनता रेखा की समीक्षा आवश्यक

**—रुद्रदत्त**

गरीबी को पुन: परिभाषित करने को लेकर बहस छिड़ गई है। इस विवाद के बारे में दो विचारधाराएँ हैं। एक विचारधारा में वे अर्थशास्त्री शामिल हैं, जिन्होंने कहना शुरू किया कि देश में गरीबी तेज गति से कम हो रही है और 2006-2007 तक, भारत में गरीबी का स्तर गिरकर 19.34 प्रतिशत हो जाएगा। इसका अभिप्राय यह हुआ कि 2006-07 के अंत तक भारत में गरीबों की संख्या 22 करोड़ रह जाएगी।

अर्थात् ग्रामीण क्षेत्रों में लगभग 17 करोड़ और शहरी क्षेत्रों में 5 करोड़। दसवीं योजना में यह सुनिश्चित किया गया कि 2007 के अंत तक गरीबी अनुपात में 5 प्रतिशत की कमी और ग्यारहवीं योजना के दौरान 10 प्रतिशत की कमी की जाएगी। यदि यह लक्ष्य प्राप्त कर लिया जाता है तो भी 11 प्रतिशत जनसंख्या या लगभग 13 करोड़ व्यक्ति 2012 तक गरीबी रेखा के नीचे रह जाएँगे। जवाहरलाल नेहरू विश्वविद्यालय की प्रोफेसर ऊषा पटनायक ने भी इन अनुमानों के बारे में अपनाई गई कार्यपद्धति को चुनौती दी है। दूसरी विचारधारा में वे अर्थशास्त्री शामिल किए जाते हैं, जिन्होंने गरीबी रेखा की परिभाषा पर पुनर्विचार करने के पक्ष में तर्क दिए हैं। मोहन गुरुस्वामी एवं आर.एस. अब्राहम ने भारत में सापेक्ष गरीबी का प्रश्न उठाया है, क्योंकि भारत 2020 तक एक आर्थिक महाशक्ति बनने की ओर अग्रसर है। जब इतनी बहस छिड़ी है तो आवश्यक होगा कि गत 30 वर्षों के दौरान निर्धनता परिदृश्य में हुए परिवर्तन को समझा जाए।

## भारत में गरीबी का परिदृश्य

सबसे पहले गरीबी रेखा कैसे बनाई जाती है, इसको समझना ठीक होगा। गरीबी के परम स्तर का अनुमान लगाने के लिए अनाजों, दालों, दूध, मक्खन आदि की न्यूनतम भौतिक मात्रा जो निर्वाह-स्तर के लिए आवश्यक है, निश्चित करनी होगी और फिर

उसको इन वस्तुओं की प्रचलित कीमतों से गुणा करना होगा, ताकि उपभोक्ता-व्यय का आँकड़ा प्राप्त किया जा सके।

इस बात का ध्यान रखना होगा कि भारतीय चिकित्सा अनुसंधान परिषद् द्वारा यह बात तय कर दी गई है कि इन खाद्य पदार्थों की मात्राओं से ग्रामीण क्षेत्रों के लिए प्रतिव्यक्ति 2,400 कैलोरी और शहरी क्षेत्रों के लिए 2,100 कैलोरी प्राप्त की जा सके। जाहिर है कि इस प्रकार से अनुशंसित भोजन से व्यक्ति को इतनी ऊर्जा अवश्य प्राप्त हो जाएगी। इस कार्यपद्धति को योजना आयोग द्वारा 1969 में स्वीकृति प्रदान की गई और गरीबी रेखा 1960-61 की कीमतों पर 20 रुपए तय की गई। डांडेकर और रथ ने इस कसौटी के आधार पर ग्रामीण क्षेत्रों के लिए 1960-61 की कीमतों पर 15 रुपए और शहरी क्षेत्रों के लिए 22.5 रुपए का आँकड़ा निश्चित किया। अर्थात् प्रति व्यक्ति के लिए तय कैलोरी मात्रा प्राप्त करने के लिए जो खाने का सामान होगा, उसकी भी मात्रा क्रमश: 15 रु. एवं 22.50 रुपए होगी।

**तालिका—एक**

| 1973-74 के आधार पर गरीबी रेखा प्रति व्यक्ति मासिक व्यय (रु.) | | |
|---|---|---|
| **वर्ष** | **ग्रामीण** | **शहरी** |
| 1973-74 | 49 | 57 |
| 1977-78 | 57 | 73 |
| 1983 | 89 | 118 |
| 1987-88 | 115 | 166 |
| 1993-94 | 211 | 275 |
| 1999-22 | 328 | 454 |
| 2004[1] | 368 | 559 |

अद्यतन राष्ट्रीय नमूना सर्वेक्षण (2004) का प्रयोग करके गरीबी रेखा प्राप्त की गई।
स्रोत : योजना आयोग

इसके बाद योजना आयोग ने प्रोफेसर डी.टी. लकड़ावाला की अध्यक्षता में पुन: इसकी जाँच हेतु एक विशेषज्ञ दल कायम किया, जिसने 1993 में अपनी रपट प्रस्तुत की। विशेषज्ञ दल ने 1973-74 की कीमतों पर ग्रामीण क्षेत्रों के लिए 49 रुपए और शहरी क्षेत्रों के लिए 57 रुपए के प्रतिव्यक्ति मासिक व्यय का अनुमान लगाया। विशेषज्ञ

दल ने ग्रामीण क्षेत्रों के लिए कृषि-श्रमिकों के उपभोक्ता सूचकांक का प्रयोग किया और शहरी क्षेत्रों के लिए औद्योगिक श्रमिकों के उपभोक्ता सूचकांक और गैर-शारीरिक कार्य करनेवाले कर्मचारियों के उपभोक्ता सूचकांक की साधारण औसत का प्रयोग किया। इस कार्यपद्धति के आधार पर गरीबी रेखा की परिभाषा को समय-समय पर अद्यतन बनाया गया, जैसा कि तालिका-एक से स्पष्ट है।

**तालिका—दो**

| 1973 के पश्चात् गरीबों का प्रतिशत और कुछ संख्या | | | |
|---|---|---|---|
| वर्ष | गरीबों का प्रतिशत | गरीबों की संख्या (करोड़) | औरत वार्षिक कमी की दर |
| 1973-74 | 54.9 | 32.1 | -0.59 |
| 1977-78 | 51.3 | 32.9 | 0.31 |
| 1983 | 44.5 | 32.3 | 0.31 |
| 1987-88 | 38.9 | 30.7 | 1.25 |
| 1993-94 | 36.0 | 32.0 | -0.70 |
| 199-00 | 26.1 | 26.0 | 3.40 |
| 2004 | 23.6 | 25.0 | 0.82 |

अत: यह जानना रुचिकर होगा कि कुल जनसंख्या में गरीब व्यक्ति की संख्या और प्रतिशत अनुपात में कितना परिवर्तन हुआ है। आँकड़ों से पता चलता है कि 1973-74 और 1987-88 के दौरान गरीबी का अनुपात जो 1973-74 में 54.9 प्रतिशत था, जो कम होकर 1983 में 44.5 प्रतिशत हो गया, परंतु गरीबों की कुल संख्या लगभग 32 करोड़ ही बनी रही। 1963-64 के दौरान गरीबी में कमी की दर 0.7 प्रतिशत प्रतिवर्ष थी। 1993-94 और 1999-00 के दौरान गरीबी की दर में सबसे अधिक तेज गति से कमी हुई अर्थात 3.4 प्रतिशत प्रति वर्ष और गरीबों की संख्या कम होकर 26 करोड़ हो गई। परंतु अगले पाँच वर्षों में जबकि अर्थव्यवस्था की विकास दर 6.5 प्रतिशत प्रतिवर्ष के उच्च स्तर पर पहुँच गई, गरीबों की संख्या 26 करोड़ से कम होकर 25 करोड़ हो गई, अर्थात केवल एक करोड़ की कमी। इससे जाहिर है कि गरीबी में कमी की वार्षिक औसत दर 1999-2000 और 2004 के दौरान केवल 0.8 प्रतिशत रही। स्पष्ट है कि गरीबी में कमी की दर मंद हो गई है, जिससे विकास प्रेरित रणनीति, जो

उदारीकरण-वैश्वीकरण के काल में अपनाई गई, की प्रभाविता एवं सफलता पर ही प्रश्न-चिह्न लग गया है।

## कार्यपद्धति संबंधी प्रश्न

ऊषा पटनायक ने राष्ट्रीय नमूना सर्वेक्षण के प्रति व्यक्ति मासिक व्यय और कैलोरी उपभोग के आँकड़ों के आधार पर योजना आयोग के गरीबी अनुमानों को चुनौती दी है। ऊषा पटनायक ने यह आरोप लगाया है कि योजना आयोग ने गरीबी रेखा के नीचे रहनेवाली जनसंख्या का अनुमान लगाने के लिए केवल मासिक व्यय संबंधी आँकड़ों का सहारा लिया है, परंतु प्रति व्यक्ति कैलोरी उपभोग के आँकड़ों की अनदेखी की है, जो ऊर्जा के साथ संबंधित हैं, ताकि यह सुनिश्चित किया जा सके कि क्या इस मूल कसौटी पर प्रति व्यक्ति मासिक व्यय खरा उतरता है। पटनायक ने उल्लेख किया है कि वर्तमान आँकड़ों का प्रयोग चयनात्मक रूप में किया जा रहा है। उदाहरणार्थ, 1999-00 के लिए गरीबी रेखा 328 रुपए तय किया गया और इसका प्रयोग कर गरीबी रेखा के नीचे रहने वाली जनसंख्या का अनुमान 27 प्रतिशत लगाया गया। इस बात का कोई ध्यान नहीं रखा गया कि इस व्यय स्तर पर केवल 1,890 कैलोरी प्राप्त की जा सकती है। अर्थात् ग्रामीण हेतु निश्चित स्तर से भी 500 कैलोरी कम। किंतु यदि 2400 कैलोरी उपभोग के मानदंड का प्रयोग किया जाए, तो ग्रामीण क्षेत्रों की 74.5 प्रतिशत जनसंख्या गरीबी रेखा के नीचे बैठती है। अत: औपचारिक कार्यपद्धति ने 47.9 प्रतिशत जनसंख्या को छोड़ दिया है या लगभग 35 करोड़ व्यक्तियों को जो वास्तव में गरीब हैं, उनको छोड़ दिया है।

## गरीबी की पुनः परिभाषा करना

वैकल्पिक नीति केंद्र नई दिल्ली के मोहन गुरुस्वामी और रोनाल्ड जोजेफ ने गरीबी और भूख के बीच भेद को स्पष्ट करते हुए लिखा है : गरीबी एक आर्थिक परिस्थिति है, जबकि भूख एक शारीरिक परिस्थिति है, भूख की कैलोरियों के रूप में परिभाषा स्थिर रह सकती है, गरीबी की परिभाषा सामान्य समृद्धि के वर्तमान स्तर के संदर्भ में सापेक्ष है और वह बदलती रहेगी।

वर्तमान गरीबी रेखा केवल कैलोरी - उपभोग पर ही आधारित तालिका है। इसलिए यह व्यक्ति की शारीरिक भूख को मिटाने के सिवा और कुछ भी नहीं। इसे 'भुखमरी रेखा' कहना उचित है। देखें तालिका तीन।

अत: गरीबी रेखा का नाम बदलकर 'भुखमरी रेखा' रख देना चाहिए, क्योंकि इसमें सिवाय इसके कि 650 ग्राम प्रतिदिन खाद्यान्नों का प्रावधान किया गया है, और जीवन के लिए अनिवार्य सुविधा जैसे पोषण और संतुलित भोजन, स्वास्थ्य बिजली, खाना

पकाने के लिए ईंधन, कपड़ा और अन्य विविध व्यय जो शिक्षा, रहने के लिए स्थान और अन्य जीवन के लिए न्यूनतम जरूरतों जैसे सफर, कपड़ों की सिलाई, चिरस्थायी उपभोक्ता वस्तुओं अर्थात फर्नीचर पर खर्च को शामिल नहीं किया गया है। अत: गरीबी की वास्तविक एवं उचित परिभाषा के लिए मानवीय जीवन की बुनियादी जरूरतों को गरीबी रेखा के निर्धारण के लिए शामिल किया जाना चाहिए। ताकि जीवन की गुणवत्ता का न्यूनतम स्तर सुनिश्चित किया जा सके।

अत: सरकार का यह दावा कि गरीबी अनुपात जो 1973-74 में 54.9 प्रतिशत था, कम होकर 2004 में 25 प्रतिशत हो गया है, एक मिथ्याधारणा है और इससे हमें तुष्टि की एक झूठी तसल्ली प्राप्त होती है। अत: गरीबी रेखा की गतिशील धारणा के लिए बुनियादी आवश्यकताओं का समावेश अनिवार्य है और इसे जीवन-निर्वाह के लिए न्यूनतम कैलोरी उपभोग तक सीमित नहीं कर देना चाहिए।

गुरुस्वामी और अब्राहम ने नई रेखा निर्धारित करने के लिए बुनियादी मानवीय आवश्यकताओं में निम्नलिखित घटकों को शामिल करने का सुझाव दिया है। जो भारत जैसी विकासशील अर्थव्यवस्था के लिए अनिवार्य है।

## 1. पौष्टिकता से जुड़े मानदंड

भारतीय चिकित्सा अनुसंधान परिषद् की सिफारिशों के आधार पर यह अत्यंत आवश्यक है कि 5 वर्ष से कम आयु वाले बच्चों में कम-वजन को दूर करने के लिए संतुलित भोजन दिया जाए। यह बात ध्यान देने योग्य है कि मानवीय विकास रपट (2005) के अनुसार 5 वर्ष से कम आयु वाले बच्चों में 47 प्रतिशत कम-वजन वाले हैं। इसी प्रकार 2001-02 में कुल जनसंख्या का 21 प्रतिशत अल्प-पोषित है। यहाँ यह उल्लेखनीय है कि चीन में केवल 10 प्रतिशत बच्चे कम-वजनवाले हैं और 2001-02 में कुल जनसंख्या का 11 प्रतिशत अल्प-पोषित हैं। अत: पौष्टिक आधार पर भारत चीन से काफी पीछे है। मोहन गुरुस्वामी ने संतुलित पौष्टिक भोजन की लागत औसत भारतीय के लिए 573 रुपए प्रतिमास आँकी है।

## 2. स्वास्थ्य पर व्यय

भारत अपने सकल देशीय उत्पादन (जी.डी.पी.) का केवल 1.3 प्रतिशत स्वास्थ्य पर खर्च करता है, परंतु स्वास्थ्य पर निजी व्यय जी.डी.पी. का 4.8 प्रतिशत है। चूँकि भारतीय स्वास्थ्य मंत्रालय के अनुसार भारतीय जनसंख्या का केवल 20 प्रतिशत इससे लाभान्वित होता है, गरीबों को निजी क्षेत्र का सहारा लेने के लिए मजबूर किया जाता है। सर्वव्यापक बीमा योजना के आधीन यदि कोई व्यक्ति 365 रुपए प्रति वर्ष या 30

रुपए प्रतिमास अदा करता है, तो वह अस्पताल के अंदर एक मरीज के रूप में 30,000 रुपए के इलाज के लिए बीमा करवा सकता है। अत: मोहन गुरुस्वामी स्वास्थ्य देखभाल के लिए प्रति व्यक्ति 30 रुपए प्रति मास का औचित्यपूर्ण व्यय इसमें शामिल करते हैं।

### 3. कपड़े पर व्यय

वास्तव में बच्चों, पुरुषों और स्त्रियों की कपड़ा संबंधी आवश्यकताएँ अलग-अलग हैं। इसी प्रकार मौसम की परिस्थिति के अनुसार गर्मियों एवं सर्दियों में कपड़े की आवश्यकता में भिन्नता पाई जाती है। गुरुस्वामी के अनुमान में मौसमी आवश्यकताओं को सरलता की दृष्टि से बाहर रख दिया गया है। कपड़े की आवश्यकताएँ प्रति व्यक्ति 207 रुपए प्रति वर्ष या 17 रुपए प्रति मास आँकी गई हैं।

### 4. ऊर्जा उपभोग

गुरुस्वामी ने दो कमरे का मकान, जिसके साथ एक रसोई हो, ऊर्जा उपभोग की इकाई की मान्यता दी है। यह मान लिया गया है कि मकान में बिजली का कनेक्शन उपलब्ध है। न्यूनतम आवश्यकता की दृष्टि से, किसी भी मकान में कुछ बुनियादी जरूरत के हिसाब से बिजली की फिटिंग करानी पड़ती है, ताकि चार बल्ब और दो पंखे लगाए जा सकें। यह भी माना गया है कि छत के पंखे 12 घंटे प्रतिदिन चलते हैं—8 घंटे रात में और 4 घंटे दिन में। इस ऊर्जा उपभोग के आधार पर प्रति व्यक्ति बिजली पर व्यय 175 रुपए प्रति परिवार बैठता है। यदि औसत परिवार के 5 सदस्य मान लिये जाएँ तो यह 35 रुपए प्रति व्यक्ति प्रतिमास होगा।

ऊर्जा उपभोग का दूसरा भाग खाना पकाने के लिए ईंधन के रूप में होता है। राष्ट्रीय परिवार आयोजन सर्वेक्षण (1998-99) के अनुसार अखिल भारतीय स्तर पर जनसंख्या का लगभग 74 प्रतिशत लकड़ी, फसलों के शेष, गोबर और कोयले का प्रयोग खाना पकाने के लिए ईंधन के रूप में करता है। यह अनुपात ग्रामीण जनसंख्या के लिए 91 प्रतिशत और शहरी जनसंख्या के लिए 30 प्रतिशत है।

मिट्टी के तेल पर प्रति व्यक्ति मासिक व्यय 20 रुपए आँका गया है। एक औसत परिवार के लिए यह 2.2 लीटर प्रति व्यक्ति है और इसकी कीमत व रुपए प्रति लीटर है। यह मानते हुए कि सभी परिवारों को अपने राशन कार्ड पर मिट्टी का तेल प्राप्त होता है, इसका मासिक प्रति व्यक्ति व्यय 20 रुपए बैठता है।

अत: कुल प्रति व्यक्ति मासिक ऊर्जा-आवश्यकताएँ प्राप्त करने के लिए 55 रुपए खर्च करने होंगे—35 रुपए बिजली उपभोग पर और 20 रुपए खाना पकाने के लिए ईंधन पर।

### 5. विविध व्यय

सफर, बच्चों की पुस्तकों एवं स्टेशनरी के रूप में किया गया व्यय, कुछ सामाजिक रीति-रिवाजों जैसे जन्म, मृत्यु और उत्सवों पर किया गया व्यय, कुछ उपभोग की वस्तुओं, फर्नीचर आदि जो परिवार की आवश्यकताओं के लिए जरूरी हैं पर प्रति परिवार 820 रुपए प्रतिमास खर्च किए जाएँगे, अर्थात् 164 रुपए प्रति व्यक्ति।

ये सभी गणनाएँ न्यूनतम स्तरों पर बुनियादी आवश्यकता के आधार पर की गई हैं। इनका उद्देश्य केवल निर्वाह स्तर उपलब्ध कराना नहीं, बल्कि जीवन का मानवीय स्तर उपलब्ध कराना है।

इन सबको यदि जोड़ लें, तो बुनियादी आवश्यकता के आधार पर प्रति व्यक्ति मासिक व्यय 839 रुपए प्रतिमास बैठता है, अर्थात लगभग 4,200 रुपए प्रति परिवार। 839 रुपए की योजना इस प्रकार है। (क) संतुलित पौष्टिक भोजन 573 रुपए, (ख) स्वास्थ्य बीमा व्यय 30 रुपए; कपड़ा 97 रुपए, ऊर्जा उपभोग 55 रुपए और विविध व्यय 964 रुपए।

गरीबी के बारे में इस संपूर्ण दृष्टि के आधार पर जिसमें बुनियादी आवश्यकताएँ शामिल हैं, मोहन गुरुस्वामी ने अनुमान लगाया है कि भारत की 69 प्रतिशत जनसंख्या गरीबी-रेखा के अनुमान के नीचे हैं, अर्थात 71 करोड़ व्यक्ति औपचारिक गरीबी रेखा के नीचे हैं। जो आज के 26 प्रतिशत व्यक्तियों के विरुद्ध देखा जाए, तो यह 2.65 गुना अधिक है। ग्रामों में यह परिस्थिति और भी दयनीय है और 84 प्रतिशत जनसंख्या संपूर्ण गरीबी रेखा के नीचे है। यह आँकड़ा शहरी क्षेत्रों के लिए 42 प्रतिशत है।

विश्व बैंक ने अंतरराष्ट्रीय गरीबी रेखा अर्थात् 1 डॉलर प्रतिदिन व्यय के आधार पर विश्व विकास रिपोर्ट 2005 में भारत में 34.7 प्रतिशत जनसंख्या गरीबी रेखा के नीचे परिकलित की है और यदि 2 डॉलर प्रतिदिन व्यय को आधार बनाया जाए, तो 1999-00 के लिए 80 प्रतिशत जनसंख्या गरीबी रेखा के नीचे है।

### निष्कर्ष

गरीबी संबंधी इस सारे विश्लेषण से यह निष्कर्ष प्राप्त होता है : प्रथम, गरीबी रेखा को पुन: आँकने की कार्यपद्धति के लिए कीमत-सूचकांक के आधार की समीक्षा होनी चाहिए और इसके साथ कैलोरी-उपभोग के मानदंड को जोड़ना होगा। दूसरे, गरीबी रेखा के आधार का चार दशक पहले 1969 में निर्णय लिया गया था। एक विकासशील अर्थव्यवस्था के लिए, जो 2020 तक एक आर्थिक महाशक्ति बन जाने का स्वप्न सँजोए हुए हैं, यह अत्यंत आवश्यक है कि गरीबी रेखा के बारे मे बुनियादी आवश्यकता दृष्टि

अपनाई जाए, न कि केवल कैलोरी उपभोग के लिए आवश्यक भोजन के आधार पर एक-आयामी दृष्टि जो कि भुखमरी रेखा को प्रतिबिंबित करती है। इसके लिए राज्य को विभिन्न उपायों द्वारा अधिक कार्यभार निभाना होगा, ताकि आर्थिक विकास के लाभ आम आदमी तक पहुँच सकें जैसा कि कांग्रेस पार्टी के घोषणापत्र में उल्लेख किया गया था। तभी हम भारत में गरीबी के बारे में झूठी आत्मतुष्टि से बाहर आ सकेंगे। हमें सोने से पहले मीलों का सफर तय जो करना है।

*(लेखक प्रसिद्ध आर्थिक चिंतक हैं।)*

□

# सशक्त भारत दृष्टिकोण का विषय है

**—अवधेश कुमार**

भारत कैसे सशक्त होगा या इसकी महिमा कैसे बढ़ेगी जैसे महत्त्वपूर्ण प्रश्नों पर जब हम विचार करते हैं तो इससे तीन मूल प्रश्न जुड़े हैं। पहला, शक्ति संपन्नता या महिमामंडन का आपका दृष्टिकोण क्या है? दूसरा, शक्ति पाने या महिमा मंडित होने जैसे महान् उद्देश्य को पाने के लिए आप रास्ता क्या अपनाते हैं? इसी से जुड़ा प्रश्न यह उभरता है कि अभी तक आपने जो रास्ता अपनाया वह कितना सही या गलत था? अगर शक्तिसंपन्नता सशक्त एवं महिमा वृद्धि का मानक यह है कि परंपरागत अर्थशास्त्रीय शब्दावलियों में भारत का आर्थिक विकास दर क्या है, पूँजी बाजार की दशा क्या है, विदेशी मुद्राकोष की क्या स्थिति है, विश्व भर में पूँजी लगानेवाले आपके प्रति कितना आकर्षित हैं, आपके बाजारों में सामग्रियों की खपत कितनी है तो फिर भारत का स्थान विश्व के एक अत्यंत ही सशक्त एवं महिमा वाले राष्ट्र की होनी चाहिए। भारत लगातार तीन वर्षों तक 8 प्रतिशत विकास दर की ऊँचाई को बनाए रखनेवाला विश्व का अकेला देश है, पूँजी बाजार सूचकांक अकल्पनीय ऊँचाई तक पहुँचा हुआ है, विदेशी मुद्रा भंडार रिकॉर्ड बना चुका है, पूंजी निवेशकों के लिए भारत चीन के बाद सबसे आकर्षक स्थल है तथा सामग्रियों की बिक्री में भारत के स्थान विश्व में अव्वल है।

भविष्य का आकलन करनेवाली विश्व की मान्य संस्थाओं के आकलनों को देखें तो सभी आगामी 15–20 वर्षों में भारत को विश्व की सर्वप्रमुख आर्थिक शक्ति होने की संभावना व्यक्त कर रहे हैं। कुछ आकलनों में तो 2035 तक भारत को चीन से भी आगे निकलने की भविष्यवाणियाँ की जा चुकी हैं। इसी प्रकार भारत आज एक मजबूत और समुन्नत रक्षा प्रणाली का मालिक है। नाभिकीय (न्यूक्लियर) क्षमता हासिल करने के बाद तो यह विश्व के प्रमुख पाँच देशों की कतार में आ गया है।

इन आकलनों के बाद भारत के सशक्त होने या विश्व पटल पर एक प्रभावी राष्ट्र

के रूप में खड़ा होने की संभावना को लेकर किसी प्रकार की आशंका की गुंजाइश नहीं होनी चाहिए। लेकिन क्या यह मानक भारत की वास्तविक क्षमता की तसवीर पेश कर पा रहे हैं? इसका साफ उत्तर है, नहीं।

वास्तव में आज विश्व की समस्या यह है कि कम्युनिस्ट शासन प्रणाली के ध्वंस के बाद विकास का आकलन केवल बाजार आधारित पूँजीवादी मानकों के आधार पर किया जा रहा है। इनका यहीं सविस्तार विश्लेषण संभव नहीं है। किंतु बाजार आधारित पूँजीवादी प्रणाली अत्यधिक उपभोग और उसके लिए अत्यधिक उत्पादन के चक्र पर टिका है। पूँजी बाजार, निवेश, वित्तीय प्रणाली...सबकुछ इसी पर आधारित है। यह ऐसा चक्र है, जिसमें असंतुलन होते ही पूरी अर्थव्यवस्था चरमरा जाती है। इसमें दूसरी समस्या है यह कि इससे देश के प्रत्येक व्यक्ति की आर्थिक-सामाजिक व सांस्कृतिक स्थिति का पता नहीं चलता। विडंबना देखिए कि पूरी दुनिया में इस प्रणाली की क्रूरता सामने आ रही है, आर्थिक-व्यापारिक एवं वित्तीय जटिलताएँ भयावह हो रही हैं। व्यापारिक एवं आर्थिक स्वार्थों के टकराव के कारण देशों के बीच कटुता बढ़ रही है। बावजूद इसके इसे ही आर्थिक समस्याओं के एकमात्र समाधान या विकास के एकमात्र विकल्प के रूप में आरोपित किया जा रहा है। भारत का दुर्भाग्य यह रहा कि आजादी के बाद समाजवाद के नाम पर अजीबोगरीब खिचड़ी प्रणाली अपनाई गई और अचानक 1991 से उस प्रणाली को उलटकर विश्व प्रवाह में पूँजीवादी सुधार का रास्ता पकड़ा गया।

आज उदारीकरण एवं भूमंडलीकरण के प्रबल समर्थक एवं इससे लाभान्वित होनेवाले भी इस कटु सत्य को स्वीकारने के लिए विवश हैं कि इसका लाभ आम आदमी तक नहीं पहुँचा है। सॉफ्टवेयर सम्राट एवं इंफोसिस के प्रमुख नारायणमूर्ति ने हाल में (पिछले 12 अगस्त को)बेंगलूर की एक सभा में कहा, ''यह कहना हास्यास्पद है कि भारत में हम जो चाहे खरीद सकते हैं...या अब हमें 800 टी.वी. चैनलों का विकल्प मौजूद हैं...। भारत की वास्तविक प्रगति इसलिए नहीं हो रही, क्योंकि आर्थिक सुधारों ने गरीबों को छुआ नहीं है।''

उनका कहना था कि अगर गरीबों में जो सबसे गरीब हैं, उनकी मूलभूत जरूरतों का ध्यान नहीं रखा गया तो सारे सुधार बेमानी हैं।

हालाँकि नारायणमूर्ति जैसे लोग आर्थिक सुधारों में ही इनका समाधान भी ढूँढ़ते हैं, किंतु उदारीकरण के झंडाबरदारों में भी अब ऐसे लोगों की संख्या काफी है जो यह मानते हैं कि इन 15 वर्षों में भारत के जनसाधारण की समस्याओं को हल करना संभव नहीं हुआ है। इसमें विस्तार से जाए बगैर यह कहा जा सकता है कि बाजार आधारित पूँजीवादी प्रणाली भारत के वास्तविक संतुलित प्रगति का वाहक नहीं हो सकता। उलटे इसके दुष्परिणाम ज्यादा घातक हैं। देश में 'कमाओ, खाओ और मौज-मस्ती करो' का

वातावरण हावी हो रहा है। नई पीढ़ी के सामने प्रेरणा के लिए यही जीवनशैली उपलब्ध है। सामाजिक और राष्ट्रीय सरोकार इनके लिए फिजूल या मजाक के विषय हैं।

स्पष्ट है कि एक शक्तिसंपन्न व प्रभावी राष्ट्र के संदर्भ में हमें अपने दृष्टिकोण को सुसंगत बनाना होगा। कोई भी राष्ट्र तभी महिमापूर्ण हो सकता है, जब वहाँ का जनसाधारण मानसिक रूप से विरासत के साथ जुड़ा हुआ हो, अर्थव्यवस्था वहाँ की स्थानीयता, परंपरा, संस्कृति, आवश्यकता एवं उपलब्धता से पूरी तरह संबद्ध हो, शिक्षा प्रणाली इनका पोषण करने वाली हो, आवश्यकताओं की पूर्ति के लिए बाहरी देशों पर निर्भरता न के बराबर हो तथा व्यवस्था से आम जन का सीधा जुड़ाव हो। ऐसे राष्ट्र में ही उत्पन्न होनेवाले विपत्तियों, जटिल संकटों या समस्याओं से निपटने की क्षमता अंतर्निहित होती है। ऐसा राष्ट्र कभी बाह्य या आंतरिक सुरक्षा के लिए चिंतित नहीं होता। इसके विपरीत बाहर से आरोपित व्यवस्था के आधार पर भारत को सशक्त राष्ट्र के रूप में पुनर्स्थापित करने की कोशिश व्यर्थ है। महात्मा गांधी ने हिंद स्वराज में भारत के महान् सभ्यता के अहसास हो जाने में ही इसका कल्याण देखा था। ऐसा माननेवाले वे अकेले नहीं थे। भारत की सही समझ रखनेवाले सभी लोग यह मानते थे कि अंग्रेजों ने भारतीय मानस को गुलाम बनाए रखने के लिए इनको महान् विरासत के बोध से दूर करने का जटिल प्रयास किया। गांधीजी कहते थे कि जिस दिन हमें महान् सभ्यता का बोध हो गया, उसी दिन अंग्रेजी साम्राज्य का अंत हो जाएगा।

वस्तुत: आजादी का संघर्ष केवल अंग्रेजों को यहाँ से खदेड़ने के लिए नहीं था, उनकी व्यवस्था का समूल नाश कर भारतीय दृष्टिकोण से व्यवस्था को पुनर्स्थापित करने के लिए था। पहला लक्ष्य तो पा लिया गया, लेकिन उससे महत्त्वपूर्ण दूसरा लक्ष्य हाशिए पर चला गया। कम्युनिस्ट इतिहासकार भी यह स्वीकारने को विवश हैं कि अंग्रेजों के आने के पूर्व हम आर्थिक दृष्टि से ही समुन्नत नहीं थे, परस्पर सहकार एवं साझेदारी पूर्ण व्यवस्था के कारण हमारी सामाजिक एवं सांस्कृतिक सशक्तता भी अतुलनीय थी। वस्तुत: यह हजारों वर्षों के अनुभवों से भारत में जो जीवन प्रणाली विकसित हुई थी, उसकी परिणति थी। उसमें व्यवस्था का केंद्र बिंदु-गाँव था। संयमित एवं नैतिकता में बँधी समाज व्यवस्था के कारण संतुलित सामुदायिक जीवन प्रणाली विकसित हो रही थी एवं गाँव स्वाश्रयी थे। अंग्रेजों ने इसी केंद्र-बिंदु को ध्वस्त किया। गांधीजी ने आर्थिक एवं नैतिक दृष्टि से पतित गाँवों को गोबर की संज्ञा देते हुए भी इसी को केंद्र बनाकर भारतीय राष्ट्र के पुनर्निर्माण की कल्पना की। थोड़ी गहराई से देखेंगे तो यह बात समझते देर नहीं लगेगी कि हर दृष्टि से दयनीय होने के बावजूद गाँव में परस्पर साझेदारी व सहकार के बीज अंश आज भी मौजूद हैं। शहरों में परस्पर सहकार की इस भावना का बिल्कुल लोप हो चुका है। शहरों की बढ़ती आबादी के आलोक में यह भी कहा जा रहा

है कि भारत अब गाँवों का देश नहीं रहा। हालाँकि अभी भी बहुसंख्य आबादी गाँवों में है। यह बात दीगर है कि शहरों की ओर पलायन की प्रवृत्ति भयावह रूप से बनी हुई है। लेकिन गाँवों से जो शहरों में आए उनकी स्थिति न तीतर न बटेर की है।

इस प्रकार गाँवों में शेष बचे सहकार भाव को आधार बनाकर व्यवस्था को नए सिरे से पुनर्व्यवस्थित करने की कोशिश करनी होगी। इसके लिए वर्तमान परिवेश को ध्यान में रखकर निर्माण का एजेंडा बनाना होगा। इससे भारत न केवल विश्व का सिरमौर राष्ट्र बन सकेगा, महिमा मंडित होगा, बल्कि विश्व के लिए प्रेरक भी बन सकेगा। यह संभव नहीं है कि देश का एक वर्ग अंधाधुंध उपभोग करे, इसके लिए विश्व से आयातित वस्तुओं की बाट जोहे और देश सशक्त एवं महिमामंडित भी हो। क्या ऊर्जा की खपत जिस प्रकार बढ़ रही है, उसमें हम कभी स्वाश्रयी होने की कल्पना कर सकते हैं? आपको न्यूक्लियर ऊर्जा भी चाहिए और आपकी कल्पना यह है कि अमेरिका आपकी शर्तों पर ऐसा करे। क्या यह संभव है? आपकी व्यवस्था ऐसी है कि आप 1 करोड़ 14 लाख टन तेल की खपत करते हैं। अगले 25 वर्षों में खपत दोगुनी होने की संभावना है। प्रधानमंत्री कह रहे हैं कि राज्य के लिए बढ़ती तेल कीमतों का बोझ ढो पाना संभव नहीं है। इसमें आप स्वावलंबी कैसे हो सकते हैं? जिस देश में प्रतिवर्ष 2 करोड़ से ज्यादा लोग पैदा होते हैं, उसमें क्या आज की मान्यता में कभी ऐसा समय आएगा, जब सबके लिए संतुलित रोजगार की व्यवस्था हो सके?

यह कपोल कल्पना ही हो सकता है। ऐसा न हो सकने के कारण विकास से वंचित, व्यवस्था से असंतुष्ट लोगों के एक वर्ग ने हिंसा का रास्ता अपना लिया है। यदि भारत को विश्व में सशक्त राष्ट्र के रूप में खड़ा होना है तो इस प्रणाली की कमजोरियों को स्वीकार कर भारत में लंबे कालखंड में विकसित होती प्रणाली को देश, काल, पात्र के संदर्भ में अपनाना होगा।

ऐसा करते समय राज्य को भूमिका के बारे में भी गहराई से विचार करना होगा। आधुनिक व्यवस्था की एक बड़ी त्रुटि 'सबकुछ राज्य करेगा' ऐसा मान लेना रहा। राज्य की अक्षमता वस्तुत: लोकतांत्रिक राज्य की स्वभावगत सीमाओं को प्रमाणित कर रहा है। आजादी के 56 वर्षों के अनुभवों से यह स्पष्ट हो गया है कि राष्ट्र निर्माण का एकमात्र उपकरण राज्य नहीं हो सकता। भारत की जीवन प्रणाली में ऐसी स्थिति कभी नहीं थी। गांधीजी के दिमाग में ये बातें बिल्कुल साफ थीं। इसलिए वे कांग्रेस को लोकसेवक संघ में परिणत करने के साथ स्वतंत्रता सेनानियों को वोट की दलीय प्रतिस्पर्धा के दुश्चक्र में न फँसाकर उनको रचनात्मक कार्यक्रमों की अभिष्ट दिशा में सक्रिय करना चाहते थे। वे राज्य शक्ति को भी महत्त्व देते थे, इसलिए वे कहते थे कि राज्य सर्वोत्तम लोगों के हाथों रहे तथा वह सर्वथा उचित नीतियों एवं कार्यक्रमों का अनुसरण करे। किंतु उनका

स्पष्ट मानना था कि नीतियाँ कितनी भी अच्छी हों, शासनसूत्र भी भले अच्छे लोगों के हाथों हो, राज्य राष्ट्र निर्माण के अभीष्ट लक्ष्य को स्वत: पूरा नहीं कर सकता। वे राज्य शक्ति के साथ और उससे ज्यादा प्रभावी एवं संबल स्थिति में लोकशक्ति को खड़ा करना चाहते थे। यह विचार केवल गांधीजी का नहीं था। स्वतंत्रता के पूर्व भारत के भविष्य को लेकर चिंतित अधिकतर मनीषियों का ऐसा ही मत था। राष्ट्रीय स्वयंसेवक संघ का तो उदय ही लोकशक्ति खड़ा करने के लिए हुआ। किंतु आजादी के बाद राज्य एवं संसदीय लोकतंत्र को इतना महिमामंडन कर दिया गया कि दूसरी बातें हाशिए पर चली गईं तथा राज्य शक्ति के प्रभावों ने लोकशक्ति को यथेष्ट रूप में खड़ा नहीं होने दिया। आज संसदीय लोकतंत्र केंद्र से राज्यों तक राष्ट्र निर्माण की अभिष्ट की प्राप्ति में न केवल अक्षम साबित हो रहा है, बल्कि यह स्वयं इतने भयावह रोगों से ग्रस्त हो गया है कि इससे किसी प्रकार की उम्मीद बेमानी होगी। सभी राजनीतिक दल संसदीय प्रणाली की इस भयावह अक्षमता को महसूस कर रहे हैं, लेकिन दृष्टि एवं साहस के अभाव में अभी भी इसकी सार्वजनिक घोषणा नहीं करते। विडंबना देखिए कि अभी भी यही मान्यता समाज जीवन में प्रबलतम रूप से हावी है कि राज्य शक्ति ही भारत को सर्वशक्तिसंपन्न व विश्व में प्रभावी राष्ट्र बना सकेगा।

यहाँ यह भी ध्यान रखने की बात है कि गांधीजी या अन्य मनीषी राज्य की महत्ता को स्वीकार अवश्य करते थे, किंतु वे पश्चिम की इस संसदीय प्रणाली के पक्ष में नहीं थे। गांधीजी तो संसद् को वेश्या एवं बाँझ कहते थे। आज यदि कोई ऐसा कहे तो वह संसद् की अवमानना का दोषी करार दिया जाएगा। उनकी कल्पना का राज्य वास्तविक लोकशाही का नमूना था, जिससे पूरे जनसाधारण का जुड़ाव हो। ऐसा नहीं होने का दुष्परिणाम सामने है। राज्य की योजनाओं के साथ आम जन एकाकार नहीं हो पाता। सारी नीतियाँ व कार्यक्रम आरोपित जैसे हो गए हैं। यदि भारत को वाकई गौरवपूर्ण स्थान दिलाना है तो यह समझना होगा कि विकास न तो गरीबी उन्मूलन, सामाजिक न्याय या सबको समान अवसर प्रदान करने जैसे नारों को बार-बार दुहराने से आनेवाली है और न राज्य की उस शक्ति से जिसका उपयोग सत्ताधारी समूह अपनी तथाकथित उपलब्धियों को महिमामंडित कर लोगों का वोट पाने के लिए करते हैं, बल्कि यह उन बहुसंख्य सर्वसाधारण की योग्यता से ही आएगी, जो कि स्थानीय सामाजिक आवश्यकताओं की पूर्ति स्थानीय साधनों से करते हैं, भले वे कुछ की नजर में तुच्छ या महत्त्वहीन क्यों न हो। राज्य सत्ता के सर्वोपरि होने के बावजूद उसकी विकृतियों के कारण उससे आम जन का मोहभंग हुआ है। पूँजीवाद के साथ विकसित इस संसदीय लोकतांत्रिक प्रणाली में वोट पाने के लिए राजनीतिक दलों की ऐसी क्षरित भूमिका स्वाभाविक है। राज्य की स्थायी मशीनरी नौकरशाही यथा स्थितिवाद को बनाए रखने में ही सारी क्षमता लगाती

है। क्या यह सत्य नहीं है कि सर्वशक्तिसंपन्न नौकरशाही की जड़ता और भारी व्यय पर आधारित आधुनिक तकनीकों का दुरुपयोग राष्ट्रनिर्माण की बाधा साबित हुई है? परिणामत: अतीत का एक महान् और स्वाश्रयी राष्ट्र अपनी निहित क्षमताओं की तुलना में सशक्त नहीं हो सका।

इसीलिए यह विश्व पटल पर महिमा मंडित नहीं हुआ। स्पष्ट है कि हमें पहले अपना दृष्टिकोण बदलना होगा, फिर पश्चिम के अंधानुकरण से परे हटकर अपनी महान् सभ्यता में विकसित जीवन प्रणाली को समझकर उसके आधार पर नई रचना की प्रक्रिया आरंभ करनी होगी। व्यवस्था का जितना तंत्र खड़ा हो गया है, उसमें ऐसा करना आसान नहीं है। लेकिन एक बार दृष्टिकोण में परिवर्तन के साथ ही सारी बातें आईने की तरह साफ दिखने लगेंगी। विश्व में सहज विकास के लिए छटपटाते देश इससे सीख लेंगे एवं भारत इनका मार्ग-दर्शन कर सकेगा।

*(लेखक प्रसिद्ध स्तंभकार हैं।)*

□

# पत्रकारिता राष्ट्रीयता का आधारस्तंभ है

–डॉ. कुलदीप चंद अग्निहोत्री

उत्तर प्रदेश के तात्कालिक राज्यपाल विश्वनाथ प्रसाद दास ने हिंदुस्तान समाचार को लिखे पत्र में कहा था कि नारद को विश्व के पहले पत्रकार के रूप में पहचाना जाता है। नारद तीनों लोकों में घूमा करते थे और एक स्थान का समाचार दूसरे स्थान तक पहुँचाया करते थे। उनके समाचार प्रेषित करने का ढंग कई बार भड़काऊ भी माना जाता था, लेकिन इस संप्रेषण प्रणाली के पीछे भी उनका उद्‌देश्य जनकल्याण ही रहता था या इसे इस प्रकार भी कहा जा सकता है कि नारद जनकल्याण को ध्यान में रखकर समाचार प्रेषण की प्रणाली निश्चित करते थे। इससे एक बात तो स्पष्ट होती है कि पत्रकारिता को कला के लिए अभियान के साथ नहीं जोड़ा जा सकता। पत्रकारिता विशुद्ध सौंदर्यमूलक कर्म चहीं है और न ही यह स्वांत: सुखाय है तथा न ही यह स्वकेंद्रित या आत्मकेंद्रित है। यह ठीक है कि पत्रकारिता में भाषा की कलात्मकता अनिवार्य है, इसमें अभिव्यक्ति की शैली का भी महत्त्व है, इसके अभिव्यंजना पक्ष का महत्त्व भी बना रहता है। परंतु फिर भी पत्रकारिता साहित्य के शिखरों को नहीं छूती और उसे छूने की जरूरत भी नहीं है। साहित्य का फलक विस्तृत और आयु दीर्घ होती है। वह भविष्योन्तुखी भी होता है। परंतु पत्रकारिता वर्तमान के सीमित क्षणों में जीती है और उसकी नाभि नाल भी वर्तमान से ही जुड़ी होती है। इससे यह निष्कर्ष निकाला जा सकता है कि पत्रकारिता समय सापेक्ष है और एक वृहद उद्‌देश्य की पूर्ति का एक अंग है। यह उद्‌देश्य जनकल्याण का तो है ही, राष्ट्र कल्याण का भी है। पत्रकारिता का मूलाधार समाचार है और समाचार तथ्य आधारित होता है। तथ्य एक प्रकार से निरपेक्ष होता है, उसमें छेड़छाड़ की संभावना शून्य ही होती है। इस सिद्धांत को जरूरत से ज्यादा बढ़ाते हुए कुछ विद्वान् यह भी कहने लगे हैं कि पत्रकारिता समाज से निरपेक्ष है। वह तथ्य रूपी सत्य का उद्‌घाटन करती है। उसके परिणामों से उसका कुछ लेना-देना नहीं है।

सत्य की सामाजिक संदर्भों में परिभाषा बदलती रहती है। सत्य की साधना 'बहुजन हिताय, बहुजन सुखाय' ही होती है। पत्रकारिता सामाजिक क्षेत्र की साधना है, आध्यात्मिक क्षेत्र का तप नहीं है। सामाजिक क्षेत्र का सत्य वही है, जिससे जन कल्याण होता है, देश का कल्याण होता है। पत्रकारिता का अर्थ केवल समाचार संकलन और समाचार प्रेषण ही नहीं है। व्यापक और गहन अर्थों में पत्रकारिता वास्तव में समाचार और घटनाओं के विश्लेषण और उसके संभावित परिणामों से ताल्लुक रखती है। समाचार और घटनाओं का विवरण पत्रकारिता के लिए कच्चा माल है और उसका विश्वेषण एक प्रकार से उससे प्रोसेस्ड सामग्री। यह ऐसा संवेदनशील क्षेत्र है, जिसमें पत्रकारिता के पुरोधा निरपेक्षता का पाखंड नहीं रच सकते। इस क्षेत्र में, जाहिर है राष्ट्र हितों को ध्यान में रखकर ही चलना होगा। इस मसले पर पत्रकारिता राष्ट्र हित को बढ़ानेवाली और राष्ट्रीय सशक्तीकरण में खड्ग भुजा का कार्य करती है। शायद इसी पृष्ठभूमि को ध्यान में रखते हुए किसी ने कहा होगा, 'जब तोप मुकाबिल हो तो अखबार निकालो।' इससे स्पष्ट संकेत मिलता है कि पत्रकारिता राष्ट्रीय सशक्तीकरण की समग्र रणनीति का महत्त्वपूर्ण अंग है।

अन्य प्रश्नों पर मीडिया में मतभेद हो सकते हैं। अपना अलग-अलग दृष्टिकोण भी हो सकता है, परंतु राष्ट्रीय सशक्तीकरण का विषय तो ऐसा विषय है, जिस पर देश भर में एक ही पक्ष होता है। विपक्ष कोई नहीं होता। इस प्रश्न पर अलग-अलग मत नहीं हो सकते। यदि राष्ट्रीय सशक्तीकरण पर भी मीडिया विभिन्न स्वरों में बोलता है तो निश्चय ही या तो उसकी नीयत में खोट हो सकता है या फिर वह पत्रकारिता की भूमिका को ही सही ढंग से समझ नहीं पाया है। राष्ट्र जीवन का कोई भी अंग उपांग तभी तक कार्य कर सकता है, जब तक की सशक्तीकरण की प्रक्रिया चलती रहेगी। यदि राष्ट्र ही सुरक्षित नहीं है तो चाहे मीडिया हो, चाहे शिक्षा संस्थान हों, चाहे चिंतन केंद्र हों सभी का अस्तित्व खतरे में पड़ जाएगा। मीडिया भी आखिर शून्य में तो पनप नहीं सकता। उसकी आधार भूमि राष्ट्रीय समाज ही है। इसलिए इस राष्ट्रीय समाज की भौगोलिक सीमाओं की रक्षा में उसकी भी जिम्मेदारी है।

इस पूर्व पीठिका में हमें इस बात का अध्ययन करना होगा कि राष्ट्र के सशक्तीकरण के परिप्रेक्ष्य में पत्रकारिता की भूमिका क्या हो सकती है? भारत में पत्रकारिता का इतिहास कोई बहुत पुराना नहीं है। यह कुल मिलाकर दो सौ सालों का इतिहास है। वैसे तो पत्रकारिता या समाचार संप्रेषण का इतिहास भारत में बहुत पहले से खोजा जा सकता है। खोज की यह पगडंडी हमें नारद तक ले जाती है। लेकिन विवेच्य प्रसंग में हम केवल आधुनिक काल में पत्रकारिता की भूमिका की बात कर रहे हैं। अपने वर्तमान स्वरूप में पत्रकारिता का इतिहास और उद्गम अंग्रेजों के आने के बाद से ही तलाशना होगा। खास कर जब भारत में मुद्रण मशीनों का प्रचलन हुआ तो पत्रकारिता ने अपने वर्तमान स्वरूप

में आकार धारण किया। इसका श्रेय भी थोड़ा-बहुत अंग्रेजों और ईसाई मिशनरियों को ही देना होगा। यह ठीक है कि इसमें उनका उद्देश्य विदेशी साम्राज्यवादियों के हितों की पूर्ति करना और रणनीति भारत की भौगोलिक सीमाओं को न सही, लेकिन राष्ट्रीय अस्मिता की सीमाओं को खंडित करना था। इसे संयोग ही कहना चाहिए कि मीडिया भारत में अपने वर्तमान अवतार में विदेशी हाकिमों के हितों की पूर्ति के लिए अवतरित हुआ। इसलिए उसने प्रारंभिक दौर में विदेशी हाकिमों की भाषा में ही देशी चारागाहों को रौंदना शुरू किया। परंतु लंबी देर तक यह एकतरफा व्यापार नहीं चल सकता था। जल्दी ही भारतीय भाषाओं में भी मीडिया ने बोलना शुरू कर दिया और यह बोलना किसी सीमा तक राष्ट्रीय हितों के लिए था। विदेशी गुलामी को समाप्त करने के लिए था। परंतु आज के जो बड़े अंग्रेजी अखबार हैं, वे अपने जन्म काल में विदेशी शासकों की बोली ही बोलते थे और उन्हीं की चाकरी करते थे। अंग्रेजी मीडिया का यह संस्कार किसी-न-किसी सीमा तक अभी भी बना हुआ है। वे उन्हीं ब्रिटिश अवधारणाओं की जुगाली उसी पुरानी आदत से कर रहे हैं, जिनको गोरे हाकिम गंगा-जमुना के मैदानों में रोप गए थे। हिमाकत की हद तो यह है कि गोरा मीडिया अब उसी को राष्ट्रीय हित कहकर प्रचारित कर रहा है, जिनको अंग्रेज अपने हित के लिए भारत वर्ष में जगह-जगह स्थापित कर रहे थे।

राष्ट्रीय सशक्तीकरण के मोर्चे पर देश में जब-जब भी संकट उपस्थित हुआ, उस समय मीडिया की क्या भूमिका रही यह महत्त्वपूर्ण प्रश्न है। आजादी के बाद देश की सीमाओं पर पहला संकट चीन के आक्रमण को लेकर ही उपस्थित हुआ था। यह पिछली शताब्दी के पाँचवे-छठे दशक की घटना थी। अब यह घटना पुरानी हो चुकी है। इसलिए तटस्थ रहकर इसमें मीडिया की भूमिका की समीक्षा की जा सकती है। यद्यपि उस समय देश का अधिकांश मीडिया चीनी आक्रमण के खिलाफ लोगों का मनोबल बढ़ाने में जुटा हुआ था, तथापि मीडिया में भी कुछ लोग इस युद्ध में दोषी कौन? की चीर-फाड़ कर रहे थे। जब सीमाओं पर सैनिक लड़ रहे हों और प्राणों की बाजी लगी हो तो रणभूमि के बीच में ही दोषी की तलाश प्रारंभ कर देना क्या इंगित करता है?

## संस्कृति और राष्ट्रीयता

सशक्तीकरण का एक और क्षेत्र, पशुता से मानवता तक की यात्रा ही संस्कृति कहलाती है। ऊपर से देखने पर पशु और मानवता अलग-अलग शब्द दिखाई दे सकते हैं। लेकिन जीव वैज्ञानिकों के लिए यह एक ही वर्ग में आते हैं। दोनों ही चेतन हैं। परंतु मानव में चेतन के साथ-साथ चिंतन भी है (अभी भी यह चर्चा का विषय है कि क्या जानवर भी सोचते हैं) मनुष्य के भीतर पशु ही छिपा बैठा है। परंतु अपने चिंतन के कारण

मनुष्य से आगे उर्ध्वमुखी पशुता बढ़कर सांस्कृतिक यात्रा करता है। जिन जातियों की यह सांस्कृतिक यात्रा, जितनी लंबी है उनकी संस्कृति उतनी ही ज्यादा श्रेष्ठ मानी जाती है। यही संस्कृति जब भू-विशेष से जुड़ती है तो राष्ट्र का जन्म होता है। इसे ही आजकल कहीं-कहीं सांस्कृतिक राष्ट्रवाद कहा जाता है। अगले पड़ावों में सांस्कृतिक राष्ट्रवाद में भू का तत्त्व चाहे किसी सीमा तक गौण हो जाता है, लेकिन सांस्कृतिक प्रयोगों के लिए भू-तत्व की अनिवार्यता को नकारा नहीं जा सकता। पुराने युग में एक देश दूसरे देश पर आक्रमण करके उसे अपने अधीन कर लेता था। परंतु आजकल सैन्य आक्रमण के स्थान पर सांस्कृतिक आक्रमण किया जाता है। इस तरह किसी भी राष्ट्र को सांस्कृतिक तौर पर ही पराजित किया जाता है। मीडिया विशेषकर इलेक्ट्रॉनिक मीडिया क्षेत्र में सबसे महत्त्वपूर्ण भूमिका निभाने की स्थिति में आ गया है। मीडिया पर बाजार ने नियंत्रण कर लिया है और बाजार प्रकारांतर से विदेशी बहुराष्ट्रीय कंपनियों के कब्जे में है। इलेक्ट्रॉनिक मीडिया अप्रत्यक्ष रूप से सांस्कृतिक राष्ट्रवाद के संस्खलन की दिशा में सक्रिय है। संस्कृति और राष्ट्रीयता का संस्खलन ही एक प्रकार से राष्ट्र के सशक्त मेरुदंड को तोड़ने का कार्य करता है। इस पृष्ठभूमि में इलेक्ट्रॉनिक की वर्तमान भूमिका को परखना होगा।

इस क्षेत्र में टी.वी. चैनलों का मामला काफी मनोवैज्ञानिक होता जा रहा है। उसे मानव की सुप्त आदिम मनोवृत्तियों को जागृत करना है। वैसे तो ये आदिम वृत्तियाँ कभी भी सुप्त नहीं होती, लेकिन मानव सभ्यता का इतिहास आदिम वृत्तियों के नियंत्रण एवं शमन का ही इतिहास है। यही इतिहास मानव समाज को पशु जंगल से अलग करता है। लेकिन टी.वी. चैनलों की साधना इससे भी कठिन है। उनका कार्य प्रत्येक तरीके से मानव को आदिमवृत्तियों की ओर ले जाना है। क्योंकि चैनल के लोग जानते हैं, आदमी जितना आदिम संसार की ओर बढ़ता जाएगा, उतना ही वह समाज के नियंत्रण से बाहर होता जाएगा और उसे चुनौती देने लगेगा।

आदिम स्थिति में मानव की त्रासदी थी कि उसकी आदिम प्रवृत्तियाँ तो बलबती थीं, लेकिन उनकी पूर्ति के साधन आसानी से उपलब्ध नहीं थे। इस युग में शारीरिक तौर पर जिंदा रहने की चेष्टा ही प्रमुख थी और इसी चेष्टा में आदमी जल्दी निपट जाता था। जंगल के नियम ही ऐसे हैं।

वर्तमान युग में टी.वी. चैनल आदमी को खींचकर आदिम जंगल की ओर ले जाते हैं, लेकिन वहाँ उसे अकेला नहीं छोड़ते। वे उसके सामने आदिम वृत्तियों की पूर्ति के लिए तमाम सुविधाओं का स्वप्न संसार परोसते हैं। यह काम एक प्रकार से उत्पादन करनेवाली कंपनियाँ करती हैं। इन कंपनियों की एक ही शर्त है—तुम किसी-न-किसी तरह आदमी को खींचकर आदिम जंगल तक ले जाओ, बाकी का काम हमारा है। जो टी.वी. चैनल इस दौड़ में जितना आगे निकलता है ये उत्पादक कंपनियाँ उसको उतने

ही ज्यादा विज्ञापन मुहैया करवाती हैं। 'दौड़ जमूरे दौड़'। लेकिन जमूरे के जिम्मे भीड़ को खींचकर आदिम जंगल तक ले जाने की जिम्मेदारी ही है। उस जंगल में पहुँचकर जब चैनल उसे एक नहानेवाले साबुन की टिकिया खरीदने का आग्रह करता है तो उसे लगभग एक नंगी युवा औरत भी परोसता है। जिसने लगभग वही दो वस्त्र पहने होते हैं, जिनके बिना किसी का गुजारा नहीं चल सकता। आदिम जंगल में पहुँचा व्यक्ति उस युवा नंगी औरत के लालच में नहाने के साबुन की पता नहीं कितनी टिकिया खरीदता है। ब्रांड बदल-बदलकर खरीदता है,क्योंकि हर ब्रांड अपनी टिकिया के साथ एक अभिनेत्री मुफ्त दे रहा है। हर चीज के साथ सुंदर युवती मुफ्त है।

एक बार टी.वी. चैनल आदमी को खींचकर आदिम जंगल में ले ही जाते हैं और उसे सुंदरी का हाथ पकड़ा देते हैं। फिर बहादुरों के लिए चैनल के अनुसार जिस सुरा की जरूरत है, उसके लिए एक सुंदरी स्वयं खड़ी है और नशीली आँखों से देख रही है तो मानव समाज से आदिम जंगल में आकर भटक रहा आदमी जंगल का राजा नहीं बनेगा?

तब उसके लिए तमाशा और मनोरंजन होना चाहिए। बताते हैं कि शिकार युग का आदमी पर पीड़ा से ही सर्वाधिक आनंद प्राप्त करता था। मनोविज्ञानी मानते हैं कि मनुष्य की आदिम प्रवृत्ति पर पीड़ा से आनंदित होने की ही है। टी.वी. चैनल जब अपने शिकार को जंगल में बैठाकर उसके सामने नारी देह का पूरा शिकार परोस चुके हैं तो उसके मनोरंजन के लिए भी तो सामान जुटाना होगा। टी.वी. चैनलों में यह सामान जुटाने की होड़ लगी है। यदि थोड़ा पीछे लौटे तो इलेक्ट्रॉनिक मीडिया पर जल रहे आदमी के दृश्य आते हैं और कैमरामैन आग को बुझाने के स्थान पर फोकस को ठीक करने में जुटे हैं। जहाँ तक दर्शक का प्रश्न है, आदम जंगल में खड़ा दर्शन तसवीर की गुणवत्ता पर तालियाँ बजा रहा है और अग्नि से जल रहे आदमी की चीखों पर आनंद से नाच रहा है। यह किसी भी संस्कृति के विसंस्कृतीकरण की प्रक्रिया है। आदिम समाज राष्ट्र की सशक्तीकरण की दिशा में सबसे बड़ा अवरोध है, क्योंकि सशक्तीकरण का अर्थ जितना सैन्य धरातल पर आवश्यक है, उससे भी ज्यादा सांस्कृतिक धरातल पर आवश्यक है। इस मसले पर मीडिया की भूमिका के आगे प्रश्नचिह्न लगा हुआ है।

पत्रकारिता को चौथा स्तंभ कहा जाता है। स्तंभ का अर्थ हुआ जो राष्ट्र के पूरे भवन को आश्रय प्रदान करता है। उसके आधार को मजबूती प्रदान करता है। यदि आधार कमजोर सिद्ध होगा तो जाहिर है, उस पर बना भवन धराशायी हो जाएगा। मिट्टी पत्थर का भवन तो धराशायी होते देखा जा सकता है, उसके खँडहर को छुआ जा सकता है। लेकिन राष्ट्र का भवन तो चेतन होता है, वह चैतन्य प्राणियों के हृदय और मस्तिष्क के भीतर निवास करता है। वह जीवन मूल्यों, विरासत, साँझे इतिहास, साहित्य, प्रतीकों इत्यादि से निर्मित होता है, उसे हृदय के भीतर अनुभव तो किया जा सकता है, लेकिन

हाथ से स्पर्श नहीं किया जा सकता। राष्ट्रीयता का यह भवन जब भीतर से खंडित होता है तो न तो उसकी ध्वनि सुनाई देती है और न ही उसके बिखरे हुए टुकड़े इधर-उधर दिखाई देते हैं। बिखरने की यह प्रक्रिया भी सालों साल चलती रहती है। इस बिखराव के कई कारण हो सकते हैं। उनमें से मुख्य है, अपनी भाषा और अपनी विरासत के प्रति अलगाव का भाव पैदा हो जाना। मान्य प्रतीकों के प्रति अश्रद्धा का निर्माण हो जाना। विश्वासों, आस्थाओं और रीति-रिवाजों के प्रति हीन भावना से ग्रस्त हो जाना। यह सारी प्रक्रिया मानसिक रूप से दुर्बल हो जाने से उत्पन्न होती है। देश के समग्र रूप से सैन्य बल कौशल में निर्बल हो जाने से भी राष्ट्रीयता की भावना का क्षय होने लगता है। सैन्य बल के क्षीण हो जाने से मानसिक दुर्बलता अपने आप ही आती है। सैन्य बल से क्षीण होने का अर्थ है, आक्रांता के आक्रमण का प्रतिकार न कर पाना। प्रतिकार न कर पाने की दुर्बलता को छुपाने के लिए लोग अपनी संस्कृति विरासत और भाषा के प्रति ही हीन भावना से ग्रस्त हो जाते हैं और आक्रांता के जीवन मूल्यों, भाषा, संस्कृति और प्रतीक चिह्नों को अपनाने लगते हैं। जिन दिनों भारत पर इसलामी आक्रांताओं ने आक्रमण किया, उन दिनों भारत के लोग उनका सामना भी कर पाए और अपने राष्ट्रीय मूल्यों की रक्षा भी कर पाए, उसका मुख्य कारण था कि भारतीयों ने सांस्कृतिक धरातल पर इसलामी आक्रांताओं से पराजय स्वीकार नहीं की थीं।

19वीं शताब्दी में आनेवाले यूरोपीय आक्रांता इस रहस्य को जल्दी ही समझ गए थे, इसलिए उन्होंने भारत को भूगोल के धरातल पर पराजित करने के साथ-साथ सांस्कृतिक धरातल पर पराजित करने की योजना भी बनाई। इसी योजना के अंतर्गत भारत की प्राचीन शिक्षा प्रणाली को ध्वस्त करके नई पश्चिमी शिक्षा प्रणाली को आरोपित किया और उसके लिए, अपने उद्देश्य की पूर्ति को ध्यान में रखकर, पाठ्यक्रमों की रचना की। उनकी यह रणनीति बड़ी सीमा तक कामयाब हुई और देश में अराष्ट्रीयकरण और विसंस्कृतीकरण की प्रक्रिया प्रारंभ हुई। वर्तमान पत्रकारिता और खासकर भारत में विदेशी भाषाओं यथा अंग्रेजी, फ्रैंच (पुडुचेरी), पुर्तगाली(गोवा), की पत्रकारिता इस प्रक्रिया का एक स्वाभाविक हिस्सा है। ब्रिटेन को जब यह लगा कि अब यह प्रक्रिया इतनी तेज हो गई है कि न तो इसके प्रवाह को रोका जा सकता है और न ही इसे उलटा घुमाया जा सकता है, तो एक प्रकार से उनक्त भारत में रहने का लक्ष्य और कार्य पूरा हो गया। इसलिए उन्होंने भारत से अपना साज समान उठा लिया। लेकिन जाते समय उन्होंने इस बात का ध्यान रखा कि सत्ता उन्हीं लोगों को सौंपी जाए, जो तीन शर्तों को पूरा करते हों।

1. उनका निर्माण इसी प्रक्रिया में से हुआ हो।
2. वे इस प्रक्रिया के समर्थक हों और इसकी व्याख्या, भाष्यों और निष्कर्षों में ईमानदारी से विश्वास करते हों।

3. उनके आचरण, व्यवहार और लेखन से इस बात का विश्वास होता हो कि वे अंग्रेजों के चले जाने के बाद भी इस प्रक्रिया को जारी रखेंगे।

पिछले 50-60 सालों का इतिहास इस बात की साक्षी है कि सत्ता पक्ष ने इस प्रक्रिया को मान्यता ही नहीं दी, बल्कि इसका पोषण और संवर्धन भी किया। पत्रकारिता इस पोषण प्रक्रिया का महत्त्वपूर्ण अंग रही है और अब भी है। इस आलेख में समय और स्थान की कमी होने के कारण इंपीरिकल अध्ययन तो नहीं किया जा सकता, लेकिन केस स्टडी के लिए दो-तीन उदाहरणों का विवेचन किया जा सकता है।

पत्रकारिता किसी भी मुद्दे या समस्या पर, तथ्यों का निष्पक्ष और नीर क्षीर विवेचन करते हुए भी, प्रस्तुतीकरण उस शैली में कर सकती है, जिससे विपरीत परिस्थितियों में भी सामान्य जन का मनोबल बड़े, न कि टूटे। यह तभी संभव है यदि पत्रकारिता केवल राष्ट्रीय सरोकारों से जुड़ी हुई ही न हो, बल्कि उसमें राष्ट्रीय सरोकारों की सही शिनाख्त करने की बुद्धि भी हो। ऐसी स्थिति में पत्रकारिता राष्ट्र के सशक्तीकरण का माध्यम सिद्ध हो सकती है। हम यहाँ केस स्टडी के लिए चीन का उदाहरण लेंगे। पिछले कुछ सालों से देश की प्रसिद्ध पत्र-पत्रिकाओं को उठाकर देख लिया जाए तो एक चित्र स्पष्ट उभरता है। चीन प्रत्येक क्षेत्र में भारत से बहुत आगे है। भारत प्रगति के मामले में चीन से बहुत पिछड़ गया है। जहाँ तक सैन्य बल का प्रश्न है तो उस क्षेत्र में भारत और चीन का कोई मुकाबला ही नहीं है। भारतीय पत्रकारिता के लिहाज से कुल जमा हाल की स्थिति यह है कि चीन एक महाबली देश है, उसकी तुलना करनी ही होगी तो अमेरिका से हो सकती है। भारत इस पूरे परिदृश्य में कही नहीं है। भारत के लिए स्पष्ट संदेश है। चीन से मुकाबला नहीं हो सकता। एक ही रास्ता है। चीन का तुष्टीकरण और उसे अपनी थोड़ी-बहुत जमीन देकर उससे समझौता कर लेना। रहा प्रश्न तिब्बत का तो उसके बारे में बात करना भी मूर्खता है। सोए महाबली को जगाना है। चीन महाबली देश है या नहीं, यह अलग विवाद का विषय हो सकता है, और है भी।

परंतु यदि तर्क के लिए मान ही लिया जाए कि चीन भारत से इक्कीस है तो पत्रकारिता का धर्म ऐसी स्थिति में देशवासियों के मनोबल को जागृत करने की रणनीति को अपनाने में है, न कि उसे गिराने में। रास्ता चीन से खोई हुई भारत भूमि को वापस प्राप्त करने का खोजना है, न कि उसे चीन को अर्पित कर देने का शांति पाठ पढ़ने का। हो सकता है पत्रकारों की एक टोली यह शांति पाठ उस समूह में शामिल होने के कारण पढ़ रही हो, जिस समूह का निर्माण प्रत्येक देश में दूतावास प्राय: कर लेते हैं। ऐसा समूह शांति पाठ करके एहसानों का बदला चुका रहा होता है। दूतावास ऐसे लोगों पर प्राय: छोटे से लेकर मोटे एहसान करते रहते हैं। यह समूह नंगा चिट्ठा होता है, इसलिए इनके विश्वेषणों और निष्कर्षों को कोई गंभीरता से नहीं लेता। परंतु मुख्यधारा की पत्रकारिता

को क्या कहा जाए, जो चीन के मामले में भारतीयों को निस्तेज और मानसिक रूप से पराजित करने के अभियान में जुटी है।

इस प्रकार की पत्रकारिता पीत पत्रकारिता कहलाती है। यह राष्ट्र का मनोबल तोड़ती है और उसे शक्तिहीन बनाती है। अंग्रेजी के एक प्रसिद्ध पाक्षिक पत्र फ्रंटलाईन का उदाहरण केस स्टडी के तौर पर लिया जा सकता है। इस पत्रिका के संपादक ने महज चंद दिन चीनियों की निगरानी में बिता देने के बाद पत्रिका का एक पूरा अंक ही चीन के यशोगान को और स्वतंत्रता के लिए लड़ रहे तिब्बतियों को गाली देने में अर्पित कर दिया था। चीन का यशोगान करना अलग बात है, लेकिन दो-चार दिन तिब्बत में रहकर तिब्बतियों के मनोभाव को जान लेने का दंभ भरना राष्ट्र को निस्तेज करने के षड्यंत्र का ही हिस्सा माना जाएगा। इसी पत्रिका ने अभी हाल ही में अपना पूरा सामर्थ्य यह सिद्ध करने में खर्च किया कि पूरे क्षेत्र में शांति के मसीहा हैं तो वे पाकिस्तान के राष्ट्रपति परवेज मुशर्रफ ही हैं। मुशर्रफ से साक्षात्कार के लिए पत्रिका ने अपना विशेष दूत इस्लामाबाद भेजा और उस विशेष दूत ने भी अपनी विशेषता के अनुरूप, वही प्रश्न पूछे जो मुशर्रफ को शांति. दूत और करोड़ों भारतीयों को युद्ध पिपासु सिद्ध कर सकें। मुशर्रफ अभी भी भारतीयों से पाकिस्तान में आतंकवादियों के छिपे होने के सबूत माँग रहे हैं और फ्रंटलाईन के यह विशेष दूत लगता है, अचानक मुशर्रफ के सामनेवाली कुरसी से उठकर उसके साथ ही खड़े हो जाते हैं और उसी स्वर और मुद्रा में भारतीयों से ही सवाल पूछने लगते हैं—पाकिस्तान पर आरोप लगाने से पहले, लाओ तुम्हारे पास क्या सबूत हैं? जबकि भारतीयों को आशा थी कि मुशर्रफ के इस प्रश्न पर फ्रंटलाइन के ये दूत कराँची में दाऊद इब्राहिम के बारे में प्रश्न पूछेंगे।

ये दूत कश्मीर को पाकिस्तान के हवाले किए जाने की रणनीति मुशर्रफ के साथ अपने साक्षात्कार में साझा कर रहे थे। मुशर्रफ उपदेश देने की मुद्रा में कहते हैं कि कश्मीर का शासन और वहाँ के शासक कश्मीर के लोगों को ही तय करने होंगे। इस विशेष दूत मुद्रा से लगता है जैसे मुशर्रफ के इस उत्तर पर उसकी बाँछें खिल गई हैं और वह स्वयं भी या अली कहता हुआ अखाड़े में कूद पड़ा है और समस्त भारतीयों से पूछ रहा है कि तुम्हारे पास इसका कोई जवाब है? भारतीयों को आशा थी कि यह दूत फ्रंट पर आकर पूछेगा कि आपने तो स्वयं लोकतांत्रिक विधि से चुनी गई सरकार को मिलिट्री के बल पर हथिया लिया है। पहले पाकिस्तान के लोग तो यह फैसला करें कि उनका शासक कौन होगा?

फ्रंटलाइन के ये दो उदाहरण केस स्टडी के लिए चुने गए हैं। वंदेमातरम् के मुद्दे पर प्रमुख अंग्रेजी दैनिकों ने जो रूख अख्तियार किया है, वह पूरे स्वतंत्रता संग्राम का अपमान करनेवाला है, परंतु इससे आश्चर्य इसलिए नहीं होता, क्योंकि यह मानसिकता

उसी प्रक्रिया से उपजी है, जिसका उल्लेख ऊपर किया गया है।

यह प्रक्रिया राष्ट्रीय स्वतंत्रता संग्राम को बाधित करने के लिए ही प्रारंभ की गई थी, और 2006 में भी वंदेमातरम् का विरोध हो रहा है, मीडिया उसमें अपनी सहभागिता निभा रहा है, इससे सिद्ध होता है कि यह प्रक्रिया उसी दिशा में सक्रिय है, जिस दिशा में अंग्रेज इसे छोड़ गए थे। पत्रकारिता राष्ट्र के सशक्तीकरण में अव्वल भूमिका निभा सकता है, बशर्ते उसे इस प्रक्रिया की धारा से निकाला जाए। क्या यह संभव है? धारा को उसके स्रोत से ही शुद्ध करना होता है। मध्य भाग का शुद्धीकरण दुष्कर होता है। इक्कीसवीं शताब्दी में राष्ट्र के सशक्तीकरण में मीडिया की भूमिका महत्त्वपूर्ण है, लेकिन यह भूमिका तभी संभव है, यदि पहले राज रोग का इलाज कर लिया जाए। तब इसका समाधान क्या है?

पत्रकारिता राष्ट्र के सशक्तीकरण का माध्यम बने, न कि उसके मनोबल को तोड़ने का साधन। इसके लिए जरूरी है कि मैकाले और मार्क्स की धुरि को तोड़ा जाए, जिसने भारत में अभारतीयकरण की प्रक्रिया को त्वरित करने का काम सँभाल रखा है। यह तभी संभव है यदि अंतरराष्ट्रीय षड्यंत्रों का पर्दाफाश करते हुए राष्ट्रवादी शक्तियों को सामाजिक, सांस्कृतिक कार्यकलापों के केंद्र में स्थापित किया जाए। इसके लिए ब्रिटिश साम्राज्यवाद द्वारा स्थापित किए गए सिस्टम में आमूल-भूल परिवर्तन करना होगा।

*(लेखक प्रसिद्ध पत्रकार हैं।)*

□

# विश्वगुरु भारत
# राष्ट्र की आत्मा का साक्षात्कार करना होगा

**–संजय जोशी**

हमें इतिहास के दो कालखंड प्रत्यक्ष दिखाई देते हैं, इतिहास के विद्वानों की दृष्टि से नहीं, सामान्य व्यक्ति की दृष्टि से। एक आज से 1200 वर्ष पूर्व तक का और दूसरा,उसके बाद का। पहले खंड में अपना स्वतंत्र जीवन, अपना राज्य और अपनी जीवन धारा का वैभवयुक्त चित्र दिखाई देता है। उस समय के वैभव के टूटे-फूटे अवशेष आज भी देखने को मिलते हैं। उससे पूर्वकाल के वैभव का अनुमान किया जा सकता है। कितनी श्रेष्ठता और कितना पराक्रम था भारत का कि 'पृथित्यै समुद्र पर्यताय एकराट्र' के अपने उद्घोष को सत्य कर बताया। अपनी श्रेष्ठता, अपने धर्म, अपनी संस्कृति और प्रभुता को भारत के बाहर चारों ओर प्रसारित भी किया। आज भी सब ओर भारत के प्रभुत्व के अवशेष अस्तित्व में हैं। इसके स्मरण मात्र से अंतःकरण पुलकित होता है, आत्मविश्वास का निर्माण होता है कि हम ऐसे पूर्वजों के पुत्र हैं, जिनके ज्ञान, पराक्रम और श्रेष्ठता का लोहा विश्व मानता था।

- ⇨ दुनिया का इतिहास बताता है कि भारत प्लासी के 1757 के संग्राम तक समृद्ध रहा, जिसके बाद 160 साल ब्रिटिशों की हुकूमत रही तथा ई.पू. 7000 साल का समय सुवर्ण काल माना जाता रहा।
- ⇨ ई.पू. 7000 साल पूर्व मोहनजोदड़ो, हड़प्पा यह मानवी सभ्यता का दर्शक है, जिसमें मोहनजोदड़ो हड़प्पा की शहरीय रचना 250000 चौरस मील दूर 10 समान शहरों में छाई रही।

हिंदू तथा बौद्ध पंथियों का संस्कृति प्रभाव चीन, जापान, कोरिया, इंडोनेशिया, मलेशिया, फिलीपाईन्स, सिलोन, मैक्सिको, पेरू, ग्वाटेमाला, दक्षिण अमेरिका आदि देशों पर सहज पड़ा। ई.पू. 1500 साल पूर्व वैदिक देवताओं का पूजन पश्चिम एशिया

जैसे तुर्की, सिरिया, इराक, इजरायल में होता था।

- भारत चीजों के निर्यात के संदर्भ में दुनिया में छाया रहा। यूरोप में अधिकतर देशों के राजा के आर्थिक तथा सैनिक नियंत्रण भारत के साथ होनेवाला व्यापार तय करता था। हमारे निर्यात में कपड़ा, मसाले, गहने तथा धातु हुआ करते थे। 18वीं शताब्दी में भारत का विश्व व्यापार में हिस्सा 25 प्रतिशत था। दुनिया के अनेक देश भारत के साथ व्यापार करना चाहते थे।
- 1757 में मि. क्लाईव्ह मुर्शीदाबाद गए थे और उन्होंने वर्णन करते समय कहा कि आबादी व क्षेत्रफल की दृष्टि से लंदन इतना ही है मुर्शीदाबाद। परंतु यहाँ की आर्थिक समृद्धि प्रति व्यक्ति लंदनवासियों से अधिक है।
- चिकित्सीय ज्ञान, रसायन विज्ञान में अग्रणी चरक-संहिता, मिश्र-धातु का प्रतीक महरौली का लौह स्तंभ आज तक जंगरहित रहा है, जो विकसित धातुशास्त्र का परिचायक है।

**गणितीय ज्ञान**—विश्व को शून्य का आविष्कार दिया, अन्यथा दुनिया आज शून्य ही होती।

**अर्थव्यवस्था**—कई सदियों पूर्व कौटिल्य ने अर्थशास्त्र रच लोगों को शासन व्यवस्था के साथ आर्थिक व्यवस्था को मजबूत करने के गुर दिए।

**वेदों की रचना**—विश्व को ज्ञान का अद्‌भुत भंडार दिया।

निर्माण के क्षेत्र में भारत की गौरवशाली परंपरा रही है। औषध, धातु-विज्ञान, निर्माण, वस्त्र, द्रव, अभियांत्रिकी और जहाज निर्माण की पारंपरिक भारतीय कुशलता मध्यकाल में हमारी अभिनव प्रक्रिया के मुख्य अंग थे। लेकिन जब कारीगरी बड़े पैमाने पर डीजल इंजन और वाष्प आदि ऊर्जा-चालित मशीनों में परिवर्तित हुई तो इनका उत्पादन करने में हम पिछड़ गए। अठारहवीं-उन्नीसवीं शताब्दी में पश्चिमी दुनिया में औद्योगिक क्रांति हुई। तब व्यक्तिगत कुशलता की जगह प्रौद्योगिकी ने ले ली, जो सफल निर्माण का कारण बनी।

## विश्व में आज हमारा स्थान

प्राचीन समय में किसी देश अथवा राज्य की दुनिया में स्थिति का निर्धारण उसके साम्राज्य क्षेत्र अर्थात कुल क्षेत्रफल के आधार पर किया जाता था। आज स्थिति बदल गई है। आज किसी देश की स्थिति का निर्धारण मुख्य रूप से उसकी आर्थिक शक्ति और संसाधनों के आधार पर किया जाता है।

दरअसल, यह जानना जरूरी है कि प्रतिस्पर्धा की दृष्टि से हम कहाँ खड़े हैं। 'आर्थिक विकास मंच द्वारा तैयार की गई विश्व प्रतिस्पर्धात्मक रिपोर्ट के अनुसार-सिंगापुर

पहले स्थान पर है, अमेरिका दूसरे, हांगकांग तीसरे, ताइवान चौथे, कनाडा पाँचवें, इंग्लैंड आठवें, फ्रांस तेईसवें, जर्मनी पच्चीसवें तथा भारत उनसठवें स्थान पर है।

## विश्व प्रतिस्पर्धात्मकता का पैमाना क्या है?

यह उद्योगों के प्रगामी होने, प्रौद्योगिकी में सुधार के लिए अपेक्षित दबाव तथा सरकार गैर-विनियमन की संयुक्त स्थिति से आँका जाता है। जीडीपी के कुल आकार की दृष्टि से विश्व में हमारा बारहवाँ स्थान है, जबकि प्रति व्यक्ति जीडीपी के हिसाब से हम पचहत्तरवें स्थान पर हैं।

हाल ही में वर्ल्ड बैंक की रिपोर्ट में वर्ष 2005 की जीडीपी के आधार पर दुनिया के धनी देशों में भारत को 12वाँ स्थान दिया गया है। भारत और अमेरिका के करीब पौने दो सौ देशों के बीच यह जगह बताती है कि भारत की असली ताकत क्या है। भारत की जीडीपी 7.85 खरब डॉलर है।

## स्वतंत्रता सेनानियों का सपना

स्वतंत्रता आंदोलन के दौरान देश में अनेक नेताओं ने मजबूत और आधुनिक भारत का स्वप्न देखा था। उनका मानना था कि मजबूत और आधुनिक भारत के निर्माण के लिए कई अलग-अलग क्षेत्रों में निरंतर विकास की आवश्यकता है। इसमें से कई लोगों ने स्वतंत्रता आंदोलन में भी अपनी महत्त्वपूर्ण भूमिका अदा की।

सन् 1947 के बाद इन पुरुषों और महिलाओं के अनुकरणीय आदर्शों-उदाहरणों से भारत ने प्रेरणा ग्रहण की। समय के साथ-साथ विभिन्न क्षेत्रों—कृषि, उद्योग, स्वास्थ्य, शिक्षा, यातायात एवं परिवहन तथा अन्य क्षेत्रों में आशातीत प्रगति हुई। विशाल जनसंख्या और उसके कारण उत्पन्न निर्धनता के बावजूद भारत जैसा विशालतम लोकतंत्र दुनिया को विस्मय में डालनेवाला है।

पर्याप्त विदेशी सहयोग से भारत ने विज्ञान, प्रौद्योगिकी तथा औद्योगिक क्षेत्र में विकास के लिए कई महत्त्वपूर्ण योजनाओं का शुभारंभ किया।

## आज का भारत और अमेरिका

आइए भारत और अमेरिका के मध्य अंतर पर एक सूक्ष्म दृष्टि डालें (देखें तालिका)

| विविध क्षेत्र | अमेरिका | भारत |
|---|---|---|
| क्षेत्रफल | 93,72,610 वर्ग कि.मी. | 32,87,590 वर्ग किमी. |
| जनसंख्या | 28.20 करोड़ | 101.6 करोड़ |

| | | |
|---|---|---|
| सकल घरेलू उत्पाद वर्ष 2000 (पदम् अमेरिकी डॉलर में) | 10.40 | 2.66 |
| प्रति व्यक्ति आय | 36,300 डॉलर | 2,900 डॉलर |
| साक्षरता | 97 प्रतिशत | 62 प्रतिशत |
| जीवन प्रत्याशा | पुरुष-73, स्त्री-79 | पुरुष-63, स्त्री-61.4 |

## आज भारत में कृषि

सन् 1960 में कृषि क्षेत्र, आंशिक या पूर्ण रूप से, देश की 74 प्रतिशत आबादी को रोजगार मिला हुआ था। सन् 1992 में यह आँकड़ा घटकर 62 प्रतिशत रह गया और सन् 2010 तक इसके घटकर 50 प्रतिशत हो जाने की आशंका है, जबकि तब तक कृषि उत्पादों की माँग बढ़कर दोगुनी हो जाएगी। खेती-बाड़ी तथा कृषि उत्पाद क्षेत्र में संलग्न मानव-शक्ति में आई कमी की भरपाई के लिए अधिक उत्पादकता और फसल कटाई के बाद बेहतर प्रबंधन और विपणन व्यवस्था की आवश्यकता है।

## उद्योग

उद्योग-धंधों के मामले में देखें तो सन् 1960 में 11 प्रतिशत आबादी लघु और बड़े स्तर के उद्योगों में लगी हुई थी। सन् 1992 में भी यह आँकड़ा 11 प्रतिशत रहा। अलबत्ता, सकल घरेलू उत्पाद (जीडीपी) में अपेक्षित वृद्धि तथा डब्ल्यू.टी.ओ. के तहत व्यापार प्रतिबंध हटाए जाने के बाद, बढ़ती प्रतिस्पर्धा के मद्देनजर सन् 2010 तक यह आँकड़ा 25 प्रतिशत तक पहुँच जाना चाहिए। रोजगार का ढाँचा एक नए आकार में सामने होगा। सेवा या ज्ञान-विज्ञान से जुड़े उद्योग क्षेत्र में रोजगार सन् 1962 में 95 प्रतिशत से बढ़कर सन् 1992 में 27 प्रतिशत हो गया। ढाँचागत रखरखाव क्षेत्रों तथा सूचना प्रौद्योगिकी क्षेत्र और मनोरंजन की माँग को देखते हुए इसके बढ़कर 50 प्रतिशत तक होने की संभावना है। इस परिवर्तन के चलते और ज्यादा संख्या में प्रशिक्षित कर्मियों की जरूरत होगी। वाणिज्य तथा उद्योग जगत् के हमारे नेताओं को इस बदलाव के लिए खुद को तैयार करना होगा।

## निर्यात

दूसरे विकासशील देशों की तुलना में और विश्व-व्यापार की संवृद्धि को देखते हुए भारत की निर्यात संबंधी दीर्घकालिक उपलब्धि सभी दृष्टियों से हीन रही है। विश्व-निर्यात में भारत का भाग घटा है—समग्र विनिर्माण और कुल व्यापार में ही नहीं, बल्कि वस्त्र जैसे क्षेत्रों में भी जहाँ आरंभ में भारत की स्थिति मजबूत थी। भारत का व्यापार-

तंत्र भी अपनी अंतर्मुखी प्रवृत्ति और निर्यात-विरोधी झुकाव के लिए विश्व प्रसिद्ध है। फलस्वरूप निर्यात की लाभदायकता घरेलू लाभदायकता की तुलना में काफी कम रही है।

पूरे उद्योग-क्षेत्र के बीच संरक्षण की प्रभावी दरें काफी ऊँची और परिवर्ती हैं, जिनका कोई आर्थिक औचित्य दिखाई नहीं देता। निर्यातों की कम लाभदायकता की क्षतिपूर्ति के लिए अनेक प्रोत्साहन दिए गए हैं, मगर प्रोत्साहनों की संरचना जटिल और अपारदर्शी है। आयात और निर्यात, दोनों का व्यापार-तंत्र आज भी प्रशासनिक नियम-कायदों और छूटों का एक विकट जाल बना हुआ है।

### ऋण

अनेक अध्ययनों ने भारत के सार्वजनिक ऋण (विदेशी ऋण सहित) के चिंताजनक परिदृश्य को असंदिग्ध रूप से रेखांकित किया है। राजस्व और पूँजीगत खातों में बढ़ते घाटों के वित्तीयन के लिए भारत आंतरिक और बाह्य, दोनों स्रोतों से ऋण लेता रहा है। आज देश के हर व्यक्ति पर 24,000 रुपए का ऋण है।

### प्रत्यक्ष विदेशी निवेश

देश में आर्थिक विकास के साथ विदेशी निवेश की बढ़ती हुई जरूरत अनुभव की जा रही है। वह यह कि भारतीय अर्थव्यवस्था में कायाकल्प के लिए अगले पाँच वर्ष में 150 अरब डॉलर के विदेशी निवेश की आवश्यकता है। एफ.डी.आई. से संबंधित वैश्विक सर्वेक्षणों ने भारत के लिए सुनहरी संभावनाएँ प्रस्तुत की हैं।

पिछले कई अंतरराष्ट्रीय कंसलटेंसी एजेंसियों ने भारत को एफ.डी.आई विकास सूचकांक के मामले में दुनिया में नंबर दो का स्थान दिया और अमेरिका से भी आगे रखा। अंकटाड के अनुसार, निवेश को आकर्षित करनेवाले कई महत्त्वपूर्ण आधार भारत के पास हैं। इनमें विशाल बाजार, बेहतरीन आर्थिक संभावनाएँ, एक प्रगतिशील कर व्यवस्था, देश में वैट का लागू होना और अंग्रेजी बोलनेवाली नई पीढ़ी आदि। वर्ल्ड इन्वेस्टमेंट रिपोर्ट 2005 में चर्चा की गई है कि भारत के मुकाबले चीन में इतना ज्यादा एफडीआई क्यों आ रहा है? रिपोर्ट बताती है कि चीन के पास बुनियादी ढाँचा व व्यावसायिक संरचना ज्यादा अच्छी व मजबूत है। चीन में पिछले साल 53 अरब डॉलर का एफ.डी.आई. आया। भारत में इसका दसवाँ भाग भी नहीं आ पाया। कहा गया है कि चीन में बिजली, परिवहन और कार्यप्रणाली की सरलता आदि हमसे काफी उन्नत व बेहतर अवस्था में है। इस एफ.डी.आई. में भारत के उद्योग, कारीगरी तंत्र को अक्षुण बनाए रखकर भारत की सार्वभौमता बनाई रखनी होगी।

## साक्षरता

इस क्षेत्र में भारत के लिए अभी बहुत कुछ करना बाकी है। देश की लगभग एक तिहाई जनसंख्या अभी भी निरक्षर है। कई राज्यों में और विशेषकर स्त्री-वर्ग के लिए, निरक्षरता के अनुपात बहुत अधिक हैं। साक्षरता कार्यक्रम के संकल्प क्रियान्वयन का एक ज्वलंत उदाहरण केरल है, जहाँ 1991 की जनगणना के प्रारंभिक परिणामों के अनुसार साक्षरता का अनुपात 91 प्रतिशत तक पहुँच चुका है। केरल का उदाहरण दिखाता है कि किसी निर्धन देश में भी पूर्ण साक्षरता का लक्ष्य पाया जा सकता है। इस बात के भी प्रमाण हैं कि साक्षरता और खासतौर पर स्त्री-साक्षरता की ऊँची दरें जनसंख्या वृद्धि की नीची दरों से जुड़ी होती हैं, जिनको पाना भारत का एक प्रमुख विकासमूलक लक्ष्य है। केरल में साक्षरता की ऊँची दरों के कारण जनसंख्या-वृद्धि की दर औसत से कम हो गई है (पूरे भारत के लिए यह औसत दर 2.11 प्रतिशत है, जबकि केरल के लिए यह केवल 1.31 प्रतिशत है) साक्षरता की ऊँची दरें कई दूसरे स्वास्थ्य और सामाजिक सूचकांकों जैसे, शिशु मृत्यु-दरों की गिरावट से भी जुड़ी होती हैं।

## गरीबी

राष्ट्रीय नमूना सर्वेक्षण (एन.एस.एस.) सन् 1999-2000 के अनुसार भारत की कुल जनसंख्या का भी 23-26 प्रतिशत भाग या 23.6-26.4 करोड़ लोग गरीबी रेखा के नीचे जीवनयापन कर रहे हैं। सन् 1993-94 में लगाए गए अनुमान के अनुसार, गरीबी रेखा के नीचे रह रहे लोगों की 36 प्रतिशत या 32. 3 करोड़ लोगों की संख्या में महत्त्वपूर्ण कमी आई है।

## ऊर्जा उत्पादन

कोई भी राष्ट्र गुणात्मक शक्ति स्रोत की उपलब्धता के बिना आधुनिक बनने की चाह नहीं रख सकता। जादूगर की छड़ी जैसी सूचना तकनीक का अस्तित्व बिजली के बिना संभव नहीं है। गुणात्मक शक्ति से तात्पर्य है स्थायी और निर्बाधित आपूर्ति, जिसकी वोल्टेज या आवृत्ति में अंतर न आए।

हमारा राष्ट्र ऊर्जा संकट के दौर से गुजर रहा है। देश के बहुत से भागों में ऊर्जा की भारी कमी बनी हुई है।

## ग्रामीण क्षेत्र बनाम शहरी क्षेत्र

भारत की आत्मा गाँवों में निवास करती है। देश की कुल आबादी का 70 प्रतिशत भाग ग्रामीण जनता का है। इस प्रकार देश के वास्तविक विकास के लिए पहले हमें गाँवों

का विकास करना होगा। भारत के गाँव अब अधिक दिनों तक निर्धन और सुविधा-विहीन नहीं रह सकेंगे। उन्हें आधुनिक जानकारी एवं तकनीकी उपलब्ध कराकर उनका कायापलट करना है। विकसित भारत समृद्ध गाँवों की एक व्यवस्था होगी, जो विभिन्न प्रकार की सुविधाओं भौतिक और नैतिक, दूरचिकित्सा, दूरशिक्षा और इ-कॉमर्स आदि एक-दूसरे से जुड़े होंगे।

ग्रामीण क्षेत्रों से शहरों में होनेवाले जन पलायन से स्पष्ट है कि दोनों के जीवन स्तर में काफी अंतर है। आदर्श स्थिति तो यह है कि ग्रामीण और शहरी दोनों ही क्षेत्रों को समान रूप से आकर्षित करनेवाला होना चाहिए, ताकि पलायन हो ही नहीं। ग्रामीण-शहरी पलायन के आँकड़े का लगभग शून्य होना ही सर्वांगीण विकास का प्रतीक होगा। इस खुशहाल संतुलन को हम कैसे प्राप्त कर सकते हैं? ग्रामीण विकास ही एकमात्र समाधान है। इसका आशय यह है कि ग्रामीण क्षेत्रों को भी वही सुविधाएँ उपलब्ध करानी होंगी, जो फिलहाल केवल शहरों तक ही सीमित हैं। इससे गाँवों में भी शहरों के समान रोजगार के अवसर पैदा होंगे। दूसरी चुनौती होगी इन सुविधाओं को शहरों की तुलना में कम वित्तीय, सामाजिक, सांस्कृतिक तथा परिस्थिति की कीमत पर उपलब्ध कराना।

## सूचना प्रौद्योगिकी

सूचना प्रौद्योगिकी के क्षेत्र में भारत की बढ़ती शक्ति तथा मानवीय प्रतिभा से पूरा विश्व परिचित है। इस क्षेत्र में आनेवाले दिनों में हम छा जा सकेंगे।

## मध्यम वर्ग

यह भी कोई छोटी बात नहीं है कि हाल ही में इंटरनेशनल मैगजीन 'बिजनेस 2.0' ने दुनिया के 50 रसूखदार लोगों के समूहों की सूची में भारत, रूस, ब्राजील, चीन और अन्य जगहों की मध्यम वर्ग को सातवाँ स्थान दिया है। अपने इस कदम के पक्ष में मैगजीन ने गोल्डमैन सैश के एक अध्ययन का जिक्र किया है। इस लिस्ट में भारतीय मिडिल क्लास को बिल और मेलिंडा गेट्स जैसी प्रभावशाली हस्तियों से भी ऊपर रखा गया है। तेल उत्पादक देशों के राष्ट्राध्यक्षों को नौंवा स्थान दिया गया है। हमारे लिए यह गौरव की बात है कि हमारे मिडिल क्लास ने वर्ल्ड इकॉनॉमी में भारत को इतनी ऊँचाई दिलाई है। इसी वर्ग ने उदारीकरण के बाद इकॉनोमी को एक नया मोड़ दिया और ग्लोबलाइजेशन के नए अवसरों का फायदा उठाते हुए अथक मेहनत से कामयाबी का नया इतिहास लिखा। ग्लोबल रिपोर्टों में यह कहा जा रहा है कि आज जिस मिडिल

क्लास के कारण दुनिया ने भारत का लोहा माना है, वह आनेवाले दिनों में और भी तेजी से उन्नति करनेवाला है।

हिंदुस्तान के मध्य वर्ग ने वर्ल्ड-इकॉनॉमी में भारत को इतनी ऊँचाई दिलाई है। इसी वर्ग की मदद से इकॉनॉमी को एक नया मोड़ मिला तथा भारत अग्रणी होने के पथ पर अग्रसर हो सका। कई रिपोर्टों में यह कहा जा रहा है कि आज जिस मध्यम-वर्ग की अथक मेहनत के कारण दुनिया ने भारत का लोहा माना है। वह आनेवाले दिनों में और तेजी से उन्नति करनेवाला है।

अमेरिका स्थित बोस्टन कंसल्टिंग ग्रुप (बी.सी.जी.) ने अपनी ताजा रिपोर्ट में कहा है कि भारत में कार्यशील उम्र वाले युवा और प्रतिभाएँ भारत के लिए समृद्धि के खुले भंडार की तरह है। भारत में इन युवाओं का अतिरिक्त वर्क-फोर्स सन् 2020 में 4 करोड़ 70 लाख तक पहुँच जाएगा। ये युवा न केवल भारतीय इकॉनॉमी में, बल्कि दुनिया के कई देशों में विकास की अगुवाई करेंगे। जिन-जिन देशों में कार्यशील आबादी की कमी होगी, वहाँ भारतीय प्रतिभाओं के कदम पहुँचेंगे।

सन् 2020 तक अमेरिका में मानव कार्यबल की 1 करोड़ 70 लाख कमी होगी। चीन में 1 करोड़ कार्यशील लोगों की कमी होगी जापान में 90 लाख, रूस में 60 लाख, इटली में 40 लाख, फ्रांस में 30 लाख, जर्मनी में 30 लाख और इंग्लैंड में 20 लाख लोगों की दरकार होगी और वह भारत ही होगा, जिस पर इन सभी देशों को सँभाले रखने की जिम्मेदारी आएगी। स्वाभाविक रूप से हमारा देश अग्रणी-भूमिका में होगा।

## आधारभूत ढाँचा

भारत को विकसित राष्ट्र बनाने के लिए सिर्फ कृषि, उत्पादन सामरिक उद्योगों, सेवा, शिक्षा एवं स्वास्थ्य सेवाओं का होना भर जरूरी नहीं है, बल्कि इन सभी को एक निश्चित संरचना या जुड़ाव की जरूरत पड़ती है, जो उसे कार्य करने के योग्य बनाती है।

यदि सामान (माल) समय पर बाजार में नहीं पहुँचता है तो उच्च उत्पादन का कोई महत्त्व नहीं है। भारत के निर्माता एवं पूरे विश्व के खरीदार संचार सुविधा के बिना संपर्क स्थापित नहीं कर पाएँगे। आज की दुनिया, जो विविध रूप में घनिष्ठता से जुड़ी है, यातायात एवं संचार व्यवस्था की तकनीक का आभार प्रकट करती है। प्रत्येक उत्पादन केंद्र का पूरे देश-विदेश से त्वरित जुड़ाव होना चाहिए। विद्युत शक्ति यातायात एवं संचार के लिए बेहतर सुविधा उपलब्ध करानेवाली तकनीक है। सूचना का त्वरित स्थानांतरण होना भी आवश्यक है। यदि किसी देश की अर्थव्यवस्था में बढ़ोत्तरी करनी है तो सरकार को आधारभूत संरचना में निवेश करना चाहिए। उपर्युक्त वर्णित सभी सुविधाओं को विकसित करना होगा और उन्हें अच्छी दशा में रखना होगा।

## प्रशासन तंत्र

सार्वजनिक सेवाओं की राजकोषीय लागतों की वृद्धि के साथ ही उनकी गुणवत्ता गिरी है। आज यह स्पष्ट है कि राज्य का आकार घटाना और प्रशासनतंत्र को अधिक कामकाजी बनाना वर्तमान समय की एक प्रमुख प्राथमिकता है। आयोजना के विकेंद्रीकरण, सार्वजनिक क्षेत्र के प्रबंध तथा नीतिगत साधनों के चयन इस लक्ष्य की प्राप्ति में योगदान दे सकते हैं।

## ज्ञानवान भारत

प्राचीन भारत एक ज्ञानवान समाज था। कालांतर में हमलों और औपनिवेशिक शासन ने इसकी संस्थाओं को नष्ट कर दिया तथा इसकी योग्यता को चौपट कर डाला। इसकी जनता का अस्तित्व निचले स्तरों तक सिमटकर रह गया। जब अंग्रेज़ों ने भारत छोड़ा, तब तक हमारे युवाओं ने अपने लक्ष्य धूल-धूसरित कर लिये थे और वे साधारण जीवन से ही संतुष्ट हो जाया करते थे। भारत मूलतः ज्ञान की भूमि है और उसे अपने इस पहलू को नए सिरे से खोज करनी चाहिए। एक बार यह खोज कर ली गई तो जीवन की गुणवत्ता तथा विकसित राष्ट्र की ताकत और संप्रभुता को प्राप्त करने के लिए ज्यादा संघर्ष नहीं करना पड़ेगा।

ज्ञान के कई रूप होते हैं और यह कई स्थानों पर उपलब्ध होता है। इसे शिक्षा, सूचना, बुद्धिमानी तथा अनुभव के जरिए प्राप्त किया जा सकता है। ज्ञान हमेशा से समृद्धि और ताकत का स्रोत रहा है। यही कारण है कि दुनिया भर में ज्ञान की प्राप्ति पर जोर दिया जाता रहा है।

पिछली शताब्दी के दौरान यह विश्व मानव श्रम-आधारित कृषि-समाज न रहकर औद्योगिक समाज बन गया, जिसमें प्रौद्योगिकी, पूँजी तथा श्रम का प्रबंध ही प्रतिस्पर्धात्मक लाभ दिला सकता है। इक्कीसवीं शताब्दी में एक नए समाज का उदय हो रहा है, जिसमें पूँजी और श्रम की बजाय ज्ञान ही प्राथमिक उत्पादन संसाधन है। पहले से मौजूद ज्ञान के इस आधार का कुशल इस्तेमाल हमारे लिए बेहतर स्वास्थ्य, शिक्षा और प्रगति के अन्य संकेतकों के रूप में पूँजी पैदा कर सकता है। विभिन्न क्षेत्रों में हुई उन्नति का लाभ उठाते हुए कौशल और उत्पादकता को बढ़ाकर ज्ञान रूपी ढाँचागत तंत्र का निर्माण तथा उसका रख-रखाव ही इस समाज की समृद्धि बढ़ाने में प्रमुख भूमिका निभा सकते हैं। कोई देश ज्ञानवान समाज की कसौटी पर खरा उतरता है या नहीं इसका पता इस प्रकार लगाया जा सकता है कि वह ज्ञान के सर्जन और उसके उचित इस्तेमाल के क्षेत्र में कैसा कार्य कर रहा है।

## विकसित देश यानी क्या?

विकसित देश के संदर्भ में बात करें, तो उसमें कई पहलुओं को शामिल किया जाता है। राष्ट्र की संपदा, उसके प्रत्येक नागरिक की खुशहाली और अंतरराष्ट्रीय स्तर पर अन्य देशों के समक्ष उसकी स्थिति—यह सभी किसी विकसित देश के सूचक हैं। परंतु व्यावहारिक रूप से देखा जाए तो आपको विकसित देशों के विस्तृत तथ्यों और आँकड़ों का विश्लेषण करने की आवश्यकता नहीं है।

किसी विकसित देश में जीवन की कुछ निश्चित मूलभूत सुविधाएँ उपलब्ध होती हैं। उदाहरण के लिए अच्छी और पर्याप्त सड़कें, गलियों में प्रकाश की व्यवस्था, सफाई एवं जल आपूर्ति की उचित व्यवस्था। अपने चारों ओर देखने पर क्या आपको यह सब उपलब्ध दिखाई देता है?

## विकसित देश बनाने में हमारा दृष्टिकोण

भारत के पास खुद को विकसित राष्ट्र के रूप में बदलने की क्षमता मौजूद है। अंतरिक्ष, रक्षा तथा परमाणु क्षेत्रों में अपनी परियोजनाओं के जरिए यह साबित हो चुका है कि हमारे लोगों के पास श्रेष्ठता को हासिल करने की योग्यता है। हमारे पास विश्वास और ज्ञान का ऐसा अद्भुत मिश्रण है, जो हमें इस पृथ्वी के अन्य देशों से अलग ला खड़ा करता है। इन अनूठी क्षमताओं का लाभ नहीं उठाया गया है; क्योंकि हमें दूसरों की दासता स्वीकारने और शांत बने रहने की आदत सी पड़ चुकी है।

हमारे पास अधिकतर आवश्यक संसाधन मौजूद हैं। लगता है, हमारा दृष्टिकोण ही हमारी समस्या है, हम जैसे सीमित उपलब्धियों की अपनी मानसिकता को छोड़ना ही नहीं चाहते। हम एक अरब की आबादीवाले उसी राष्ट्र की तरह बने रहें, जो सस्ता श्रम और सस्ता कच्चा माल उपलब्ध कराने के साथ-साथ अन्य देशों के उत्पादों तथा सेवाओं के लिए बड़े बाजार भी मुहैया कराता है।

पिछले तीन हजार वर्षों में भारत पर एक-एक कर कई हमलावरों ने हमले किए, जिनमें इंग्लैंड, फ्रांस, डच और पुर्तगाल शामिल हैं; जो अपने प्रदेशों का विस्तार करने या धर्म का प्रचार-प्रसार करने अथवा हमारे देश की दौलत को लूटने के इरादे से यहाँ आए थे। भारत ने कभी अन्य देशों पर कोई हमला क्यों नहीं किया? क्या इसलिए कि हमारे राजा-महाराजा बहादुर नहीं थे? सच यह है कि भारतीय सहिष्णु रहे हैं और उन्होंने कभी भी इस बात पर विचार नहीं किया कि सदियों तक दूसरों के शासन में रहने के क्या परिणाम हो सकते हैं। लेकिन लंबे संघर्ष के बाद जब हमें आजादी मिली और देश एक हुआ तथा उसकी भौतिक सीमाएँ भी स्पष्ट हो गई, तो क्या सिर्फ आर्थिक समृद्धि को ही लक्ष्य मानकर रहना चाहिए? देश की ताकत को जताने का एकमात्र तरीका है,

उसकी रक्षा करने की क्षमता का होना। ताकत ही ताकत का सम्मान कर सकती है, न कि कमजोरी। ताकत का अर्थ है सैन्यबल और आर्थिक संपन्नता। संयुक्त राष्ट्र के फैसलों और नीतियों को वे लोग तय करते हैं, जिनके पास परमाणु हथियार पहले से मौजूद हैं। ऐसा कैसा हुआ कि हमें अब तक भी सुरक्षा परिषद् की सदस्यता नहीं दी गई, जबकि अब कई देशों ने सदस्य बनने की सिफारिशें करनी शुरू कर दी हैं ?

एक विकसित भारत के निर्माण हेतु आवश्यक है कि हम अपने आप पर विश्वास रखें और यह सुनिश्चित करें कि एक राष्ट्र के रूप में हम क्या कर सकते हैं ?

ठीक इसी प्रकार अपने लक्ष्य के प्रति समर्पण और प्रतिबद्धता के साथ काम करते हुए सफलता प्राप्त की जा सकती है।

लक्ष्य के प्रति समर्पण और दृढनिश्चय सचमुच कमाल कर सकता है। द्वितीय विश्वयुद्ध के समय जापान लगभग पूरी तरह ध्वस्त हो चुका था। भीषण बमबारी के कारण जापान के 54 नगर और टोकियो शहर लगभग ध्वंसावशेष भर रह गए थे। इस युद्ध के दौरान 30 लाख जापानी मारे गए थे और उसके बाद भी कुपोषण की समस्या के कारण हजारों लोगों की जानें गई थीं। सन् 1949 तक जापान की अर्थव्यवस्था संकट से जूझती रही। इन विपरीत परिस्थितियों के बावजूद आज जापान दुनिया के सर्वाधिक विकसित और समृद्ध देशों में से एक है। यह लक्ष्य प्राप्त करने के लिए जापान की सरकार और वहाँ की जनता ने दृढनिश्चय के साथ अपनी दूरदृष्टि का प्रयोग करते हुए लगातार संघर्ष किया। ठीक यही स्थिति दक्षिण कोरिया की भी रही है, जो कई उद्योगों में आज विश्व बाजार में अग्रणी बन चुका है। अपने लक्ष्य को प्राप्त कर पाने में हमारे लिए सबसे बड़ा खतरा है—आत्मविश्वास की कमी। यह खतरा उस समय और बढ़ जाता है, जब हम ऐसे लोगों के कारण देश को विकास के अपने उद्देश्य से विचलित हो जाते हैं, जो अपनी स्वार्थ-पूर्ति के लिए हमारी एकता की भावना को ठेस पहुँचाकर लोगों को बाँटने का प्रयास करते हैं। हमें आम जनता का जीवन खुशहाल बनाने के लिए दृढ निश्चय और उपयुक्त अनुशासन में कार्य करना है। ऐसा तभी हो सकता है, जब हम अपने सभी देशवासियों की अनेकता को सहर्ष स्वीकार करते हुए देश के शांत और खुशहाल भविष्य का निर्माण करने के लिए समन्वित रूप से प्रयास करें।

हमें अपने अतीत से सीख लेकर ही अपने भविष्य का निर्माण करना है, यह तभी संभव है, जब हम देश के विकास के लिए सामूहिक प्रयास करें। अपनी अधिकतम क्षमता से बढ़-चढ़कर काम करें। वे कौन सी ताकतें हैं, जो देशों को ऊँचा उठाती हैं या उनके पतन का कारण बनती हैं ? और वे कौन से कारक हैं जो किसी देश को मजबूत बनाते हैं ? किसी भी ताकतवर राष्ट्र में तीन विशेषताएँ होती हैं—अपनी उपलब्धियों के प्रति गर्व का भाव, एकता तथा संयुक्त रूप से कार्य करने की योग्यता।

जो भी देश महान् हुए हैं, उनके पीछे मिशन की भावना रही है। जापानियों में यह भावना कूट-कूटकर भरी है। इसी प्रकार जर्मन भी यह भाव रखते हैं। तीन दशकों की अवधि में ही जर्मनी का दो बार विनाश हुआ; लेकिन इसके बावजूद उसकी जनता का जज्बा फीका नहीं। दूसरे महायुद्ध की विभीषिका को झेलने के बाद वह ऐसा राष्ट्र बनकर उभरा, जो आर्थिक दृष्टि से तो ताकतवर था ही राजनीतिक मोर्चे पर भी उसने अपनी उपस्थिति दर्ज कराई। यदि जर्मनी एक महान् देश बन सकता है तो भारत भी क्यों नहीं महान् हो सकता?

चूँकि हमारी मिशन भावना कमजोर पड़ी है, इसलिए हम अपनी संस्कृति और अपने प्रति सच्चे नहीं बने रह पाए हैं। यदि हम खुद को उन विभाजित लोगों की तरह देखेंगे, जिनके मन में अपने अतीत के प्रति कोई गर्व का भाव नहीं है और भविष्य पर जिन्हें भरोसा नहीं है तो सिवाय खीझ, निराशा और अंधकार के हमारे हाथ क्या लगेगा?

हमारे नेतृत्व के समक्ष सबसे आवश्यक और महत्त्वपूर्ण चुनौती रचनात्मक बदलाव लाने की, सभी ताकतों को एकजुट करने और उन्हें अभियान के लिए प्रेरित करने की है। यहाँ भौगोलिक विविधता के साथ-साथ व्यापक खंडित सोच, खाँचाबद्ध योजनाएँ और अलग-अलग किए गए प्रयासों के कुछ विशेष परिणाम नहीं निकलेंगे। समरस भारत के निर्माण के लिए लोगों को एक साथ आना होगा।

प्राचीन भारत एक ज्ञानवान समाज था, जिसने सभ्यता के विकास में महत्त्वपूर्ण योगदान दिया। हमें अपने उस रूतबे को फिर प्राप्त कर ज्ञान की महाशक्ति बनना होगा। जीवन में बेहतर स्तर प्राप्त करने के लिए हमें अपनी गलतियों से सीखना होगा। विकसित भारत ही पराजय के बोध को विजय के एहसास में बदल सकता है।

## भारत को विकसित देश बनाना यानी क्या?

अपने अनुभवों से हमें पता है कि जहाँ कहीं भी प्रशासनिक व्यवस्था कुशल होती है, शिक्षा का स्तर ऊँचा और विकास कार्यों में राजनीतिक हस्तक्षेप न्यूनतम होता है, वहाँ प्रगति की रफ्तार तेज होती है।

भारत में ऐसा क्यों नहीं? यहाँ कुछ लोग ऐसे भी हैं जो निराशावादी हैं और कहते हैं कि भारत भ्रष्टाचार, तर्कहीन नौकरशाही और लोभी राजनेताओं के कारण आगे नहीं बढ़ सकता, पर दूसरी तरफ ऐसे लोग भी हैं जो कुछ अच्छा करना चाहते हैं, क्योंकि स्वतंत्रता के बाद अर्थव्यवस्था ने उन्हें अवसर प्रदान किया है।

- भारत एक विकसित राष्ट्र होगा।
- भारत राष्ट्रीय सुरक्षा में आत्मनिर्भर होते हुए और विश्व अर्थव्यवस्था में दृढता से खड़े रहकर पाँच बड़ी आर्थिक शक्तियों में एक हो सकेगा।

- भारतीय कृषि-परिरक्षण उद्योग दुनिया के सबसे अच्छे उद्योगों में से होगा।
- भारत अपनी संपन्न खनिज संपदा पर पूँजी लगाएगा, जिससे वह विश्वशक्ति के रूप में उभरे।
- भारतीय रसायन उद्योगों का रूपांतरण तकनीकी खोजकर्ता के रूप में होगा, जिसकी विशेषता रसायन, दवाएँ, जैव-तकनीक और प्राकृतिक पदार्थ आदि होंगे।
- भारतीय उत्पादक क्षेत्र मशीन उपकरण, फाउंड्री और यातायात उपकरण राष्ट्रीय और अंतरराष्ट्रीय स्तर का होगा। बहुत से अभियंत्रण उत्पादों को भारत में आधुनिक बनाया जाएगा। भारत विश्व का प्रमुख उत्पादक केंद्र होगा।
- सेवा क्षेत्र में भारत विश्व नेता के रूप में उभरेगा। वह देश में और देश से बाहर बेहतर सेवाएँ प्रदान करेगा।
- सामरिक मामलों में भारत आत्मनिर्भर होगा।
- सड़कें, रेलवे, संचार और विद्युत् सर्वश्रेष्ठ बुनियादी ढाँचागत विकास की जरूरत को पूरा करने के लिए भारत के पास उपलब्ध होंगे।
- स्वास्थ्य और शिक्षा सेवाएँ प्रत्येक व्यक्ति तक पहुँचेंगी।

## हम आगे बढ़ रहे हैं

आज विदेशी बाजार में भारतीय वाहनों की धूम मची है। टाटा की इंडिका और इंडिगो विदेशी बाजार में लाभ कमा रही हैं। इसरो द्वारा विकसित क्रायोजेनिक इंजन के कारण अंतरिक्ष जगत् के धुरंधरों में भारत का नाम भी शामिल है। ऐसे कई उदाहरण हैं, जो सिर्फ पाँच-छह सालों में ही घटित हुए हैं और उनके कारण ही भारत की वैश्विक छवि एक सशक्त, प्रतिभावान और ऊर्जावान देश के रूप में बनी है। पिछले पाँच सालों में विज्ञान, प्रौद्योगिकी, कला, सूचना, खेल आदि क्षेत्रों में भारत का कद बढ़ा है। पोखरन परमाणु परीक्षण के बाद दुनिया के ताकतवर देशों की धौंस में न आने से हमारी प्रतिष्ठा अप्रत्याशित रूप से बड़ी। आज फार्मास्युटिकल क्षेत्र में हम दुनिया में प्रथम हैं।

पिछले पाँच सालों में ब्रिटेन और फ्रांस जैसे देशों के साथ अन्य 30 देशों ने संयुक्त राष्ट्र सुरक्षा परिषद् में भारत को स्थान देने की सिफारिश की। 15 देशों ने भारत के साथ मिलकर आतंकवाद के खिलाफ कार्यदल बनाया। आठ विकसित देशों के संगठन-ग्रुप-8 में पहली बार भारत को नियंत्रित किया गया। क्या यह एक आम भारतीय के लिए गर्व की बात नहीं है ?

## विश्वगुरु भारत

राष्ट्रीयत्व का बोध अनिवार्य है। अराष्ट्रीय प्रवृत्तियों का नष्ट कर राष्ट्रीय प्रवृत्तियाँ

उत्पन्न कर उसको गौरवशाली बनाने के लिए ही हमारी यह प्रवृत्ति है। हम अपने राष्ट्र की आत्मा का साक्षात्कार करना चाहते हैं। अपने राष्ट्रीयत्व को जीवित रखना चाहते हैं। उसे बलशाली एवं वैभवशाली बनाना चाहते हैं।

हम परायों से प्रतिभा माँगकर अपनी जीवन-रचना करना नहीं चाहते। हमारी प्रतिभा अपनी है। उसी से हम अपने संगठन का और अपनी जीव-प्रणाली का निर्माण करेंगे। जिस प्रणाली में मान-बिंदु हमारा रहे, परिपूर्ण भारतीयता का रहे तथा प्राचीन भारतीय परंपरा का अजस्त्र प्रवाह होता रहे, वही प्रणाली राष्ट्रीय है।

राष्ट्र को परम वैभव पर ले जाने के लिए दो शर्ते हमारे सामने पूर्ण करने के लिए है, तब ही वह वैभव, राष्ट्र का सच्चा वैभव सिद्ध होगा। पहली बात है कि यह वैभव हमारे अपने पुरुषार्थ से प्राप्त होना चाहिए। इसके लिए संपूर्ण राष्ट्र की संगठित कार्य शक्ति होना जरूरी है। यह शर्त पूरी होगी तो ही उस वैभव को हम भारत का सच्चा वैभव कह सकेंगे। साथ ही, दूसरी बात कही गई है कि संगठित कार्यशक्ति के द्वारा वैभव प्राप्त करने की यह सफलता धर्म का संरक्षण करते हुए होना चाहिए केवल संगठित शक्ति ही पर्याप्त नहीं है। चार चोर भी आपस में मजबूत संगठन बना सकते है, किंतु वह संगठन न तो स्थायी होगा और न ही कल्याणकारी। इसलिए यह जरूरी है कि धर्म का संरक्षण करते हुए 'संहता' यानी हमारी संगठित कार्यशक्ति 'विजेत्री' यानी विजयशालीनी हो।

## भारतीयता की अभिव्यक्ति

पं. दीनदयालजी कहते थे भारत की आत्मा को समझना है तो उसे राजनीति अथवा अर्थनीति के चश्मे से न देखकर सांस्कृतिक दृष्टिकोण से ही देखना होगा। भारतीयता की अभिव्यक्ति राजनीति के द्वारा न होकर उसकी संस्कृति के द्वारा ही होगी। विश्व को भी यदि हम कुछ सिखा सकते है तो उसे अपनी सांस्कृतिक सहिष्णुता एवं कर्तव्य प्रधान जीवन की ही दिशा दे सकते है।

## 'स्व' की पहचान

आवश्यकता है कि अपने 'स्व' का परिचय किया जाए। बिना उसके सुराज्य संभव नहीं। स्वतंत्रता अपने विकास और सुख का साधन नहीं बन सकती। जब तक हमें अपनी असलियत का पता नहीं, तब तक हमें अपनी शक्तियों का ज्ञान नहीं हो सकता और न उनका विकास ही संभव है। परतंत्रता में समाज का 'स्व' दब जाता है, इसीलिए राष्ट्र सुराज्य की कामना करते हैं, जिससे वे अपनी प्रकृति और गुण धर्म के अनुसार प्रयत्न करते हुए सुख की अनुभूति कर सके। प्रकृति बलवती होती है। इससे प्रतिकूल काम करने से कष्ट होते हैं। प्रकृति का उन्नयन कर उसे 'संस्कृति' बनाया जा सकता है, पर

उसकी अवहेलना नहीं की जा सकती। आधुनिक मनोविज्ञान बताता है कि किस प्रकार मानव प्रकृति एवं भावों की अवहेलना से व्यक्ति के जीवन में अनेक रोग पैदा हो जाते है। ऐसा व्यक्ति प्राय: उदासीन एवं अनमना रहता है। उसकी कर्मशक्ति क्षीण हो जाती है अथवा विकृत होकर विपथगामिनी बन जाती है। व्यक्ति के समान राष्ट्र भी प्रकृति के प्रतिकूल चलने पर अनेक व्यथाओं का शिकार बनता है। आज भारत की अनेक समस्याओं का यही कारण है।

हमारी संस्कृति हमारा पाथेय है, हमारी कुटुंबव्यवस्था तथा समाज रचना ने हमें सभी संघर्षों में अडिग रखा है, हमारे महापुरुषों के आदर्श हमारे सामने हैं, नैसर्गिक समृद्धता हमें प्रदत्त हैं 100 करोड़ भारतीयों को तथा विदेश में बसे करोड़ों मूल भारतीयों को लेकर हम विश्व के सामने आदर्श प्रस्तुत करे। इससे देश भी बलशाली, वैभवसंपन्न, समृद्ध बने इतना ही नहीं तो हमसे दुनिया प्रेरणा लेने की स्थिति में आए।

*(लेखक भाजपा के राष्ट्रीय महामंत्री संगठन हैं।)*

□

# कठोर 'दंडनीति' से दूर होगी 'देश-दुर्दशा'

—नंदकिशोर शुक्ल

किसी भी सरकार से आम नागरिकों की अपेक्षा रही है कि वह उनकी 'सुरक्षा' व 'समृद्धि' की सुयोग्य 'संरक्षिका' व 'सहायिका' साबित हो। फिर वह सरकार चाहे 'लोकतांत्रिक' हो या 'राजतांत्रिक' अथवा कोई अन्य। क्योंकि सुरक्षित समाज में ही शांति रहती है और शांति में ही समृद्धि की साधना संभव होती है। अशांत समाज समृद्धि की सीढ़ियाँ चढ़ सर्वांगीण उन्नति का शिखर नहीं छू सकता। तदर्थ सरकारों को सुयोग्य नीति निर्धारित कर सुदृढ कदम उठाने में हिचकिचाहट नहीं होनी चाहिए। लुंजपुंज सरकारें लोकहित संरक्षक व संवर्धक हो ही नहीं सकतीं। संसार में सज्जन व दुर्जन सदैव रहे हैं और रहेंगे ही। जब तक दुर्जन दंडित व दुत्कारित तथा सज्जन सुरक्षित व सम्मानित नहीं होंगे, तब तक संपूर्ण समाज सुरक्षित व संवर्धित कैसे होगा ? इसीलिए तो स्वयं श्रीकृष्ण भगवान् ने भी आश्वासन दिया कि सज्जन-संरक्षण व दुष्ट दलन हेतु हर युग में मैं अवतरित होऊँगा—'परित्राणाय साधूनां विनाशाय च दुष्कृताम्...संभवामि युगे-युगे।' क्योंकि तभी 'धर्म' संस्थापना संभव होगी। 'धर्म' यानी कोई संप्रदाय या मजहब (पूजा पद्धति) नहीं, नैतिक आचरण संहिता अर्थात् आधुनिक विधि-विधान। दूसरे शब्दों में सुरक्षा व समृद्धि के लिए कानून के राज हेतु कठोर शासन ही चाहिए।

आम नागरिकों की अपेक्षाएँ कोई भी सरकार तभी पूरी कर सकेगी, जब वह सर्वसामान्य की सुरक्षा व समृद्धि के लिए खतरा बने, अंतर्बाह्य शत्रुओं के विरुद्ध कठोर दंडनीति का अवलंबन करे। किसी भी परिस्थिति में पैर पीछे न हटाए। शून्य से स्वार्णिम साम्राज्य निर्माण करनेवाले विश्वविख्यात, अग्रणी 'अर्थशास्त्र' के रचयिता आचार्य चाणक्य ने स्पष्ट लिखा है, 'दंडनीतिमधितिष्ठन प्रजाः संरक्षति' दंडनीति का आश्रय लेनेवाला राजा अपनी संपूर्ण प्रजा की रक्षा करता है। 'दंड : संपदा योजयति'—दंडनीति अपनाने से ही राज्य की संपत्ति में वृद्धि होती है। 'दंडाभावे मंत्रिवर्गाभावः' दंडशक्ति

के अभाव में मंत्रियों का समूह भी छिन्न-विच्छिन्न हो जाता है। 'न दंडादकार्याणि कुर्वंति'—दंडशक्ति के भय से अपराधी अयोग्य अथवा गलत कार्यों को नहीं करते। और 'दंडनीत्यामायत्तमात्मरक्षणम'—राष्ट्र की अपनी सुरक्षा भी दंडनीति पर ही निर्भर करती है। यदि दंडनीति ढीली रही तो राष्ट्र विरोधी अंतर्बाह्य शत्रु शक्तिशाली होकर राष्ट्रघात करने लगेंगे। यदि सरकारें अपनी शासन-सत्ता सुरक्षित रखने के प्रयास में कठोर दंडनीति की बजाय समझौतावादी व्यवहार करेंगी तो अराजकता का ही आलम सर्वत्र छा जाएगा। लोकहितार्थ कठोर दंडनीति अपनानेवाले शासक ही लोकप्रिय सरकारें दे सकते हैं समाज को। वर्तमान सर्वाधिक समृद्ध और शक्तिशाली राष्ट्र संयुक्त राज्य अमेरिका में गुलामी प्रथा समाप्त करने के लिए किए गए शासकीय निर्णय के विरुद्ध जब दक्षिणी राज्यों ने 19वीं शताब्दी के मध्य में विद्रोह का झंडा बुलंद किया था, तब तत्कालीन राष्ट्रपति अब्राहम लिंकन ने कठोर दंडनीति का अवलंबन किया। इससे भड़के ग्यारह दक्षिणी राज्यों ने मिलकर अपने आपको 'कॉन्फेडेरेट स्टेट' घोषित कर अमेरिका से अलग होने का ऐलान कर दिया। इतना ही नहीं तो उन्होंने अपना अलग, राष्ट्रपति के रूप में जेफर्सन डेविड को चुन लिया, तब भी राष्ट्रपति लिंकन ने गुलामी प्रथा समाप्ति संबंधी निर्णय के प्रति कोई समझौतावादी रुख अपनाने से इनकार कर दिया। गृहयुद्ध कबूला, पर कठोर दंडनीति नहीं त्यागी। फलतः सन् 1861 ई. के अप्रैल में छिड़ा गृहयुद्ध सन् 1865 में समाप्त हुआ। चार वर्ष की इस भयानक लड़ाई में अनेकों हताहत हुए, उद्योग-धंधे चौपट हो गए, खून की नदियाँ बह गईं, पर अमेरिका राष्ट्र-विभाजन की विभीषिका से बच गया। वह अखंड बना रहा। विद्रोही परास्त हुए। इसका श्रेय राष्ट्रपति अब्राहम लिंकन और उसकी कठोर दंडनीति को ही है। यद्यपि इस राष्ट्रहितार्थ लिंकन को अपने प्राण गँवाने पड़े। युद्धोपरांत किसी सिरफिरे ने उन्हें गोली मार दी। पंडित जवाहरलाल नेहरू ने लिखा है, 'अब्राहम लिंकन की गिनती अमेरिका के सबसे बड़े नायकों में है। संसार के महापुरुषों में भी उसने जगह ले ली है। उसका जन्म गरीब घर में हुआ था, उसने किसी स्कूल में शिक्षा नहीं पाई थी, जो कुछ शिक्षा उसने हासिल की, वह ज्यादातर अपनी मेहनत से की थी। फिर भी उन्नति कर के एक महान् राजनीतिज्ञ और वक्ता बन गया और उसने एक भारी संकट में से अपने देश की नाव को निकाल लिया।'(विश्व इतिहास की झलक, दूसरा खंड. पृष्ठ 763)

कठोर दंडनीति का अवलंबन कर राष्ट्र को संकट मुक्त करनेवाले अब्राहम लिंकन अमेरिकी लोकतांत्रिक सरकार के ही राष्ट्रपति थे, किसी राजतंत्र के उत्तराधिकारी शासक या तानाशाह नहीं। हमारे यहाँ भी लोकतांत्रिक सरकारें बनती हैं किंतु किसी भी सरकार ने लोकहितार्थ कठोर दंडनीति का अवलंबनकर आम जन को 'सुशासन' का स्वाद

चखने का अवसर प्रदान नहीं किया। आम नागरिकों की अपेक्षा है कि उन्हें आतंकवाद, संप्रदायवाद, जातिवाद, भाषावाद, पूँजीवाद जैसे अनेक घातक वादों से मुक्ति मिले। अशिक्षा, अस्वस्थता, असमानता से मुक्ति मिले। अनाचार, अन्याय, अत्याचार, भ्रष्टाचार के भय से भारतीय भयमुक्त हों। लड़का-लड़की का भेदभाव मिटे। मातृस्वरूपा महिला का मान भंग न हो, उसका शील सुरक्षित रहे। आम नागरिक की कोई भी अपेक्षा आज तक किसी भी लोकतांत्रिक सरकार ने पूरी नहीं की। क्योंकि किसी भी सरकार ने कभी भी लोकहितार्थ कठोर नीति नहीं अपनाई। अपनी सत्ता बरकरार रखने हेतु हमेशा ही लुंजपुंज, कुलमुल रवैया अख्तियार किया। क्या हमारे यहाँ की लोकतांत्रिक पद्धति कभी लोकहित साधने में सफल होगी? सन् 1961 की 27 फरवरी को प्रसिद्ध विचारक और राजनेता पंडित दीनदयाल उपाध्याय ने अपने आलेख में लिखा था, 'जनतांत्रिक पद्धति के सफल होने की आशा करने के पूर्व कतिपय ऐसी अनिवार्यताएँ भी हैं, जिनके बारे में गारंटी दी जानी चाहिए। पूर्व उपराष्ट्रपति डॉ. राधाकृष्णन ने उड़ीसा विधानमंडल के नए भवन का उद्घाटन करते हुए अपने भाषण में इन अनिवार्य पूर्वावश्यकताओं की ओर ठीक ही ध्यान आकृष्ट किया है। उन्होंने कहा कि किसी भी देश में अनुशासित राजनीतिक दल और निष्ठावान तथा देशभक्त नेतृत्व संसदीय जनतंत्र की सफलता के अनिवार्य अंग हैं। जहाँ तक भारत के राजनीतिक दलों का संबंध है, उनमें बहुत सी त्रुटियाँ हैं। इसमें सबसे दोषी सत्तारूढ़ दल है, परंतु अन्य अनेक दलों का आचरण भी कुछ अच्छा नहीं है। आज राजनीतिक दल सैद्धांतिक आधार पर नहीं, वरन् व्यक्तिगत या गुट के आधार पर गठित होते हैं।

इस संबंध में डॉ. राधाकृष्णन कहते हैं, "राजनीति अंततः साध्य तक पहुँचने का एक साधन है। यह ऐसी व्यवस्था का निरूपण करती है, जिसके द्वारा सबको सामाजिक और आर्थिक न्याय मिले। यदि जनतंत्र केवल यहीं तक अपनी गतिविधियाँ सीमित रखता है कि निर्वाचित प्रतिनिधि केवल सत्ता की होड़ में लगे रहें और पद के पीछे दौड़ते रहें तथा राज्य के कार्यों को इस प्रकार छोड़ दें कि वह अस्त-व्यस्त हो जाए, तो वह जनतंत्र के नाम के लिए भी अच्छा नहीं।" आज राजनीति साधन नहीं रह गई है। वह स्वयं साध्य बन गई है।'' निश्चित सामाजिक और राष्ट्रीय उद्देश्यों की पूर्ति करने की दृष्टि से राजनीतिक सत्ता पर ध्यान देने की अपेक्षा केवल सत्ता के लिए होड़ में अधिक व्यस्त हैं। यही कारण है कि अपने पास आनेवाले लोगों के दृष्टिकोणों की कोई चिंता न करते हुए वे केवल इस बात की ओर ही ध्यान देते हैं कि उनके अनुयायियों की संख्या बढ़े।' (पोलिटिकल डायरी, पृष्ठ 138-139)।

ये वही पंडित दीनदयाल उपाध्याय हैं, जो भाजपा के पूर्व रूप जनसंघ की जान थे, जिनके बारे में प्रसिद्ध अंग्रेजी कवि बायरन के कविताश एकदम खरे उतरते

हैं So Young, so fair (कितने युवा, कितने सुंदर), Good without effort (स्वभाव से ही भले), Great without a fot (महान् फिर भी, अजातशत्रु)''' । इन्होंने भी कभी भी अपने सिद्धांतों के विरुद्ध किसी विकृति से समझौता नहीं किया। विकृतियों के विरुद्ध सदैव कठोर नीति का ही अवलंबन करते रहे। पंडितजी जीवन में एक ही बार जौनपुर लोकसभा चुनाव में प्रत्याशी बने थे। उस क्षेत्र में ब्राह्मण एवं राजपूतों की संख्या लगभग बराबर थी। उनके प्रतिद्वंद्वी, राजपूतों को जातिगत आधार पर गोलबंद कर रहे थे, परंतु पंडितजी तो नीतियों व कार्यक्रमों के अनुसार प्रचार कार्य में लगे हुए थे। उनके इस तरीके से चुनाव वैतरिणी पार लगाना मुश्किल जान तत्रस्थ समस्त पार्टी कार्यकर्ता मंडली ने पंडितजी को भी ब्राह्मणवाद का सहारा ले प्रचार कार्य करने की सलाह दी। पर वे नहीं माने। तब कार्यकर्ताओं ने कहा कि आप भले ही यह बात न कहें, किंतु हमें ऐसा करने की अनुमति दें। यह सुनते ही सक्रोध शब्दों में स्पष्ट कहा, 'सिद्धांतों की बलि चढ़ाकर नीतियों को तिलांजलि देकर प्राप्त विजय हमें स्वीकार नहीं, बल्कि इससे अच्छी तो पराजय है।' फिर तत्काल कार्यकर्ताओं को समझाते हुए उन्होंने कहा, 'उपचुनाव किसी पार्टी या संगठन के लिए महत्त्वपूर्ण नहीं होता है। जीत अथवा हार भी महत्त्वपूर्ण नहीं है। परंतु यदि एक बार जातिवाद का सहारा लिया तो यह भूत हम सभी पर सवार हो जाएगा फिर जनसंघ एवं कांग्रेस में अंतर ही समाप्त हो जाएगा।' (पं. दीनदयाल उपाध्याय का एकात्म मानववाद दर्शन: डॉ. विनोद मिश्रा, पृष्ठ 28)।

लोकतंत्र में राजनीतिक पार्टियाँ चुनाव जीतकर एकदलीय अथवा बहुदलीय गठबंधन की लोकतांत्रिक सरकारें बनाती हैं। अपने-अपने सिद्धांतों के अनुसार लोकहित हेतु नीतियाँ निर्धारित करती हैं। उन नीतियों को क्रियान्वित करने के लिए यदि कठोर कदम नहीं उठाएँगी, सत्ता में बने रहने के लिए सिद्धांतों व नीतियों के साथ समझौते-दर-समझौते करती रहेंगी तो आम नागरिकों की अपेक्षाएँ कैसे पूरी होंगी। जनापेक्षाएँ पूरी करने में बाधा बने व्यक्तियों-दलों-शासकों, प्रशासकों के विरूद्ध कठोर दंडनीति लागू किए बिना सुरक्षा व समृद्धि मात्र स्वप्न बनकर रह जाएँगे। वर्तमान स्थितियाँ तो यही निष्कर्ष निकालने हेतु मजबूर कर रही हैं। निरंतर बढ़ती जा रही आतंकी गतिविधियाँ अनगिनत अनेकविध अपराध अध्याय, भस्मासुर बना भ्रष्टाचार, आसमान छू रहा अनैतिक आचरण आदि पतनप्रतीक कठोर दंडनीति का अभाव ही प्रमाणित कर रहे हैं। इस अभाव को दूर करने से ही लोकतांत्रिक सरकारों से आम नागरिकों की अपेक्षाएँ पूरी हो सकेंगी। और अन्य कोई चारा इस समय दिखता नहीं—'नान्य: पन्था विद्यते अयनाय'। तदर्थ पं. दीनदयाल उपाध्याय सरीखे सिद्धांतनिष्ठ, कर्तव्य कठोर राजनेताओं की महती आवश्यकता है, जिन्होंने एक प्रश्न के उत्तर में कहा था, 'सत्ता सामान्यत: अष्ट करती है। कांग्रेस आज सत्ता में है तो उसमें भ्रष्टाचार है। कल

जनसंघ सत्ता में आती है तो उसमें भी यह दोष आ सकता है, परंतु यदि जनसंघ भ्रष्ट होती है, तो मैं इस संगठन को स्वयं अपने हाथों से समाप्त कर दूँगा एवं नए संगठन का निर्माण करूँगा। जिस प्रकार ऋषि परशुराम ने 21 बार क्षत्रियों को नष्ट किया एवं जब उन्हें भगवान् श्रीराम सदृश्य व्यक्ति मिल गए तो वे वन को प्रस्थान कर गए। ऐसा मैं भी तब तक करता रहूँगा जब तक मुझे योग्य व्यक्ति नहीं मिल जाते।' (उपरोक्त पुस्तक, अंतिम कवर पृष्ठ)

*(लेखक प्रख्यात स्वतंत्र पत्रकार हैं।)*

□

# विश्व व्यापार संगठन : चुनौतियाँ स्वीकार करनी होगी

**—सर्वदानंद आर्य**

विश्व व्यापार संगठन विश्व की अकेली अंतरराष्ट्रीय संस्था है, जिसका कार्य संसार के समस्त देशों के बीच आपसी व्यापार का नीति निर्धारण करना है। विश्व व्यापार संगठन के मसविदे पर लगभग विश्व के समस्त देशों ने सहमति जताई है तथा समझौते पर हस्ताक्षर किए हैं। हस्ताक्षर करनेवाले समस्त देशों ने भारत सहित इस समझौते की प्रस्तावना को अपनी-अपनी संसदों में पारित किया है। विश्व व्यापार संगठन के इस मसविदे का मुख्य उद्देश्य अंतरराष्ट्रीय स्तर पर विभिन्न देशों के उत्पादनों का आयात-निर्यात व व्यापार को प्रोत्साहन देना है। कृषि उत्पादनों का आयात-निर्यात भी इस मसविदे के अंतर्गत आता है।

विश्व व्यापार संगठन का कृषि संबंधी समझौता भारतीय परिपेक्ष्य में कुछ इस प्रकार है—

1. विश्व व्यापार संगठन का कृषि समझौता उरुग्वे गोलमेज समझौते के रूप में दक्षिण अमेरिकी देश उरूग्वे में अप्रैल 1994 में संपन्न हुआ। इस समझौते को कार्यरूप योजना देने के लिए 1986-1993 तक 8 वर्षों का समय लगा। यह समझौता 1 जनवरी, 1995 से लागू हुआ तथा विकासशील देशों के लिए 1995-2004 तक 10 वर्षों की सीमा निर्धारित की गई, जिसके अंतराल में उन्हें इस मसविदे पर हस्ताक्षर करने व नियमों को अपने अंतरराष्ट्रीय व्यापार पर लागू करना था। भारत ने इस अवधि के दौरान समझौते पर हस्ताक्षर किए।
2. कृषि पर विश्व व्यापार संगठन के इस मसविदे में तीन मुख्य बातों पर बल दिया गया। (1) उत्पादन का बाजार में आना तथा उपभोक्ता की उत्पादन तक पहुँच (2) घरेलू या राष्ट्रीय स्तर पर उत्पादक को सहायता (3) निर्यात

में छूट या सब्सिडी। घरेलू सहायता की सीमा समस्त कृषि उत्पादन के मूल्य के 10 प्रतिशत तक ही सीमित की गई। अतः इस मद में भारतीय कृषि उत्पादन को मिलनेवाली सरकारी सहायता या प्रोत्साहन को कोई अंतर नहीं पड़ता, क्योंकि यह 10 प्रतिशत सीमा से नीचे है।

3. विश्व व्यापार संगठन के कृषि संबंधी समझौते के अंतर्गत कृषि उत्पादनों का अंतरराष्ट्रीय आयात-निर्यात बिना किसी बाधा के होगा। हाँ! घरेलू कृषि उत्पादन कहीं आयात किए गए कृषि उत्पादनों के मुकाबले में पिछड़ न जाए, इसके लिए समस्त देशों को आयात पर आयात शुल्क लगाने की छूट है, ताकि आयात किए गए उत्पादन घरेलू उत्पादनों से बाजार में महँगे बिके और उस देश की कृषि अर्थव्यवस्था बिगड़ने न पाए। भारत जैसे कुछ विकासशील देशों को यह छूट भी दी गई कि आयात उत्पादनों की सीमा निर्धारित कर ले तथा आयात-निर्यात के मध्य अंतर के भीतर ही रहे।
4. आयात की भाँति निर्यात किए जा रहे उत्पादनों के आकार की भी सीमा निर्धारित की गई, ताकि विकसित देश असीमित निर्यात से विकासशील देशों के कृषि बाजार में न छा जाएँ। परंतु भारत अभी इस श्रेणी में नहीं है, क्योंकि दुर्भाग्यवश कुछ सरकारी नीतियों के कारण इस कृषि प्रधान देश का कृषि निर्यात बहुत कम है।
5. उरूग्वे गोलमेज समझौते के अंतर्गत कृषि व्यापार को पूरी छूट मिली हो, ऐसा नहीं हुआ। कारण विकसित देशों द्वारा अपने किसानों को संपूर्ण घरेलू सहायता व सब्सिडी तथा निर्यातकों को भी बहुत अधिक सब्सिडी प्रोत्साहन का दिया जाना है। इस सब्सिडी के अभाव में विकासशील देशों का घरेलू उत्पादन व निर्यात नहीं उठ पाया। विकसित देशों द्वारा घरेलू कृषि उत्पादनों को प्रोत्साहन देने पर अंतरराष्ट्रीय बाजार में उनके दाम कम हुए, जिससे विकासशील देशों के कृषि उत्पादनों के निर्यात पर प्रभाव पड़ा। इन विसंगतियों को दूर करने के लिए अभी तक प्रयास व बातचीत चल रही है।
6. भारत की सरकार ने इन विसंगतियों को दूर करने व घरेलू उत्पादनों को बचाने की दिशा में कुछ कदम उठाए हैं। जैसे आयात किए गए कृषि उत्पादनों पर आयात शुल्क का बढ़ाना तथा 131 आयातित कृषि उत्पादनों पर घरेलू उत्पादनों की भाँति मानक स्टैंडर्ड लागू करना इत्यादि।
7. भारत के सम्मुख घरेलू कृषि अर्थव्यवस्था को बचाने हेतु प्रमुख मुद्दे हैं— कृषि उत्पादन व कृषि से जुड़े कृषक, गैर कृषक समुदाय के रोजगार की सुरक्षा, घरेलू कृषि उत्पादकों के हितों की सुरक्षा व अधिकतम सीमा तक

कृषि उत्पादनों का निर्यात। इन सब मुद्दों से जुड़े सुझाव भारत विश्व व्यापार संगठनों की विभिन्न बैठकों में देता रहा है, तथा अधिकांश सुझाव विचार हेतु स्वीकृत किए गए हैं।

विश्व व्यापार संगठन के कृषि संबंधी समझौते के भारत की कृषि अर्थव्यवस्था पर प्रभाव कुछ इस प्रकार से हैं—

भारतीय कृषि पर इस समझौते के प्रभाव का अध्ययन करने से पूर्व हमें यह जान लेना चाहिए कि विश्व व्यापार संगठन के इस समझौते के मुख्य आधार हैं—(1) उन्मुक्त व्यापार, (2) हर देश की दूसरे देशों के कृषि में खुली छूट (3) निर्यातकों को दी जानेवाली सब्सिडी या छूट व (4) बौद्धिक संपदा अधिकार या पेटेंट।

विश्व व्यापार संगठन के इस मसविदे में विकासशील देशों की कृषि अर्थव्यवस्था से जुड़े मुद्दे, जैसे कृषि पर आधारित लोगों के रोजगार की सुरक्षा व पर्यावरण सुरक्षा जैसे मुद्दों को गौण रखा गया है। इस समझौते का भारतीय कृषि अर्थव्यवस्था पर प्रभाव के अध्ययन का निष्कर्ष कुछ इस प्रकार से है—

1. विश्व व्यापार संगठन के कृषि संबंधी समझौते के अंतर्गत 'कृषि को संरक्षण' देने की बात पूर्णतः भ्रामक है। क्योंकि भारत जैसे देश में कृषि से जुड़े लोगों में गरीब किसान, कृषि मजदूर व शहरी मध्यम वर्ग लोगों की भी गिनती है, जिनके बारे में बिल्कुल नहीं सोचा गया।
2. यदि 'गेट' व पेटेंट नियमों का पूर्णतः पालन किया जाए तो घरेलू अर्थव्यवस्था में भारी गिरावट आएगी तथा विकसित व विकासशील देशों की अर्थव्यवस्था में अंतर आने से विकासशील देशों के किसानों व मजदूरों की बरबादी होगी। पेटेंट नियमों के अंर्तगत किसान अपने बीज का विकास नहीं कर पाएगा। अधिक जैविक उत्पादन क्षमता वाले बीजों के लिए विकसित देशों के आयात पर निर्भर रहना होगा।
3. वैश्विक उन्मुक्त व्यापार केवल छलावा है, क्योंकि 125 विकासशील देशों का संपूर्ण निर्यात मात्र 116 बिलियन डॉलर है, जोकि संपूर्ण निर्यात का 23 प्रतिशत है। इसके साथ आयात शुल्क की दरें विकसित देशों में अधिक हैं, विकासशील देशों में कम। अतः विदेशी कम्पनियाँ अपने उत्पादनों से भारतीय बाजारों को भर देंगी, जबकि भारत के निर्यात उत्पादन जैसे नारियल, सुपारी, गेहूँ, चावल, बाजरा, मक्का, गरम मसाले, चाय, कॉफी, दूध के उत्पादन, फल व सब्जियाँ विदेशी बाजारों में स्थानीय उत्पादनों के मुकाबले महँगे होने के कारण नहीं टिक पाएँगे।
4. भारत जैसे विकासशील देश में विकसित देशों के मुकाबले कृषि उत्पादनों पर

सब्सिडी की मात्रा कम है, इससे हमारे उत्पादन विदेशी बाजार में महँगे हैं।

5. पेटेंट नियमों के अंतर्गत जेनैटिकली विकसित वैरायटी किसान व हमारे कृषि वैज्ञानिकों तक पहुँचे, इसमें संदेह है। बायोजैविकी से समृद्ध फसलों की किस्में सिर्फ विकसित देशों तक सीमित हैं। इन फसलों की किस्मों पर विदेशी एकाधिकार होने से हमें अच्छे उत्पादन की किस्मों पर पराश्रित रहना होगा। इससे अन्न उत्पादन में कमी आ सकती है तथा जैसाकि हाल में हुआ, हमें अन्न का आयात विदेशी नियमों व दबाव में करना होगा, जो हमारी अन्न उत्पादन के स्वावलंबन के लिए चुनौती है।
6. इस प्रकार हमारे कृषि बाजारों पर विदेशी बहुराष्ट्रीय कंपनियों के एकाधिकार का खतरा होगा, जिससे हमारे स्थानीय उत्पादनों को खतरा होगा तथा राजनैतिक प्रभुसत्ता पर प्रश्नचिह्न भी होगा।

अब प्रश्न यह उठता है कि भारत जैसे देश को उपरोक्त तथ्यों को ध्यान में रखते हुए विश्व व्यापार संगठन की सदस्यता स्वीकार करनी चाहिए या नहीं?

यह एक बड़ा राजनैतिक व आर्थिक प्रश्न है। विश्व व्यापार संगठन की कृषि नीतियों के दुष्प्रभाव को देखते हुए भी हमें इस तथ्य को मान लेना होगा कि आज का युग 'खुले बाजार व खुली अर्थव्यवस्था' का है और हम अपने आप को शेष विश्व से अलग नहीं रख सकते। विकसित और विकासशील दोनों तरह के राष्ट्र आयात की एक विशेष सीमा तय करते हैं और आर्थिक संकट की स्थिति में विदेशी आयात पर कर या शुल्क बढ़ाकर उसे नियंत्रण में रखते हैं। अमेरिका जैसा विकसित देश भी जापान व कोरिया को अपने उत्पादनों से मोटर बाजार को भरने नहीं देता।

परंतु यह भी सत्य है कि जब भी देशी व आयातित उत्पादन के दामों में काफी फर्क होगा, आयात वस्तु सस्ती होगी, उन्मुक्त व्यापार रुक नहीं सकता। अमेरिका जैसा देश भी सूचना प्रौद्योगिकी में भारतीय काल सेंटरों की सेवाएँ चाहते हुए भी नहीं रोक सकता, क्योंकि भारत में सेवा दरें बहुत कम हैं, तथा अमरिकी कंपनियाँ इसी सेवा को लेना चाहती हैं। यदि विदेशी कृषि उत्पादन सस्ते होंगे तो आप उसे भारत के बाजारों में आने से नहीं रोक सकते।

एक शाश्वत सत्य है कि विश्व व्यापार संगठन बन चुका है, तथा अपनी नीतियाँ सदस्य देशों के द्वारा लागू करवा रहा है। हम भारत में हमेशा सुनते हैं कि हमें विश्व व्यापार संगठन का सदस्य नहीं बनना चाहिए, क्योंकि काफी समय तक चीन और अभी तक रूस ने भी सदस्यता ग्रहण नहीं की। यदि भौगोलिक दृष्टि से बड़े राष्ट्रों से भारत की तुलना करनी है तो हमें यह भी सोचना होगा कि हमारी अर्थव्यवस्था व राजनैतिक व्यवस्था चीन, रूस से भिन्न है और उनमें तुलना की कोई गुंजाइश नहीं है।

यदि हमारी सरकार अपनी कृषि संबंधी नीतियों में संशोधन करे, तथा भारतीय कृषक समाज व कृषि अर्थशास्त्रियों को इस नई व्यवस्था व नई चुनौतियों का सामना करने के लिए तैयार करे तो कोई कारण नहीं कि हम विकसित देशों का मुकाबला न कर सकें।

भारतीय कृषि बाजार में शत-प्रतिशत विदेशी पूँजी निवेश होने की सरकारी घोषणा हो चुकी है। पुष्प उत्पादन, खुंबी उत्पादन, फल व सब्जियाँ, दूध व पोल्ट्री उत्पादनों जैसे क्षेत्रों में विदेशी बहुराष्ट्रीय कंपनियाँ प्रवेश पा चुकी हैं, तथा उन्हें निवेश की छूट है। यह बात भारतीय कृषि अर्थव्यवस्था में 'राष्ट्रवाद' की विचारधारा वाले लोगों को अखरती है। परंतु हमें 'आर्थिक राष्ट्रवाद' की व्याख्या आधुनिक संदर्भों में करनी होगी। विकसित देशों में 'आर्थिक राष्ट्रवाद' की भावना हमसे सुदृढ है। उन्होंने अपने कृषि उत्पादनों को इतनी भारी सब्सिडी दी है, निर्यात शुल्कों में भारी कमी है, ताकि उत्पादन लागत कम करके विदेशी बाजार में स्थानीय उत्पादनों के मुकाबले सस्ता बेचा जा सके।

वास्तव में 'खुला बाजार' हमारे लिए नहीं है। अमेरिका व यूरोपीय समुदाय के देशों का इस पर एकाधिपत्य है। सारे संशोधन व नीति निर्धारण उनके हक में हैं। अमेरिका हमेशा चाहता है कि उनके कृषि उत्पादन जैसे—गेहूँ, सोयाबीन, मक्का दूसरे देशों के बाजार में सस्ता बिकें। यूरोपीय समुदाय के देश अपने दूध, माँस व पोल्ट्री उत्पादन सस्ता बेचना चाहते हैं। जी-8 के विकसित देश भारत जैसे विकासशील देशों के लिए केवल सहानुभूति जता सकते हैं, हमारे हितैषी नहीं हैं। इसके विपरीत वर्तमान भारतीय सरकार की नीतियाँ भारतीय कृषि उत्पादनों के हितों के विपरीत हैं। हमारे फालतू उत्पादन जैसे गेहूँ का निर्यात असंभव है, क्योंकि विदेशी बाजारों में ऑस्ट्रेलिया व अर्जेनटिना हमें चुनौती देता है। चावल निर्यात में पाकिस्तान हमें टक्कर देता है। यह सब भारत सरकार द्वारा कृषि सब्सिडी में भारी कटौती तथा निर्यात दरों में भारी शुल्क वृद्धि के कारण है।

सच तो यह है कि वर्तमान प्रधानमंत्री, वित्तमंत्री व कृषि मंत्री भारत की कृषि अर्थव्यवस्था के लिए एक 'त्रासदी मात्र' है। हम अपने किसान को गेहूँ का समर्थन मूल्य 650 रुपए प्रति क्विंटल दे सकते हैं। 50 रुपए प्रति क्विंटल का बोनस देना गवारा नहीं, परंतु ऑस्ट्रेलियन गेहूँ का आयात 30 लाख टन की मात्रा में 1100 रु. प्रति क्विंटल के हिसाब से करते हैं। परंतु फिर भी भारतीय जीवट वाले व चुनौतियों का सामना करने में सक्षम हैं। इस उन्मुक्त व्यापार व खुले बाजार के युग में लक्ष्मी मित्तल ने विश्व की बहुत बड़ी कंपनी आर्सलर पर कब्जा जमाया। लक्समबर्ग की सरकार व अन्य यूरोपीय समुदाय के देशों की सरकारें कुछ न कर सकीं। अब टाटा, बिड़ला व अन्य भारतीय उद्योग समूह विदेशी कंपनियाँ खरीद रहे हैं तथा विदेशों में पूँजी निवेश कर रहे हैं।

निष्कर्ष यह है कि भारतीय कृषि को यह चुनौती स्वीकारनी होगी। विदेशी

विशेषकर अमेरिकी व यूरोपीय कृषि उत्पादनों के आयात पर भारी शुल्क लगाना होगा। यह अमीर व गरीब की लड़ाई है। हमें अपने देशी एजेंडे को आगे बढ़ाना होगा। कृषि व उत्पादनों पर भारी सब्सिडी या छूट दी जाए। हमारे कृषि उत्पादन, जो हमारे उपयोग के उपरांत फालतू हैं, उनके निर्यात को बढ़ाया जाए, निर्यात शुल्क घटाए जाएँ, तभी हम विश्व व्यापार बाजार में टिक पाएँगे।

*(लेखक विश्व बैंक सलाहकार और कुलपति—हरियाणा कृषि विश्वविद्यालय, कुरुक्षेत्र विश्वविद्यालय व महर्षि दयानंद विश्वविद्यालय रहे हैं।)*

□

# भारतीय अर्थव्यवस्था को नई दशा एवं दिशा की जरूरत

—डॉ. शरद जैन

आज की हमारी भारतीय अर्थव्यवस्था वर्तमान में एक चिंतनीय एवं दिशाहीनता के दौर से गुजर रही है। इसका संचालन तो प्रधानमंत्री मनमोहन सिंह के हाथों में ही है, जो स्वयं एक आर्थिक विशेषज्ञ हैं, परंतु उनके तीनों मुख्य सलाहकार, योजना आयोग के उपाध्यक्ष, केंद्रीय वित्तमंत्री एवं वाणिज्य उद्योग मंत्री, जिन पर कि वे सर्वथा निर्भर रहते हैं, अलग से अपनी-अपनी नीति निर्धारण करने में व्यस्त रहते हैं, तथा इन्हीं कारणों से वे देश की ज्वलंत समस्याओं से अमित रहते हैं। स्थिति इस हद तक जा पहुँची है कि प्रधानमंत्री स्वयं इन्हें नीति संबंधी दिशा-निर्देश देने की बजाय उनके द्वारा तय किए गए दिशा-निर्देशों की स्वीकृति की जिम्मेदारी इंपावर्ड ग्रुप ऑफ मिनिस्टर्स (इजीओएम) पर डालकर निर्णय प्रक्रिया से अपना बचाव कर लेते हैं। इस तरह के दर्जनों उदाहरण सामने आए हैं। हाल ही में वित्तमंत्री के रिजर्वेशन के बावजूद वाणिज्य उद्योग मंत्री द्वारा एस.ई.झेड. (स्पेशल इकोनॉमिक जोन) की संख्या 150 की वर्तमान सीलिंग से बढ़ाकर 200 करने का प्रस्ताव प्रधानमंत्री द्वारा गठित इजीओएम द्वारा स्वीकृत कर लिया जाना एक सटीक उदाहरण है। वामदलों ने इसमें इसलिए दखलंदाजी नहीं की, क्योंकि एस.ई.झेड. की कल्पना मूलतः चीन से उधार ली गई है। परंतु वामदलों ने लोकसभा में एस.ई.झेड. बिल पर विचार एवं चर्चा के समय श्रम कानून में सुधार से संबंधित सेक्शन 50(ब) का विरोध किया था। फलस्वरूप राज्यों के एस.ई.झेड. में श्रम कानून संबंधी सुधार लाने में हाथ बँध गए, जिससे भारत 'ग्लोबल इंवेस्टमेंट मार्केट प्लेस' में अपनी विशिष्टता खो बैठा। पूर्ववर्ती एन.डी.ए. सरकार वर्तमान यूपीए सरकार द्वारा भोगे जा रहे उपरोक्त विरोधाभास एवं दिशाहीनता के दौर से कभी नहीं गुजरी।

आज देश तीन ज्वलंत समस्याओं से जूझ रहा है। किंतु आश्चर्यजनक रूप से

सरकार इस पर पूरी तरह मौन है। ये समस्याएँ हैं—(1) क्षेत्रीय असंतुलन, (2) बढ़ती आर्थिक विषमता एवं (3) किसानों द्वारा निरंतर की जा रही आत्महत्याएँ।

**(1) क्षेत्रीय असंतुलनः** पूरी तरह दलगत भावना से ग्रसित वर्तमान सरकार वर्षों से गतिमान क्षेत्रीय असंतुलन से उपजी अविकसित क्षेत्रों की भयावह समस्याओं को बढ़ावा देने के साथ ही इन क्षेत्रों की निरंतर अवहेलना भी कर रही है, जबकि सरकार के पास इन्हें दूर करने का स्वर्णिम अवसर उपलब्ध है। यदि सरकार ने यह अवसर गँवा दिया तो असंतुलन से प्रभावित क्षेत्र अपना-अपना अलग राज्य बनाने की माँग और तेज कर देंगे तथा देश में दर्जनों छोटे राज्य जन्म लेने लगेंगे।

ऐतिहासिक कारणों से अब तक देश के वही क्षेत्र ज्यादा विकसित हुए हैं, जहाँ लाभ की संभावनाएँ एवं परिस्थितियाँ अत्यधिक अनुकूल रही हैं। फलस्वरूप वे सभी क्षेत्र, जो विकास में पिछड़ गए हैं, आज भी अत्यधिक गरीबी, बेरोजगारी, घटते उत्पादन एवं अलगाववाद आदि से पीड़ित हैं। यह स्थिति देश के विभिन्न क्षेत्रों एवं आबादी के बीच विद्यमान गहन भेदभाव एवं असमानता को दरशाती है। इस क्षेत्रीय असंतुलन से देश के कई भाग प्रबल रूप से पीड़ित हैं, जैसे आंध्र प्रदेश का तेलंगाना क्षेत्र, महाराष्ट्र का विदर्भ एवं मराठवाड़ा क्षेत्र, मध्य प्रदेश का मालवा-निमाड़-बुंदेलखंड एवं बघेलखंड क्षेत्र, छत्तीसगढ़ का बस्तर क्षेत्र, राजस्थान के रेगिस्तान से सटे जिले, संपूर्ण पूर्वी उत्तर प्रदेश, बिहार एवं झारखंड, उड़ीसा के आदिवासी बहुल क्षेत्र, जम्मू और कश्मीर तथा उत्तरी पूर्वी राज्य जो आज भी अविकसित क्षेत्रों की श्रेणी में प्रमुखता से आते हैं। एक विश्वस्त एवं प्रामाणिक आकलन के अनुसार क्षेत्रीय असंतुलन से पीड़ित क्षेत्र देश के कुल भू-भाग का 42 प्रतिशत है तथा इसमें देश की 35 प्रतिशत आबादी निवास करती है। वर्षों तक देश में कांग्रेस का राज रहा है, फिर भी वह इस क्षेत्रीय असंतुलन को दूर करने में क्यों विफल रही, यह आज भी एक अनुत्तरित प्रश्न है? परंतु वर्तमान में कांग्रेस समर्थित यूपीए सरकार के पास इसे दूर करने के अवसर मौजूद हैं। क्षेत्रीय असंतुलन को दूर करने हेतु राष्ट्रीय परिप्रेक्ष्य में सरकार को एक ऐसी नीति का निर्धारण करना होगा, जो न्यायपूर्वक क्षेत्रीय संतुलन कायम करने के साथ-साथ जन अपेक्षाओं को परिपूर्ण भी कर सके। लेकिन वर्तमान सरकार यह करने की बजाय, ऐसी नीति पर चल रही है, जो क्षेत्रीय असंतुलन को पुनः बढ़ावा दे रही है। इसका उदाहरण है—केंद्र सरकार ने देश के कांग्रेस शासित दो राज्यों, उत्तराखंड तथा हिमाचल प्रदेश के औद्योगिकीकरण हेतु उन्हें विशेष श्रेणी का राज्य घोषित कर एक पैकेज की घोषणा की थी, जिसके अंतर्गत नए उद्योग लगाने या लगे हुए उद्योगों का विस्तारीकरण करनेवाले निवेशकों को 10 वर्षों तक आयकर एवं केंद्रीय उत्पाद शुल्क में छूट दी गई थी। परिणामस्वरूप वहाँ हजारों की संख्या में नए उद्योग लगे तथा अन्य राज्यों में कार्यरत

उद्योग अपने संयंत्रों का विस्तारीकरण मात्र प्रदर्शित कर वहाँ स्थानांतरित हो गए। इससे देश के दक्षिणी पश्चिमी एवं मध्य भाग के ऐसे सभी राज्यों को भारी धक्का लगा, जहाँ इन उद्योगों में किया जानेवाला पूँजी निवेश सीधा उत्तराखंड एवं हिमाचल में स्थानांतरित एवं स्थापित हो गया तथा इन राज्यों में स्थापित कई उद्योग नई लाभदायक स्थिति को देखते अपना स्थान परिवर्तन कर गए। इससे क्षेत्रीय असमानता को न केवल बढ़ावा मिला, वरन अविकसित क्षेत्र पुनः पूरी तरह उपेक्षा के शिकार हो गए। यदि सरकार आज भी उक्त वर्णित सभी राज्यों के अविकसित क्षेत्रों को विशेष श्रेणी का दरजा प्रदान कर अधोसंरचना विकास पैकेज के साथ निवेशकों को 10 वर्षों के लिए आयकर एवं केंद्रीय उत्पाद शुल्क की छूट प्रदान करने की घोषणा कर देती है, तो इन क्षेत्रों का तेजी से औद्योगीकरण संभव हो सकेगा तथा इनसे संबंधित राज्यों में आनेवाला निवेश सिर्फ 2 राज्यों की तरफ रूख करना बंद कर देगा। सरकार इस दिशा में अविलंब ठोस कदम उठाए, क्योंकि कई राज्य अपने पिछड़े एवं अविकसित क्षेत्र में इस तरह की व्यवस्था सुलभ कराने की केंद्र से लगातार माँग कर रहे हैं।

एक अन्य नीति के तहत सरकार ने एस.ई.झेड. विकसित करने हेतु भी करों में भारी छूट प्रदान की है। एस.ई.झेड. ऐक्ट के अनुसार इसके अंतर्गत लगनेवाली प्रत्येक औद्योगिक इकाई और निर्यातकों को पहले 5 वर्षों में शत-प्रतिशत आयकर छूट, दूसरे 5 वर्षों में 50 प्रतिशत की छूट तथा उसके बाद के 5 वर्षों में निर्यातोन्मुखी इकाई को प्राप्त मुनाफे पर 50 प्रतिशत की आयकर छूट प्रस्तावित है, यदि मुनाफे की राशि का पुनः निवेश किया जाए। इसके अतिरिक्त एस.ई.झेड. इकाइयों द्वारा आयातित इनपुट पर कस्टम ड्यूटी की छूट तथा इनके घरेलू बाजार से खरीदने पर उत्पाद शुल्क भी प्रस्तावित है। राज्य सरकारें एस.ई.झेड. हेतु भूमि भी उपलब्ध कराने को तत्पर हैं। रिजर्व बैंक के आकलन के अनुसार एस.ई.झेड. देश में असमान एवं बेतरतीब विकास को बढ़ावा देगा, क्योंकि यह कम विकसित क्षेत्रों में होनेवाले निवेश को विकसित क्षेत्रों की ओर आकर्षित करेगा। एस.ई.झेड. सिर्फ कुछ विकसित राज्यों जैसे तमिलनाडु, आंध्रप्रदेश, कर्नाटक, महाराष्ट्र, गुजरात, हरियाणा में ही प्रारंभ होने जा रहे हैं। दरअसल क्षेत्रीय असंतुलन को दूर करने हेतु एस.ई.झेड. को दी जाने वाली सभी उपरोक्त कर छूट यदि अविकसित क्षेत्रों के लिए भी प्रदान की जाती, तो सभी एस.ई.झेड. ऐसे क्षेत्रों में ही विकसित हो जाते, जिससे क्षेत्रीय असंतुलन दूर करने में सहायता प्राप्त होती। किंतु सही एवं सार्थक दिशा-निर्देशों के अभाव में सरकार यह अवसर अपने हाथ से गँवाने जा रही है। अभी भी समय है जब एस.ई.झेड. जो भारतीय निवेशकों का अत्यधिक प्रिय विषय हो गया है, स्थापित करने के लिए देश के पिछड़े राज्यों और बड़े राज्यों के अविकसित क्षेत्रों को ही प्राथमिकता दी जाए तथा वहीं पर सभी तरह के करों की छूट की घोषणा की जाए।

इससे सरकार देश में व्याप्त क्षेत्रीय असंतुलन को काफी हद तक दूर करने में सफल हो सकेगी। क्योंकि वर्तमान में स्वीकृत सभी तरह के 150 एस.ई.झेड. में 1,00,000 करोड़ रुपयों का निवेश संभावित है तथा इसमें 5,00,000 नौकरियों के अवसर भी उपलब्ध होंगे।

**(2) बढ़ती आर्थिक विषमता:** ऐतिहासिक कारणों से अब तक क्षेत्रीय असंतुलन से पीड़ित देश के वे सभी क्षेत्र वर्तमान यूपीए सरकार की इन क्षेत्रों को सर्वथा पिछड़े रखने की विषम आर्थिक नीति की चपेट में आने के कारण उनमें स्थित तृतीय श्रेणी के वे शहर भी सम्मिलित हो गए हैं, जहाँ का प्रशिक्षित मानव संसाधन अन्य प्रथम और द्वितीय श्रेणी के शहरों की और उच्च वेतन प्राप्त करने के लिए आई.टी. और कॉल सेंटर्स में नौकरी की तलाश में पलायन कर रहा है, जिससे इन शहरों में होनेवाला आर्थिक विकास अन्य बड़े शहरों की ओर तेजी से मुड़ रहा है। उदाहरण के लिए टियर 3 शहरों जैसे इंदौर, नागपुर, लुधियाना, राँची, पटना, कोची, जयपुर, मैसूर, मंगलौर, भुवनेश्वर, तिरुवनंतपुरम जो शिक्षा के क्षेत्र में देश में अग्रणी हो गए हैं, वहाँ का प्रशिक्षित युवक स्थानीय स्तर पर नौकरी के अवसर के अभाव में टियर 1 और 2 जैसे विकसित शहरों यथा बैंगलोर, हैदराबाद, पूणे, मुंबई, दिल्ली की ओर तेजी से पलायन कर रहा है, जिससे इन टियर 3 शहरों में होनेवाली आर्थिक समृद्धि टियर 1 और 2 शहरों की ओर अग्रसर होती जा रही है। इस आर्थिक विषमता को दूर करने का सबसे सुलभ उपाय यही है कि आई.टी. कंपनियों और कॉल सेंटर्स, जिन्हें 2007 तक आयकर और अन्य करों से छूट प्राप्त है तथा जिनका लाभ देश में सर्वाधिक 25 से 30 प्रतिशत है, को आगामी 5 वर्षों तक सरकार द्वारा करों में छूट प्रदान की जाए यदि वे अपने संस्थान टियर 3 वाले शहरों में स्थानांतरित करने को तत्पर हों या विस्तारीकरण के अंतर्गत नए संस्थान स्थापित कर स्थानीय युवकों को उसी वेतन स्तर पर रोजगार उपलब्ध कराएँ। इस तरह के नीतिगत निर्णय से सरकार इन टियर 3 शहरों के विकास का मार्ग प्रशस्त कर सकती है।

3. किसानों द्वारा निरंतर की जा रही आत्महत्याएँ क्षेत्रीय असंतुलन से पीड़ित देश के वे सभी भाग, जिनका पूर्व में उल्लेख किया जा चुका है उद्योगों के साथ-साथ कृषि क्षेत्र में भी पूरी तरह पिछड़ गए हैं। फलत: वहाँ के किसान भारी कर्ज के बोझ में दबकर आत्महत्या तक करने पर उतारू हैं। इनमें सबसे अधिक प्रभावित 5 राज्यों के वे 35 जिले हैं, जो किसानों की आत्महत्या की घटनाओं से सर्वथा ग्रसित हैं। इनमें आंध्रप्रदेश के 96, महाराष्ट्र के 6, कर्नाटक के 6, केरल के 3 और पंजाब के 4 जिले शामिल हैं। आंध्रप्रदेश के तेलंगाना तथा महाराष्ट्र के विदर्भ क्षेत्र में यह समस्या सबसे अधिक विकट है। देश के अन्य पिछड़े राज्यों में भी किसानों की आत्महत्याओं की छुटपुट घटनाएँ निरंतर होती ही रहती हैं। सरकारी तौर पर ऐसे किसानों की संख्या सन् 2005 तक 22500 थी, जबकि विभिन्न किसान संगठन इसे 29000 बताते हैं। कृषि क्षेत्र की इस समस्या से निपटने

हेतु सरकार को एक विशिष्ट एवं परिणाम मूलक आर्थिक पैकेज की घोषणा करनी होगी। इसके अंतर्गत सिंचाई सुविधाओं का विस्तार, टेक्नोलॉजी तथा सपोर्ट सिस्टम की उपलब्धता जैसे कम ब्याज दर पर सबको ऋण की आपूर्ति, कृषि संबंधित परामर्श कृषि इनपुट (खाद, बीज, कीटनाशक आदि) की सुगम एवं सुलभ परिपूर्ति, फसल बीमा का विस्तारीकरण तथा परिपूर्ण एवं अनुकूल बाजार व्यवस्था के साथ ही किसानों की अपनी फसलों का लाभदायी मूल्य। ये सभी कार्यक्रम यदि पूर्ण प्रतिबद्धता एवं दृढता से क्रियान्वित किए गए तो पिछड़े अविकसित क्षेत्रों की कृषि व्यवस्था में क्रांतिकारी परिवर्तन लाया जा सकता है तथा कृषकों द्वारा निरंतर की जा रही इन आत्महत्याओं पर स्वयंमेव ही रोक लग सकती है। परंतु सबसे दुर्भाग्यपूर्ण स्थिति यह है कि यूपीए सरकार ने अपने बजट में पिछड़े क्षेत्रों के विकास हेतु 2005–06 में सिर्फ 1150 करोड़ रुपए का ही प्रावधान किया था, जिसे 2006–07 में बढ़ाकर 5000 करोड़ रुपए कर दिया गया है। इतनी अल्प धनराशि से इन क्षेत्रों की समस्याएँ कदापि हल नहीं हो सकेंगी। बारहवें वित्त आयोग ने अपने प्रतिवेदन में पिछड़े क्षेत्रों के चुनिंदा जिलों के विकास हेतु एक अनुदान कोष बनाने की घोषणा की थी। किंतु वर्ष 2006–07 में घोषित 'भारत निर्माण' कार्यक्रमों के अंतर्गत भी पिछड़े राज्यों को कोई अहमियत नहीं दी गई है। इसके लिए तो यूपीए सरकार को एक प्रामाणिक एवं परिणाममूलक आर्थिक व्यूहरचना तैयार करनी होगी, जिसके अंतर्गत पिछड़े राज्यों के साथ-साथ बड़े राज्यों के पिछड़े क्षेत्रों के लिए संतुलित एवं प्रगतिशील अधोसंरचना सुविधाएँ विकसित की जा सकें।

*(लेखक एशियन डेवलपमेंट बैंक के पूर्व आर्थिक एवं वित्तीय सलाहकार एवं प्रदेश भाजपा आर्थिक एवं वैचारिक प्रकोष्ठ के अध्यक्ष भी रह चुके हैं।)*

□□□